ULF SCH

W0239204

DER ATTENTÄTER

Historischer Thriller

BASTEI LÜBBE
TASCHENBUCH

BASTEI LÜBBE TASCHENBUCH
Band 17903

Dieser Titel ist auch als E-Book erschienen.

MIX
Papier aus verantwortungsvollen Quellen
FSC® C083411

Originalausgabe

Dieses Werk wurde vermittelt durch die Literarische Agentur
Thomas Schlück GmbH, 30161 Hannover

Copyright © 2019 by Bastei Lübbe AG, Köln
Lektorat: Dr. Stefanie Heinen
Karte: Dr. Helmut Pesch, Köln
Titelillustration: © Johannes Wiebel | punchdesign;
© akg-images/Erich Lessing
Umschlaggestaltung: Johannes Wiebel | punchdesign, München
Satz: Dörlemann Satz, Lemförde
Gesetzt aus der Adobe Caslon
Druck und Verarbeitung: CPI books GmbH, Leck – Germany
ISBN 978-3-404-17903-9

2 4 5 3 1

Sie finden uns im Internet unter www.luebbe.de
Bitte beachten Sie auch: www.lesejury.de

INHALT

PROLOG

Um ihn herum die Menge der Schaulustigen. Alles blickt erwartungsvoll in die gleiche Richtung. Er drängt sich vor, nähert sich dem Rinnstein, dort, wo man der heranfahrenden Fahrzeugkolonne am nächsten ist. In der Hosentasche die Pistole. Er spürt sie am Oberschenkel. Sie beult die Tasche ein wenig aus. Ob es auffällt? Jemand könnte erraten, was er bei sich trägt.

Vorsichtshalber schiebt er die Hand in die Tasche, legt sie über das kühle Metall. Die Waffe ist nicht schwer, wiegt an die sechshundert Gramm. Sie ist handlich, die Kanten sind rund, kein Hammer, der sich in der Kleidung verhaken könnte. Ein Leichtes, sie schnell zu ziehen, gleich, in wenigen Augenblicken, wenn der Motorwagen, auf den er wartet, um die Ecke kommt.

Noch vor Wochen hatte er von Waffen keine Ahnung, hat nie eine in der Hand gehalten. Aber inzwischen weiß er alles über diese Pistole. Ein gewisser Mister Browning aus Amerika hat sie entworfen, und eine belgische Firma hat sie angefertigt. Nun steckt sie in seiner Tasche, eine Browning der Fabrique Nationale, bereit, benutzt zu werden.

Man hat ihm alles beigebracht. Wie man sie entsichert, wie nah man an sein Ziel herantritt. Es ist gar nicht so leicht, mit einer Pistole zu treffen. Er hat gelernt, sie mit ausgestreckten Armen und beiden Händen zu halten, zu zielen und zu feuern. Es ist eine halbautomatische Pistole, die mit dem Rückstoß die nächste Patrone in die Kammer schiebt. Mindestens ein Dutzend Mal hat er sie auseinandergenommen, den Lauf gereinigt, die Teile mit einem öligen Tuch abgewischt, sie wieder zusammengesetzt, den Abzug geprüft, das Magazin mit Patronen gefüllt. Sechs Schuss. Sechs Kugeln. Eine davon genügt, um seinen Auftrag zu erfüllen. Vorausgesetzt, er trifft beim ersten Schuss. Oder dem zweiten. Für einen dritten wird er sicher kaum Gelegenheit haben.

Jede Nacht hat er in den letzten Tagen davon geträumt. Er hat sich an die Waffe gewöhnt. Sie liegt gut in der Hand. Als gehöre sie da hinein. Mit dem Daumen lässt sie sich leicht entsichern. Der Widerstand des Abzugs ist ihm vertraut, bis zum Punkt, an dem sich der Schlagbolzen löst, auf die Zündkapsel der Patrone trifft, und die Explosion die Kugel durch den Lauf jagt. Er hat sich vorbereitet, körperlich und geistig. Die Browning ist zum Zentrum seiner Existenz geworden. Alles konzentriert sich auf sie, jetzt, wo es darum geht, den Schuss abzufeuern, der die Welt verändern wird. Seine Aufmerksamkeit, sein beschleunigter Puls, sein Atem, sein ganzes Wesen dienen nur diesem Zweck.

Er hört Motorengeräusche. Der Wagen, auf den er wartet, biegt um die Ecke, kommt ihm entgegen. Da ist die Uniform, der Federbusch auf dem Kopf seiner Zielperson, die breite mit Orden behängte Brust, das leutselige Lächeln, die Hand, die der Menge zuwinkt.

Wie von selbst kommt die Waffe aus der Hosentasche. Er entsichert noch in der gleichen Bewegung, tritt zwei Schritte vor, hebt beide Arme, die rechte Hand hält die Pistole, die linke stabilisiert den rechten Arm. Das Ziel ist ganz nah. Jetzt!

Er zieht den Abzug durch.

Mit scharfem Knall löst sich der Schuss. Fast explosionsartig atmet er aus. So konzentriert war er, dass er zu atmen vergessen hat. Schweiß steht ihm auf der Stirn. Er versucht, sich zu entspannen.

»Und?«, fragt er, ohne sich umzudrehen.

»Nicht schlecht«, hört er Pavle hinter sich sagen. Gavrilos Herz schlägt ihm bis zum Hals. Nicht schlecht also. Aber gut genug?

Wer dieser Pavle ist, weiß er nicht, nur dass der Mann Mitglied der Schwarzen Hand ist, des serbischen Geheimbunds. Er redet nicht viel, trägt meist eine grimmige Miene zur Schau, lächelt fast nie. Aber ein Komitatschi und Freischärler soll er gewesen sein. Er ist hier, um ihnen das Schießen beizubringen. In einem Wald, ganz in der Nähe der Stadt. Wahrscheinlich heißt der Mann gar nicht Pavle. Und mehr als ihre Vornamen kennt er auch nicht. Besser so.

Gavrilo ist noch ganz in seiner Fantasie gefangen. Er atmet tief durch. Der Pappkamerad, den zwei serbische Soldaten an einer Leine entlanggezogen haben, um einen fahrenden Wagen nachzuahmen, kommt zum Stehen.

Major Vojislav Tankosić, der gekommen ist, um ihre Fortschritte zu überprüfen, tritt näher und sieht sich das Einschussloch an. »Nicht genau im Zentrum, aber immerhin. Für ein bewegliches Ziel ganz gut. Noch ein paarmal üben, dann hast du es raus.«

Gavrilo Princip, neunzehn Jahre alt, wechselt die rauchende Pistole von der einen in die andere Hand und betrachtet seine Rechte. Vom vielen Schießen hat er Schmauchspuren an den Fingern. Den Tankosić, inzwischen Major der serbischen Armee, kennt er von früher, als Tankosić bei den Tschetniks war und eine Freischärlergruppe gegen die Türken angeführt hat. Gavrilo wollte bei ihm anheuern. Aber Tankosić wies ihn ab. Er sei zu jung und zu schmächtig, um bei den Tschetniks zu kämpfen, hat es damals geheißen.

Nun ja, mit einem Meter sechzig ist er klein geraten. Und schwächlich war er auch schon immer. Für das, was sie jetzt vorhaben, bin ich dem Major wohl nicht zu jung, denkt

Gavrilo. Und auch nicht zu schmächtig. Schließlich genügt es, eine oder zwei Kugeln ins Ziel zu bringen. Dafür zählt nicht, wie groß und stark man ist, es zählen nur Mut und Entschlossenheit.

»Wann geht es endlich los, Herr Major?«, fragt er.

»Nicht so laut«, raunt Tankosić und dreht den beiden Soldaten, die in einiger Entfernung stehen, vorsichtshalber den Rücken zu. »Ihr könnt es wohl nicht abwarten, was?«

Gavrilo sieht zu den beiden anderen jungen Männern, die mit ihm die Schießübungen absolvieren. Seine Freunde Trifko und Nedeljko, beide ebenfalls neunzehn Jahre alt. Und auch Danilo Ilić, den sie aus Sarajevo kennen, ist gekommen, um zu sehen, wie sie mit den Waffen zurechtkommen. Danilo gehört ebenfalls zur Schwarzen Hand, hat angeblich sogar eine Vertrauensstellung in der Organisation, obwohl er selbst erst dreiundzwanzig ist. Er hat die ganze Sache eingefädelt. Alle vier sind fest entschlossen, den Plan durchzuführen, um endlich etwas Großartiges für ihr Vaterland zu leisten. Für die serbische Sache.

»Ich glaube, wir sind so weit, Herr Major«, sagt Gavrilo leise.

Tankosić nickt. »Bald, mein Junge. Der Thronerbe wird in Sarajevo für den 28. Juni erwartet. Einige Tage vorher wird Pavle euch über die Grenze schmuggeln. Bis dahin müsst ihr euch gedulden.«

Der Mann, der sich Pavle nennt, nickt. Dann ruft er den beiden Soldaten zu, eine neue Zielscheibe anzubringen und wieder an den Ausgangspunkt zu ziehen. Er zeigt Gavrilo ein weiteres Mal, wie die Waffe zu halten ist. Und wie man trotz Rückstoß auch den zweiten Schuss ins Ziel bringt. »Jetzt noch mal«, sagt er. »Zwei Schüsse dicht hintereinander. Und diesmal mitten ins Herz, wenn ich bitten darf.«

MONTAG, 22. JUNI 1914

Neue Freie Presse

Wien, Samstag, den 20. Juni 1914

Durazzo ist gerettet. Die Befehlshaber der österreichisch-ungarischen und der italienischen Kriegsschiffe sind ermächtigt, die Kanonen in Tätigkeit zu setzen, wenn die Aufständischen in die Stadt dringen sollten und für den Hof, für die Gesandtschaften oder für die fremden Kolonien eine unmittelbare Gefahr bestünde. Das ist zureichend, um den rebellischen Bauern einen unzerbrechlichen Riegel vorzuschieben und den Weg nach Durazzo zu versperren. Der Befehl an die Kommandanten war die Antwort auf den Notschrei des Fürsten, der von den Mächten wiederholt militärische Hilfe verlangt hat und durch so viele bange Tage ohne jede Unterstützung und ohne jedes Zeichen wirksamer Sympathie geblieben ist. Der Auftrag, die Stadt gegen die Barbaren zu schützen, hätte sehr leicht zu spät eintreffen können.

Belgrad, 7:32 Uhr, im Park der Festung

Sie treffen sich an der Türbe, dem Grabmal des Damad Ali Pascha, eines Großwesirs des Osmanischen Reichs, gefallen 1716 im Kampf gegen das österreichische Heer unter der Führung von Prinz Eugen und hier beigesetzt. Das Monument liegt im Parkbereich der Festung von Belgrad, hoch über dem Zusammenfluss der Save und der Donau. Ein geschichtsträchtiger Ort für dieses Treffen.

Der Himmel ist bedeckt, und ein leichter Dunst steigt vom Ufer empor. Die beiden Männer sind in Zivil, sehen nicht anders aus als die üblichen Flanierer im Park, obwohl außer ihnen kaum jemand zugegen ist. Dazu ist es zu früh am Morgen. Nur ein alter Mann humpelt an ihnen vorbei. Er geht am Stock, zieht ein Bein nach. Vielleicht ein kriegsversehrter Veteran.

Oberst Dragutin Dimitrijević lässt sich auf einer nahen Bank nieder. Er ist siebenunddreißig Jahre alt und Chef des serbischen Militärgeheimdienstes. Sein Gesprächspartner sieht sich um, um sich zu vergewissern, dass niemand sie beobachtet. Es ist Vojislav Tankosić, zweiunddreißig Jahre alt, Major der serbischen Armee und ehemaliger Tschetnik im Kampf gegen die Osmanen.

Tankosić ist nervös. Er weiß, dass die Österreicher Spitzel in Belgrad unterhalten. Auch die eigene serbische Regierung soll nichts von dem wissen, was sie hier zu besprechen haben. Sein misstrauischer Blick liegt auf dem Rücken des humpelnden Alten, der sich langsam entfernt.

»Nun setz dich schon, und steh nicht so rum«, brummt Dimitrijević. »Hier kann uns niemand belauschen. Also beruhige dich.«

Beide Männer tragen Schnauzbärte im Gesicht, mit gewachsten, hochgezwirbelten Enden, wie es Mode ist. Aber damit endet jede Ähnlichkeit. Dimitrijević ist ein Bär von einem Kerl. Nicht besonders groß, aber mit ausladenden Schultern, einem Brustkasten wie ein Fass, kräftigen Oberarmen und einem breiten Schädel, auf dem nur noch spärlich Haare wachsen. Seit Studententagen hängt ihm der Spitzname Apis an – der geheiligte Stier von Memphis in der altägyptischen Mythologie.

Vojislav Tankosić dagegen ist hochgewachsen und äußerst schlank. Seine Wangen sind so hohl, dass man denken könnte, er hätte seit Wochen nichts Vernünftiges zu essen bekommen. Davon abgesehen ist er ein gut aussehender Mann mit dichtem schwarzen Haar, einer, dem auf der Straße die Frauen nachschauen.

Beide sind Mitglieder des berüchtigten nationalistisch-serbischen Geheimbundes, der Schwarzen Hand. Tankosić gehört zur Führungsebene. Dimitrijević ist mehr als das, er ist Mitbegründer und Anführer der Vereinigung. Mit ihm ist nicht zu spaßen, wie Tankosić weiß. Der Mann ist kaltblütig berechnend und ohne Skrupel. Vor elf Jahren waren sie beide an der Ermordung des serbischen Königs Aleksandar Obrenović beteiligt, der wegen seiner österreich-freundlichen Haltung unbeliebt gewesen war. Die Verschwörer waren nachts in den Palast eingedrungen, hatten den König und seine Frau mit unzähligen Kugeln erschossen, die Leichen mit Säbeln fast zerstückelt und anschließend aus dem Fenster geworfen. Nein, mit Dimitrijević ist nicht zu spaßen.

»In Albanien geht's ziemlich rund«, sagt Tankosić. »Hast du gelesen, was über Durazzo in den Zeitungen steht?«

»Wozu brauche ich Zeitungen? Ich bin Leiter des Geheimdienstes. Ich bin schneller und besser informiert als jeder Schreiberling.«

»Natürlich. Will nur sagen, dass die Österreicher und Italiener jetzt Kriegsschiffe in Stellung gebracht haben. Die schießen die moslemischen Rebellen zusammen.«

Dimitrijević zuckt mit den Schultern. »Hab doch gleich gesagt, dass nichts wird mit diesem Bauernaufstand. Die Alliierten lassen ihren deutschen Fürsten nicht fallen. Aber selbst wenn sie diesen Aufstand niederschlagen, ist die Lage für uns Serben nicht besser geworden.« Er gähnt und reibt sich übers Gesicht, als wäre er noch nicht ganz wach. »Aber das soll uns nicht weiter kümmern. Wie geht es deinen Jungs?«

»Sie sind aufgeregt. Verständlich, unter den Umständen. Ist der Besuch des Thronfolgers immer noch sicher für den Achtundzwanzigsten?«

»Ja. Daran hat sich nichts geändert.« Dimitrijević starrt lange auf seine Fingernägel. »Hör zu«, sagt er schließlich. »Ich weiß, du hast die Burschen rekrutiert. Aber ich habe jetzt doch Zweifel bekommen. Ich denke, wir sollten die Sache abblasen.«

»Bist du verrückt? Es ist eine einmalige Gelegenheit. Die dürfen wir uns nicht entgehen lassen. Ein solcher Schlag wird die k. und k. Monarchie erschüttern, vielleicht sogar stürzen.«

»Ich weiß. Aber deine Kerle sind blauäugige dumme Jungs. Schüler, verdammt noch mal!«

»Du kennst doch Danilo Ilić. Der ist mit ihnen befreundet und kennt sie gut. Er bürgt für sie. Außerdem wird er die drei in Sarajevo führen, damit nichts schiefgeht.«

Dimitrijević nickt. »Nichts gegen Ilić. Der ist verlässlich. Aber die drei Jüngelchen, die das erledigen sollen … Wie heißen die noch mal?«

»Gavrilo Princip, Nedeljko Čabrinović und Trifko Grabež. Alle drei bosnische Serben, wie du weißt. Die hassen die Österreicher.«

»Das mag sein. Aber sie sind unerfahren. Die werden alles

vermasseln. Daran wird auch Ilić nichts ändern. Außerdem kennen sie dich. Wenn man sie schnappt, werden sie dich als Ersten verraten. Ist dir das nicht klar?«

»Ich gebe ihnen Zyanidkapseln mit. Sie sind bereit zu sterben.«

»Bist du sicher?«

Tankosić nickt. »Alle drei. Sie wissen, dass sie keine Chance haben davonzukommen. Und keiner von ihnen will lebend gefasst werden. Es ist ein Todeskommando. Sie wissen das.«

»Ich frage dich noch einmal: Bist du dir da sicher?«

»Ich schwör's! Ich hab es hundertmal mit ihnen durchgesprochen, hab ihnen die Kapseln gezeigt und erklärt, was sie tun müssen. Ich weiß, sie sind jung, aber sie sind glühende Patrioten und begierig, ihr Leben für die Sache zu geben. Für das serbische Volk. In ihnen lebt der Geist von Märtyrern.«

Dimitrijević schüttelt den Kopf und seufzt. »Im Kaffeehaus ist glühender Patriotismus nicht schwer, Vojislav. Im Gefecht sieht es dann anders aus. Da scheißen die Herren Pennäler sich in die Hose. Du warst selbst im Krieg. Du weißt, wie es ist. Wer will schon sterben?«

»Mach dir keine Sorgen, Dragutin. Ich lege meine Hand für die drei ins Feuer. Besonders für Gavrilo Princip. Der ist ihr Anführer, die anderen beiden tun, was er sagt. Alle drei haben sich schon an verschiedenen Protesten beteiligt. Den Princip haben sie in Sarajevo deswegen von der Schule geworfen. Vor zwei Jahren hat er sich bei den Tschetniks gemeldet, wollte unbedingt gegen die Osmanen kämpfen. Ich sage dir, der ist wild darauf, etwas zu unternehmen. Und so entschlossen, dass es zum Fürchten ist.«

»Wie alt ist der Knabe?«

»Neunzehn. Genau wie die anderen beiden.«

»Neunzehn?« Dimitrijević verdreht ungläubig die Augen.

»Ich fasse es nicht. Die sind doch noch gar nicht stubenrein.«

»Die Jüngsten sind oft die Tapfersten. Du weißt das.«

»Ja, weil sie keine Ahnung von der Welt haben.«

»Herrgott noch mal, Apis! Die müssen doch nur mit der Pistole abdrücken und vielleicht 'ne Bombe werfen. Was soll daran so schwer sein?«

Dimitrijević blickt auf den Boden und schweigt.

»Da ist noch was, das du wissen solltest«, fährt Tankosić fort. »Ilić meint, Gavrilo ist lungenkrank und weiß, dass er nicht lange zu leben hat.«

»Ach, und deshalb ist es ihm egal, dass er dabei draufgeht?«

»Er will nicht abtreten, bevor er etwas Großes für Serbien getan hat.«

»Mmh.« Dimitrijević kratzt sich nachdenklich das Kinn. »Und die anderen beiden?«

»Die sind ebenso entschlossen. Čabrinović wurde in der Kindheit regelmäßig von seinem Vater verprügelt. Der Alte ist Feuer und Flamme für Österreich. Čabrinović will es ihm heimzahlen.«

Dimitrijević zischt verächtlich durch die Zähne. »Dumme Bengel! Ich wurde auch verprügelt und bin deshalb kein Märtyrer geworden.« Er schweigt eine Weile und überlegt. »Wenn wir mehr Zeit hätten, ihnen einen richtig guten Waffendrill zu verpassen …«

»Wir haben häufig geübt. Gavrilo hat sich als besonders guter Schütze erwiesen. Er ist körperlich nicht der Kräftigste, aber mit der Pistole kann er umgehen. Und Čabrinović soll eine Bombe werfen.«

»Und der Dritte?«

»Pistole. Zur Sicherheit an anderer Stelle entlang der Straße.«

»Die Route ist bekannt?«

Tankosić nickt. »Route und Protokoll wurden in allen Einzelheiten veröffentlicht.«

»Die machen es uns leicht.« Dimitrijević schüttelt den Kopf über die Dummheit der österreichischen Behörden. »Üb auf jeden Fall noch ein paarmal mit ihnen, bevor du sie in den Tunnel schickst.«

Damit meint er die geheime Untergrundorganisation von Vertrauensleuten der Schwarzen Hand, mittels der das Bündnis Männer und Waffen nach Kroatien, Bosnien oder Montenegro schmuggelt. Und mit deren Hilfe sie in die umgekehrte Richtung Männer in Sicherheit bringt, die von der Polizei verfolgt werden.

Tankosić spürt plötzlich Dimitrijević' kalte Augen auf sich ruhen. »Eines muss dir klar sein, mein lieber Vojislav: Du bist mein Freund, und ich kenne deine feste Gesinnung. Aber unter der Folter redet so mancher. Geht die Sache schief und die Jungs werden geschnappt, dann werden wir alles abstreiten und keinen am Leben lassen, der direkt damit zu tun hatte. Wir können nicht zulassen, dass der Bund in Gefahr gerät, solltest du deine Aufgabe vermasseln. Haben wir uns verstanden?«

Tankosić muss schlucken, bevor er antworten kann. »Es wird alles so verlaufen, wie wir uns das wünschen, Apis. Ich verspreche es.«

Sarajevo, 8:02 Uhr, in einer Pension nahe der Altstadt

Durch einen Spalt zwischen den schweren Brokatvorhängen dringt grelle Morgensonne und zwickt Major Rudolf Markovic in die Nase. Er öffnet erst eines, dann das andere Auge. Sein Kopf schmerzt vom Champagner der vergangenen Nacht, und die Zunge fühlt sich pelzig an. Das sind die ersten Wahrnehmungen.

Zu seiner Verwunderung liegt eine weibliche Hand auf seiner Brust. Und auf dem Oberschenkel ein nacktes Bein. Dabei gehören die Gliedmaßen nicht zur gleichen Person. Er kann sich überhaupt nicht erinnern, wem zum Teufel sie gehören. Vom Nachttisch her hört er seinen Wecker ticken. Ein Blick darauf lässt ihn erschrecken, als ihm dumpf klar wird, dass er verschlafen hat. Er muss vergessen haben, das Ding zu stellen.

»Verdammte Scheiße!« Er schiebt die fremde Hand von seiner Brust. »Huber!«, brüllt er. »Beweg deinen Arsch her! Aber dalli!«

Er lässt den Kopf aufs Kissen sinken und versucht, sich zu erinnern, wie viel er gestern getrunken hat. So wie sein Schädel brummt, kann es nicht nur der Champagner gewesen sein. Ich muss mal wieder mit dem Slibowitz übertrieben haben, denkt er zerknirscht. Damit machen sie uns am Ende fertig, diese Bosnier. Mit ihrem verfluchten Slibowitz.

Die nackte Frau, der die Hand gehört, stöhnt schlaftrunken und dreht ihm den hübschen Hintern zu. Die zweite lässt ihr Bein, wo es ist, und drängt sich noch enger an ihn. Ihr Gesicht mit den geschlossenen Augen kommt ihm bekannt vor. Etwas regt sich in ihm. Er ist versucht, die süße Bekanntschaft zu erneuern. Aber da ist der Wecker, der vorwurfsvoll tickt. Auf einmal dämmert es ihm: Die beiden sind Tänzerinnen des einzigen Kabaretts der Stadt, das diesen Namen verdient. Er hat sie nach der Vorstellung aufgegabelt und mit nach Hause genommen. Die Blonde ist aus Wien, wie sie behauptet, die andere aus der ungarischen Provinz. Jedenfalls ihrem Akzent nach zu schließen.

»Huber!«, brüllt er noch mal. »Wo zum Teufel steckst du?«

Die vollbusige Blonde setzt sich auf und blinzelt ihn an. »Was schreist du denn so, Schatzi?«

»Nix Schatzi! Zeit, dass wir alle aus den Federn kommen.«

Er setzt sich auf und reibt sich die stoppeligen Wangen. Die alte Wirtin der Pension, in der er logiert, drückt, was Damenbesuche angeht, beide Augen zu. Schließlich verdient sie sich durch stundenweises Vermieten ihrer Zimmer selbst gern etwas dazu. Meist an liebeshungrige Leutnants der österreichisch-ungarischen Armee. Also lässt sie ihm alle Freiheiten, solange er es nicht übertreibt oder sie wegen Kuppelei anzeigt.

Alois Huber, der sein Zimmer nebenan hat, steckt den Kopf durch die Tür. »Sie wünschen, Herr Major?«

»Warum, zum Teufel, hast du mich nicht früher geweckt? Ich muss in weniger als dreißig Minuten im Hauptquartier sein. Hast du wenigstens die andere Uniform ausgebürstet und die Stiefel gewienert?«

»Hab ich. Soll ich Sie rasieren, Herr Major?«

»Mach ich selber.« Markovic springt splitternackt aus dem Bett. Und bereut es gleich, als ihm bei der heftigen Bewegung der Schmerz durchs Hirn zuckt. Verdammte Sauferei! Aber dann reißt er sich zusammen. »Ihr beiden Hübschen macht euch jetzt aus dem Staub«, sagt er. »Danke für den schönen Abend. War mir eine Ehre.«

Die Mädchen studieren aufmerksam seine Nacktheit. Wie

Katzen, die Fliegen fangen. Aber das stört ihn nicht weiter. Ist schließlich nicht das erste Mal, dass Frauenaugen ihn wohlgefällig betrachten. Er gibt jeder einen Kuss auf die Wange, dann tritt er zur Kommode mit dem Waschbecken und dem Spiegel. Markovic ist ein gut aussehender Mittdreißiger mit dunklem Haar und einem Grübchen im Kinn. Seine Augen sind heute Morgen etwas glasig und gerötet. Ansonsten sieht man ihm den Kater nicht an. Er schäumt den Rasierpinsel ein.

Huber, der junge Offiziersdiener, lungert derweil im Zimmer herum, den Blick fest auf die beiden nackten Frauen gerichtet. Seine Gegenwart hindert sie nicht daran, sich beim Anziehen ungeniert Zeit zu lassen. Im Gegenteil. Es scheint ihnen Spaß zu machen, dass der Bursche mit offenem Mund dasteht und die Augen nicht von ihren Brüsten lassen kann.

»Hör auf, die Weiber anzustarren!«, schnauzt Markovic. »Hol mir lieber die Uniform.«

»Zu Befehl!«, murmelt Huber widerstrebend und verlässt mit rotem Kopf und einem sehnsüchtigen Blick das Zimmer. Die Mädchen kichern.

Markovic wischt die letzten Schaumspuren von den Wangen und kämmt sich das militärisch kurz geschnittene Haar. Er kleidet sich hastig an, bindet sich die Uhr ums Handgelenk und wirft einen nervösen Blick darauf. Es ist eine jener noch seltenen, eigens für Flieger gefertigten Armbanduhren, eine Santos von Cartier, Geschenk seines Vaters, auf das er sehr stolz ist. Wesentlich praktischer als die üblichen Westentaschenuhren, besonders für einen Militär.

Noch zwanzig Minuten. Das dürfte reichen. Trotzdem Zeit, sich auf den Weg zu machen. Ein letzter kritischer Blick in den Spiegel. Markovic ist wie immer glatt rasiert, in perfektem Uniformschick und blank polierten Reitstiefeln. Auch wenn er sich in seiner Freizeit gern ausschweifenden Vergnügungen hingibt – schließlich ist er Junggeselle –, vieles beim Militär nicht so tierisch ernst nimmt und auch seinem Burschen einiges durchgehen lässt, so hört bei drei Dingen der Spaß auf: Das sind seine Ehre als Offizier, die Sorgfalt, mit der er die beruflichen Pflichten erfüllt, und nicht zuletzt seine militärische Garderobe. Nie würde er es sich erlauben, anders als in tadelloser Uniform in der Öffentlichkeit zu erscheinen. Das ist ihm seit der Kadettenschule eingebläut worden. Und er hält sich daran.

Ungeduldig dreht er sich zu den beiden Hübschen um, die es mit dem Anziehen nicht besonders eilig haben. Eine ist noch im Unterrock und sucht nach ihren Schuhen. Die Blonde zwängt sich gerade in ihr eng geschnittenes Kleid vom Vorabend und hat Mühe, den üppigen Busen unterzubringen.

»Ich muss jetzt los«, sagt er. »Ich kann nicht auf euch warten. Seid bitte leise, wenn ihr geht. Die Alte unten macht mir sonst Scherereien.«

»Versprochen, Schatzi«, sagt die Blonde und wirft ihm eine Kusshand zu. »War schön mit dir. Lass dich mal wieder sehen.«

»Sicher doch«, murmelt er abwesend und ruft noch mal seinen Burschen ins Zimmer. »Du kümmerst dich bitte um die Damen.«

Huber nickt eifrig. Er weiß, was erwartet wird. Er soll darauf achten, dass die Mädchen möglichst bald und diskret das Haus verlassen und vor allem nichts aus Markovic' Zimmer mitgehen lassen. Nicht, dass es dort besonders Wertvolles gibt. Aber Vorsicht ist die Mutter der Porzellankiste. Huber lässt sich auf einem Stuhl nieder und grinst der Ungarin zu, die nun endlich ihre Schuhe gefunden hat.

Markovic schüttelt den Kopf und verlässt das Appartement. Er steigt die Treppe hinunter, am Frühstückszimmer vorbei, und tritt vor die Tür der Pension. Auf der Straße bleibt er kurz stehen, um erst mal tief durchzuatmen, denn die frische Morgenluft wirkt wie Balsam auf die Kopfschmerzen. Sein Blick wandert zum schlanken Minarett der nahen Gazi-Husrev-Beg-Moschee, das sich blendend weiß vor dem strahlend blauen Himmel abhebt. Die Luft ist mild, die Berge ringsum leuchten in sattem Sommergrün. Es verspricht ein schöner Tag zu werden. Markovic sieht noch einmal auf die Uhr und macht sich auf den Weg.

Die Pension, in der er logiert, liegt etwas nördlich vom alten Basar. Es ist ungewöhnlich für einen k. u. k. Offizier, im moslemischen Teil der Stadt zu wohnen, aber Markovic findet es hier interessanter als in den neuen, modernen Vierteln westlich der Altstadt, wo seit der österreichischen Besetzung im Jahre 1878 viele Wohn- und Amtsbauten entstanden sind, Schulen, Kasernen und Offizierskasinos. Von der Pension bis zum Hauptquartier der Militärverwaltung im Konak, dem einstigen türkischen Gouverneurspalast auf der südlichen Seite des Flusses, ist es nicht weit. Auch ein Grund, warum Markovic die Pension gewählt hat, denn als Chef des Militärgeheimdienstes von Bosnien-Herzegowina belegt er im Konak eine kleine Flucht von Räumen.

Sein Weg führt mitten durch die Baščaršija, den türkischen Basar der Altstadt. Er liebt es, über den Basar zu wandern. In den schmalen Gassen herrscht wie immer das Treiben eines geschäftigen Wochentages, das unablässige Stimmengewirr vieler Menschen, übertönt von den Rufen der Händler, die ihre Waren anpreisen. Hier gibt es immer etwas Interessantes zu sehen, auch wenn im Augenblick die Zeit drängt.

In einem Bereich des Basars werden Obst und Gemüse angeboten, in einem anderen Fleisch und Flussfische. Da sind die Gassen der Brokatsticker, der Gerber und der Goldschmiede. Aus winzigen Werkstätten klingt das Hämmern der Kesselflicker und Schuhmacher. Menschen jeglichen Standes, jeglicher Herkunft und Religion wandern an den offenen Läden vorbei, meist klapprige Buden aus Holz mit Verschlägen, die sich zur Gasse hin öffnen und so vollgestopft sind mit Waren, dass man meinen könnte, sie würden unter der Last zusammenbrechen. Alles gibt es hier zu kaufen, das Nötige und das Unnötige, das Edle und das Profane. Gebrauchte Kleidung oder neue, aus feinem Tuch. Bestickte Kissen, Seidentücher, Ketten aus Glasperlen, Bernstein- und Silberschmuck, Rosenkränze, Koran oder Bibel. Händler schmeicheln und umgarnen Kunden, die das Angebot kritisch betasten und beäugen und lautstark um den besten Preis feilschen. Darunter Frauen bei ihren täglichen Einkäufen, nicht selten nach osmanischer Tradition gekleidet, weite Pluderhosen, darüber die Feredza, ein unförmiges Gewand, das jegliche Körperform verbirgt, und um dem Kopf ein langes Tuch, das nicht viel mehr als Augen und Nasenspitze erkennen lässt.

Markovic schiebt sich an einem Bauern vorbei, der ein Pferd hinter sich herzieht, macht einer Christin in kurzer Weste Platz, ebenso einem ehrwürdigen Popen mit langem Bart, der nicht auf den Weg achtet, weil er sich angeregt mit einem Mönch unterhält. Ein kleiner Junge steht allein in der Menge und schreit zum Erbarmen, bis die Mutter auftaucht und ihn auf den Arm nimmt. Es herrscht ein Gedränge und Geschiebe zwischen den Buden, schnell kommt man nicht voran. Den vielen Garküchen entströmt schon jetzt am Morgen ein Geruch von Knoblauch und gegrilltem Hammelfleisch, ein Geruch, der in Markovic' verkatertem Magen ein Gefühl von Übelkeit hervorruft. Vor einem Kaffeehaus ist ein heftiger Streit zwischen zwei Männern entbrannt. Ein dritter versucht, sie auseinanderzuhalten. Zum Glück sind zwei Beamte der städtischen Polizei zur Stelle, leicht zu erkennen an ihrer blauen Uniform mit dem roten Fez.

In einer Nische, neben einem Händler für Geschirr und Tongefäße, hockt ein alter Muslim auf einem abgewetzten Teppich. Sein Bart ist weiß, das braune Gesicht voller Runzeln, auf dem Kopf sitzt ein speckiger Turban. Neben dem Mann steht eine Schubkarre, in der sich Wasserschlauch und Zuckerdose, ein Säckchen mit Kaffeebohnen, eine alte Handmühle und ein Stapel winziger, einfachster Steinguttassen befindet. Auf dem Kohlebecken vor ihm summt eine rußgeschwärzte Kupferkanne und verbreitet einen herrlichen Duft nach türkischem Kaffee. Markovic bleibt stehen. Für einen Kaffee muss Zeit sein, beschließt er. Besonders nach durchzechter Nacht. Soll Potiorek verdammt noch mal warten.

Der Alte schaut auf und schenkt ihm ein zahnloses Grinsen. »Guten Morgen, Efendi«, sagt er in schauderhaftem Deutsch. »Ein Tässchen Mokka? Wie immer?«

Markovic nickt und kramt in der Hosentasche nach einer Münze. Natürlich gibt es auf dem Basar richtige Kaffeehäuser, in denen man auf bequemen Kissen verweilen kann, aber Markovic hat es heute eilig. Außerdem mag er den Alten. Vielleicht, weil er arm ist und sich hier ein paar Kronen verdient, um zu überleben. Und sein Kaffee ist nicht schlechter als anderswo.

Der Alte lässt die Münze verschwinden, nimmt einen Topflappen, um sich nicht zu verbrennen, greift mit seiner großen, schwieligen Rechten, die von lebenslanger harter Arbeit zeugt, zur Kanne, nimmt mit der Linken eine saubere Tasse vom Stapel und gießt schwungvoll ein. Dann reicht er Markovic lächelnd und mit einer salbungsvollen, fast unterwürfigen Bewegung das dampfende Tässchen, ganz so, als handele es sich um etwas wundervoll Kostbares. Und das ist es auch. Markovic nimmt den ersten vorsichtigen Schluck von dem süßen Gebräu und fühlt sich gleich besser.

»*Hvala!* Danke!«, sagt er und zwinkert dem Alten zu.

Der lacht und erwidert etwas Unverständliches auf Bosnisch.

Die Sprache ist immer noch die größte Barriere, denkt Markovic. Auch für seine Arbeit. Bosnisch und Serbisch sind praktisch identisch. Vielleicht sollte er sich endlich mal dranmachen, die Sprache zu lernen. Obwohl nicht wenige Bosnier inzwischen Deutsch sprechen. Schließlich ist es Amtssprache in Bosnien und Herzegowina.

Markovic ist bereits seit drei Jahren auf diesem Posten in Sarajevo und hat sich immer noch nicht ganz an die erstaunliche Mischung aus West und Ost gewöhnt, an diese Stadt, in der christliche Kirchenglocken neben dem Ruf des Muezzins erklingen, wo man Rabbiner im Gespräch mit bärtigen orthodoxen Priestern antrifft. Ein ungewöhnliches Nebeneinander europäischer Moderne und türkischer Tradition. Sarajevo ist eine Stadt der Gegensätze und der Widersprüche.

Zwei Soldaten in österreichischen Uniformen grüßen ihn im Vorbeigehen. Die müssen heute Ausgang haben. Überhaupt ist wegen der anstehenden Manöver viel Militär in der Stadt. Das lenkt Markovic' Gedanken unweigerlich auf den Besuch des Thronfolgers und die damit verbundenen Risiken. Denn so friedfertig der Basar sich gibt – in Sarajevo ist nicht alles eitel Sonnenschein. Besonders die bosnischen Serben sorgen für Unruhe. Von den Muslimen seit Jahrhunderten klein gehalten, sehen sie auch in Österreich nur den Unterdrücker. Ständig gibt es Aufruhr in der Stadt, Protestmärsche und Prügeleien mit der Polizei. Attentatsversuche gegen österreichische Amtsträger hat es auch schon gegeben. Serbien selbst mischt hier kräftig mit, das weiß er aus seiner Geheimdiensttätigkeit. Die Stadt ist voller Dunkelmänner und Spitzel. Darunter nicht zuletzt auch Markovic' eigene Spione.

Ein Blick auf die Uhr, dann trinkt er aus und gibt seine Tasse zurück. Ein paar Schritte weiter biegt er in die Franz-

Josef-Straße ein, die zum Appel-Kai und der Miljacka führt, dem Fluss, der Sarajevo in zwei lange Hälften teilt. An der Ecke, beim Feinkostladen Schiller, bleibt er stehen, um ein Pferdefuhrwerk vorbeizulassen, dann überquert er die Straße und betritt die Lateinerbrücke, die den Fluss überspannt. Wenig später erreicht er den Konak, einen dreistöckigen Bau neutürkischer Architektur mit hohen Fenstern und einer breiten Treppe, die zum Eingangsportal führt. Hier gehen österreichische Beamte und Offiziere ein und aus. Einige grüßen ihn. Leichtfüßig eilt er die Treppe hinauf und verschwindet im Innern des Gebäudes.

Sarajevo, 8:34 Uhr, im Konak

Die Versammlung findet in einem düsteren eichengetäfelten Raum statt. An der Wand das unvermeidliche Porträt des alten Kaisers, inklusive Ordensbrust und Backenbart. Offensichtlich ist Markovic der Letzte, der den Raum betritt. Am Kopfende des langen, spiegelblank polierten Konferenztisches sitzt Landesherr Oskar Potiorek in militärisch steifer Haltung und wirft ihm einen gereizten Blick zu. Sein Dienstgrad ist Feldzeugmeister, ursprünglich ein Generalsrang der Artillerie, im österreichisch-ungarischen Heer jedoch ein Rang der höchsten Führungsebene. Potiorek ist Befehlshaber der Balkanarmee, also ein äußerst wichtiger Mann.

»Schön, dass Sie uns doch noch beehren«, knurrt er ungehalten. »Vielleicht können wir dann ja endlich anfangen.«

»Tut mir leid«, erwidert Markovic und lässt sich auf einem freien Platz am hinteren Ende des Tisches nieder. Akten hat er nicht mitgebracht. Er weiß, worum es geht und was er dazu sagen wird. Er hält die Einladung des Thronfolgers und seiner Gemahlin nach Sarajevo für einen schweren Fehler. Aus Sicherheitsgründen. Und er hat vor, seine Bedenken noch einmal mit allem Nachdruck zu äußern. Selbst auf die Gefahr hin, dass er sich bei dem mächtigen Landeschef unbeliebt macht.

Potiorek ist mittelgroß und um die sechzig. Sein Haar ist grau meliert, streng gescheitelt und an den Seiten kurz geschoren. Die Oberlippe ziert ein Schnäuzer, und die etwas wabbeligen Wangen über dem steifen Militärkragen sind glatt rasiert. Eigentlich keine besonders einprägsame Erscheinung – bis er den Mund aufmacht. Die Stimme klingt blechern hart und etwas schnarrend, der Ton befehlsgewohnt, kaum Widerspruch duldend.

Vor Jahren wäre er um ein Haar zum Chef des Generalstabs der österreichisch-ungarischen Streitkräfte ernannt worden, wenn der Thronfolger ihn nicht zugunsten Franz Conrad von Hötzendorfs übergangen hätte. Eine peinliche Zurücksetzung, die Potiorek immer noch schmerzen muss. Dass diese beiden Offiziere seitdem bitter verfeindet sind, ist allgemein bekannt. Aber Landesherr der vor sechs Jahren formal annektierten Provinz Bosnien und Herzegowina ist sicher auch kein schlechter Posten.

Neben Potiorek sitzt sein Adjutant, Major Wiesinger. Ihm gegenüber räkelt sich ein Oberstleutnant der Infanterie, ein gewisser Baron von Scherwitz. Der trägt einen gewaltigen Schnauz- und Backenbart im Gesicht, ganz im Stil des Kaisers. Ebenso geladen sind der zivile Bürgermeister von Sarajevo, Fehim Efendi Čurčić, der Polizeichef der Stadt, Karl Mayerhoffer, und der Polizeikommissär der Landesregierung von Bosnien, Edmund Gede.

Mit Wiesinger hat Markovic des Öfteren zu tun. Auch Mayerhoffer und der schon ergraute Edmund Gede, der aus Graz stammt, sind ihm gut bekannt. Er schätzt sie als erfahrene Polizisten. Der Bürgermeister, ein beleibter, bosnischer Muslim, ist der Einzige, der keine Uniform trägt. Dafür hat er für gewöhnlich einen roten Fez auf dem Kopf, den er jetzt abgenommen hat. Mit ihm hat Markovic bisher wenig zu tun gehabt. Auch diesen von Scherwitz, einer der Kommandeure der anstehenden Manöver, kennt er nur flüchtig.

Potiorek räuspert sich, trinkt einen Schluck Wasser aus dem Glas, das vor ihm steht, und nimmt die schriftliche Aufstellung der Tagesordnung zur Hand, auf der auch die Namen der heute Anwesenden vermerkt sind. Er eröffnet die Konferenz mit einer knappen Nennung der Beteiligten. Markovic ist es peinlich, dass der Landeschef über den Namen des bosnischen Bürgermeisters stolpert, obwohl er dem Mann, wer weiß nicht wie oft schon begegnet sein muss.

Dann ergreift Major Wiesinger, der Adjutant, das Wort. Er streift kurz die geplanten Aktivitäten während des Manövers – auch Franz Conrad von Hötzendorf, der Chef des Generalstabs, wird selbstverständlich zugegen sein –, kommt dann aber ausführlich auf das Hauptthema des Tages zu sprechen, die einzelnen Programmpunkte, die den hohen Besuch betreffen. Die Beobachtung der Manöver durch den Erzherzog, die Abnahme der Ehrenkompanie, die Verteilung von Orden, den Besuch des Basars, den der Bürgermeister für die Herzogin organisiert hat, das geplante Diner mit lokalen Würdenträgern, die Wege per Motorwagen durch die Stadt, die das Paar nehmen wird, bis hin zum Empfang im Rathaus und den angesagten Reden. Alles genauestens festgelegt, was Uhrzeiten, Begleitpersonal und Honoratioren betrifft.

»Wir werden das alles natürlich bekannt geben, damit die Bevölkerung sich darauf einstellen kann«, schließt er.

»Sie wollen das in die Zeitung setzen?«, fragt Markovic entsetzt. Er richtet sich aus der lässigen Haltung auf, die er bisher eingenommen hat. »Dann weiß ja jeder Störer und Aufwiegler, wo er sich hinstellen muss.«

»Im Gegenteil«, erwidert Wiesinger pikiert. »Wir erwarten fröhliche Menschen, die dem Thronfolgerpaar begeistert zuwinken. Je bunter und lebendiger, umso besser. Wir werden zeigen, dass die Bosnier treu zur Monarchie stehen.«

»Und was ist mit Sicherheitsvorkehrungen?«, fragt Markovic. »Davon haben wir bis jetzt noch gar nichts gehört.«

Edmund Gede nickt heftig. »Ein äußerst wichtiger Punkt«, bemerkt er. Auch der Bürgermeister stimmt zu und macht ein besorgtes Gesicht.

Potiorek hingegen stören die Einwände. Was fällt den

Leuten ein, meinen Plan infrage zu stellen?, scheint sein Gesichtsausdruck zu sagen. Und gleich macht er den Rädelsführer aus – Markovic. Er wirft ihm einen gereizten Blick zu. Wie kann er es wagen, die Anordnungen zu kritisieren! Potiorek richtet seine Aufmerksamkeit erneut auf die Liste, die vor ihm liegt.

»Sie sind doch dieser … äh … Markovic. Ist das richtig?«, fragt er bissig und starrt ihn mit einem dieser Blicke an, die Unteroffiziere zum Zittern bringen.

»Ganz recht, Herr Feldzeugmeister. Major Markovic, zu Diensten.«

Als wüsste der Kerl nicht genau, wer ich bin, denkt Markovic. Das sind die üblichen Mätzchen, um Leute einzuschüchtern. Dieser Potiorek ist als schwieriger Chef bekannt. Ein Schinder, der Untergebenen das Leben zur Hölle macht. Gerade den muss es ärgern, dass er keine Macht über ihn hat. Schließlich berichtet Markovic nicht an ihn, sondern direkt an das Evidenzbüro in Wien, das Hauptquartier des Geheimdienstes.

Potiorek starrt ihn ärgerlich an. Dann senkt sein Blick sich wieder auf die Liste. »Major Rudolf A. Markovic, Geheimdienst«, liest er vom Blatt ab. Das Wort Geheimdienst spricht er in einem Ton aus, als handele es sich um eine besonders widerwärtige Spezies. »Markovic«, fährt er fort. »Sind Sie etwa Bosnier oder gar Serbe?«

»Ich bin Österreicher. Wie Sie, Herr Feldzeugmeister. Genau genommen bin ich Wiener.«

»Soso. Und wofür steht das ›A‹, Herr Major?«

Markovic seufzt innerlich. Er kann sich denken, was jetzt kommt. »Es steht für Aaron, Herr Feldzeugmeister.«

»Aaron. Sie sind also Jude.«

»Ich nicht, aber meine Mutter.«

»Aha! Aber das vererbt sich mütterlicherseits, oder etwa

nicht?« Potiorek lächelt plötzlich und zeigt dabei Haifischzähne. »Damit sind Sie Jude, mein Lieber.«

»Darf ich wissen, was das mit meiner Frage zu tun hat?«

»Nichts. Gar nichts. Ist nur interessant, wie ihr Juden inzwischen auch die Armee unterwandert.« Er grinst noch einmal. Diesmal hämisch. »Und sind Sie nicht Junggeselle?«

Markovic nickt.

»Mir sind da Dinge zu Ohren gekommen. Es heißt, Sie amüsieren sich gern. Nächtliche Ausschweifungen in gewissen Etablissements.«

In diesem Punkt hat Potiorek nicht unrecht. Gelegentlich trinkt Markovic zu viel. So wie letzte Nacht. Schuld daran sind die Langeweile des Soldatenlebens, besonders damals, als er noch in der Kavallerie war, und der leichte Zugang zu Alkohol in der Offiziersmesse. Und natürlich die Weiber. Aber was soll's? Niemand ist ohne Schwächen. Auch der gute Potiorek nicht.

»Der Besuch gewisser Etablissements, wie Sie es nennen, gehört zu meinen Pflichten«, erwidert Markovic ungerührt. »Meine Kontakte und Informanten trifft man nicht in Amtsstuben.«

»Ah ja«, lässt Potiorek gedehnt hören. »Ich nehme an, Sie nennen das *Milieurecherche*.« Er lacht über seinen kleinen Scherz und sieht sich um, ob auch die anderen Anwesenden das lustig finden. Nur der Oberstleutnant grinst amüsiert. Potiorek wird wieder ernst und fügt mit einem giftigen Blick hinzu: »Wohl eher Recherche in Bordellen. Privatvergnügen auf Staatskosten.«

Eine ziemlich heftige Anschuldigung. Aber Markovic ist keiner, der sich leicht aus der Fassung bringen lässt. Er ist zwar Karriereoffizier, entstammt leider auch keiner adeligen Familie, was ein Nachteil ist, aber er ist Sohn einer reichen Unternehmerdynastie und somit nicht von dem mageren Offizierssold abhängig, den sie ihm zahlen. Sollen sie mich doch rausschmeißen, ist seine Devise. Aber das werden sie nicht tun. Dazu ist er ein zu guter Geheimdienstler.

»Nennen Sie es, wie Sie es wollen, Herr Feldzeugmeister«, antwortet er ruhig. »In einem haben Sie recht: Wir haben durchaus unsere Quellen im Milieu. Und natürlich anderswo auch. Sie wären erstaunt zu erfahren, was manche Herren ihren Liebchen anvertrauen. Besonders in gewissen Stunden. Sie kennen das ja aus meinen Wochenberichten. Obwohl wir unsere Quellen natürlich geheim halten. Aber es ist immer wieder erstaunlich, was einem da alles unterkommt. Also unterschätzen Sie uns nicht, Herr Feldzeugmeister.«

Markovic lächelt verbindlich. Das Schöne am Geheimdienst ist, dass einem niemand an den Karren pinkeln kann. Obwohl Markovic nicht direkt an den Landesherrn berichtet, so erhält dieser doch eine Durchschrift der regelmäßigen Analysen, die er nach Wien schickt. Deshalb weiß Potiorek sehr wohl, womit sich Markovic' Abteilung beschäftigt. Schließlich beobachtet der Geheimdienst nicht nur externe Feinde der Monarchie, sondern hält auch ein Auge auf die eigenen Leute. Potiorek wird sich also denken können, dass sich einiges in Markovic' Akten befinden könnte, das nicht unbedingt in den Wochenberichten erwähnt wird und nur sehr wenigen bekannt sein dürfte. Zum Beispiel, dass sich der Feldzeugmeister in Bosnien eine Geliebte hält, von der die Gemahlin in Wien nichts ahnt. Noch dazu eine bosnische Serbin, deren Bruder Geld mit Waffenschiebereien macht und undurchsichtige Verbindungen nach Belgrad unterhält.

Potiorek scheint verstanden zu haben. Er ist rot geworden, und seine Kiefer mahlen, aber er sagt nichts.

»Um auf meine Frage zurückzukommen«, fährt Markovic ungerührt fort, »meine Quellen berichten jetzt immer öfter von heimlichen Treffen unter Studenten. Unter denen gibt es ziemliche Krawallbrüder. Mir kommen beunruhigende Dinge zu Ohren.«

»Was für Dinge?«

»Es wird gegen die Monarchie gehetzt. Wir alle wissen, es gibt genug Hitzköpfe in diesem Land. Im Augenblick scheint sich etwas zusammenzubrauen.«

»Aha! Und haben Sie vielleicht Konkretes zu melden?«

»Leider nichts Genaues«, muss Markovic zugeben.

»Dann verschwenden Sie unsere Zeit nicht mit Vermutungen und substanzlosen Gerüchten!«, fährt Potiorek ihn scharf an.

Aber Markovic gibt sich noch nicht geschlagen. »Für Sie mögen sie vielleicht substanzlos erscheinen, aber für mich sind das Anzeichen, auf die man achten muss. Vor allem, wenn es um die Sicherheit des Thronfolgers geht. Eine der vordringlichsten Sorgen eines jeden Geheimdienstes, würde ich sagen. Gewiss auch für Sie, Herr Feldzeugmeister. Für uns alle.«

Potiorek runzelt ärgerlich die Stirn. »Natürlich ist es das. Aber für die Sicherheit ist bestens gesorgt. Wir haben genug Polizisten auf der Straße.«

»Mit Verlaub«, meldet sich Edmund Gede zu Wort. »Eben nicht. Dem kann ich so nicht zustimmen.« Er wendet sich an den Polizeichef der Stadt, der neben ihm sitzt. »Wie viel Mann haben Sie zur Verfügung?«

Unter Potioreks strengem Blick windet Mayerhoffer sich ein wenig, bevor er antwortet. Dann sagt er: »Achtzig Mann. Mehr hab ich nicht.«

Gede nickt grimmig. »Nehmen wir mal an, wir konzentrieren etwa die Hälfte auf strategisch wichtige Punkte und den Rest verteilen wir entlang der Route, dann wäre das angesichts der langen Strecke vom Bahnhof bis zum Rathaus bestenfalls ein Mann alle sechzig Meter. Das ist bei Weitem nicht genug, Herr Feldzeugmeister. Außerdem sind die Männer nicht gegen Attentate ausgebildet.«

»Was für Attentate?«, knurrt Potiorek. »Sarajevo ist sicher. Die Bevölkerung freut sich auf den Besuch. Es ist eine Ehre für diese Stadt. Nicht wahr, Herr Efendi ... äh ... Čurčić?«

Der Bürgermeister blickt unsicher zu Gede hinüber, bevor er antwortet. »Ich weiß nicht«, sagt er dann. Sein Deutsch ist gut, wenn auch stark akzentgefärbt. »Fragen der Sicherheit entziehen sich meiner Kompetenz. Aber natürlich, das Volk von Sarajevo freut sich auf den Besuch.«

»Auf den muslimischen Teil der Bevölkerung trifft das sicher zu«, sagt Markovic. »Sorgen machen mir die bosnischen Serben. Unter ihnen gibt es jede Menge Unzufriedene und Aufrührer. Es muss ja nicht gleich ein Attentatsversuch sein, aber es könnte gepöbelt werden, Steine könnten fliegen.«

»Die paar Polizisten sind einfach nicht genug«, wiederholt Gede mit Bestimmtheit. Mayerhoffer nickt. Er wirkt erleichtert, dass Gede und Markovic ihn unterstützen.

Potiorek runzelt die Stirn. »Dann bringen Sie meinetwegen Verstärkungen aus der Provinz.«

Gede schüttelt den Kopf. »Aus Tuzla höchstens. Oder Doboj. Aber auch dort sind wir dünn besetzt. Mehr als dreißig Mann kann ich nicht abziehen. Es liegt also auf der Hand. Mayerhoffer und ich sind nicht in der Lage, für die Sicherheit des hohen Besuchs zu garantieren. Das habe ich, wenn Sie sich erinnern, auch schon bei früheren Gelegenheiten zum Ausdruck gebracht.«

Einen Augenblick lang herrscht betretenes Schweigen, denn es ist deutlich, dass dem Landesherrn das Gesagte nicht gefällt. Alle warten auf seine Reaktion. Aber Markovic hat noch etwas hinzuzufügen:

»Vielleicht ist es Ihnen nicht aufgefallen, Herr Feldzeugmeister, aber die Fahrt durch die Stadt und die Festreden im

Bürgersaal finden ausgerechnet am 28.Juni statt. Das ist ein ganz besonderes Datum für die Serben. *Vidovdan*, der Gedenktag zur Schlacht auf dem Amselfeld im Jahre 1389.«

»Na und?«

»Dieser Tag ist schlechthin das Symbol für die Befreiung des serbischen Volkes von Fremdherrschaft und Knechtschaft. Nicht gerade feinfühlig, dass der Thronfolger ausgerechnet an diesem Tag seinen Auftritt hat. Die bosnischen Serben könnten es als Beleidigung auffassen. Wie ist dieses Datum überhaupt zustande gekommen?«

Potiorek starrt ihn wütend an. »Jetzt nörgeln Sie auch noch an dem Datum herum! Ich selbst habe das Datum festgelegt, wenn Sie es genau wissen wollen. Schon vor vielen Monaten, verdammt noch mal! Und dieser *Vidovdan*, oder wie Sie es nennen, das ist doch dummes Zeug. Romantische Folklore, ohne Bedeutung. Eine Schlacht aus dem Mittelalter! Herr im Himmel! So was soll man ernst nehmen?«

»Ich denke, wir sollten es sehr wohl ernst nehmen. Es ist nicht das erste Mal, dass es Aufstände, ja, sogar Attentatsversuche in dieser Stadt gegeben hat. Vor vier Jahren sogar auf Ihren Vorgänger. Ich empfehle daher dringendst, die Straßen mit Militär zu säumen.«

»Sind Sie wahnsinnig? Wir sind doch keine Besatzungsarmee. Bosnien gehört zu Österreich-Ungarn. Wir bringen dem Land Fortschritt und Kultur. Das Volk freut sich auf den Besuch des Thronfolgers. Gerade deshalb habe ich darauf bestanden, dass die Herzogin ihn begleitet. Sie ist eine äußerst charmante Person und wird die Herzen der Leute im Sturm erobern. Also faseln Sie nicht von Militär in den Straßen. Das wäre genau die falsche Botschaft. Wir werden im Gegenteil Blumen streuen. Kinder werden Ständchen singen. Es ist ein friedlicher Besuch.« Er blickt noch einmal wütend in die Runde. »Und jetzt Schluss mit der Diskussion! Es wird gemacht, wie ich es sage. Das wäre dann alles für heute, meine Herren.«

Markovic schäumt innerlich, obwohl er sich nichts anmerken lässt. Dieser Potiorek will ein Theater aufführen, sich selbst zu Ehren. Das Ganze dient allein einer Sache: der Welt und vor allem dem Kaiser zu zeigen, was für ein vorzüglicher Landeschef er ist, dass er alles im Griff hat, dass die Bosnier gute Untertanen sind und die Monarchie unterstützen. Dank Feldzeugmeister Potiorek, dem Mann für alle Jahreszeiten. Prädestiniert für höhere Aufgaben.

Dabei weiß Markovic es besser. Ein Gutteil der Bevölkerung sieht in der Annexion durchaus einen Vorteil, besonders wirtschaftlicher Art. Nicht wenige, vor allem die bosnischen Serben, betrachten die Österreicher allerdings als Besatzer und Unterdrücker. Sie knirschen heimlich mit den Zähnen. Dazu noch dieses verdammte Manöver! Etwas Blöderes hätte Potiorek sich gar nicht einfallen lassen können. Tief besorgt verlässt Markovic die Versammlung.

Auf dem Flur gesellen sich Edmund Gede und Mayerhoffer zu ihm. »Ich bin ganz Ihrer Meinung, Herr Major«, sagt Gede. »Aber der Potiorek hat das Sagen. Was können wir tun?«

»Die Augen offen halten, mein lieber Gede. Die Augen offen halten. Das gilt auch für Sie, Herr Mayerhoffer. Sagen Sie das Ihren Männern. Sie sollen sich von jedem auch nur entfernt Auffälligen die Papiere zeigen lassen. Ich werde Ihnen eine Liste von möglichen Verdächtigen rüberschicken. Die nehmen Sie vorsichtshalber in Haft.«

»Mit welcher Begründung?«

»Herumlungern, Beamtenbeleidigung – was weiß ich? Denken Sie sich was aus. Wichtig ist nur, dass wir diese Elemente am Achtundzwanzigsten von der Straße haben. Natürlich werde auch ich weiterhin meine Fühler ausstrecken.«

Vielleicht sollte ich die Sache auch nach Wien melden, denkt er wenige Minuten später in seinem Büro. Ja, das sollte ich. Was der Potiorek da treibt, ist unverantwortlich. Der Erzherzog sollte sich zumindest der Lage bewusst sein.

Er greift zum Telefonapparat.

Schloss Chlumetz in Böhmen, 9:42 Uhr

»Franzi, wir frühstücken. Leg doch bitte die Zeitung weg.« Irritiert hebt Erzherzog Franz Ferdinand den Kopf aus dem Blatt, in das er vertieft ist. Sein Blick nimmt die vorwurfsvolle Miene seiner Gemahlin zur Kenntnis und streift flüchtig die blonden Köpfe seiner drei Kinder. Die essen gerade ihre Semmel, während der alte Hermann heiße Schokolade nachschenkt. Der Jüngste, der zehnjährige Ernst, den sie in der Familie Bululu nennen, leckt Marmelade vom Messer ab, grinst schuldbewusst, als er sich beobachtet sieht und legt schnell das Messer auf den Tellerrand.

Franz Ferdinand wendet sich wieder der Zeitung zu. »Entschuldige, Liebes!«, murmelt er. »Muss doch wissen, wie es um Durazzo steht.«

Er liest die Wochenendausgabe der *Neuen Freien Presse*, eine der wichtigsten Tageszeitungen Wiens. Ein Judenblatt, wie er es nennt, denn der Herausgeber ist hebräischen Glaubens. Das hält Franz Ferdinand aber nicht davon ab, das Blatt zu lesen. Da er gestern auf Schloss Namiest bei Brünn zum Wachtelnschießen geladen war und erst ziemlich spät heimgekommen ist, ist er nun begierig auf Nachrichten aus der Welt. Besonders, was diese Albanienkrise angeht.

Die Herzogin seufzt. Schon wieder Durazzo. Dieser Tage scheint von nichts anderem die Rede zu sein. Albanien hat sich vor zwei Jahren vom Osmanischen Reich lösen können und die Unabhängigkeit ausgerufen. Die Großmächte trauen den Albanern nicht zu, sich selbst zu regieren, und haben deshalb auf Drängen des Kaisers in Berlin diesen deutschen Adeligen, Wilhelm zu Wied, zum Fürsten von Albanien gemacht. Doch der Mann scheint sich in seinem neuen Reich nicht durchsetzen zu können. Schon jetzt, nach wenigen Monaten, ist es zum Aufstand moslemischer Bauern und Grundherren gekommen, die sich angeblich betrogen fühlen. Außer einem schmalen Küstenstreifen haben die Rebellen bereits ganz Zentralalbanien unter ihre Kontrolle gebracht. Jederzeit wird der Sturm auf Durazzo erwartet, wo sich, von einem Kontingent ausländischer Truppen eher schwach verteidigt, der Fürst aufhält.

Das also ist jetzt die Albanienkrise. Als gäbe es nicht schon genug Krisen. Besonders auf dem Balkan. Eine Hiobsbotschaft jagt die andere. Sophie wünscht, man könnte die verdammten Zeitungen abbestellen. Sie bringen nichts als Ärger ins Haus. Franz Ferdinand erregt sich gern über die Dummheit der Politiker und ist nach der Lektüre der Zeitungen oft stundenlang verstimmt.

Die morgendliche Junisonne fällt durch die hohen Fenster des Speisezimmers und lässt die Kristalle des Kronleuchters und das Silber des gedeckten Tisches glänzen. Außer dem Rascheln der Zeitung und dem gelegentlichen Klirren einer Porzellantasse ist es jedoch still. Die Bediensteten des Schlosses bleiben im Hintergrund, jederzeit bereit, sich nützlich zu machen. Schloss Chlumetz beschäftigt an die zwanzig von ihnen. Noch mehr, wenn die hohen Herrschaften so wie jetzt zugegen sind. Kammerdiener, Zofen, Zimmermädchen, Köchinnen, Gärtner, Chauffeure, Pferdeknechte, Jagdgehilfen und Hundeführer. Sie alle wissen, dass die Herzogin es nicht liebt, wenn sie allzu sehr in Erscheinung treten und die Intimität der Familie stören. Die ist ihr das Wichtigste überhaupt.

Auch die Kinder sind gehalten, bei Tisch nur das Nötigste von sich zu geben, besonders wenn der Vater die Zeitung liest. Sophie legt dem kleinen Ernst noch ein Butterhörnchen auf den Teller, ermahnt ihre Tochter, gerade zu sitzen, und wendet ihre Aufmerksamkeit wieder dem Ehemann zu. Der hält die Zeitung so, dass genug von der Morgensonne auf den Artikel fällt, in den er immer noch vertieft ist. Seine Haltung ist angespannt, die Lider beim Lesen verengt, als könne er so die klein gedruckten Zeilen besser entziffern. Seine Lippen bewegen sich unmerklich, fast so, als spräche er im Geiste den Text mit. Er braucht eine Brille, denkt die Herzogin. Wir werden langsam älter.

Der Gedanke betrübt sie nicht, im Gegenteil, ihr wird dabei warm ums Herz. Vor achtzehn Jahren haben sie sich auf einem Ball in Prag kennengelernt und ineinander verliebt, allen Widerständen getrotzt und vor vierzehn Jahren gegen den ausdrücklichen Wunsch des Kaisers geheiratet. Und sie lieben sich immer noch. Nur wenige Ehen, von denen sie weiß, sind so glücklich. Hier in Böhmen fühlen sie sich wohl, besonders in ihrem heimischen Nest auf Schloss Konopischt weiter nördlich, weit weg von der Hofburg und den widerwärtigen Ränken der Wiener Gesellschaft, aber auch hier in Chlumetz, das etwas näher an der Hauptstadt liegt. Auf dem Weg nach Wien machen sie hier zwei Tage Station, weil Franzi unbedingt der Jagdeinladung nach Brünn hat folgen wollen.

Sobald wir wieder in Konopischt sind, werde ich einen Augenarzt aufs Schloss bestellen, nimmt sie sich vor. Aus dem nahen Prag. Dort gibt es gute Ärzte. Oder vielleicht doch besser in Wien. Dann denkt sie mit ein wenig Bangen an die morgige Reise nach Bosnien. In der Nähe von Sarajevo sollen Manöver der österreichisch-ungarischen Armee abgehalten werden. Franzi hat vom Kaiser höchstpersönlich die Order erhalten, die Krone zu vertreten und den Truppen dort die Ehre zu erweisen. Alles ist bereit. Die Koffer wurden natürlich schon auf Konopischt gepackt.

Ich hoffe, ich habe nichts vergessen, denkt sie. Mein Gott,

Sarajevo! Jahrhundertelang unter türkischer Herrschaft. Wie es dort wohl sein mag? Wie wird man uns empfangen? So steif und formell wie in Wien? Oder doch ein wenig freundlicher? Was bedeutet den Bosniern überhaupt der Besuch des Thronfolgers und seiner Gattin?

Auf einmal knurrt Franz Ferdinand wie ein wütender Hund und reißt sie aus ihren Gedanken. Er schlägt die Zeitung zusammen, als hätte er genug davon, faltet sie dann aber doch sorgfältig und legt sie neben sich auf den Tisch. Er lehnt sich zurück und schüttelt genervt den Kopf. Die hochgedrehten Enden seines Schnauzbarts zittern vor Erregung. »Das reinste Chaos«, ruft er empört. »Das reinste Chaos, sag ich dir!«

Sophie streicht ihm sanft über die rechte Hand und lächelt entwaffnend. »Nun vergiss mal Albanien, Franzi, und iss lieber. Du musst doch hungrig sein.«

»Hast recht, Schatzerl.« Er hebt ihre Finger kurz an die Lippen. »Es hilft ja nicht, wenn ich mich aufrege. Bitte entschuldige.«

Der Erzherzog ist für sein explosives Temperament bekannt. Er kann sich schnell erregen. Dann vergisst er sich leicht, wird schroff und verletzend. Eine Erfahrung, die schon viele zu ihrem Leidwesen gemacht haben. Obwohl es ihm hinterher oft leidtut. Aber die Herzogin hat diese ruhige und sanfte Art, die so wohltuend ist und ihn meist schnell wieder beruhigt. Oder erst gar keinen Ärger aufkommen lässt. So wie jetzt. Trotz der schlechten Nachrichten aus Albanien.

»Erzähl uns doch, wie es gestern auf Schloss Namiest war«, sagt Sophie. »War die Jagd ergiebig? Hast du viel geschossen?«

Franz Ferdinand ist passionierter Jäger. Er verbringt viel Zeit damit und schießt, was ihm vor die Flinte kommt. Viel zu viel für Sophies Geschmack. Von seinen Erfolgen zeugen die zahllosen Geweihe, die in all seinen Jagdhütten und Schlössern hängen und ganze Wände bedecken. Aber was soll's. Es ist seine Leidenschaft.

»Ach, es war nichts Besonderes. Man lässt dich übrigens herzlich grüßen. Die Gräfin war enttäuscht, dass du nicht dabei warst.«

»Ich dachte, sie kann mich nicht leiden.«

»Oh, ich glaube, du irrst dich.«

»Papa?«, lässt die fast dreizehnjährige Sophie sich vernehmen. Sie ist die Älteste. »Dürfen wir heute Nachmittag ein Theaterstück aufführen? Ich hab mir was ausgedacht. Aber ihr müsst mitmachen. Weil ihr doch morgen wegfahrt.«

Die Kinder sagen »Mamaah« und »Papaah«, mit Betonung auf der zweiten Silbe. Es klang fast ein wenig französisch.

»Was ausgedacht?«, fragt der Erzherzog.

»Etwas mit einem Wilderer. Den der Wildhüter jagt.«

»Einem Wilderer!« Er hebt die Brauen.

»Ja. Und den spielst du.«

»Ich soll den Wilderer spielen, Pinkie? Ich weiß nicht.« Pinkie ist der jungen Sophies Kosename. Max hat sie so genannt, als sie noch klein waren.

»Bitte, bitte, Papa.«

»Und deine Mama? Hat sie auch eine Rolle?«

»Sie ist seine Geliebte. Und sie versteckt den Wilderer.«

Franz Ferdinand lacht und zwinkert seiner Frau zu. »Na, meinetwegen. Weil wir morgen wegfahren und ihr die nächste Zeit ohne uns auskommen müsst. Da machen wir eine Ausnahme.«

Die Kinder sehen sich freudestrahlend an. Der kleine Ernst kichert. Auch die Herzogin lächelt. Es ist nicht das erste Mal, dass sie so etwas mit den Kindern spielen. Die Bediensteten beobachten es mit Erstaunen, wenn die Herzogin sich in wilde Kostüme wirft und sie den Erzherzog in irgendeiner Verkleidung auf Knien durch die ehrwürdigen Hallen schleichen sehen. Sehr zum Gaudi der Kinder.

Jetzt räuspert sich der elfjährige Maximilian. »Mama, dürfen wir aufstehen? Herr Kellermann wartet schon.«

Max ist ihr zweites Kind, ein ernster, gut aussehender Junge, der seinem Vater besonders ähnlich sieht und auch dessen hellblaue Augen hat.

Es ist in der Tat Zeit für den morgendlichen Unterricht. Herr Kellermann ist der Hauslehrer der beiden Jungen und hat die Kinder nach Chlumetz begleitet, wo sie bis zur Rückkehr der Eltern bleiben werden. Geometrie und Algebra, Erdkunde, ein wenig Latein und natürlich die gängigen klassischen Schriften. Nicht mehr und nicht weniger als das, was man für eine Offizierslaufbahn benötigt. Jagen und Schießen lernen sie beim Vater. Der hält nichts davon, ihr junges Hirn mit unnötigem Krimskrams vollzustopfen. Eine gute Figur zu Pferde und zu wissen, wie man sich in gehobenen Kreisen mit Anstand bewegt, ist seiner Meinung nach wichtiger als akademische Auszeichnungen. Gesunder Menschenverstand, darauf kommt es an. Das ist Franz Ferdinands Devise.

Tochter Sophie heißt nicht nur wie ihre Mutter, sie sieht ihr auch sehr ähnlich. Fast noch hübscher als die Mama, sagt Franz Ferdinand bisweilen. Sie ist die Lebendigste unter den drei Kindern, voller Fantasie und spontaner Einfälle. In Konopischt hat sie ihre eigene Lehrerin und folgt einem anderen Kurrikulum mit Schwerpunkten auf Poesie, Musikunterricht, Haushaltung und Sticken. Letzteres hasst sie allerdings von Herzen. Außerdem müssen alle drei zu Hause auch Englisch- und Französischunterricht bei einer Frau von Stein über sich ergehen lassen, einer verarmten Witwe aus niederem Adel, die den Kindern neben Sprachunterricht auch Etikette beibringt und wie man sich am Wiener Hof zu benehmen hat. Besonders der Englischunterricht liegt dem Erzherzog am

Herzen, vielleicht weil er diese Sprache selbst so schlecht beherrscht und er sich bei ihrem letzten Besuch in England wie ein stammelnder Idiot vorgekommen ist.

»Geht nur, Kinder«, erwidert die Herzogin und streicht ihrem Jüngsten lächelnd über die Haare, bevor er sich trollt.

»Noch Kaffee, Hoheit?«, fragt der alte Diener mit der Kanne in der Hand.

Die Herzogin nickt und sieht zu, wie er ihre Tassen füllt, die Kanne abstellt und dem Erzherzog frischen Toast und Rührei bringt. »Darf es sonst noch etwas sein?«, fragt er.

»Danke, Hermann. Du kannst uns jetzt allein lassen.«

Franz Ferdinand streicht Butter auf eine Toastscheibe, beißt lustlos hinein und stochert dann in seinem Rührei herum. Schließlich legt er die Gabel weg. »Ich hab keinen rechten Hunger heute Morgen«, sagt er.

»Hat dir etwa Durazzo den Appetit verdorben?«

Sein Gesicht verdunkelt sich erneut. »Kaum sind die Osmanen vertrieben, versinkt dieses verdammte Land in Chaos. Man hätte lieber Truppen schicken sollen als diesen Dummkopf Wilhelm. Die Leute respektieren ihn einfach nicht.«

Sophie zuckt gleichmütig mit den Schultern. »Was regst du dich über Albanien auf, Franzi? Was gibt's da schon außer Ziegenhirten?«

»Du hast recht, das Land ist arm. Aber die Serben haben ein Auge darauf. Zugang zum Meer, Sophie. Zugang zum Meer. Darauf spekulieren sie schon seit Langem. Das ist, was sie wollen. Aber wir werden es nicht zulassen. Das schwör ich dir.« Die letzten Worte hat er ziemlich heftig hervorgestoßen.

Sophie erschrickt. »Aber doch nicht Krieg, Franzi!«

Er schüttelt den Kopf. »Nein, Sopherl. Niemand redet von Krieg. Nur Conrad, dieser Schwachkopf.«

Franz Conrad von Hötzendorf ist Generalstabschef der österreichisch-ungarischen Streitkräfte und ein lautstarker

Hetzer gegen die Serben. Franz Ferdinand selbst hat ihn vor acht Jahren auf diesen einflussreichen Posten gehoben, bereut es seitdem aber bitterlich. Denn seit Langem rät der Mann vehement zum Angriffskrieg gegen Serbien, das er für die Quelle allen Übels auf dem Balkan hält. Jedem, der es hören will, spritzt er sein Gift ins Ohr. Dabei ist Franz Ferdinand strikt dagegen. Die Lage in Europa ist schon angespannt genug. Ein Krieg mit Serbien würde Russland auf den Plan rufen, und das könnte allerhand nach sich ziehen.

»In einem hat der Conrad allerdings recht«, fährt er fort. »Die Serben muss man klein halten. Die wollen in ihrem pan-slawischen Ehrgeiz alles an sich reißen. Besonders nach ihrem Sieg über die Osmanen. Albanien käme ihnen gelegen, Montenegro auch, womöglich sogar unser Bosnien. Dem muss man einen Riegel vorschieben. Deshalb bin ich froh, dass die Marine vor der Küste liegt. Sie haben Schießbefehl, sollten die Aufständischen es wagen, Durazzo anzugreifen. Und diesmal ist sogar die italienische Flotte dabei. Die Serben werden einsehen, dass es uns ernst ist, dass sie sich, was Albanien betrifft, besser nicht einmischen.«

Sophie zieht einen Schmollmund. »Können wir nicht die Politik beiseitelassen? Reden wir lieber über unsere Reise. Ich bin schon ganz aufgeregt.«

Er nickt. »Ich hoffe, wir haben Zeit, uns ein wenig in Sarajevo umzuschauen. Es soll einen schönen türkischen Basar geben. Und du sollst ihn besuchen. Das steht jedenfalls in dem Programm, das sie mir geschickt haben.« Er hebt seine Tasse und nimmt einen Schluck Kaffee, in den er zuvor etwas Sahne und Zucker gerührt hat. »Aber wenn ich ehrlich bin, wäre es mir lieber, du würdest gar nicht erst mitkommen.«

Erstaunt sieht sie ihn an. »Aber freust du dich denn nicht, dass ich endlich einmal an deiner Seite auftreten darf?«

Er lächelt schmerzlich. »Ich weiß doch, Herzl, wie viel es

dir bedeutet. Genauso wie mir. Manchmal denke ich, ich leide unter Franz Josephs elenden Verboten noch mehr als du.«

Sophie ist eine geborene Gräfin Chotek von Chotkowa und Wognin, entstammt einem alten böhmischen Adelsgeschlecht, das sich bis ins dreizehnte Jahrhundert zurückverfolgen lässt. Trotzdem betrachtet der alte Kaiser sie als nicht ebenbürtig genug für einen Thronfolger der österreichisch-ungarischen Doppelmonarchie. Dazu hätte sie eine Prinzessin königlichen Blutes sein müssen oder mindestens Erzherzogin. Von Anfang an hat er die Beziehung abgelehnt, eine Heirat verboten.

Jahrelang hat Franz Ferdinand darum kämpfen müssen, seine Sophie doch noch heiraten zu dürfen, hat zuletzt sogar mit Selbstmord gedroht. Am Ende hat der Kaiser nachgegeben, aber auf einer morganatischen Ehe bestanden, als sei sie eine legitimierte Mätresse und nicht die Gemahlin des zukünftigen Kaisers. In der Öffentlichkeit darf sie nicht an seiner Seite erscheinen. Bei Hofe muss sie den Ballsaal als Letzte und ohne Begleitung betreten. Bei Diners sitzt sie allein am hinteren Ende des Tisches, wo die Speisen schon kalt sind, wenn sie serviert werden. Der Hochadel behandelt sie wie eine Aussätzige, wie eine Hure, die sich den Platz an Franz Ferdinands Seite erschlafen hat, und ihre Kinder sind von der Thronfolge ausgeschlossen. Es ist mehr als erniedrigend, und dies seit Jahren. Es kostet sie eiserne Selbstbeherrschung, die vielen Bösartigkeiten mit so viel Ruhe und Gelassenheit zu ertragen.

Eine Ausnahme sind militärische Anlässe. Franz Ferdinand ist Generalinspektor der Streitkräfte, und bei Paraden und anderen militärischen Festlichkeiten darf sie an seiner Seite auftreten. Oskar Potiorek, der Militärgouverneur von Bosnien-Herzegowina, hat sogar ausdrücklich darauf bestanden, dass sie Franz Ferdinand begleitet. Das Volk von Sarajevo werde begeistert sein, die Gemahlin des Thronerben in der Stadt zu empfangen, hat er geschrieben. Man werde ihr zujubeln und ihr jeden Wunsch von den Augen ablesen. Kein Wunder, dass sie sich geschmeichelt fühlt und nicht bereit ist, eine solche Gelegenheit auszulassen, den verdienten Platz an der Seite ihres Gemahls einzunehmen.

»Aber Franzl«, sagt sie, »wenn du weißt, wie viel es mir bedeutet, warum willst du, dass ich hierbleibe?«

»Es ist unruhig in der Provinz. Überhaupt, der ganze Balkan ist ein verdammtes Pulverfass.«

Mit gerunzelter Stirn sieht sie ihn an. »Befürchtest du etwas?«

»Nein. Aber wer weiß, wie man uns dort empfängt. Vielleicht gibt es Protestkundgebungen, Ausschreitungen, Studentenunruhen. Du weißt, Menschen wie wir, die in der Öffentlichkeit stehen, sind immer solchen Manifestationen ausgesetzt. Mir wäre es jedenfalls lieber, ich wüsste dich sicher daheim bei den Kindern.«

Sie überlegt einen Augenblick. Dann lächelt sie, beugt sich zu ihm und küsst ihn auf die Wange. »Umso besser, wenn ich an deiner Seite bin. Auf Gedeih und Verderb – haben wir uns das nicht geschworen?« Sie küsst ihn noch einmal. Diesmal auf die Lippen.

In diesem Augenblick läutet es irgendwo im Haus, und kurz darauf betritt der alte Diener erneut den Speisesaal. »Ein Telefonanruf, Eure Hoheit. Aus Wien.«

»Wer ist es denn?«

»Das Evidenzbüro, Hoheit.«

Franz Ferdinand legt mit einem Seufzer die Serviette zur Seite, steht auf und verlässt den Saal. Im Arbeitszimmer greift er nach dem Hörer, der auf seinem Schreibtisch liegt, und hält ihn sich ans Ohr. Telefontechnik ist nichts Neues mehr, und doch fühlt es sich immer wieder seltsam an, mit jemandem über eine solche Entfernung zu sprechen. Als wäre derjenige im nächsten Raum.

»Ja? Wer ist da?«

Eine krächzend klingende Stimme spricht zu ihm: »Hoheit. Oberst Hranilović am Apparat, ihr ergebenster Diener. Entschuldigen Sie die Störung.«

Hranilović, ein Kroate, ist Nachfolger des langjährigen und verdienstvollen Leiters des Geheimdienstes, Oberst Urbański, den er kürzlich wegen der unglücklichen Spionageaffäre eines Untergebenen hat ersetzen müssen.

»Ich bin beim Frühstück!«, schnauzt Franz Ferdinand in den Hörer.

»Dann bitte ich tausendmal um Entschuldigung, Hoheit. Ich werde später anrufen, wenn's recht ist.«

»Nun reden Sie schon, Mann! Um was zum Teufel geht's denn?«

»Um Ihre Reise nach Bosnien.«

»Was ist damit?«

»Ich habe gerade mit unserem Mann in Sarajevo telefoniert. Er ist sehr besorgt. Anscheinend sind die Sicherheitsvorkehrungen völlig unzureichend.«

Franz Ferdinand lacht verächtlich. »Wovon reden Sie, Mann? Es finden Manöver statt. Schon gehört?«, fragt er mit beißendem Spott. »Wir haben da unten mehrere Armeedivisionen. Ich denke, das sollte genügen, was die Sicherheit angeht.«

Es folgt eine verlegene Pause. Dann sagt Oberst Hranilović vorsichtig: »Wenn es denn so wäre, Hoheit. Mehr als die lokale Polizei steht leider nicht zur Verfügung. Feldzeugmeister Potiorek hat die Armee aus der Stadt verbannt. Wir sollen nicht als Besatzungsmacht auftreten, sagt er. Er will fröhliche Menschen auf den Straßen, die Eure Hoheit mit Begeisterung zujubeln, und keine Soldaten.«

»Da hat er recht. Ein österreichischer Thronfolger wird sich nicht hinter Soldaten verstecken.«

»Es könnte aber sein, dass die serbischen Nationalisten etwas vorhaben. In Sarajevo kursieren Gerüchte. Vielleicht nur ein Protestmarsch. Aber auch ein Anschlag wäre denkbar.«

»Von wem haben Sie das?«

»Wir haben unsere Verbindungen in der Stadt. Die sind meist zuverlässig. Es sind im Moment, wie gesagt, nur Gerüchte, aber –«

»Ich gebe nichts auf Gerüchte.«

Der Erzherzog schüttelt den Kopf. Was ist dieser Hranilović doch für ein Schwachkopf. Schade, dass Urbański nicht mehr das Evidenzbüro leitet. Der wäre ihm nicht mit Gerüchten gekommen.

»Man sollte es möglicherweise ernst nehmen«, hört er den Mann sagen. »Ich wollte Sie jedenfalls warnen, Hoheit, falls Sie die Reise vielleicht lieber doch nicht antreten wollen.«

»Hören Sie zu, Oberst! Bringen Sie mir Fakten, aber keine verdammten Gerüchte. Im Übrigen lasse ich mich nicht unter einen Glassturz stellen. Damit Sie's wissen!«

Wütend legt er auf.

Sarajevo, 23:17 Uhr, eine Kneipe in der Nähe der Altstadt

Scheißberuf!«, knurrt Hauptmann Simon und kippt sich den Schnaps in einem Zug runter. Er schüttelt sich kurz, bedeutet dann dem Wirt nachzufüllen. »Wir stochern wie immer im Nebel, sag ich dir. Verdammte Zeitverschwendung!«

Markovic und Simon sitzen etwas versteckt am hinteren Ende des Tresens einer beliebten Kneipe. Trotz später Stunde ist das Lokal gerammelt voll. Arbeiter, kleine Angestellte, Leute aus der Nachbarschaft. Es ist laut, Bier und Schnaps fließen in Strömen. Niemand achtet auf die beiden, zumal sie in Zivil sind. Umso besser. So können sie sich unterhalten, ohne belauscht zu werden.

Hauptmann Heribert Simon ist Markovic' Stellvertreter im Geheimdienst von Bosnien und Herzegowina, ein von den unteren Rängen aufgestiegener Offizier, mit dreiundvierzig schon etwas alt für seinen Dienstgrad. Er ist als Waisenkind aufgewachsen und ein ausgesprochener Zyniker, was die menschliche Natur angeht. Wahrscheinlich, weil er in seinem Leben zu viele Schweinereien erlebt hat. Aber vielleicht macht gerade das ihn zu einem guten Geheimdienstmann. Er geht immer erst einmal vom Schlimmsten aus. Das hat die Abteilung schon oft vor unliebsamen Überraschungen bewahrt.

Obwohl Simon sich gern als abgeklärter Pessimist gibt, ist er hartnäckig wie ein Bluthund, wenn es darum geht, eine Fährte zu verfolgen oder die Schwächen einer Zielperson herauszukitzeln. Eine seiner Aufgaben ist es, in Sarajevo ein

Netzwerk von Informanten aus dem Milieu zu unterhalten. Zwielichtige Gestalten, die genug Dreck am Stecken haben, um sie gesprächig zu machen, denn Erpressung wirkt am besten. Bei manchen zieht Geld, obwohl die Mittel des Dienstes beschränkt sind. Wenn nichts anderes hilft, greifen die Männer auch zur Gewaltandrohung. Simon hat die Physis dazu. Er ist überdurchschnittlich groß und hat Fäuste wie Schmiedehämmer.

»Du hast also nichts gehört?«, fragt Markovic.

Obwohl er der Vorgesetzte ist, ist ihr Verhältnis eher das von Kollegen. Sie duzen sich, wobei Simon es hasst, wenn man ihn Heribert nennt. Angeblich würde er gern den Bastard in die Finger kriegen, der ihm diesen blöden Namen verpasst hat.

»Wildes Gerede von den üblichen Idioten, aber nichts, woran man seinen Hut hängen kann.«

Mit den »Idioten« meint er junge bosnische Serben, weniger Arbeiter, eher Gymnasiasten und Studenten. Die meisten sind Mitglieder der Narodna Odbrana, einer serbisch nationalistischen Vereinigung, 1908 als Reaktion auf die österreichische Annexion von Bosnien und Herzegowina gegründet, gut für Demonstrationen und Propaganda, aber im Grunde harmlos. Abgesehen davon, dass es Verbindungen zur Schwarzen Hand gibt, wie sie beide wissen. Wie weit diese Verbindungen reichen, ist allerdings unklar.

»Was sagen sie denn so?«

»Das Übliche. ›Nieder mit Österreich‹, ›Heldenmut und Freiheitskampf‹ und dieser ganze romantische Quatsch. Was sie schon seit Jahren bei jeder Gelegenheit von sich geben. Muss man nicht ernst nehmen. Das einzig Nennenswerte: Es wird gemunkelt, dass die Schwarze Hand etwas für den *Vidovdan* vorbereitet.«

»Wo? Hier in Sarajevo?«

Simon nickt. »Angeblich werden Leute aus Belgrad erwartet.«

»Simon, das ist wichtig! Was für Leute?«

»Keine Ahnung. Das wissen sie selbst nicht. Vielleicht hat das was zu bedeuten, vielleicht auch nicht. Die quatschen so 'n Stuss doch jedes Jahr. Und am Ende ist gar nichts.«

»Wir haben aber nicht jedes Jahr den Thronerben in der Stadt.«

Simon nickt. »Auch wieder wahr. Ich werd mich noch mal dahinterklemmen. Du weißt, so schnell geb ich nicht auf.«

»Vielleicht redest du mit den falschen Leuten.«

Simon hebt sein Schnapsglas und leert es in einem Zug. Dann stellt er es ab und zuckt mit den Schultern. »Kann schon sein. Der Mayerhoffer hat heute zwei Studenten festgenommen, die auf unserer Liste stehen. Die knöpf ich mir morgen vor. Vielleicht wissen die was.«

»Ruf mich dazu, wenn sich was ergibt. Ich hab übrigens gleich nach der Besprechung heute Morgen Wien angerufen und gesagt, wie dürftig die Sicherheitslage hier ist.«

»Das wird der Potiorek dir aber nicht danken, dass du ihn hinter seinem Rücken anschwärzt.«

»Ach, der kann mich mal! Was will er denn machen? Ich bin ihm nicht unterstellt.«

»Irgendeine Schweinerei wird er sich schon ausdenken.«

»Soll er doch!«

»Und? Was sagt Wien zu deinen Neuigkeiten?«

»Anscheinend hat Hranilović selbst den Erzherzog gewarnt. Aber der war nicht beeindruckt. Gibt dem Potiorek recht. Für ein Mitglied der kaiserlichen Familie gehöre es sich, Haltung zu zeigen. Von Gerüchten will er nichts wissen.«

»Na ja. Wir haben ja auch nichts. Jedenfalls nichts Greifbares.« Plötzlich bemerkt Simon, dass Markovic' Schnapsglas noch unberührt auf dem Tresen steht. »Sag mal, was ist los? Schmeckt dir der Slibowitz heute nicht?«

»Hab gestern zu viel gesoffen. Muss mal Pause machen. Und du hast auch schon glasige Augen. Zeit, ins Bett zu gehen.«

Simon nickt. »Ja. Machen wir für heute Schluss.« Er hebt Markovic' noch volles Schnapsglas hoch. »Deinen genehmige ich mir aber noch, wenn du nichts dagegen hast. Dann gehen wir.«

Er trinkt aus und legt Geld auf den Tresen. Dann verlassen sie das Lokal. Markovic atmet tief durch. Im Gegensatz zum Kneipenmief ist die Nachtluft frisch und angenehm.

»Also bis morgen«, sagt Simon und macht sich zur Kaserne im Westen der Stadt auf, wo er seine Unterkunft hat. Markovic blickt der großen Gestalt seines Freundes nach, bis der um eine Ecke biegt. Dann schlägt er den Weg zu seiner Pension ein. Er überlegt, ob er noch bei Svjetlana vorbeischauen soll. Die betreibt eine Art Edelbordell und ist oft eine Quelle für delikate Informationen, an die man sonst nicht kommt. Sie sind gut befreundet. Von ihr hat er bereits einige prickelnde Einzelheiten erfahren, über Potiorek und andere hohe Beamte. Auch über bosnische Würdenträger und serbische Schwarzhändler, die ihr Geld bei ihr lassen. Aber er ist hundemüde. Morgen ist auch noch ein Tag.

Er wandert durch die nächtlichen Straßen. Überall sind die Fensterläden zugeklappt. Die schmale Mondsichel am Himmel erhellt noch weniger als die spärlichen Straßenlaternen. Es gibt zwar schon elektrische Straßenbeleuchtung in Sarajevo, aber nicht überall. An einer Ecke grölen ein paar betrunkene Soldaten, sonst ist es ruhig.

Simon hat recht, denkt Markovic. Wir stochern im Nebel. Was die Abteilung täglich zu bewältigen hat, ist ohnehin eine Sisyphusarbeit. Hinweise kommen nicht nur von Informanten und Spitzeln, oft aus ganz unterschiedlichen und unerwarteten Quellen. Zusätzlich durchkämmt eine Gruppe seiner Mitarbeiter Zeitungsnotizen und Presseberichte, nicht nur aus Bosnien, sondern auch aus den Nachbarländern, besonders aus Serbien. Es gibt ein Arrangement mit dem Postdienst. Briefe von gewissen Leuten werden abgefangen, heimlich geöffnet und überprüft, bevor sie wieder zugeklebt und weitergeleitet werden. Nicht gerade die feine Art, aber nützlich.

Markovic wünscht, man könnte auch Telefongespräche belauschen, denn gewisse Leute wickeln jetzt vieles übers Telefon ab, nicht mehr per Brief. Leider hat noch niemand eine Technik zum Mithören erfunden. Es ist frustrierend. Wie zum Teufel sollen sie einen Kerl aufspüren, der vielleicht ein Attentat plant? Wie so jemanden in der Menge erkennen? Wie den Thronerben schützen, wenn es wirklich einer auf ihn abgesehen hat?

Heute Abend ist er in niedergedrückter Stimmung. Ist es die Müdigkeit? Letzte Nacht hat er kaum geschlafen. Vielleicht hat Potiorek ja recht, und er macht sich unnötige Sorgen. Aber sollte wirklich etwas passieren, dann werden Köpfe rollen. Und Potiorek wird die Verantwortung dafür natürlich auf die Polizei schieben und auf den Geheimdienst, vor allem auf Markovic, den er eh auf dem Kieker hat. Keine guten Aussichten.

Das Gespräch mit Simon geht ihm nicht aus dem Kopf. Die Serben haben etwas für den *Vidovdan* geplant, hat er gesagt. Nur Gerede? Oder ist da was dran?

Markovic spürt plötzlich den gewaltigen Druck, der auf ihm lastet. Wenn Potiorek nichts für die Sicherheit tun will und die Polizei zu wenig Personal hat, dann liegt es am Ende an ihm, die dunklen Mächte abzuwehren, die der Monarchie Schaden zufügen wollen. An ihm und seiner kleinen Abteilung. Das heißt, wenn das Gerücht stimmt, dass da was im Busch ist. Sie müssen es herausfinden. Und zwar schnell. Es sind schließlich nur noch wenige Tage bis zum Besuch des Thronfolgers.

Simon ist ein Kerl, auf den man sich verlassen kann. Sie arbeiten gut zusammen. Wenn man es recht betrachtet, sind sie beide gar nicht so verschieden, trotz unterschiedlicher Herkunft. Simon ist im Waisenhaus aufgewachsen und nicht in einer reichen Familie, hat sich durch zähen Ehrgeiz sein Offizierspatent erarbeitet, während es Markovic fast in den Schoß gefallen ist. Und doch sind sie beide engagierte Spürnasen und inzwischen ein eingespieltes Team. Ja, das kann man wohl sagen, denkt er, ein eingespieltes Team. Aber ob das reicht?

Die Geheimdienstarbeit seiner Untergebenen ist zum großen Teil ermüdend und langweilig. Tausend einzelne Informationen werden gesammelt und sortiert, denn auch die kleinste Einzelheit könnte einen wichtigen Hinweis liefern. Briefe müssen heimlich gelesen und bewertet werden. Da schickt einer seinem Mädchen heiße Liebesschwüre, und wenn man Glück hat, erzählt er nebenbei, wen er in Belgrad im Café getroffen hat. Vielleicht steht derjenige auf einer Liste und man kann vermerken, wo der Bursche sich gerade aufhält. Aber nur, wenn man Glück hat. Häufiger erfährt man von profanen Dingen wie von heimlichen Geliebten gewisser Herren. Auch so was kommt in die Akten. Könnte mal nützlich werden. Schwarzhändler und Waffenschieber erwischt man auf diese Weise natürlich nicht. Die schreiben keine Briefe. Die treffen sich in dunklen Kneipen. Verschwörer und Attentäter vermutlich auch.

Markovic ist sich bewusst, dass sie im Dreck menschlicher Abgründe wühlen in der Hoffnung, etwas Nützliches zu finden, um geheime Verbindungen aufzuspüren, um Staatsfeinde ins Gefängnis zu bringen oder vielleicht sogar eine Verschwörung aufzudecken. Sie schnüffeln ungefragt im Leben anderer Leute und loben sich noch dafür.

Was ist das für ein Leben?, fragt er sich. Privates auszuspionieren ist im Grunde verachtenswert, auch wenn es staatlich sanktioniert ist. Wir verprügeln oder erpressen Ganoven, damit die für uns spitzeln, verhaften Studenten, die gegen die Verwaltung protestieren. Dabei leben wir in einer fremden Stadt, hausen in nichtssagenden Unterkünften, haben weder Frau noch Kind, schlafen stattdessen mit Nutten und saufen zu viel. Ein Scheißleben eigentlich. Und wenn wir den Thronerben warnen wollen, glaubt man uns nicht. Wozu das alles?

Er erreicht die Pension, schließt auf und schleicht sich die dunkle Treppe hinauf. Huber muss schon schlafen. Natürlich auch die anderen Pensionsgäste. In seinem Zimmer verzichtet Markovic darauf, Licht zu machen, zieht nur die Jacke aus und lässt sich aufs Bett fallen. Letzte Nacht kaum geschlafen und heute den ganzen Tag telefoniert, Akten gesichtet und mit Mayerhoffer Verdächtige durchgegangen. Dann hat er sich umgezogen – in Zivil geht so was unauffälliger – und hat zusammen mit Edmund Gede sämtliche Orte inspiziert, die von den hohen Herrschaften besucht werden sollen. Jetzt ist er so verdammt müde, dass er nicht mehr die Energie aufbringt, die Schuhe auszuziehen.

DIENSTAG, 23. JUNI 1914

Reichspost

Die abgewendete griechisch-türkische Kriegsgefahr

Eine internationale Untersuchung

Wien, 22. Juni 1914: Das Eingreifen der Mächte hat, wie es scheint, einen Kriegsausbruch zwischen der Türkei und Griechenland, vorläufig wenigstens verhindert. Die Krise scheint überwunden zu sein. Die Botschafter haben in einer Samstag abends abgehaltenen Konferenz beschlossen, einzeln der Pforte eine identische Note zu überreichen, worin mitgeteilt wird, daß die Botschaften unter Annahme des Vorschlags der Pforte beschlossen haben, Dragomane (Dolmetscher) zu entsenden, um entweder im Verein mit dem Minister des Inneren Talaat Beg oder selbständig die Lage in den einzelnen Ortschaften zu untersuchen. In diplomatischen Kreisen glaubt man, daß die Dauer der Mission etwa zwanzig Tage betragen wird.

Scheitern der amerikanischen Friedenskonferenz

(Drahtbericht der »Reichspost«)

London, 22. Juni: Aus New York wird gekabelt, daß die drei südamerikanischen Republiken ihren Vertretern auf der Friedenskonferenz von Niagarafalls die

Rückberufungsorder zugestellt haben für den Fall, daß Nordamerika auf der Besetzung mexikanischer Häfen weiterbesteht.

Neue Freie Presse

† Baronin Berta Suttner

Wien, 22. Juni 1914: Baronin Berta Suttner ist gestern vormittag kurz nach Vollendung ihres 71. Lebensjahres gestorben. Die Menschenfreunde und Idealisten der ganzen zivilisierten Welt betrauern den Hingang einer starken und wertvollen Individualität. Einer bedeutenden Frau, die mit dem Einsatz ihrer ganzen Persönlichkeit unbekümmert um banausischen Spott und gedankenlosen Gleichmut der Vielzuvielen ihre ganze Lebenskraft der Verwirklichung eines von ihr als richtig erkannten Gedankens gewidmet hat. Berta Suttner hat das Philosophenwort, daß die Utopien von heute die Wirklichkeiten von morgen sind, zur Devise ihres Daseins werden lassen und ist allen Enttäuschungen zum Trotz zeitlebens in ihrer unermüdlichen Werbearbeit für die Sache des Weltfriedens und der Völkerverständigung nicht erlahmt.

Belgrad, 5:37 Uhr, in einem Mietshaus

Gavrilo Princip liegt mit offenen Augen im Bett – wenn man einen Strohsack auf einer Unterlage von zusammengezimmerten Kisten ein Bett nennen kann. Er ist schweißgebadet. Ein Albtraum hat ihn aus dem Schlaf geschreckt. Irgendetwas Verworrenes, Bedrohliches, Angsteinflößendes, das sein Herz immer noch heftig schlagen lässt und ihm den Schweiß aus den Poren treibt. Er kann sich nicht erinnern, was es war, nur daran, dass er gerannt ist und wahnsinnige Angst hatte. An Uniformen kann er sich erinnern, an die Mündungen von Gewehrläufen, die auf ihn gerichtet waren. Ein Standgericht? Haben sie geschossen? Er weiß es nicht.

In der Kammer ist es stickig. Gavrilo zwingt sich, tief durchzuatmen, um sich zu beruhigen, doch da überfällt ihn wieder der elende Husten, der ihn seit Langem quält und den er jetzt nur mit Mühe unterdrückt, denn er will die Kameraden nicht wecken. Er wendet den Kopf und blickt zu ihnen hinüber. In der Dunkelheit kann er nicht viel erkennen. Nedeljko in der Ecke hat die Decke über sich gezogen, nur sein dunkler Haarschopf lässt sich ausmachen. Trifko liegt zusammengerollt auf dem zerschlissenen Sofa. Sein linker Arm hängt bis auf den Boden. Er schnarcht mal wieder.

Die drei jungen Männer teilen sich die Kammer in einer Wohnung im dritten Stock eines heruntergekommenen Mietshauses mitten im Armenviertel von Belgrad. Hier sind sie vorübergehend untergekommen. Im Treppenhaus riecht es schon morgens nach Kohlsuppe. Und nach der Gemeinschaftslatrine im Hof und den ungeleerten Mülltonnen vor der Tür. Die Wohnung gehört einem Bekannten und wird auch noch von dessen Frau, der alten Mutter und zwei kleinen Kindern bewohnt. Eines davon schreit zu den unmöglichsten Zeiten. Im Augenblick ist es zum Glück still. Gavrilo weiß, er sollte sich nicht beklagen, denn sie hausen hier seit Monaten fast umsonst. Danilo Ilić hat ihnen die Unterkunft besorgt.

Eigentlich könnte Gavrilo sich durchaus ein eignes bescheidenes Zimmerchen bei irgendeiner Witwe mieten, denn sein Bruder Jovo schickt ihm regelmäßig Geld. Außerdem verdingt er sich als Hilfsarbeiter bei einem Maurermeister und verdient sich so etwas dazu. Insgesamt ist es nicht viel, aber genug, um als Student über die Runden zu kommen. Seine Freunde sind schlechter dran als er. Nedeljko hat seine Arbeit in einer Druckerei verloren und nagt seitdem am Hungertuch. Und Trifko ist schon vor Jahren von zuhause weggelaufen und schlägt sich mit Gelegenheitsarbeiten und Botengängen durch. Auch er hat in letzter Zeit nichts verdient. Ohne Gavrilos Hilfe würden sie unter den Brücken schlafen und sich von Abfällen ernähren.

Gavrilo kann nicht mehr schlafen. Sein Magen ist nach diesem verdammten Albtraum völlig verkrampft, fühlt sich wie ein Zementblock an. Und ihm ist heiß. Er braucht frische Luft. Das Stroh raschelt, als er sich vorsichtig erhebt. Er tritt ans Fenster, öffnet den Laden und atmet erst einmal durch, wenn auch mit Vorsicht, um nicht gleich wieder husten zu müssen. Draußen ist es bereits ein wenig heller als in der Kammer. Er stützt sich mit den Ellbogen auf die Fensterbank und blickt hinunter in den Hof.

Außer der Latrine, einem kleinen Gemüsebeet, einem rostigen Drahtverhau und vor allem einem Haufen Gerümpel ist da unten nichts zu sehen. Der Drahtverhau ist zum Teil von Unkraut überwuchert. War wohl mal als Hühnerstall gedacht, muss aber schon lange leer sein.

Gavrilo fühlt sich wie gerädert. Alles tut ihm weh, besonders Schultern und Arme. Er hat sich die Knöchel an der linken Hand wund gerieben. Ein Wunder, dass er noch in der Lage ist, die tägliche Schinderei bei dem Maurermeister zu ertragen, Ziegel und Zement zu schleppen, Balken zu schultern und Mörtel anzurühren. Alles, wozu der Meister und seine Gesellen keine Lust haben. Die Krankheit setzt seinem ohnehin schon schwächlichen Körper weiter zu. Er ist viel zu mager, sollte im Grunde besser essen und harte Arbeit meiden. Aber gestern war Gott sei Dank das letzte Mal. Endlich ist Schluss damit.

Dass er die Schwindsucht hat, ist ihm im letzten Winter klar geworden, als er zum ersten Mal ein wenig Blut gehustet hat. Tuberkulose nennen es die Ärzte. Die schleicht sich hinterrücks an, bis einem auffällt, dass man allzu häufig fiebrig ist, langsam abmagert und zu husten anfängt. Und bis die verdammte Krankheit so weit fortgeschritten ist, dass man sie nicht mehr ignorieren kann. Die Erkenntnis war niederschmetternd. Tagelang ist er wie ein Irrer durch die Stadt gelaufen, hat gar nichts mit sich anfangen können. Schwindsucht ist für die meisten ein Todesurteil. Besonders für die, die kein Geld für teure Ärzte oder ein Sanatorium haben. Er hat gehofft, die Symptome würden sich wieder geben, aber sie sind stetig schlimmer geworden.

Inzwischen hat er sich an den Gedanken gewöhnt, dass seine Zeit auf Erden begrenzt ist, dass er nicht mehr lange leben wird – vielleicht noch zwei, drei Jahre, wenn er Glück hat –, denn für ärztliche Hilfe hat er kein Geld. Und seinem Bruder will er nicht noch mehr auf der Tasche liegen. Der hat schon genug für ihn getan. Es ist einfach Gottes Wille. Aus welchem Grund auch immer. Man muss sich damit abfinden.

Nur schlimm, dass er seine Freunde angesteckt hat. Es ist nicht sicher, aber doch wahrscheinlich, zumindest möglich.

Das enge Zusammenleben, der tägliche Kontakt. Er ist überzeugt, dass es seine Schuld ist, dass die beiden nun ebenfalls an Schwindsucht leiden, auch wenn er das natürlich nicht gewollt hat. Zu lange schon haben sie Kammer und Teller geteilt, sich mit dem Wasser aus der gleichen Waschschüssel gewaschen und aus den gleichen Bechern getrunken.

Bei Nedeljko ist es noch nicht so offensichtlich, aber Trifko hatte vor Wochen erste Blutflecken im Sacktuch, obwohl er versucht, es zu verbergen. Sie haben darüber gesprochen. Allen dreien ist klar, dass sie mit großer Wahrscheinlichkeit in der nächsten Zeit sterben werden. Nur wenige überleben diese Krankheit. Erst recht, wenn man arm ist. Es ist nur eine Frage, wie lange es dauert. Vielleicht Jahre, vielleicht auch nur Monate.

Das Wissen um den baldigen Tod hat Gavrilo bestärkt, mit der Kraft, die ihm noch bleibt, etwas Gutes zu tun, seinem Volk einen möglichst großen Dienst zu erweisen, damit es sich aus der Jahrhunderte währenden Knechtschaft befreien kann. Die Osmanen wurden bereits vertrieben. Nun gilt es, endlich auch die österreichische Herrschaft über sein geliebtes Bosnien zu beenden. Er kann nur hoffen, dass es gelingt. Und dass es etwas bewirkt. Allein der Versuch ist es wert.

Dabei wird es ein schwerer Gang werden, ein Selbstmordkommando. Gewaltige Überwindung wird es kosten, darüber ist er sich im Klaren. Wer will schon sterben, auch wenn er ohnehin todgeweiht ist? Trotzdem ist es ihm gelungen, die beiden anderen zu überzeugen. Täglich bemüht er sich, in ihren Herzen die Flamme am Leben zu halten. Dabei kommen ihm selbst oft Zweifel. So wie jetzt nach diesem verdammten Albtraum. Schiere Panik überfällt ihn in solchen Momenten, sein Herz rast, als wollte es bersten. Er erlebt das nicht zum ersten Mal, aber er darf sich vor den anderen nichts anmerken lassen. Niemals. Er muss stark bleiben. Stark für diese einzigartige Gelegenheit, einen gewaltigen Schlag gegen den Feind zu führen.

Dabei ist er sich nicht einmal sicher, ob er im entscheidenden Augenblick in der Lage sein wird, einen Menschen zu töten. Er versucht, den österreichischen Thronfolger nicht als Menschen, sondern als Feind und als Vertreter des verhassten Regimes zu sehen. Außerdem ist der Mann sogar im eigenen Land unbeliebt, wie er aus Zeitungen weiß.

Auf einmal muss er an Vukosava denken, an ihre edle Gesinnung und reine Seele. Vage hat er ihr Bild vor Augen, die schwarzen Locken, die ihr liebes Antlitz umrahmen, ihr schüchternes Lächeln. Es wärmt ihm das Herz. Nedeljko macht gelegentlich Witze, fragt, wann er denn endlich vorhabe, seiner kleinen Schwester einen Antrag zu machen. Obwohl beide wissen, dass dies nie geschehen wird.

Vukosava ist drei Jahre jünger als Gavrilo. Als er sie kennengelernt hat, war sie zwölf und las gerade irgendeinen romantischen Schundroman. Er hat sie zu guter Literatur bekehrt, ihr Märchen von Oscar Wilde ausgeliehen und Kurzgeschichten von Milutin Uskoković. Er hat ihr vieles beigebracht, und seit er in Belgrad ist, haben sie sich oft geschrieben. Manchmal schickt er ihr Gedichte. Sie ist so begeisterungsfähig und lernbegierig. Ihre Bewunderung für ihn ist schmeichelhaft. Einmal haben sie sich sogar geküsst, eher zufällig und unbeabsichtigt. Sie ist schrecklich rot geworden und weggelaufen, hat sich tagelang vor ihm versteckt. Noch immer errötet sie, wenn sie ihn sieht. Obwohl das letzte Mal schon eine Weile her ist.

Was wird sie denken, wenn sie von meiner Tat erfährt?, fragt er sich. Wird sie es verstehen? Oder wird sie mich verachten? Wird sie mich als Mörder sehen oder als Helden? Es ist ihm plötzlich wichtig, wie sie über ihn denken wird. Hat

Nedeljko mit ihr über ihren Plan gesprochen? Wohl kaum. Es ist ja alles geheim.

Ich muss ihr schreiben, denkt er. Es wird sie fürchterlich schmerzen, wenn sie von unserem Tod erfährt. Dass sie alle drei den Anschlag nicht überleben werden, haben sie sich fest vorgenommen. Dafür wird man ihnen Zyanidkapseln geben. Bloß nicht in die Hände der österreichischen Schergen fallen! Besser ein schneller, sauberer Tod, als wie ein Verbrecher gehenkt zu werden oder in einer Zelle dahinzusiechen. Oder gar gefoltert zu werden, um andere zu verraten.

Er wird ihr erklären, wieso und warum und dass es eine Heldentat ist für unser Volk, wie auch die anderen großen serbischen Helden sie vollbracht haben. In ihrer strahlenden Reihe werden sie stehen. Ein süßes Opfer für das Vaterland werden sie erbringen. Und wie denkwürdig, dass es gerade am *Vidovdan* geschehen wird, am Jahrestag der großen Schlacht auf dem Amselfeld, in deren Lauf der edle Ritter Miloš Obilić großmütig sein Leben gab, um den Herrscher des Feindes, den Sultan Murad, zu erstechen. Seinem Beispiel werden sie folgen.

Eine seltsame Stimmung erfasst Gavrilo. Als wäre er gar nicht mehr er selbst, sondern nur noch ein Instrument der Vorsehung. Irgendwo hat er etwas gelesen, das diesem Gefühl nahe kommt. *Aus dem Nichts gehe ich ins Nichts, von Tag zu Tag gehe ich, und immer weniger von mir ist in mir.* Ja, denkt er, das werde ich ihr schreiben. Vielleicht versteht sie es.

Er wendet sich vom Fenster, hockt sich auf den Boden, wo sein Rucksack liegt, und sucht darin nach Papier und Bleistift. Heute haben sie wieder Schießübungen. Aber erst um zehn. Jetzt, solange die anderen noch schlafen, ist eine gute Gelegenheit, seiner kleinen Vukosava zu schreiben. Sie soll ihn verstehen und ehren und in guter Erinnerung behalten.

Schloss Chlumetz in Böhmen, 7:42 Uhr

Maxi, putz dir die Zähne, wie es sich gehört«, sagt die Herzogin. »Ich möchte dich nicht noch einmal erinnern.«

Widerwillig tritt Maximilian ans Waschbecken und nimmt seine Zahnbürste zur Hand. Die Kinder sind gerade erst aufgewacht und noch im Schlafanzug. Heute mussten sie früher aufstehen als sonst, denn heute ist der Tag, an dem die Eltern verreisen.

Es ist Sophies Angewohnheit, die Hygiene der Kinder nicht den Angestellten zu überlassen, sondern selbst darauf zu achten, dass sie regelmäßig baden und ihre Morgentoilette ordentlich erledigen, bevor sie sich anziehen und an den Frühstückstisch setzen. Sie selbst ist seit mehr als einer Stunde auf den Beinen und bereits reisefertig in ein hellgraues Kostüm gekleidet. Sie greift nach einem Waschlappen, hält ihn unter den Strahl, der aus dem vergoldeten Wasserhahn fließt, wringt ihn leicht aus und fährt dem Jüngsten, dem kleinen Ernst, damit übers Gesicht.

»Nicht in die Ohren, Mama. Das mag ich nicht.«

Die Herzogin lacht. »Aber Bululu. Gerade in den Ohren sammelt sich der Dreck. Man muss sie gut auswaschen.«

»Aber ich mag das nicht. Besonders, wenn du es tust.«

»Dann tu's selbst.«

Sie reicht ihm den Lappen und trocknet sich die Hände. Dann wendet sie sich der Tochter zu, die sich gerade die Zähne geputzt hat, und hilft ihr, die langen blonden Haare auszubürsten. Pinkie, wie sie in der Familie genannt wird, ist stolz auf ihr schönes Haar.

»So, fertig«, sagt die Herzogin. »Noch eine Klammer hier an der Schläfe. Jetzt sieht es gut aus.«

Aus den Augenwinkeln bemerkt sie, dass sich Maximilian klammheimlich aus dem Badezimmer schleicht. »Hiergeblieben, Maxi!«, ruft sie. »Hast du dir ordentlich die Fingernägel sauber gemacht? Mit Bürste und Seife? Das habe ich dir schon gestern Abend aufgetragen. Zeig mal her, deine Hände.« Der Junge, ein Jahr jünger als seine Schwester, hält ihr die Hände hin. »Da ist immer noch Dreck unter den Nägeln. Den will ich nicht mehr sehen. Stell dich her, und wasch sie noch mal.«

Max zieht ein Gesicht. »Mama!«, sagt er gequält. »Das geht nicht weg. Hab schon alles versucht.«

»Wo bist du denn mit deinen Fingern gewesen?«

»Wir haben gestern einen toten Vogel begraben«, ruft Ernie vergnügt.

»Mit bloßen Händen? So was solltet ihr lieber dem Gärtner überlassen. Aber, na gut. Zieht euch jetzt rasch an. Es wird Zeit fürs Frühstück. Euer Vater wartet schon.«

»Was sollen wir denn anziehen?«, fragt Ernie.

»Ihr beiden Jungs die neuen Matrosenanzüge. Und du, Pinky, das hellblaue Kleid mit den weißen Punkten.«

»Ach, das mag ich nicht. Außerdem ist ein Fleck drin.«

»Wo hast du den denn her? Na ja, ist auch egal. Dann das weiße mit den Rüschen, das du letzten Sonntag zur Kirche anhattest.«

Natürlich gibt es Bedienstete im Schloss, die bereitstehen, um den Kindern die Kleider herauszusuchen und ihnen beim Anziehen zu helfen, aber die Herzogin versucht, die Kinder zur Selbstständigkeit zu erziehen. Sie selbst hatte in der Jugend keine Diener, die sie von hinten und vorne bedient hätten. Obwohl von gutem Stand war ihre Familie nicht gerade mit Reichtümern gesegnet. Ihr Vater hatte als jüngster Spross dieses alten böhmischen Geschlechts wenig geerbt. Bescheidenheit und Frugalität waren ihr daher von Kindesbeinen anerzogen worden. Auch heute ist ihr Verschwendung zuwider, auch wenn manche sie für geizig halten. Sollen sie ruhig. Zum Glück denkt Franz Ferdinand ganz ähnlich. Auch er mag keine unnötigen Ausgaben. Dass Unterhalt und Personal seiner Schlösser ein Vermögen kosten, zählt natürlich nicht. Das ist er seinem Stand einfach schuldig.

Sie verlässt das Badezimmer der Kinder im zweiten Stock, steigt die Treppe hinunter und begibt sich in den kleinen Frühstücksraum, wo ihr Mann im grünen Jägerzwirn am Tisch sitzt und die Zeitung liest. Diesmal ist es die *Reichspost*. Er blickt kurz zu ihr auf, dann widmet er sich wieder der Lektüre. Sie setzt sich zu ihm. Ihr Diener, der alte Hermann, eilt beflissen mit einer silbernen Kanne herbei und gießt ihr Kaffee ein. Sophie dankt ihm, gibt etwas Milch und Zucker dazu und rührt um.

»Wünschen Hoheit, dass ich jetzt das Frühstück serviere?«, fragt Hermann. »Nicht dass die Hoheiten noch den Zug verpassen.«

»Wir warten auf die Kinder, Hermann. Ich denke, so viel Zeit haben wir noch.«

»Sehr wohl, Hoheit.« Hermann gießt dem Erzherzog Kaffee nach und entfernt sich diskret.

Sophie wirft einen irritierten Blick auf ihren Mann, der immer noch in seinen Artikel vertieft ist. Manchmal wünscht sie sich doch ein wenig mehr Aufmerksamkeit. Besonders an einem Tag wie diesem. Es ist natürlich nicht das erste Mal, dass sie mit ihm eine längere Reise unternimmt, und doch ist sie heute aufgeregt. Aber sie hält die bissige Bemerkung zurück, die ihr auf der Zunge liegt, und setzt stattdessen ein Lächeln auf.

»Und? Was gibt es Neues in der Welt, Franzi?«

Er schaut von seinem Artikel auf. »Ach, nichts Besonderes. Zwischen Griechenland und der Türkei rumort es mal wieder. Aber sie scheinen zu verhandeln. Vielleicht kann ein Krieg vermieden werden. Und die Mexikokrise verschärft sich.« Er faltet die Zeitung zusammen und legt sie beiseite. »Das willst du sicher alles gar nicht wissen.«

»Nein, nicht wirklich«, erwidert sie und trinkt einen Schluck Kaffee. »Es genügt, dass du weißt, was da draußen vor sich geht. Die Nachrichten sind ja immer so schrecklich. Ich kann das Wort ›Krise‹ schon nicht mehr hören. Andauernd herrscht irgendwo Krieg. Und wenn nicht das, dann Mord und Totschlag. Sogar in Wien. Nein, darauf kann ich gerne verzichten.«

Er tätschelt ihr die Hand. »Bist du aufgeregt, Liebes?«

»Wieso? Sehe ich so aus?«, fragt sie überrascht. Normalerweise ist ihr Franzl nicht so einfühlsam, dass er ihre Regungen erkennt.

»Ein bisserl schon.«

»So, sieht man das.« Sie lacht verlegen. »Du hast recht, ein wenig aufgeregt bin ich schon. Ich hab ja nicht oft Gelegenheit, in der Öffentlichkeit an deiner Seite zu erscheinen. Und dann Sarajevo. Vor nicht langer Zeit noch osmanisch. Es muss eine faszinierende Stadt sein.«

»Hoffentlich versprichst du dir nicht zu viel davon. Es wird in jedem Fall anstrengend. Zuerst die lange Reise, dann die langweiligen Empfänge und all diese Leute, die einem unbedingt ihre Aufwartung machen wollen. Mir graut schon davor.«

Wie Sophie weiß, scheut Franz Ferdinand öffentliche Auftritte, hasst sie manchmal geradezu. Leider sind sie in seiner Position unvermeidlich. Es ist ihm unangenehm, Reden zu halten, die Blicke vieler Menschen auf sich zu spüren. Er wirkt dann immer ganz hölzern und wird schnell barsch, lässt bei den unpassendsten Gelegenheiten schneidende Bemerkungen fallen, als müsse er seine Verlegenheit hinter Grobheiten verstecken. Was besonders in den Zeitungen nicht gut ankommt. Eigentlich ist er gar nicht so. Jedenfalls nicht im Kreise der Familie.

»Ach, Franzi, das macht mir nichts aus. Ich freu mich auf die Reise. Und du hoffentlich auch. Ich bin einfach froh, mal wieder unter Menschen zu kommen, die mich nicht schief ansehen.«

»Du meinst, nicht so wie meine lieben Verwandten.«

»Du weißt schon, was und wen ich meine.«

Franz Ferdinand nickt grimmig. »Montenuovo. Der Kerl treibt es am schlimmsten. Ich würde ihn ja zum Teufel jagen, wenn mein Onkel nicht so große Stücke auf ihn hielte. Aber ich schwöre dir, am Tag meiner Thronbesteigung schick ich den Mann in die Wüste.«

Alfred Fürst von Montenuovo ist Oberhofmeister des Kaisers und unter anderem oberster Zeremonienmeister. Er herrscht über den Hof wie ein Feldwebel über eine Kompanie widerspenstiger Rekruten. Er und Franz Ferdinand können sich nicht ausstehen. Außerdem ist dieser Montenuovo ein verdammter Snob. Besonders Sophie lässt er bei jeder Gelegenheit spüren, dass er sie als Gemahlin des Thronfolgers für unwürdig hält. Er behandelt sie wie eine Kurtisane, die sich die Kaiserinnenwürde erschleichen will. Dabei stammt sein Vater selbst aus einer morganatischen Ehe.

»Reden wir nicht von Montenuovo. Sonst vergällt es mir den Tag.«

»Ich habe ihn schon mehrfach zur Rede gestellt. Aber es nützt nichts. Der Mann ist unangreifbar. Er hat den Kaiser hinter sich.« Franz Ferdinand tätschelt noch einmal die Hand seiner Frau. »Ich weiß wirklich nicht, wie du das erträgst. Diese ständigen Spitzen und kleinen Beleidigungen, sein ganzes pompöses, hochmütiges Gehabe dir gegenüber. Ich an deiner Stelle hätte den Kerl längst geohrfeigt. Aber du, du lächelst es einfach weg. Wie schaffst du das nur?«

Sophie lacht. »Na, stell dir vor, ich würde ihn ohrfeigen. Das würde doch eine Staatskrise auslösen. Obwohl … Spaß machen tät's schon.«

Auch Franz Ferdinand erheitert der Gedanke. »Stell dir vor, du verpasst dem wirklich eine Watschen. Und das vor allen Leuten. Was für eine Gaudi! Ich würd's zu gern erleben.« Er lacht vergnügt in sich hinein.

Die Herzogin kann ein Kichern nicht unterdrücken. Aber dann sieht sie sich schuldbewusst um und legt den Zeigefinger auf die Lippen. »Lass das nicht die Kinder hören, Franzi«, sagt sie und wird wieder ernst. »Nein, nein. So was würde uns nur schaden. Außerdem ist er nicht der Einzige. Mal ganz vom Kaiser abgesehen, benehmen sich auch deine Tanten und Kusinen nicht wesentlich anders. Deine Stiefmutter ist die Einzige, die zu uns hält.«

Franz Ferdinand nickt. »Ja, die gute Marie Therese. Mit der hab ich mich schon immer prächtig verstanden.« Er seufzt.

»Lass nur, Franzi. Ich hab gelernt, das alles an mir abtropfen zu lassen. Ich tue so, als berühre es mich gar nicht. Das ist der beste Panzer gegen solche Anfeindungen.«

Franz Ferdinand beugt sich vor und küsst sie auf die Wange. »Wenn ich dich nicht hätte –«

Sie lächelt. »Wenn du mich nicht hättest, würdest du mit dem ganzen Hof streiten. Und mit den Ministern gleich dazu.«

»Da hast du wahrscheinlich recht. Aber manchmal tut es einfach gut, diese Bande von Heuchlern zurechtzustutzen.«

Die Kinder betreten das Frühstückszimmer, gewaschen und gekämmt und adrett angezogen. Nur beim kleinen Ernst liegt der Kragen des Matrosenanzugs schief. Sophie zupft ihn zurecht, während die Tochter ihren Papa artig auf die Wange küsst. Die Kinder setzen sich. Sofort eilen Diener herbei und tragen unter der strengen Aufsicht des alten Hermann frisch zubereitetes Rührei und warme Semmeln auf, für den Erzherzog Toast, dazu noch mehr Kaffee und heiße Schokolade für die Kinder. Wurst und Schinken, Marmelade und Honig stehen schon auf dem Tisch.

»Jetzt danken wir Gott für seine Gaben«, sagt Sophie, faltet die Hände und spricht die üblichen Dankesworte.

Artig folgen die Kinder dem gewohnten Ritual, auch der Erzherzog. Seine tiefe, etwas raue Stimme übertönt die der anderen. Er ist ein erzfrommer Katholik und verpasst nur selten die sonntägliche Messe. Seine Religiosität war auch der Grund für die langen Jahre der Enthaltsamkeit, die sie übten, bevor sie endlich heiraten durften. Jungfräulich sollte sein Sopherl in die Ehe gehen, darauf hat er bestanden, und er hat sich selbst ähnliche Bedingungen auferlegt. Seit damals ist Schluss mit den Kurtisanen und dem fröhlichen Junggesellendasein, das er zuvor geführt hat.

Nach dem kurzen Gebet machen sich alle über das Frühstück her. Pinkie isst nur wenig, Max und Ernie dafür umso mehr. Auch Franz Ferdinand scheint heute besonders guten Appetit zu haben. Nur die Herzogin isst fast nichts. Ihr Magen ist einfach zu nervös.

»Ich find's blöd, dass ihr verreisen müsst«, sagt Ernst.

»Ernie«, ermahnt ihn die Mutter. »Beim Kauen spricht man nicht.«

Ernst schluckt runter, was er im Mund hat. »Ist trotzdem blöd!«

Pinkie nickt. »Finde ich auch.«

»Aber Vater muss doch den Kaiser vertreten und Orden verteilen«, sagt Maximilian würdevoll.

»Kann das nicht jemand anders machen?«, fragt Ernie und leckt sich Marmelade vom Finger.

Ja, wenn doch nur Kronprinz Rudolf noch leben würde!, denkt die Herzogin mit einem innerlichen Seufzer. Dann wäre der Franzi nicht Thronfolger, und es blieben ihm all die öffentlichen Auftritte erspart, die er so hasst. Dann müsste er sich nicht über den Kaiser ärgern und ich müsste nicht die vielen Demütigungen ertragen. Dabei ist es seinem Bruder Ferdinand Karl sogar noch viel schlimmer ergangen. Der hat auf sämtliche Ansprüche und Titel verzichten müssen, als bekannt wurde, dass er heimlich eine Bürgerliche geheiratet hatte. Aus dem Hause Habsburg hat der Kaiser ihn ausgeschlossen und seinen Namen tilgen lassen. Vielleicht ist er deshalb so krank geworden. Ja, wenn Rudolf, der eigentliche Kronprinz, noch leben würde, wäre alles anders. Aber der dumme Kerl hat sich erschossen. Zusammen mit seiner Geliebten. Aus Verdruss am Leben, wie es heißt. Wie kommt man dazu? Nicht nur, dass es eine gotteslästerliche Sünde ist, es ist auch eine unverzeihliche Verschwendung.

»Mama«, schimpft Ernie. »Du hörst ja gar nicht zu!«

»Die Zeit geht schnell vorbei, Bolulu, du wirst sehen«, erwidert sie rasch. »Als euer Vater und ich in England waren, hat es doch noch viel länger gedauert. Wenn wir zurück sind, führen wir noch mal Pinkies Abenteuer auf. Vater spielt bestimmt gern wieder den Wilderer.«

Franz Ferdinand nickt. »Versprochen«, sagt er und erhebt sich vom Frühstückstisch. »Es wird langsam Zeit. Ich schau mal nach, ob die Wagen schon vorgefahren sind und alles bereit ist.«

Er eilt aus dem Zimmer und den Korridor entlang. Auf halbem Weg zur Treppe bleibt er vor einer Anrichte stehen und entnimmt ihr ein kleines, mit edlem Leder bezogenes Kästchen. Dabei kommt er sich wie ein Verschwörer vor, denn Sophie ahnt nichts von dem, was er vorhat. Er steigt die Treppe zur schweren Eingangstür des Schlosses hinunter. Draußen steht, wie er gehofft hat, Franz Janaczek und beaufsichtigt das Verladen des Gepäcks in den zweiten Motorwagen.

»Hoheit«, sagt Janaczek, als er seinen Herrn gewahrt, und tippt sich an den Schirm der Mütze. »In fünf Minuten sind wir abfahrbereit.«

Janaczek ist langjähriger Vertrauensmann der Familie. Einst war er Franz Ferdinands Leibjäger. Und obwohl der Erzherzog ein schwieriger Herr ist, haben die langen gemeinsamen Stunden auf der Pirsch oder auf dem Hochstand sie zusammengeschweißt. Inzwischen ist Janaczek zum Obersthofmeister aufgestiegen und verwaltet die böhmischen Schlösser der Familie. Wenn der Erzherzog überhaupt so etwas wie einen männlichen Freund hat, dann ist es Janaczek.

»Gut«, sagt er. »Aber ich hab noch etwas zu besprechen.« Er winkt Janaczek in den Flur. Muss nicht jeder wissen, was er zu sagen hat. »Hör zu, mein lieber Franz. Du weißt, ich mache nicht gern große Worte, aber du hast mir nun schon so viele Jahre treu gedient. Da wollte ich mich endlich mal erkenntlich zeigen.« Er hält Janaczek das Kästchen hin, das er aus der Anrichte genommen hat. Janaczek nimmt es erstaunt entgegen.

»Nun mach schon auf.«

Janaczek fummelt etwas ungeschickt an dem Verschluss herum, bis der Deckel endlich aufgeht. Innen, in dunkelblauen Samt gebettet, liegt eine kostbare goldene Westentaschenuhr.«

»Die ist für dich, mein Freund.«

»Oh mein Gott, Hoheit!«, entfährt es Janaczek. Er ist vor Überraschung und Freude rot geworden. »Womit hab ich das verdient?«

»Du hast es mehr als verdient. Auf kaum einen kann ich mich mehr verlassen als auf dich. Das war schon immer so und wird hoffentlich noch lange so bleiben.«

»Ich bin überwältigt, Hoheit. Vielen Dank. Besonders auch für das Vertrauen, das Hoheit mir immer entgegengebracht haben.«

»Das Vertrauen hast du dir redlich verdient.« Auch Franz Ferdinand ist verlegen und hat sogar feuchte Augen bekommen. Besonders in Anbetracht dessen, was ihm auf dem Herzen liegt und was er nun zu sagen hat. »Ja, du hast es dir verdient, mein Lieber. Und deshalb möchte ich dich um etwas bitten: Sollte mir auf der Reise etwas zustoßen, dann kümmere dich um die Herzogin. Und um die Kinder.«

Janaczek starrt ihn an. Einen Augenblick lang hat es ihm die Sprache verschlagen. Dann stammelt er: »Aber … aber was sollte Hoheit denn zustoßen?«

Franz Ferdinand verzieht das Gesicht zu einem unbekümmerten Grinsen. Nur, dass es nicht unbekümmert wirkt, eher makaber.

»Wahrscheinlich nichts«, sagt er. »Aber man kann nie wissen. Dieser verdammte Balkan ist ein Unruheherd.«

Janaczek weiß nicht, was er sagen soll.

»Versprich es mir!«

»Ja, freilich, Hoheit. Selbstverständlich. Ich verspreche es. Aber –«

»Kein Wort darüber! Zu niemanden.« Kurz legt der Erzherzog seinem treuen Janaczek die Hand auf die Schulter, dann dreht er sich um und kehrt ins Haus zurück.

Sarajevo, 9:17 Uhr, im Konak

»Fräulein! Hören Sie mich?« Markovic hält mit der Linken den Telefonhörer ans Ohr. Die Finger der Rechten trommeln nervös auf der Schreibtischplatte. »Ist da überhaupt jemand? Fräulein!«

Nichts zu hören. Als wäre die Leitung tot. Dann knackt es verdächtig, und eine helle weibliche Stimme mit bosnischem Akzent macht sich bemerkbar. Klingt wie eine Fünfzehnjährige. Aber es ist das Fräulein vom Amt in Sarajevo. »Ich kann Sie gut hören, mein Herr. Sie müssen nicht schreien.«

»Ich schreie nicht, ich warte. Seit einer geschlagenen Viertelstunde. Wo bleibt meine Verbindung?«

»Es tut mir leid, wir hatten Schichtwechsel«, klingt es metallisch aus dem Hörer. »Was für Verbindung wünschen Sie?«

Markovic unterdrückt einen saftigen Fluch und verdreht genervt die Augen. »Belgrad«, sagt er. »Haben Sie das? Belgrad!«

»Ja, Belgrad. Mit wem in Belgrad?«

»Mit der österreichisch-ungarischen Botschaft.«

»Mit Botschaft. Einen Augenblick, mein Herr.«

Es knackt, und sie ist weg, die Leitung wieder wie tot. Nur ein ganz entferntes Rauschen ist zu vernehmen. Die Stimme des Äthers, so kommt es ihm vor.

Markovic seufzt genervt und trommelt mit den Fingern. Wieder warten. Herrgott noch mal! Was stellen die nur für Leute ein? Schulmädchen? Es kann doch nicht so schwer sein, ein paar verdammte Stecker umzustöpseln.

Auf einmal knistert es in der Leitung. Eine ernste Männerstimme sagt. *»Halo! Pogrebno preduzece.«*

»Was?« Markovic spricht kein Serbisch. »Hallo! Wer ist denn da?«

»Dobar dan! Pogrebno preduzece.«

»Was?«

»Bestattungen ... Was wünschen?«

»Bestattungen? Was zum Teufel!«

Es knackt in der Leitung, und das Fräulein vom Amt ist zurück. »Jetzt kommt Gespräch, mein Herr!«

Kurze Pause, dann hört er eine angenehme junge Männerstimme, wenn auch leicht verzerrt durch die Entfernung. »Österreichisch-ungarische Botschaft in Belgrad. Was kann ich für Sie tun?«

»Na, Gott sei Dank, endlich! Major Markovic aus Sarajevo am Apparat. Verbinden Sie mich mit Kulturattaché Wilhelm Södermann.«

»Sehr gerne. Einen Augenblick, Herr Major.«

Södermann ist natürlich kein Kulturattaché, sondern gehört zum Geheimdienst und leitet die Dienststelle Belgrad. Er ist Markovic unterstellt. Wieder knackt es ein paarmal in der Leitung, dann hört er ein kurzangebundenes: »Södermann.«

»Endlich hab ich Sie. Markovic hier.«

»Servus, Herr Major. Sie klingen etwas gereizt. Wo brennt's denn?«

»Es geht um den verdammten Besuch Seiner Hoheit des Thronfolgers.«

»Erzherzog Franz Ferdinand?«

»Gibt es noch einen anderen Thronfolger?«

»Natürlich nicht. Bitte um Entschuldigung.«

»Wir haben da was läuten hören. Von finsteren Aktivitäten am *Vidovdan*. Bosnische Serben sollen angeblich was vorhaben und von Belgrad nach Sarajevo unterwegs sein. Das ist ausgerechnet, wenn der Erzherzog nach den Manövern die Stadt besucht. Haben Sie irgendwas gehört?«

»Am *Vidovdan*? Nein. Nichts. Ich lass mal bei unseren Informanten nachfragen, aber die hätten es mir gemeldet, sollte was bekannt sein.«

»Sagen Sie mir sofort Bescheid, wenn Sie was rauskriegen.«

»Natürlich, Herr Major. Kann aber ein paar Tage dauern.«

»Viel Zeit bleibt uns nicht. Nur noch fünf Tage. Die Polizei hier ist dünn besetzt, und der Potiorek will kein Militär in den Straßen. Aber wenn was passiert, dann kriegen sie natürlich uns am Arsch. Wir hätten das verhindern müssen, heißt es dann. Ich sag dir, Willi.« Plötzlich ist er zum Du gewechselt, denn ihm ist eingefallen, dass sie mal zusammen im Bordell waren. Der Södermann hat's wahrscheinlich vergessen. Oder er traut sich nicht mehr, den Chef zu duzen. »Wir kauen uns hier die Nägel blutig. Also setz alle Hebel in Bewegung. Quetscht die Ganoven aus, die für euch spitzeln. Ich will wissen, was in den Kneipen getuschelt wird. Du weißt schon: wo diese Komitatschi und Kommunisten sich treffen. Irgendwas muss doch rauszukriegen sein.«

»Wird gemacht, Chef!«

»Beobachtet ihr eigentlich noch den Dimitrijević?«

Dragutin Dimitrijević, das haben Markovics Leute herausgefunden, ist nicht nur Chef des serbischen Militärgeheimdienstes, der – und das ist schlimm genug – ziemlich unabhängig von der Regierung operiert, sondern auch führendes Mitglied des berüchtigten Geheimbundes Schwarze Hand. Wenn nicht gar dessen Oberhaupt. Doppelt gefährlich also. Weshalb man ihn schon seit einiger Zeit diskret beschattet.

»Tun wir, Herr Major. Ich wollte mich deshalb eigentlich schon melden. Einer unserer Informanten hat ihn gestern im Park mit einem Armeeoffizier gesehen. Es war noch sehr früh am Morgen und sah nach einem Geheimtreffen aus. Belauschen konnte er die beiden allerdings nicht. Das wäre aufgefallen.«

»Bist du sicher, es war kein unschuldiger Plausch?«

»Ich bitte Sie. Wer trifft sich schon um 7:30 Uhr morgens im verlassenen Festungspark? Da war sonst keine Menschenseele. Nur die beiden.«

»Mmh, ich gebe zu, das ist verdächtig. Ich hoffe, sie haben deinen Mann nicht ausgemacht.«

»Einen humpelnden alten Sandler?«

Markovic grinst. Er weiß, wer das ist. Einer ihrer besten Leute. Ein Verwandlungskünstler erster Güte. Muss sich diesmal als Landstreicher verkleidet haben. »Und dieser Offizier, mit dem Dimitrijević sich da getroffen hat? Hat unser Mann den erkannt?«

»Hat er. Er schwört, es ist ein gewisser Major Tankosić. War bei den Tschetniks im Kampf gegen die Türken und hat sich da verdient gemacht.«

»Vielleicht will Dimitrijević den für seinen Geheimdienst anwerben.«

»Das hätten sie auch in seinem Büro erledigen können.«

»Stimmt. In dem Fall muss man annehmen, der Mann gehört schon zum Netzwerk und sie hatten was Ultrageheimes zu besprechen.«

»Das denke ich auch.«

»Setz ein paar Leute auf diesen Tankosić an. Vielleicht ergibt sich was.«

»Machen wir.«

»Und haltet mich jederzeit auf dem Laufenden. Jederzeit, hörst du? Egal, ob Tag oder Nacht. Meine Pension hat leider kein Telefon. Also werde ich die nächsten Tage im Büro übernachten. Und sollte ich nicht da sein, rede mit Simon oder hinterlass eine Nachricht. Ich melde mich dann.«

Damit verabschiedet sich Markovic und hängt den Hörer auf. Sein Stuhl knarrt unangenehm, als er sich zurücklehnt. Er starrt an die Decke. »Tankosić, Tankosić …«, murmelt er nachdenklich. »Hab ich den Namen nicht schon mal gehört? Oder bilde ich mir das ein?«

Er steht auf, um Hauptmann Simon in dessen Arbeitszimmer aufzusuchen, findet ihn aber nicht. »Wo ist Simon?«, fragt er einen jungen Leutnant, der für gewöhnlich mit Simon zusammenarbeitet.

»In der Gruft, Herr Major.«

»Ah, danke. Dann will ich ihn nicht stören.«

Mit der »Gruft« sind die drei finsteren Gefängniszellen im Keller des Gebäudes gemeint, in denen sie Verdächtige zwecks Befragung vorübergehend festhalten. Hinzu kommt ein Verhörraum. Sie machen nicht oft davon Gebrauch, doch heute hat sich Simon vermutlich einen der beiden Studenten bringen lassen, die Mayerhoffer gestern festgenommen hat. Er muss also vermuten, dass der Kerl etwas weiß, und will ihn auf eine Art befragen, die auf der Polizeiwache nicht möglich ist. Markovic mag solche Methoden nicht, aber manchmal sind sie leider nötig. Besonders jetzt, da ihnen verdammt noch mal die Zeit davonläuft.

Er kehrt in sein Zimmer zurück und telefoniert mit Gede, um ihn auf dem Laufenden zu halten. Diesmal kommt die Verbindung auf Anhieb zustande. Als er wenig später den Hörer wieder einhängt, taucht Major Simon bei ihm auf.

»Du wolltest mich sprechen?«

Markovic blickt von den Akten auf, die er sich zwischenzeitlich hat kommen lassen. Er entdeckt einen Flecken auf dem Uniformrock seines Kollegen. »Du hast da was am Rock«, sagt er. »Was ist das, Blut? Wasch es lieber gleich aus, sonst ist der Rock ruiniert.«

»Macht nichts. Den wollte ich ohnehin ausrangieren.« Simon lässt sich auf einem Stuhl vor Markovic' Schreibtisch nieder.

»Wie war dein Verhör?«

»Hat bis jetzt nichts ergeben. Aber ich bin sicher, der Bursche weiß was. Ich werde ihn schon weichklopfen.«

»Übertreib's nur nicht. Du weißt, was ich meine.«

Markovic spielt auf einen unangenehmen Vorfall vor sechs Monaten an. Damals hat die Polizei bei einem Studentenkrawall einen jungen Mann so heftig verprügelt, dass der Stunden später im Krankenhaus verstarb. Das hat eine Welle wütender Proteste ausgelöst. Die aufgebrachte Menge hat Mayerhoffers Polizeidienststelle tagelang belagert und sogar Fensterscheiben eingeworfen. Selbst der Bürgermeister konnte die Leute nur mit Mühe beruhigen. Und den für den Totschlag verantwortlichen Beamten musste man in eine andere Stadt versetzen.

»Keine Angst. Ich weiß, was ich tue.«

Markovic berichtet kurz von seinem Telefongespräch mit Södermann. Er merkt, dass Simon bei dem Namen Tankosić merklich aufhorcht. »Hast du etwa eine Ahnung, wer das ist?«

»Und ob!«

Simon hat hier in Bosnien schon unter Markovic' Vorgänger gedient, kennt sich also in manchen Dingen besser aus als sein Vorgesetzter.

»Dann lass mal hören.«

»Vojislav Tankosić ist ein alter Bekannter. Obwohl man in letzter Zeit nicht mehr so viel von ihm gehört hat. Aber er steckt unter anderem hinter der Narodna Odbrana, die die Sache der bosnischen Serben verteidigt.«

»Die sind aber doch eher friedlich.«

»Sie schießen nicht gerade um sich, das stimmt. Aber wie du weißt, wird die Organisation von Belgrad gesteuert.«

»Dieser Tankosić ist also Bosnier.«

»Nein. Er ist in Serbien geboren, aber seine Familie stammt aus der bosnischen Krajina. Die Leute dort hatten einen Hass auf die Osmanen.«

»Ich weiß.«

»Tankosić hat im Türkenkrieg bei den Tschetniks gedient. Als Woiwode. Das ist bei diesen Freischärlern so was wie ein Kompanieführer.«

»Ich weiß, was ein Woiwode ist.«

»Gut.« Simon lässt sich nicht irritieren, sondern redet weiter. »Jedenfalls muss er sich bei den Kämpfen ziemlich ausgezeichnet haben. Die Serben haben ihm hinterher einen großen Orden verpasst, ihn in die reguläre Armee aufgenommen und auf die Militärakademie geschickt. Welchen Rang er jetzt bekleidet, weiß ich nicht.«

»Anscheinend ist er Major.«

»Dann hat er Karriere gemacht. Du musst wissen, Dimitrijević und Tankosić sind alte Freunde. Dimitrijević hat ihn vielleicht gefördert. Die beiden kennen sich noch aus alten Zeiten. 1903 haben sie gemeinsam den Coup gegen König Alexander Obrenović angezettelt. Dieses schreckliche Attentat.«

»Tankosić war bei der Ermordung dabei?«

»Ob er selbst dabei war, weiß ich nicht. Aber er gehörte zur Gruppe der Verschwörer. Und er soll persönlich die Brüder von Königin Draga hingerichtet haben.«

Markovic pfeift durch die Zähne. »So einer ist das also. 1903? Da muss er noch ziemlich jung gewesen sein.«

Simon nickt. »Ein frühreifes Früchtchen, dieser Tankosić.«

»Also gehört er auch zur Schwarzen Hand.«

»Davon kann man ausgehen.«

»Und ausgerechnet diese beiden Gangster treffen sich frühmorgens im Park. Da läuft doch was.«

Simon nickt. »So sicher wie das Amen in der Kirche.«

Bahnhof Chlumetz, 10:45 Uhr

Wann zum Teufel können wir endlich einsteigen?« Franz Ferdinand ist genervt und schnauzt den Bahnhofsvorsteher an, der gerade herbeigelaufen ist. »Was ist das für eine elende Schweinerei? Wie lange wollen Sie uns hier noch rumstehen lassen?«

Herzogin Sophie ist der Wutausbruch ihres Mannes sichtlich peinlich, obwohl sie nichts dazu sagt. Der Bahnhofsvorsteher hingegen, ein behäbiger älterer Herr im Uniformrock der kaiserlich-königlichen Staatsbahnen, ist so konsterniert, dass er einen Augenblick braucht, um den Mund aufzubekommen. Unter seinem Mützenschirm perlen Schweißtropfen.

»Ich bitte die Hoheiten höchst untertänigst um Verzeihung«, stammelt er mit zitterndem Backenbart. »Der Salonwagen Ihrer Hoheiten ist heiß gelaufen. Die Achsen qualmen so stark, dass wir ihn abkoppeln mussten.«

Franz Ferdinand starrt den Mann mit wütend zusammengezogenen Brauen an. »Und jetzt? Sollen wir etwa zu Fuß nach Wien?«

»Wir haben eiligst einen Waggon der ersten Klasse hergerichtet. Der Zug wird jetzt gleich aufs Gleis gefahren. Die Hoheiten können einsteigen, während das Gepäck verladen wird.«

»Dann stehen Sie nicht weiter rum. Sondern sorgen Sie lieber dafür, dass wir kühle Getränke im Wagen haben. Es ist warm heute.«

»Jawohl, Hoheit.« Der Bahnhofsvorsteher verbeugt sich tief und eilt davon, als wäre er auf der Flucht vor wilden Hyänen.

»Aber Franzi!«, sagt die Herzogin milde vorwurfsvoll. »Musst du den armen Mann so anschreien? Der tut doch, was er kann.«

»Verdammte Schlamperei«, knurrt Franz Ferdinand ungehalten.

»Aber so was kann doch vorkommen. Auch die moderne Eisenbahn ist nicht davor gefeit, dass mal was kaputtgeht.«

»Mmh«, brummt Franz Ferdinand. »Fehlt nur, dass es Sabotage war. Ein Attentatsversuch.«

Sophie reißt erschrocken die Augen auf. »Ein Attentatsversuch?«

Franz Ferdinand lacht über ihr ängstliches Gesicht. »Nur ein Scherz, Sopherl. Nur ein Scherz.«

»Über so was scherzt man nicht, Franzi. Schäm dich!« Wütend dreht sie ihm den Rücken zu.

Ihr Gemahl bereut die unsensible Bemerkung bereits, schließlich hat es in diesen unruhigen Zeiten schon häufig Attentate und politische Morde gegeben. Wurde vor sechzehn Jahren nicht seine eigene Tante, die Kaiserin Elisabeth, in Genf von diesem italienischen Anarchisten Lucheni erstochen? Sogar der Kaiser selbst wäre beinahe einem Attentat zum Opfer gefallen. Die Liste der politischen Morde ist lang. Sofort fallen ihm die amerikanischen Präsidenten Lincoln und McKinley ein und Italiens König Umberto. Oder auch fehlgeschlagene Versuche gegen Otto von Bismarck, Zar Alexander II. und den deutschen Kaiser Wilhelm. Nein, Sophie hat natürlich recht. Das ist kein Thema, über das man witzeln sollte.

»Nun hab dich nicht so, Sopherl. War nur ein Spaß. Es tut mir leid.«

So schnell ist sie diesmal nicht versöhnt. Beide starren in peinlichem Schweigen auf den Zug, der jetzt langsam einfährt. Es ist der reguläre Zug von Prag nach Wien, sodass auch die übrigen Reisenden wegen des qualmenden Salonwagens warten mussten. Unter Fauchen und Zischen und kreischenden Bremsen kommt der Zug zum Stehen. Der letzte Wagen ist für die hohen Herrschaften bestimmt. Schwitzend öffnet der Bahnhofsvorsteher die Waggontür und bleibt daneben in unterwürfiger Haltung stehen.

Franz Janaczek steigt als Erster die Stufen zum Abteil hinauf und hält hilfreich die Hand für Sophie, denn bei ihrem langen Rock sind die hohen Stufen etwas beschwerlich. Sie bedankt sich, und er geleitet sie zu einem der plüschgepolsterten Sitze. Franz Ferdinand folgt ihnen und blickt sich im Abteil missbilligend um. Auch wenn es ein Wagen der ersten Klasse ist, entspricht die Einrichtung natürlich nicht dem Standard des kaiserlichen Salonwagens.

»Das Gepäck wird jetzt verladen«, sagt Janaczek. »Ich denke, der Zug wird in wenigen Minuten abfahren. Deshalb darf ich mich mit Ihrer Erlaubnis verabschieden.«

»Danke, Franz«, sagt der Erzherzog und lässt sich etwas schwerfällig der Herzogin gegenüber nieder.«

»Bevor Sie gehen, lieber Herr Janaczek«, sagt Sophie und blickt zu ihm auf. »Ich bin ein wenig unruhig wegen der Kinder. Ich musste sie bisher nur selten allein lassen. Ich weiß, da sind Herr Kellermann und der gute Hermann, aber was, wenn einem der Kinder etwas passiert? Unser Ernie hat sich schon oft das Knie aufgeschlagen.«

»Ich kümmere mich um sie, Hoheit. Bleiben Sie ohne Sorge.«

Sie legt die Hand aufs Herz. »Ach, da bin ich froh. Danke sehr!«

Draußen schrillt die Pfeife des Bahnhofsvorstehers. Janaczek verbeugt sich und verlässt eilig den Waggon. Ein Ruck geht durch den Zug, dann fährt er langsam an.

Sarajevo, 11:07 Uhr, im Kellergewölbe des Konaks

Der Gefangene hockt auf einem eisernen Stuhl, der am Boden festgeschraubt ist. Seine Arme sind hinter dem Rücken an die Stuhllehne gefesselt, der Kopf mit den langen, ihm in die Stirn fallenden Haaren hängt vornüber bis fast auf die Brust. Beide Augen sind zugeschwollen, und von seiner Unterlippe tropft Blut.

»Nun rede endlich!«, brüllt Simon ihm so laut ins Ohr, dass der junge Mann zusammenzuckt. »Ich verlier langsam die Geduld mit dir.«

»Ich weiß nichts«, murmelt der Gefangene.

Simon schlägt mit der flachen Hand so hart zu, dass der Kopf des Mannes zur Seite fliegt. Es ist nicht das erste Mal an diesem Morgen. »Ich weiß, dass du eingeweiht bist. Also mach endlich das Maul auf. Ich will wissen, was hier abläuft, was ihr Verschwörer vorhabt.«

»Nichts hab ich vor. Meine Freunde auch nicht«, jammert der junge Kerl. Er ist Student der von Österreich-Ungarn gegründeten Universität. »Ich weiß von keiner Verschwörung. Ich schwör's!«

»Wir lassen euch Kerle studieren, damit ihr's mal besser habt im Leben, bringen euch Wissen und Kultur. Das kostet alles einen Haufen Geld. Ihr müsst noch nicht mal dafür bezahlen. Und wie dankt ihr es, ihr Bastarde? Mit Vaterlandsverrat! Du bist ein verdammter Verräter! Gib es endlich zu!«

»Nein! Bin ich nicht«, flüstert der Gefangene.

»Vaterlandsverräter werden aufgehängt! Ist dir das klar?«

Der Student starrt schweigend auf die Knie. Seine Hose riecht nach Urin.

»Willst du wirklich am Strick baumeln?«, brüllt Simon.

Der Gefangene fängt an zu weinen. Tränen laufen ihm über die blutverschmierten Wangen. Aus der Nase sickert ein wenig Schleim. »Wenn ich doch keine Ahnung habe, von was Sie reden?«, schreit er verzweifelt. »Ich kann doch nichts erfinden.«

»Hör endlich auf, mir was vorzumachen«, zischt Simon. »Wir können dich hier ewig festhalten, weißt du das? Du kommst hier nicht raus, bevor du den Mund aufgemacht hast.«

»Was wollen Sie von mir? Ich weiß doch nichts.«

»Hast du eine Ahnung, wie wir das hier nennen, wo du jetzt bist?«

Der Student schüttelt den Kopf.

»Wir nennen es ›die Gruft‹. Weil wir Kerle wie dich hier auseinandernehmen und die Reste anschließend sechs Fuß tief verbuddeln. Deine Leiche wäre nicht die erste hier im Keller.«

Das ist natürlich gelogen. Leichen sind hier nicht vergraben. Aber Verhöre wie dieses sind keine Seltenheit. Simon, der bis jetzt über den Delinquenten gebeugt gestanden hat, richtet sich auf und lässt sich auf der Tischkante nieder, Beine übereinandergeschlagen. Er hat langsam genug. Abgesehen von einer kurzen Unterbrechung und dem Gespräch mit Markovic verhört er den Burschen nun schon seit Stunden. Nichts, aber auch gar nichts hat er erfahren, außer, dass unter den jungen Serben alle möglichen Gerüchte kursieren. Keine Namen, keine Einzelheiten, nur unzusammenhängendes, sich widersprechendes Gerede ohne Bedeutung. Es ist frustrierend.

Simon betrachtet den Kerl, der mit hängendem Kopf wie ein Häuflein Elend auf dem Stuhl hockt. Er seufzt, greift in die Brusttasche und zieht ein Zigarettenetui hervor. »Möchtest du eine Zigarette?«, fragt er plötzlich freundlich.

Der Student sieht überrascht auf. Auf seinem Gesicht sind die Spuren der Misshandlungen der letzten Stunden deutlich zu sehen. Er blickt auf das offene Zigarettenetui und schüttelt den Kopf.

»Wie? Du rauchst nicht? Es rauchen doch alle. Diese hier sind gut. Türkischer Tabak.« Simon entnimmt dem Etui eine Zigarette und hält sie dem Gefangenen unter die Nase. Der starrt nur verständnislos darauf.

»Du bist gefesselt«, sagt Simon. »Ich helfe dir.«

Er steckt dem Studenten die Zigarette zwischen die geschwollenen Lippen und gibt ihm Feuer. Tatsächlich zieht der Bursche an der Zigarette – vielleicht aus Angst, wieder geschlagen zu werden –, inhaliert ein wenig und unterdrückt einen Hustenreiz. Der Geruch von türkischem Kraut verbreitet sich im Verhörraum.

»Na ja, du bist also wirklich kein Raucher«, sagt Simon. »Fassen wir mal zusammen. Du bist Mitglied der Narodna Odbrana. So viel hast du ja schon gestanden. Euer Ziel ist der Sturz der österreichisch-ungarischen Regierung und die Befreiung der bosnischen Serben.«

»Nur auf friedliche Weise«, protestiert der Student undeutlich, da die Zigarette immer noch an seinen Lippen klebt.

»Mag sein, aber du schreibst aufrührerische Artikel für die Studentenzeitung und wärst deswegen beinahe von der Uni geflogen. Und für eure verdammte Organisation verteilst du Flugblätter. Man hat dich gestern dabei erwischt, und nun bist du hier. Stimmt das so weit?«

Der Student nickt. Er blinzelt, denn der Zigarettenrauch steigt ihm in die Augen.

»Für die Flugblätter kriegst du mindestens zwei Monate Gefängnis. Wenn nicht mehr, da du ein aktives Mitglied einer Bande von Aufrührern bist. Was ist eure Verbindung zur Schwarzen Hand?«

Der Student schüttelt den Kopf. »Keine.«

»Kennst du einen Major Vojislav Tankosić?« Es ist nicht das erste Mal heute, dass Simon ihm diese Frage stellt.

»Nie gehört.«

»Nie gehört?«, brüllt Simon, löst sich von der Tischkante und schlägt dem jungen Kerl so heftig ins Gesicht, dass die Zigarette funkensprühend in die Ecke fliegt. »Das ist euer verdammter Chef, das Oberhaupt eurer Bande von Verrätern. Und du willst ihn nicht kennen?«

Der Student lässt den Kopf auf die Brust sinken. »Sie können mich totschlagen, Herr Offizier. Ich weiß nichts.«

Simon holt tief Luft und atmet resigniert aus. Er wendet sich zur Tür, öffnet sie und ruft einen Wachhabenden. »Stecken Sie ihn in seine verdammte Zelle«, knurrt er und entfernt sich.

Wenig später betritt er Markovic' Büro und lässt sich müde auf einem Stuhl nieder. Seine Hand brennt spürbar von der Ohrfeige, die er dem Studenten verpasst hat. Noch einmal kommt das Zigarettenetui zum Vorschein, und diesmal steckt er sich selbst eine an.

Markovic, der Nichtraucher ist, schaut von seinen Akten auf. »Verpestest du mir wieder das Zimmer?« Er lehnt sich zurück, wobei sein Stuhl unangenehm knarrt.

»Lass dir doch mal einen anderen Stuhl geben«, erwidert Simon ungerührt und bläst Rauch in die Luft. »Das ist übrigens edler Tabak. Solltest du mal probieren. Tut dir gut. In jedem Fall entspannend.«

»Für Entspannung haben wir keine Zeit. Ich hab hier eine Liste von weiteren Leuten, die wir befragen sollten. Das heißt, wenn wir sie ausfindig machen können. Und noch andere Hinweise, denen wir nachgehen müssen.« Er reicht Simon die Liste.

»Ich kümmere mich darum.«

»Und wie kommst du mit deinem Studenten weiter?«

Simon zuckt resigniert mit den Schultern. »Verstockt wie ’ne Nonne, die man beim Vögeln erwischt hat.« Er seufzt. »Viel krieg ich aus dem nicht raus. Wahrscheinlich weiß er wirklich nichts. Er ist zwar Mitglied der Narodna Odbrana, aber nur ein kleines Licht. Verteilt ein paar Flugblätter, schreibt Artikel für die Studentenzeitung, sonst nichts.«

»Und was ist mit den Gerüchten?«

»Es wird geredet. Hauptsächlich unter den jungen Serben. So viel hat er zugegeben. Sie faseln von irgendwelchen Kerlen, die aus Belgrad kommen sollen, und von Anschlägen. Alles nur widersprüchliches Zeug. Konkretes konnte ich nicht aus ihm herausquetschen. Nicht mehr, als wir schon wissen. Ein kleiner Mitläufer. Solches Gerede hat es ja schon öfter gegeben.«

»Anschläge auch. Erinnere dich an Bogdan Žerajić.«

»Das musst du mir nicht erzählen. Ich war dabei.«

Beiden ist der Zwischenfall noch lebhaft in Erinnerung. Dieser Žerajić hatte es vor vier Jahren auf Potioreks Vorgänger, General Varešanin, abgesehen, wollte ihn auf offener Straße erschießen. Es gelang ihm tatsächlich, fünf Revolverkugeln abzufeuern, der Landeschef aber blieb wie durch ein Wunder unverletzt. Žerajić schoss sich daraufhin die letzte Kugel selbst in den Kopf.

»Ich höre, die bosnischen Serben pilgern bis heute zu seinem Grab, um ihm die Ehre zu erweisen«, knurrt Markovic. »Für die ist er ein Held. Vielleicht sollten wir mal beobachten, wer sich da rumtreibt.«

»Gute Idee«, sagt Simon. »Ich setz jemanden darauf an. Das heißt, Mayerhoffers Leute könnten das übernehmen.« Er lässt die Zigarette auf den Boden fallen und tritt sie aus.

»Musst du unbedingt mein Zimmer zusauen?«

»Tut mir leid. Das nächste Mal bring ich einen Aschenbecher mit.«

»Ich hoffe, du hast den Jungen nicht allzu übel zugerichtet.«

Simon zuckt gleichmütig mit den Schultern. »Der wird's überleben.«

Im Zug nach Wien, 11:33 Uhr

Seit ihrer Abfahrt von Chlumetz hat das hohe Paar kein Wort miteinander gesprochen. Stumm sitzen sie sich gegenüber, der Erzherzog ist mal wieder in seine Zeitung vertieft, die Herzogin blickt aus dem Fenster und sieht die schöne Sommerlandschaft vorübergleiten. Ab und zu nippt sie an einem Glas Brunnenwasser, das ihr ihre Kammerdienerin gebracht hat. Mineralisches Wasser aus Flaschen zu trinken ist eine erfrischende Neuheit. Für den Erzherzog steht eine halbe Maß Bier auf dem Klapptisch am Fenster, die er jedoch noch nicht angerührt hat.

Auf beide wirkt das lange Schweigen bedrückend. Franz Ferdinand ist von Natur aus kein besonders feinfühliger Mensch und nicht gewohnt, auf andere Rücksicht zu nehmen. Wer ihn nicht näher kennt, hat den Eindruck, ihn umgebe eine dunkle Aura. Sein Blick aus kalten wasserblauen Augen beunruhigt. Man fürchtet seinen Zorn und bitteren Spott. Doch im Privaten, in Gegenwart seiner Kinder und besonders seiner Ehefrau, ist er ein anderer Mensch. Sophies Zuneigung ist für ihn so wichtig wie die Luft zum Atmen. Das war schon immer so. Deshalb ist ihm die gegenwärtige Verstimmung wohl bewusst, zumal es eigentlich selten vorkommt, dass sie streiten.

Schließlich ist es ihm zu ungemütlich, und er legt die Zeitung zur Seite. »Aber Sopherl, bist du mir noch lange gram? Was hast du nur?«

Sie wirft ihm einen kurzen Blick zu, aus dem nichts zu lesen ist, dann schaut sie wieder aus dem Zugfenster. »Du weißt schon, was ich habe«, sagt sie und hüllt sich weiter in Schweigen.

Aus lauter Verlegenheit hebt Franz Ferdinand den Bierkrug und trinkt einen Schluck. »Das verdammte Bier ist warm.« Er stellt den Krug wieder ab und wischt sich über die Lippen. »Und? Willst du mich jetzt den ganzen Weg lang schmoren lassen? Bis nach Wien?«

»Du hättest es jedenfalls verdient.«

»Wegen meines kleinen Scherzes?«

»Ein Scherz, der mir die ganze Reise verleidet.«

»Ach, Sopherl. Sei lieb, und lass uns das vergessen.«

»Und wie du den Bahnhofsvorsteher angebrüllt hast!«

»Die haben unseren Salonwagen ruiniert.«

»Na und? Es ist doch nicht seine Schuld, wenn die Achsen heiß gelaufen sind. Beschwer dich lieber beim Direktor der Bahn.«

Franz Ferdinand nickt. »Das werde ich.«

»Ich finde, du solltest dein Temperament besser im Zaum halten«, fährt sie fort. »Besonders, wenn du mit mir unterwegs bist. So was ist mir peinlich, damit du's weißt.«

»Manchmal muss man einfach etwas sagen.«

»Nicht auf das WAS, sondern auf das WIE kommt es an.«

Franz Ferdinand seufzt. Nun schweigen sie wieder. Er starrt jetzt ebenfalls aus dem Fenster, allerdings in die falsche Richtung, denn er sitzt mit dem Rücken zur Fahrtrichtung. Alles flieht vor seinen Augen, wird kleiner und kleiner und verschwindet in der Ferne. Neben der Landschaft fliegen Dampffetzen der Lok vorbei. Plötzlich fühlt er sich alt. Als ob das Leben dahinschwindet, so wie die Häuser und Felder da draußen dahinschwinden, bis man sie aus den Augen verliert. Der Wagon schwankt ein wenig, und die Schienen unter den Rädern singen, während der Zug eine Kurve nimmt. Der Ton wird dumpf und hohl, als sie über eine Brücke rauschen, dann wieder der Rhythmus von Rädern, die über Schienennähte hämmern.

»Ich hab gestern gelesen, deine Kusine Berta ist gestorben«, sagt er schließlich im Versuch, Konversation zu machen. Die Herzogin ist mütterlicherseits eine Kinsky, und auch Berta von Suttner entstammte dieser ehrbaren alten Adelsfamilie.

»Die ›Friedens-Berta‹?«, schießt Sophie herausfordernd zurück. »So hast du sie doch immer genannt. Ich kann mich nicht erinnern, dass du ihren Namen ein einziges Mal in den Mund genommen hast, ohne dich über sie lustig zu machen.«

»Na ja. Du weißt doch, ich bin natürlich auch gegen Krieg. Wer nicht? Aber manchmal ist er einfach nötig. Oder sogar unvermeidlich.«

»Das sagst du so. Es gibt Menschen, die denken anders darüber.«

»Wozu haben wir dann ein Militär?«

»Das frag ich mich auch.«

Franz Ferdinand hebt die Brauen. »Kein Militär? Aber Sopherl, das ist doch völlig unrealistisch. Ohne Armee könnte jede Nation über uns herfallen. Ich wusste gar nicht, dass du so denkst.«

»Tja, da siehst du's.«

Der Erzherzog schweigt. Das muss er erst mal verdauen. Da lebt man so lange miteinander und stellt plötzlich fest, dass man den anderen gar nicht kennt. Kein Militär? Das ist doch Wahnsinn!

»Eine starke Armee, die den Staat schützt«, versucht er zu erklären, »macht es überhaupt erst möglich, dass wir zivilisiert und in Frieden leben können. Du hast wohl vergessen, dass wir nach Sarajevo unterwegs sind, um den braven Soldaten im Manöver unseren Respekt zu zollen.« Seine Stimme ist am Ende etwas laut geworden.

»Du musst nicht schreien. Ich kann dich gut hören«, erwidert Sophie. »Du hast recht. Unsere Mission ist, dem Heer die Ehre zu erweisen. Aber eigentlich sind die Manöver ein Irrsinn, wenn man bedenkt, wofür meine liebe Kusine ihr Leben lang gelitten und gekämpft hat. Wenn du schon Orden verteilen musst, dann lieber an Künstler und Literaten. Nicht an schießwütige Generäle.«

»Schießwütige Generäle?« Franz Ferdinands gewachste Schnurrbartenden zittern. Immer ein Zeichen, dass er kurz vor einer Eruption steht. Aber es gelingt ihm, sich zu beherrschen, wenn auch mit Mühe. »Ich weiß wirklich nicht, wie du so etwas sagen kannst. Du vergisst, ich bin selbst Offizier. Fehlt nur noch, dass du mich mit solchen Ideen vor der Truppe bloßstellst.«

Sophie merkt, dass sie zu weit gegangen ist. Sie lehnt sich vor und legt ihm versöhnlich die Hand aufs Knie. »Verzeih, Franzi. Das war unpassend. Ich hab es nicht so gemeint. Natürlich würde ich dich nie und nimmer bloßstellen. Du bist stolz auf deine Uniform, und wer bin ich, daran etwas aussetzen zu wollen.«

Noch ist er nicht in Gänze versöhnt. »Goethe und Schiller bekommen Denkmäler, aber viele österreichische Generäle, die sich weit mehr ums Vaterland verdient gemacht haben, gehen leer aus. Findest du das richtig?«

»Da hast du sicher recht. Aber du solltest respektieren, dass es auch eine andere Sicht der Dinge gibt.«

»Was für eine Sicht?«

»Na, die meiner Kusine Berta. Gott hab sie selig.«

»Diese Friedensapostelin?«

»Nenn sie nicht so! Immerhin hat sie den Friedensnobelpreis bekommen.«

»Auch so ein neumodischer Kram. Als wenn man damit Kriege verhindern könnte! Nur mit der gepanzerten Faust lässt sich der Frieden erhalten. Schau dir an, was aus dem Osmanischen Reich geworden ist: ein Riese auf tönernen Füßen. Überall sind die Türken auf dem Rückzug. Weil sie in den Jahrhunderten ihrer Herrschaft fett und bequem geworden sind. Haben den Fortschritt verpasst, ihre Verwaltungen schleifen und ihre Armeen schwach werden lassen. Soll uns das etwa auch passieren?«

»Natürlich nicht. Aber wir dürfen uns auch nicht leichtfertig in einen Krieg ziehen lassen. Wilhelms Säbelrasseln und sein gewaltiger Flottenbau machen mir Sorgen. Wo soll das hinführen?« Sophie runzelt die Stirn. Warum nur hat der deutsche Kaiser es sich in den Kopf gesetzt, es mit der englischen Navy aufzunehmen, ja, die Navy in Sachen Flottenstärke sogar noch zu übertrumpfen? »Das ist doch ein Größenwahn, eine unnötige Provokation«, sagt sie.

»Vielleicht«, brummt Franz Ferdinand. »Aber in diesen unruhigen Zeiten ist unser Bündnis mit dem Deutschen Reich von größter Bedeutung. Es garantiert unsere Sicherheit.« Er zieht ein Sacktuch aus der Tasche und tupft sich die Stirn, denn es ist heiß im Abteil. Und noch einen Schluck Bier gönnt er sich.

»Vielleicht ist es gerade dieses Bündnis, das andere dazu bringt, sich ebenfalls zu verbünden«, sagt Sophie. »Statt sich zu verständigen, werden Bündnisse geschmiedet. Nun stehen sich zwei Lager gegenüber. Habt ihr in eurem klugen Kriegsrat schon mal daran gedacht?«

Erstaunt sieht er sie an. »Aber Sopherl. Ich wusste gar nicht, dass du dich für solche Dinge interessierst. Du magst doch keine Zeitungen.«

»Ja, weil sie immer so schlecht über uns berichten. Deshalb musst du mich nicht für dumm halten. Ab und zu lese ich sie nämlich schon. Du bist ja dauernd auf der Jagd. Da habe ich Zeit zum Lesen. Und jetzt warte, ich will dir etwas zeigen.« Sie greift zu ihrer Handtasche, kramt darin herum und zieht schließlich ein zusammengefaltetes Zeitungsblatt hervor. »Das hab ich mir aufgehoben. Ein Nachruf auf meine Kusine.«

»Aus welcher Zeitung?«

»Aus der *Neuen Freien Presse*.«

»Ah, dem Judenblatt.«

»Egal!« Sophie entfaltet das Papier. »Der Verfasser ist übrigens der Reichsabgeordnete Dr. Julius Ofner.«

»Ach der«, erwidert Franz Ferdinand. Sein Ton deutet an, dass Ofner nicht zu seinen Lieblingspolitikern zählt.

»Jetzt hör zu!«, sagt Sophie und beginnt vorzulesen: »›Berta Suttner gestorben! Die Friedens-Berta hat man sie oft in leisem und scharfem Spott genannt …‹«, sie unterbricht kurz, um ihrem Mann einen bedeutsamen Blick zuzuwerfen, schließlich hat er die Suttner auch so genannt. Dann liest sie weiter: »› … und wenn einer der bösen Instinkte, die jetzt die Politik beherrschen, wieder einen Krieg entfacht hatte, haben Witzblätter gerufen: Was wird die Berta dazu sagen? Sie wussten nicht, welche Ehrung sie mit ihrem Spott der Frau erwiesen, die sie unter allen, welche für die Friedensidee eintraten, allein nannten, wie hoch sie damit ihr Piedestal setzten. Berta Suttner war aber auch die Verkörperung des friedlichen Kampfes um den Frieden. Sie war unermüdlich. Sie sprach und schrieb, sie gründete Vereine und Zeitungen, sie konversierte und korrespondierte, sie reiste und diplomatisierte. Sie war unerschöpflich in Einfällen und Ratschlägen.‹«

Sophie sieht ihn an. »Siehst du, Franzl. Die Berta war eine hochverdiente Person. Noch dazu eine Frau. Es gelingt nur wenigen Frauen, in eurer Männerwelt zu bestehen. Leider habe ich sie nur flüchtig gekannt, aber ich bin stolz auf sie.«

»Sollst du ja meinetwegen sein«, brummt Franz Ferdinand, nur so richtig überzeugt klingt es nicht. »Aber ich bitte dich. Kein Wort über sie vor meinen Generälen.«

»Gerade die –«

»Kein Wort!«, unterbricht er scharf.

»Mein Gott! Dass du immer so kategorisch sein musst!«

»Wir fahren zu einem Heeresmanöver, Sophie. Wie passend ist da deine Berta von Suttner?«

Die Herzogin sagt nichts weiter. Was nützt es, den Nachruf weiter vorzulesen? Ärgerlich und mit zusammengekniffenen Lippen faltet sie das Zeitungsblatt und verstaut es in ihrer Tasche. Dann blickt sie wie zuvor schweigend aus dem Zugfenster.

Franz Ferdinand schüttelt den Kopf und seufzt. Irgendwie hat der Tag schlecht angefangen.

Nach einer Weile bessert sich Sophies Laune. Sie ist kein Mensch, der lange zürnen kann. Der Franzl ist, wie er ist. Sie wird ihn nicht ändern. Und warum sollte sie? »Es war eine gute Idee von dir, Konopischt für das Publikum zu öffnen.«

Franz Ferdinands Miene hellt sich sichtlich auf. »Es ist so ein schöner Park. Der sollte nicht verborgen bleiben.«

»Und du hattest solche Freude, die Leute herumzuführen und alles zu erklären.«

Der Erzherzog nickt. Es hat ihm in der Tat große Befriedigung bereitet, seinen Park, auf den er in den letzten Jahren so viel Mühe verwandt hat, den Menschen zu zeigen. Es hat ihm Spaß gemacht, mit ihnen zu reden und ihre Fragen zu beantworten. Ein schöner Nachmittag. Aber über so was schreiben sie nicht in Wien. Verdammtes Journalistenpack!

Wien, 15:33 Uhr, Schloss Belvedere

Ach, bin ich froh, dass der Trubel vorbei ist!« Mit einem Seufzer lässt Herzogin Sophie sich in einen bequemen Sessel fallen. »Der Rest des Nachmittags gehört uns, Franzl.«

»Bis zur Abfahrt meines Zugs.«

»Wann geht der?«

»Um 21:30 Uhr.«

»Dann können wir ja vorher noch gemeinsam zu Abend essen.«

Bei ihrer Ankunft auf Belvedere, wo sie residieren, wenn sie sich in Wien aufhalten, sind sie gleich von einer Schar Schaulustiger begrüßt und kurz darauf von Beamten und Offizieren der Militärkanzlei überfallen worden, die sich am anderen Ende des Gartens im Unteren Belvedere befindet. Als Generalinspektor der österreichisch-ungarischen Streitkräfte musste Franz Ferdinand einige eilige Dokumente unterzeichnen und ein paar ausstehende Entscheidungen treffen, zumal der Chef des Generalstabs, Franz Conrad von Hötzendorf, schon zu den Manövern nach Sarajevo abgereist ist. Auch einige Reporter der wichtigsten Wiener Tageszeitungen haben die Residenz belagert, aber man hat sie weggeschickt. Der Erzherzog hasst nichts mehr als die dämlichen Fragen der Journalisten.

»Die drehen einem ja doch nur das Wort im Munde um.« Franz Ferdinand lehnt sich in seinem Sessel zurück und schließt die Augen.

»Bist du müde?«, fragt Sophie.

»Ein bisschen.«

»Ich werde uns Tee bestellen. Das macht dich wieder munter.«

Sie haben sich in ihr privates Appartement im Oberen Belvedere zurückgezogen. Das ist wenigstens behaglich eingerichtet. Sophie kann dieses Schloss, das in den Zwanzigerjahren des 18. Jahrhunderts von Prinz Eugen erbaut wurde, nicht ausstehen. Es ist ein einziger Protzbau, findet sie, ein Denkmal für den Ehrgeiz und die Eitelkeit dieses Mannes. Schon allein das prunkvolle Stiegenhaus! Da soll der Besucher wohl gleich vor Ehrfurcht und Bewunderung in die Knie gehen.

Überhaupt kommt man sich in diesem Haus so klein vor. All die kalten, mit Marmor ausgelegten Flure und Säle. Das Beste sind noch Franz Ferdinands Gemäldesammlung und die vielen interessanten Objekte, die er von seiner Weltreise mitgebracht hat. Der immense Garten mit den abgezirkelten Beeten in präzisen geometrischen Formen ist Sophie hingegen ein Gräuel. So etwas ist für sie kein Garten. Da ist ihr ihr heimisches Konopischt allemal lieber, auch wenn da die Wände voller Geweihe toter Tiere hängen.

Nun ja. Sie seufzt. Auch Franz Ferdinand gefällt es hier nicht, aber das Belvedere ist nun einmal die offizielle Residenz des Thronfolgers und eignet sich zumindest gut für Empfänge und Bälle.

Sophie klingelt der Dienerschaft und bestellt Tee und etwas Gebäck. Franz Ferdinand hat sich in seinem Sessel aufgesetzt, eine Aktenmappe aufgeschlagen und geht noch einmal die Planung der Reise durch. Sie werden diesmal getrennt reisen. Sophie wird morgen früh mit dem Zug direkt nach Sarajevo fahren, während er selbst den Nachtzug nach Triest nimmt, um dort an Bord des Schlachtschiffes *Viribus Unitis* zu gehen und einen Teil der Reise auf See zurückzulegen. Eine gute Gelegenheit, auch der Marine die Ehre zu erweisen. Eine starke Marine ist unbedingt nötig. Auch für Österreich. Darin ist er sich mit Kaiser Wilhelm einig.

Außerdem liebt Franz Ferdinand die See. Auf einem Schiff zu sein, erinnert ihn an die Weltreise, die er unternommen hat, als er noch Junggeselle war. Auch sie hat er auf einem österreichischen Kriegsschiff bestritten, der *SMS Kaiserin Elisabeth*, benannt nach seiner Tante, Gott hab sie selig. Was für ein großartiges Erlebnis das war! Manchmal liest er Sopherl aus dem Tagebuch vor, das er unterwegs verfasst hat. Tigerjagden in Indien, exotische Orte, Eingeborene in der Südsee … Sogar die Frauen laufen da nackt und ohne Scham herum. Man stelle sich das in Wien vor!

Franz Ferdinand schaut sich die Route noch einmal genau an. Ein Teil der Strecke führt über die berühmte Semmeringbahn mit ihren vierzehn Tunneln und sechzehn Viadukten quer durch eine herrliche Berglandschaft. Aber davon wird er leider im Nachtzug nichts zu sehen bekommen.

Ein langjähriger Diener des Hauses, mit weißem Stehkragen und in perfekt sitzender Livree gekleidet, erscheint mit Tee und Gebäck auf einem Tablett. »Stellen Sie's einfach hier auf den Kaffeetisch, Wilhelm«, sagt Sophie. »Wir bedienen uns dann schon.«

»Sehr wohl, Hoheit.« Der Mann stellt das voll beladene Tablett vorsichtig ab. Darauf ein wunderschönes Teeservice aus Meißener Porzellan mit Teekanne, Zuckerdose und Sahneschälchen und ein Teller voll duftender Gebäckstücke. »Frisch gebacken, Hoheit. Und wenn ich es sagen darf: Das ganze Personal ist überglücklich, Hoheiten wieder in diesem Hause willkommen zu heißen.«

»Danke, Wilhelm. Leider nur für eine Nacht. Dem Erzherzog ist nicht einmal das erlaubt. Er reist noch heute Abend weiter.« Sie schenkt dem Mann ein freundliches Lächeln. »Wie geht es Ihnen und Ihrer Familie?«

»Ich kann nicht klagen, Hoheit. Danke der Nachfrage. Meine Frau ist allerdings noch ganz erschüttert von diesem schrecklichen Unglück.«

»Was für ein Unglück?«

»Na, das bei Fischamend. Neun Tote.«

Sophie sieht ihn erschrocken an. »Oh, mein Gott! Was ist denn passiert?«

»Eine Flugmaschine ist mit einem Luftschiff kollidiert. Dabei ist das ausströmende Gas explodiert, und beide Fluggeräte sind abgestürzt. Keine Überlebenden.«

Sophie ist entsetzt. »Wie konnte denn so was passieren?«

Franz Ferdinand setzt sich ruckartig auf. »Waren das Maschinen der Luftwaffe?«, fragt er scharf.

In seinen Bemühungen, die Streitkräfte zu modernisieren, hat er der Luftwaffe seine größte Aufmerksamkeit geschenkt. Er ist davon überzeugt, dass sie neben diesen neuen gepanzerten Fahrzeugen zu einer der wichtigsten Waffengattungen werden wird.

Der Diener nickt bekümmert. »Ja, von der Luftwaffe, Hoheit. Eine schlimme Tragödie. Ich werde Ihnen die Zeitung bringen, in der das Unglück beschrieben ist.«

Die Herzogin legt bekümmert die Hand aufs Herz. »Ich weiß gar nicht, ob ich so was lesen will.«

»Bringen Sie die Zeitung«, befiehlt der Erzherzog barsch. »Sofort!«

Wenig später hält er das Wiener *Neuigkeits-Welt-Blatt* in Händen. Auf Seite 17 findet er den Artikel, *Eine Luftfahrzeug-Katastrophe in Fischamend.* Darin ist das Unglück in seinem ganzen schrecklichen Ausmaß beschrieben: Morgens um acht ist das Luftschiff, ein Körting-Lenkballon, mit sieben Offizieren an Bord aufgestiegen. Wenig später ist auch ein Doppeldecker mit zwei Luftwaffenpiloten gestartet, um die Fahrt des Luftschiffs aus nächster Nähe zu beobachten.

Dabei sind sie sich zu nahe gekommen. Die Tragflächen des Doppeldeckers haben die Ballonhaut gestreift und aufgeschlitzt, und im gleichen Augenblick hat sich das ausströmende Gas am heißen Auspuff des Flugzeugs explosionsartig zu einem gewaltigen Feuerball entzündet. Beide Luftfahrzeuge sind aus vierhundert Metern Höhe abgestürzt. Keine Überlebenden.

Franz Ferdinand schüttelt den Kopf. »Mein Gott!«, ist alles, was er im ersten Moment sagen kann. Er reicht seiner Frau die Zeitung. »Hier, lies!«

Widerwillig nimmt Sophie das Blatt entgegen, aber schließlich siegt die Neugierde, und sie beginnt zu lesen. »Wie schrecklich!«, murmelt sie immer wieder. »Die armen Männer!« Und dann, am Ende des Artikels: »Hast du das über die Frau des einen gelesen?«

»Nein, der Hauptteil hat mir schon gereicht.«

Sophie hebt die Zeitung höher und liest mit gefühlsschwangerer Stimme vor: »›Die Gattin des Oberleutnants Hofstetter – der erst vor einem Monat geheiratet hatte – kam zufällig mit ihrem Automobil zur Unglücksstelle, als sich die Katastrophe ereignete. An der verkohlten Leiche des Mannes spielte sich eine herzzerreißende Szene ab.‹«

Sie bricht ab und lässt das Blatt sinken. In ihren Augen stehen Tränen. »Wie schrecklich und wie grausam! Die arme, arme Frau. Ich stell mir vor, so etwas würde dir passieren. Ich glaube, ich könnte gar nicht weiterleben.« Sie holt tief Luft, um sich zu beruhigen.

Der Erzherzog steht auf, eilt zu ihr und legt den Arm um sie. »Ach wo, Schatzerl, denk doch sowas nicht.«

Mit feuchten Augen blickt sie zu ihm auf. »Ich könnt's nicht ertragen.«

»Nun beruhige ich. Nichts dergleichen wird geschehen. Das war ein Unfall, weiter nichts.«

»Du musst mir versprechen, Franzi, dass du niemals in so ein Flugmonster steigst. Du siehst, wie unsicher die Dinger sind.«

Er nickt. »Versprochen, Sopherl.«

Wenig später, die Herzogin hat sich wieder beruhigt, wird Oberst Oskar von Hranilović-Cvetassin gemeldet, der Chef des Evidenzbüros.

»Wieso hat man mich nicht informiert?«, fährt der Erzherzog ihn sofort an, ohne ihm einen Stuhl anzubieten.

»Informiert ...?«

»Von dem Flugzeugunglück.«

»Ich war der Ansicht, Hoheit, Sie wären bereits informiert. Es steht in allen Zeitungen.«

»Und was gedenken Sie jetzt zu tun?«

»Wie meinen, Hoheit?«

»Es muss eine Untersuchung geben. Vielleicht war es Sabotage.«

»Sabotage? Nun, das wäre dann eine Angelegenheit der Polizei. Aber es war eindeutig ein Unfall. Oberleutnant Flatz, der Pilot des Doppeldeckers, ist gewiss nicht mit Absicht zu nahe herangeflogen. Vielleicht war es eine Luftturbulenz, die den Doppeldecker gegen das Luftschiff geschleudert hat.«

»Das wird uns um Jahre zurückwerfen!«, schnaubt der Erzherzog. »Die Leute werden denken, dass diese Maschinen zu unsicher sind. Dabei brauchen wir sie.«

»Gewiss waren deshalb die Reporter vorhin hier«, meldet sich die Herzogin zu Wort. »Die wollten bestimmt eine Stellungnahme von dir.«

Franz Ferdinand nickt grimmig. »Da wirst du recht haben.« Und zu Hranilović erneut in schnarrendem Befehlston: »Was stehen Sie hier rum? Los, die Sache will untersucht werden! Und geben Sie mir einen Bericht noch vor meiner Abfahrt.«

»Eigentlich war ich gekommen, um über die Sicherheitsvorkehrungen in Sarajevo zu sprechen.«

Die Herzogin horcht auf, Franz Ferdinand aber schüttelt energisch den Kopf. »Da gibt es nichts zu besprechen. Der Potiorek ist ein guter Mann. Der wird schon alles im Griff haben.«

»Aber –«

»Das war's! Sie können abtreten, Herr Oberst!«

Belgrad, 16:30 Uhr, in einem Wirtshaus

Die Kneipe liegt in einer Gasse am Rande der Altstadt. Es ist ein ziemlich heruntergekommener Laden. In den Ecken sammelt sich Dreck, die Tische könnten öfter abgewischt werden, und das Essen ist ungenießbar. Trotzdem ist das Lokal gut besucht, denn Bier und Slibowitz sind billig, und den Wirt scheint es nicht zu stören, wenn man Stunden bei einem einzigen schalen Bier verbringt – so wie Gavrilo und seine beiden Freunde an diesem Nachmittag.

Unter den Stammgästen sind ehemalige und jetzt arbeitslose Freischärler und Komitatschis, Gymnasiasten und Studenten und Anhänger von revolutionären nationalistischen Bünden, von denen es in Serbien einige gibt. Sogar ein paar Kommunisten sind darunter. Alles Leute ohne Geld, aber mit großen Ideen. Hier können sie diskutieren und die Welt verbessern oder ihren Ärger im Schnaps ertränken, solange sich noch ein paar Dinar im Geldbeutel finden.

Auch Gavrilo und seine beiden Freunde haben hier mit Gleichgesinnten diskutiert, Fronterlebnissen aus dem Krieg gegen die Osmanen gelauscht und von Heldentaten geträumt. Heute aber hat sie jedoch etwas anderes hergeführt. Sie warten auf Major Tankosić und auf Danilo Ilić, um die letzten Einzelheiten der morgen beginnenden Reise zu besprechen.

Gavrilo hat ein Bier bestellt, das die drei sich teilen. Sie reden nicht viel. Dazu sind sie zu nervös. Endlich hat das Warten ein Ende, denn schon morgen geht es Richtung Sarajevo. Durch den Tunnel, wie die Leute der Schwarzen Hand die geheimen Schleichwege nennen. Sie wissen, dass es eine Reise in den Tod sein wird. Aber in einen ehrenhaften Tod, das haben sie sich eingeredet, damit es nicht so schrecklich bedrückend ist, sondern etwas Schönes, Heldenhaftes, für das die Nation ihnen ewig dankbar sein wird. Menschen werden zu ihren Gräbern pilgern, Blumen darauf legen und stolz auf sie sein. Man wird den Kindern in der Schule von ihnen berichten, vielleicht sogar noch in hundert Jahren. Mit solchen Gedanken halten sie den Mut hoch.

Gegenüber am Tisch sitzt ein bärtiger Veteran in zerschlissenem Rock. Man kennt sich, denn der Mann ist ebenfalls Stammgast des Lokals und wie üblich betrunken. Sein Gesicht ist vom Alkohol gerötet, und er schwankt schon etwas auf dem Stuhl. An der rechten Hand fehlen ihm zwei Finger. Angeblich von einer türkischen Granate, die er im Schützengraben im letzten Augenblick aufgesammelt und zurückgeworfen hat. Leider nicht ganz rechtzeitig, denn ein Splitter hat ihm den Ring- und den kleinen Finger abgerissen. Er prahlt oft genug mit der Geschichte. Ob es stimmt, weiß niemand. Überhaupt kann der Kerl nicht aufhören, von seinem Krieg gegen die Türken zu faseln.

»Ich sag euch, Jungs, denen haben wir's gegeben«, knurrt er betrunken. »Wir haben sie fertiggemacht, vor uns hergetrieben, vom ganzen Balkan verjagt, ein für alle Mal.« Aus rot geäderten Augen starrt er Trifko an, der ihm gegenübersitzt. »Keine Türken mehr. Weg sind sie. Was sagt ihr dazu?«

Gavrilo schweigt. Was der Betrunkene sagt, stimmt nur zum Teil. Die Herrschaft der Osmanen auf dem Balkan ist beendet, ihr Heer hat sich nach den jahrhundertlangen Aufständen und Kämpfen zurückgezogen, auch aus Bulgarien, Bosnien und Albanien, aus Montenegro und Griechenland. Menschen türkischer Abstammung gibt es natürlich immer noch auf dem Balkan, besonders in Bosnien. Sogar ehemalige Beys, auch wenn die keine Macht mehr haben. Nur ihr Land haben die meisten Adeligen noch behalten. Ein wunder

Punkt für die bosnischen Serben, die jahrhundertelang auf den verdammten Feldern der Beys geschuftet oder ihnen die Hälfte ihres Ertrages haben abgeben müssen, so viel, dass die eigenen Familien hungern mussten.

Zum Teil ist es noch immer so, auch nach Einmarsch der Österreicher. Gavrilos eigene Familie kann ein Lied davon singen. Er spricht deshalb immer noch von »Besetzung«, trotz oder gerade wegen der Annexion vor fünf Jahren. Die bosnischen Serben haben sich damals ein besseres Leben erhofft, haben erwartet, dass die Österreicher endlich die Muslime enteignen oder gar verjagen, aber nichts davon ist geschehen. Eine moderne Verwaltung haben die Österreicher gebracht, Fabriken, Schulen und Krankenhäuser, eine Straßenbahn in Sarajevo, Dampfschiffe auf den Flüssen. Aber die sozialen Verhältnisse haben sich kaum verändert.

»Ich frag euch noch mal«, lallt der betrunkene Veteran. »Was sagt ihr dazu, dass wir die Türken los sind?«

»Großartig«, brummt Gavrilo, um ihn nicht zu reizen.

»Na, dann trinkt mit mir, Jungs!«

Gavrilo hebt den fast leeren Bierkrug, nickt dem Mann kurz zu und nimmt einen kleinen Schluck. Der Veteran grinst zufrieden, hebt das volle Glas Schnaps, das vor ihm steht, und kippt sich den Inhalt in den Hals. Er schüttelt sich kurz, leckt sich die Lippen und dreht sich dann zur Theke, um nach mehr zu rufen.

»Mit den verdammten Österreichern machen wir's genauso«, fährt er fort. »Wir treiben sie ins Meer, sag ich euch! Ins Meer, wo sie alle ersaufen. Und dann nehmen wir, was uns gehört. Bosnien und den Kosovo und vielleicht Albanien. Ja, auch Albanien.«

»In Albanien tobt ein Aufstand«, sagt Nedeljko.

Der Betrunkene nickt. »Hab's gehört. Mal wieder die Muselmänner. Wollen nicht einsehen, dass sie am Ende sind.

Auch die treiben wir ins Meer. Oder wir erhängen sie an der nächsten Laterne.«

Nedeljko runzelt die Stirn und schüttelt genervt den Kopf. Gavrilo fragt sich, ob sie sich umsetzen sollen, denn der Kerl kann einem wirklich auf den Geist gehen.

»He, Vlado«, ruft einer vom Nebentisch. »Hast du noch nicht genug gekämpft? Willst du schon wieder in den Krieg ziehen?«

»Warum nicht?« Der Betrunkene lacht, dass man die Lücke zwischen den vom Kautabak braunen Zähnen sieht. »Beste Zeit meines Lebens. Wir ham so viele Türken abgeknallt, sag ich dir. Wie die Karnickel ham wir sie abgeknallt. Und an Weibern hat's nicht gemangelt. Das war fast so gut wie's Abknallen.«

»Wo willst du denn Weiber gehabt haben? So einen hässlichen Bastard wie dich will doch keine!«

»Ich sag dir, Bruder. Im Krieg kriegste alles. Vor allem Weiber. Und Türkenweiber sind nich' schlechter als andere. Reife Früchte, sag ich euch. Man muss nur zugreifen, nur zugreifen.«

Allen ist klar, was der Kerl meint. Gavrilo ist das Gerede nicht nur peinlich, er findet es verabscheuenswürdig. Er dreht sich zur Seite, um den Mann nicht ansehen zu müssen. Doch der packt ihn am Arm. »Is' doch so, Jüngelchen, oder nich'?«

»Wenn du Vergewaltigungen meinst, solltest du dich schämen. So was tut kein aufrechter Serbe.«

»Na, hört euch das Jüngelchen an«, grölt der Betrunkene und sieht sich um, ob alle es auch mitbekommen haben. »Ich soll mich schämen? Wofür denn? Wer siegt, hat 'ne Belohnung verdient. Und ich schwör's euch, die heben gleich die Röcke, wenn man als Sieger kommt. Die bieten's einem freiwillig an. Drängen sich förmlich auf.«

Nicht wenige lachen. Wahrscheinlich sind auch sie Veteranen.

»Klar doch, wenn du den Weibern die Knarre unter die Nase hältst, was, Vlado?«, ruft der Mann vom Nachbartisch. »Mit der Knarre im Anschlag kriegste alles umsonst.« Er lacht, hebt seinen Bierkrug und prostet diesem Vlado zu. »Hier in Belgrad musste aber dafür bezahlen. Ich wette, das kannste dir nicht leisten.«

Vlado nickt. »Zu geldgierig, die serbischen Weiber. Am schlimmsten sind die Huren. Wird Zeit, dass wir wieder Krieg führen.«

Nedeljko hat genug von dem Gerede. »Denkst du, wir führen Krieg, damit du Weiber schänden kannst? Was ist das für ein gottverdammter Scheiß? Wenn schon Krieg, dann für unser heiliges Serbien. Am besten, um alle Südslawen zu vereinen. Unter serbischer Führung.«

»Bravo!«, ruft einer im Hintergrund und klatscht Beifall.

Vlado dreht sich zu dem Bravo-Rufer um, einem jungen Mann. »Ach nee! Du bist wohl auch so 'n feiner Lateinschüler mit großen Ideen? Ich sag dir, euer edles Gefasel geht mir gehörig auf den Sack! Ihr habt doch keine Ahnung. Wie wollt ihr das alles erreichen ohne Krieg?«

»Es gibt auch andere Methoden«, wirft Nedeljko ein.

Tankosić und Ilić sind gerade durch die Tür gekommen, bleiben in ein paar Schritten Entfernung stehen und sehen sich in der düsteren Kaschemme um. Hinter ihnen sind noch zwei Männer eingetreten, zweifellos Arbeiter. Ilić gibt der alten Magd ein Zeichen, zwei Bier zu bringen. Die nickt, wischt sich die roten Hände an ihrer dreckigen Schürze ab und greift nach den ausgespülten Bierkrügen.

»Und was sollen das für Methoden sein?«, fragt der Mann am Nebentisch.

Nedeljko grinst. »Eine Bombe am rechten Ort und im rechten Augenblick.«

Auf einmal wird es still um sie herum.

»Ein Anschlag? Wo?«

Unter dem Tisch tritt Gavrilo seinem Freund ans Bein. »Halt die Klappe!«, zischt er ihm leise zu. Dass sich Nedeljko auch immer dicke tun muss! Dann quatscht er, dass man ihn kaum stoppen kann. Gavrilo ist peinlich bewusst, dass sich Tankosić und Ilić dem Tisch nähern. Hoffentlich haben sie die Bemerkung nicht gehört.

»Vom Krieg ...«, lallt der Betrunkene, der das mit der Bombe offensichtlich gar nicht mitgekriegt hat, »... vom Krieg ham unsere beiden Jüngelchen hier überhaupt keine Ahnung. Is' doch so! Woher sollten sie? Nur ein starkes Heer zählt. Und die Knarre ist die Braut des Soldaten. Ohne die geht gar nix. Aber mit ihr geht eine ganze Menge. Wenn ihr wisst, was ich mein.« Er grinst anzüglich.

Tankosić hat inzwischen den Tisch erreicht. Er tippt dem betrunkenen Veteranen auf die Schulter. »Jetzt zisch mal ab und mach uns Platz, du Großmaul. Und nimm dein Schnapsglas mit.«

Vlado schaut ärgerlich zu ihm auf, will wohl Krawall machen. Als er Tankosić' Offiziersuniform erkennt, hebt er jedoch die Hand an die Stirn und grinst blöde. »Zu Befehl, Herr General!« Schwankend kommt er auf die Füße, nimmt sein Glas und setzt sich zu dem Mann am Nebentisch. Die beiden scheinen alte Freunde zu sein.

Tankosić nimmt Platz. Ilić holt sich einen Stuhl und setzt sich zu ihnen. Die beiden Arbeiter, die nach ihnen gekommen sind, haben ebenfalls eine Sitzgelegenheit gefunden. Die alte Magd schlurft mit zwei Humpen Bier heran und knallt sie so hart auf die Tischplatte, dass es schäumend überschwappt.

»Herrgott noch mal!«, schnauzt Tankosić. »Kannst du nicht ordentlich bedienen?«

»Beklag dich beim Wirt, Herr Offizier«, murrt die Alte und schlurft mit hängenden Schultern davon.

Tankosić wischt mit der Rechten das verschüttete Bier vom Tisch, dann starrt er die drei Freunde mit drohend zusammengezogenen Brauen an. »Wer zum Teufel hat da gerade was von Anschlag gefaselt?«, fragt er leise genug, um nicht von anderen belauscht zu werden, aber mit einem gefährlichen Unterton.

»Das hast du mitgekriegt?«, fragt Trifko.

»War ja laut genug«, raunt Ilić.

»Ich meinte nur …«, stammelt Nedeljko verlegen.

»Wenn ihr nicht das Maul halten könnt«, zischt Tankosić heftig, »müssen wir die Sache abblasen, habt ihr mich verstanden?«

Einige Köpfe drehen sich in ihre Richtung. Die stille Auseinandersetzung ist nicht ganz unbemerkt geblieben.

Gavrilo beugt sich vor. »Es war nichts«, flüstert er. »Niemand hat geredet.«

»Das will ich auch gehofft haben. Wir tun uns nämlich auch so schon schwer genug mit dieser Entscheidung.«

»Was soll das heißen?«

»Rückt mal näher«, sagt Tankosić. Als sie die Köpfe zusammenstecken, fährt er leise fort: »Der Rat hat entschieden, die Sache nicht durchzuführen.«

»Was?« Gavrilo ist empört. »Das können sie doch nicht machen. Es ist alles geplant. Wir stehen bereit.«

»Und warum wollen sie es abblasen?«, fragt Trifko.

»Weil ihr drei blutige Amateure seid«, raunt Ilić.

Gavrilo schüttelt den Kopf. »Das lass ich nicht gelten. Wir haben alles mehrfach geübt. Erst heute Morgen noch. Und Nedeljko hat jetzt auch den Trick mit der … na, du weißt schon … raus.« Er meint die Bombe aus serbischen Armeebeständen, die sie zusätzlich zu den Pistolen verwenden sollen. Gar nicht so leicht, mit den Dingern umzugehen, ohne sich selbst in die Luft zu sprengen.

»Kein falsches Wort!« Tankosić legt den Finger auf die Lippen und sieht sich vorsichtshalber noch einmal um.

Inzwischen achtet niemand mehr auf sie. Die Stimmen der Zechenden sind wieder lauter geworden. Am Nebentisch wird gelacht. Vlado scheint einen Witz erzählt zu haben. Und auch die beiden Arbeiter am Tisch hinter ihnen schenken ihnen keine Beachtung. Sie rufen dem Wirt hinter dem Tresen ihre Bestellung zu.

»Wir müssen vorsichtig sein«, sagt Tankosić. »Die Österreicher haben überall ihre Spitzel.«

»Hier in Belgrad?«

»Besonders hier.«

»Also, was ist?«, fragt Gavrilo ärgerlich. »War alles umsonst?«

»Nein. Ihr reist wie verabredet. Wir haben uns im letzten Moment durchgesetzt. Es bleibt alles wie besprochen. Nur die Route ändert sich.«

»Nicht mit der Bahn?«

»Ihr fahrt mit dem Dampfer auf der Save.«

»Mit dem Schiff? Aber das dauert doch viel zu lange.«

»Ist sicherer. Keine Kontrollen. Und Pavle begleitet euch.«

»Ich weiß nicht«, meint Gavrilo. »Ich mag diesen Pavle nicht.«

»Ihr könnt ihm vertrauen. Der kennt den Tunnel in und auswendig. Hat schon viele über die Grenze geschmuggelt.«

»Was ist mit den Waffen?«

»Er wird sie für euch dabeihaben.«

»Ich komm auch mit«, sagt Danilo Ilić. »Wir reisen zusammen.«

»Gut«, erwidert Gavrilo schließlich und sieht seine Freunde an.

Mit einem ernsten Kopfnicken bekunden auch Nedeljko und Trifko, dass sie einverstanden sind. Es geht also tatsächlich los. Dass Ilić sie begleitet, beruhigt sie. Diesen Pavle kennen sie zwar als ihren Ausbilder, doch viel wissen sie im Grunde nicht über ihn. Ilić aber ist ein Freund. Dem können sie vertrauen.

Belgrad, 17:10 Uhr, Hauptpost- und Telegrafenamt

Pavle steht in einer Telefonzelle im Postamt und verlangt von der Telefonistin eine Verbindung zum Büro des serbischen Innenministers.

Er muss eine Weile warten. Die Leitung scheint häufig überlastet zu sein, denn es hat auch die letzten Male gedauert, bis die Verbindung stand. Dann endlich hört er eine Männerstimme. Sie klingt, als käme sie aus weiter Ferne, dabei befindet sich das Ministerium in der gleichen Stadt: »Untersekretär Kovačević. Was kann ich für Sie tun?«

»Ciganović am Apparat.«

»Wer?«

»Milan Ciganović.«

Das ist sein echter Name, nicht Pavle, wie ihn die anderen kennen. Er ist bei der Bahn angestellt, weshalb er viel herumkommt und tatsächlich jeden Schlupfwinkel und jeden geheimen Pfad über die Grenze kennt.

Eine kurze Pause, dann: »Ach ja, Sie sind's. Sie wollen den Minister sprechen?«

»Ja, bitte.«

»Der Herr Minister ist leider in einer Besprechung.«

»Mmh. Dann richten Sie ihm bitte etwas aus.«

»Gerne. Wie lautet die Botschaft?«

»Das Paket wird von mir persönlich morgen früh verschickt.«

»Weiß er, was damit gemeint ist?«

»Er weiß es. Und noch mal: Morgen früh wird es verschickt. Von mir persönlich.«

»Das habe ich verstanden. Ich werde es ihm ausrichten.«

»Danke!«, sagt Ciganović und hängt den Hörer ein.

Einen Augenblick lang steht er noch in der Zelle. Das Herz klopft ihm bis zum Hals, und ihm ist ein wenig schwindelig, denn nun kann er die Sache nicht mehr rückgängig machen. Erst als er sich beruhigt hat, geht er zum Schalter, um für das Gespräch zu bezahlen.

Davon dass er dem Innenminister geheime Botschaften übermittelt, weiß Major Tankosić nichts. Er darf es auch nicht erfahren. Niemals! Ciganović weiß, sie würden ihn sonst umlegen. Trotzdem muss er das Risiko eingehen. Sollte jedoch überschaubar sein, denn den Innenminister kennt er seit der Schulzeit. Und er vertraut ihm, die Angelegenheit diskret zu behandeln.

Die Sache mit dem Attentat ist für Ciganović zur Gewissensfrage geworden. Einerseits ist er seit vielen Jahren aktives Mitglied der Schwarzen Hand und dem Bund absolut verpflichtet. Hat auch schon eine ganze Reihe von geheimen Operationen für Major Tankosić durchgeführt. Doch diesmal hat er ernste Zweifel. Nicht, dass er vor einem Mord zurückschrecken würde oder dass ihm der Österreicher leidtäte, aber der Schuss könnte böse nach hinten losgehen.

Besonders, wenn auffliegt, dass die Schwarze Hand dahintersteckt und der serbische Geheimdienst. Das könnte Krieg mit Österreich nach sich ziehen. Und dabei würde Serbien den Kürzeren ziehen, davon ist Ciganović überzeugt. Deshalb hatte er sich schon vor Wochen schweren Herzens entschlossen, seinen alten Bekannten, den Innenminister, einzuweihen und auf dem Laufenden zu halten. Mihailović würde sicher am besten wissen, was zu tun ist. Schließlich gehört er zur Regierung. Der Minister hat ihm gedankt und versprochen, darüber nachzudenken. Und vor allem zugesagt, niemandem zu verraten, woher er die Information hat.

Gerade hat Ciganović ihm die letzte, entscheidende Botschaft zukommen lassen. Dass es jetzt wirklich ernst ist, dass die drei Attentäter sich morgen zusammen mit ihm auf den Weg machen. Ihre Beschreibung und ihre Vornamen hat er dem Minister schon bei früherer Gelegenheit durchgegeben. Ob das reicht? Die Nachnamen kennt er leider nicht. Aus Sicherheitsgründen. Genauso wie sie seinen wahren Namen ebenfalls nicht kennen. Vielleicht ergibt sich noch eine Gelegenheit, die Nachnamen rauszufinden. Vor allem hofft Ciganović inständig, das Richtige getan zu haben, und fühlt sich doch wie ein Verräter.

MITTWOCH, 24. JUNI 1914

Neue Freie Presse

Abreise des Erzherzogs Franz Ferdinand zu den Seemanövern und nach Bosnien

Wien, 23. Juni 1914: Erzherzog Franz Ferdinand hat heute um 9 Uhr 30 Minuten abends vom Südbahnhof aus die Reise nach Bosnien und der Herzegowina angetreten. Im Gefolge befinden sich: Obersthofmeister Karl Freiherr v. Rumerskirch, Flügeladjutant und Vorstand der Militärkanzlei des Generalinspektorats der gesamten bewaffneten Macht, Oberst Dr. Bardolf, Major Höger, Korvettenkapitän Uhlir und Major Ritter v. Hüttenbrenner, Leibarzt Regierungsrat Doktor Eisenmenger und Hofrechnungsrat Mares vom Hofrechnungsdepartement. Die Ankunft in Triest erfolgt morgen um ¼ 10 Uhr vormittags im Südbahnhofe, wo der Erzherzog vom Statthalter Prinzen zu Hohenlohe-Schillingsfürst, dem Militärstationskommandanten v. Rinke, dem Seebezirkskommandanten Konteradmiral Freiherrn v. Koudelka und dem Polizeidirektor Hofrat v. Manussi empfangen wird. Am Molo San Carlo wird sich der Erzherzog auf SMS »Viribus Units« einschiffen.

Die Gebirgsmanöver in Bosnien im Beisein des Erzherzogs Franz Ferdinand

Wien, 24. Juni 1914: Morgen beginnen die großen Gebirgsmanöver in Bosnien, die unter der Leitung des Landeschefs und Armeeinspektors Feldzeugmeister Potiorek im Beisein des Generalinspektors der gesamten bewaffneten Macht Erzherzog Franz Ferdinand und des Chefs des Generalstabs Freiherr von Conrad abgehalten werden. Die Truppen haben in der abgelaufenen Woche die Brigadeübungen beendet und rücken gegenwärtig in die Ausgangssituationen für die großen Manöver ab. Am 24. dieses Monats ist für alle Truppen ein Rasttag angeordnet, doch wird am Nachmittag des 24. bereits die Aufklärung einsetzen.

Im Nachtzug nach Triest, 5:37 Uhr

Der Erzherzog schiebt die Decke von sich und öffnet ein paar Knöpfe seines seidenen Schlafanzugs. Ihm ist warm, und trotz redlichem Bemühen gelingt es ihm nicht, wieder einzuschlafen. Das sanfte Schaukeln des Abteils, das Hämmern der Räder auf den Schienen und die gelegentliche Erschütterung, die den Waggon erfasst, wenn ein Gegenzug vorüberdonnert, tun ihr Übriges, ihn wach zu halten.

Er setzt sich auf und überlegt, ob er lesen soll. Die Hand gleitet zum Schalter des Nachtlichts, aber dann lässt er sie wieder sinken, als ihm einfällt, dass der Strom ausgefallen ist. Ausgerechnet in diesem luxuriösen, mit allem Komfort ausgestatteten Salonwagen, den man für ihn beim Kaiser ausgeliehen hat. Verdammte Schlamperei! Er wird wirklich mal mit dem Bahndirektor reden müssen.

Draußen scheint es langsam hell zu werden, auch wenn die zugezogenen Jalousien nur wenig Licht ins Innere des Abteils lassen. Aber er hat keine Lust, sie zu öffnen und in die morgengraue Landschaft zu starren. Noch ist er nicht bereit, der Welt zu begegnen. Er rückt sein Daunenkissen zurecht, lehnt sich zurück und schließt die Augen. Er sollte wirklich noch ein wenig schlafen.

Doch die Gedanken lassen ihn nicht los. Es ist gut, dass er diese Route gewählt hat. Da muss er wenigstens nicht durch Ungarn. Ein perfides Volk, diese Ungarn. Man braucht sie, aber man muss sie nicht lieben. Als junger Offizier war er in Ungarn stationiert. Da hat er diesen Menschenschlag kennengelernt, und das hat ihm für den Rest des Lebens gereicht. Um ihn zu ärgern, haben sie sich in der Offiziersmesse geweigert, deutsch zu reden. Er solle gefälligst Ungarisch lernen, haben sie hinter vorgehaltener Hand getuschelt. Und auch auf andere Weise sind sie ihm unangenehm gekommen. Nein, es ist richtig, über Triest zu reisen. Als Generalinspektor der Streitmächte gehört es sich, der Marine ebenfalls einen Besuch abzustatten, auch wenn Sophie ihn auf dem Schlachtschiff nicht begleiten kann.

Ihn überfällt die Erinnerung an das Flugunglück. Noch so eine Panne! Wie konnte das passieren? Die ersten Ergebnisse der Untersuchung, die man ihm noch vor der Zugabfahrt berichtet hat, deuten wie schon vermutet auf einen Unfall hin. Besser gesagt auf einen Fehler des Piloten. Obwohl der Mann ein geübter Flieger gewesen sein soll. Jugendlicher Übermut wahrscheinlich. Wenn er nicht schon tot wäre, müsste man den Idioten für seinen Leichtsinn vor ein Militärgericht stellen. Dass die Außenhaut des Ballons so einfach reißen konnte! Das muss in jedem Fall verbessert werden. Festeres Material vielleicht. Oder eine zweite Innenhaut. Wenn er aus Sarajevo zurück ist, wird er sich darum kümmern. Nach Meinung seiner Militärs sind diese Lenkballons kriegswichtig. Besonders zum Auskundschaften feindlicher Positionen.

Ihm fallen Sophies Tränen ein, als sie von der Witwe des Ballonführers gelesen hat. Die jungverheiratete Frau beim Anblick der verkohlten Leiche ihres geliebten Mannes. Guter Gott, wie tragisch! Das hat Sophie natürlich am meisten beeindruckt. Und dass sie es nicht ertragen könne, sollte ihm so etwas jemals zustoßen, hat sie gesagt.

Beim Gedanken an Sophie verfliegt die Wut gegen den leichtsinnigen Piloten. Ach, Sopherl, du bist die Gefühlvollere von uns beiden. Zumindest scheust du dich nicht, deine Gefühle zu zeigen. Gerade das tut mir so gut. Das ist, was uns zusammenhält, denn anscheinend kann ich nur bei dir aus meiner verdammten Schale heraus.

Plötzlich ist ihm schmerzlich bewusst, wie wenige Freunde er im Leben hat. Hat er überhaupt welche? Das heißt, wenn man die Stiefellecker und Arschkriecher abzieht, die einen wie ihn bei jeder Gelegenheit umschmeicheln. Solche Leute sind ihm so zuwider, dass es ihm eine Freude ist, sie zusammenzuscheißen. Sophie hat natürlich trotzdem recht, wenn sie sagt, er sei zu ruppig zu den Leuten. Maria Theresa, seine Stiefmutter, hat ihm das auch schon des Öfteren vorgehalten. Er solle mehr auf die Menschen zugehen, sagt sie immer, mehr Verständnis zeigen.

Von Maria Theresa lässt er es sich gerne sagen. Sie ist eine wundervolle Frau. Neun Jahre alt war er, als sie plötzlich in sein Leben trat. Seine Mutter, Maria Annunziata, war schon immer kränklich gewesen und kaum zwei Jahre zuvor an Tuberkulose verstorben. Und plötzlich kam diese Siebzehnjährige wie ein frischer Wind ins Haus des Vaters und nahm sich liebevoll der vier Halbwaisen an. Ach, was hat er sie geliebt als Junge, mehr als die eigene Mutter, die die Kinder wegen ihrer Lungenkrankheit immer von sich ferngehalten hat. Im Grunde sind er und seine Geschwister ohne Mutterliebe aufgewachsen. Bis Maria Theresa kam. Und es war auch ihrem Einfluss bei Hofe zu verdanken, dass Sophie und er endlich hatten heiraten dürfen.

Für Sophie ist er in der Tat bis zum Äußersten gegangen, er hat seinen Onkel quasi erpresst: ohne Sophie kein Thronfolger für Österreich-Ungarn. Zumindest keiner, der Franz Ferdinand von Österreich-Este heißt. Es war ihm wirklich ernst damit, denn so versessen war er nicht auf den Thron. Nicht ohne Sophie! Zum Glück hat Franz Joseph am Ende nachgegeben, auch wenn er auf einer morganatischen Ehe bestanden hat und Sophie noch immer mit Verachtung straft. So ein verdammter alter Knacker, der in diesem Land jeden Fortschritt im Keim erstickt!

Zum Glück konnten sie sich gegen alle Vorbehalte durchsetzen. Es ist schon seltsam, denkt er, wie man einem wildfremden Menschen begegnet und sofort weiß, dass man zusammengehört, dass es keinen anderen gibt, mit dem man sein Leben verbringen möchte. Wie geschieht so etwas? Woher kommt diese spontane Anziehungskraft, diese Sicherheit der Gefühle? Ist es Gott, der die Dinge so fügt? Als guter Katholik muss er das glauben. Möglicherweise denkt die Wissenschaft aber ganz anders darüber. Doktor Freud hat gewiss eine andere Theorie.

Vielleicht wird man das Geheimnis der Liebe nie aufdecken und nie herausfinden, welche Kräfte da im Spiel sind. Und es können gewaltige Kräfte sein, die einem nicht immer zum Guten gereichen. Armer Otto! Es schaudert ihn, wenn er an seinen jüngeren Bruder denkt. Dem hat die Liebe einen bösen Streich gespielt oder, besser gesagt, die ewige Sucht nach Liebe, die nach immer neuer Befriedigung verlangte, bis ihn am Ende die Syphilis zerstört hat. Von Freunden und Verwandten und seiner eigenen Ehefrau verlassen, ist der schöne Otto, wie sie ihn nannten, vor bald acht Jahren in den Armen seiner letzten Geliebten verstorben. Und das nach langem Leiden.

Bei dem Gedanken an seinen Bruder empfindet Franz Ferdinand für einen Augenblick Reue, denn seine Beziehung zu Otto war nie besonders gut. Auch in dessen letzten Tagen hat er ihn nicht besucht. Schon als Kinder haben sie sich nicht verstanden. Vielleicht, weil der kleine Otto Vaters Liebling war – ein charmanter, gut aussehender Junge im Gegensatz zu ihm, dem älteren, immer etwas mürrischen Bruder.

Tja, wie das Leben so spielt. Ausgerechnet er, der wenig geliebte Einzelgänger der Familie, hat mit seiner Sophie die Glückskarte gezogen. Es ist gut, sich dessen ab und zu bewusst zu werden, bevor man sich allzu sehr an die gemütliche Nische gewöhnt, in der man sich eingerichtet hat. Daran dass ihre Ehe glücklich ist, hat ganz sicher Sophie den größeren Anteil. Auch der kleine Streit im Zug über Berta von Suttner erinnert ihn daran. So viele Jahre leben sie nun schon miteinander und haben drei prächtige Kinder. Die erste Verliebtheit hat sich gelegt und ist einer tiefen Zuneigung gewichen. Und natürlich sind sie beide nicht mehr so schlank und rank wie in alten Zeiten. Er selbst ist etwas kurzatmig geworden. Das alte Lungenleiden hängt ihm immer noch nach. Und Sophie hat jetzt ein Doppelkinn, allerdings ein ganz entzückendes.

Ob sie noch schläft? Oder ist sie schon aufgewacht und kleidet sich gerade an? Manchmal, wenn er allein ist, ertappt er sich dabei, sie im Geiste nackt zu sehen. Seit sie sich kennen, hat er nie mehr Lust auf eine andere Frau verspürt. Obwohl es vorher viele gegeben hat, denn ein Kostverächter war er nie. Sophie treu zu bleiben ist ihm aber nie schwergefallen.

Er fragt sich, wie es wohl sein wird in Sarajevo. Wahrscheinlich werden Tausende die Straßenränder säumen. Das ist nichts Ungewöhnliches. Aber wie wird man sie wirklich empfangen? Mit Wohlwollen, mit Begeisterung? Oder mit Misstrauen und finsteren Mienen?

Die bosnischen Serben sind nicht gerade Freunde der k. u. k. Monarchie. In seiner Position fühlt man sich in der Öffentlichkeit immer wie auf dem Präsentierteller. Was, wenn es einen Verrückten in der Menge gibt? Was, wenn ihm tatsächlich etwas zustoßen sollte? Um sich selbst ist ihm nicht wirklich bange. Aber er hätte Sophie nicht mitnehmen sollen. Männer sind da, um zu kämpfen und wenn nötig zu sterben. Aber Frauen müssen leben. Schließlich brauchen Kinder ihre Mütter. Das weiß gerade er, dem die Mutter gefehlt hat, nur zu gut.

Belgrad, 8:12 Uhr, Büro des serbischen Premierministers

Wieso kommen Sie erst jetzt damit zu mir?« Premierminister Nikola Pašić ist ziemlich ungehalten. Auf seinem Schreibtisch stehen die Reste eines Frühstücks. Irritiert legt er die Pfeife weg, die nicht mehr ziehen will. Er lehnt sich vor und starrt mit einem bohrenden Blick seinen Innenminister an. »Wieso erst jetzt, wenn Sie schon seit Tagen davon wissen?«

Innenminister Mihailović ist sichtlich verlegen »Nun, ich wollte erst mal sehen, ob überhaupt was an der Sache dran ist.«

»Indem Sie nichts tun?«

»Na ja, es wird oft viel geredet. Ich hielt es zuerst für ein Gerücht.«

»Aber Sie sagten doch, Sie kennen den Mann und vertrauen ihm.«

»Das schon. Ich bin mit ihm zur Schule gegangen. Und ich kenne ihn aus Armeezeiten. Ein verlässlicher Kerl. Aber die Sache kam mir doch etwas ungeheuerlich vor. Erst als er mir erzählte, welche Art von Ausbildung er den drei Burschen verabreicht, fing ich an, die Sache ernst zu nehmen.«

Pašić' Kinn und langer Bart schieben sich aggressiv vor. Seine Augen funkeln unter den buschigen Brauen. »Selbst dann sind Sie nicht sofort zu mir gekommen. Sie haben auch sonst nichts unternommen. Ich muss schon sagen, mein Lieber, das ist eine grobe Vernachlässigung Ihrer Amtspflichten.«

Mihailović windet sich, versucht, sich rauszureden. »Na ja, mein Mann war sich noch nicht über alle Einzelheiten im

Klaren. Erst vorgestern begann er zu ahnen, um was es wirklich geht …«

Pašić bringt ihn mit einem vernichtenden Blick zum Schweigen. »Es sind also drei junge Burschen, sagen Sie.«

Mihailović nickt. »Nicht älter als neunzehn oder zwanzig. Einer drückt sich gewählter aus als die anderen. Der muss Gymnasiast oder Student sein. Sie nennen ihn Gavrilo. Die anderen beiden heißen Nedeljko und Trifko. Die Familiennamen sind mir leider nicht bekannt. Und ob die Vornamen wirklich stimmen, kann ich Ihnen auch nicht sagen.«

Pašić lehnt sich in seinen Sessel zurück und verdreht genervt die Augen. »Vornamen! Und vielleicht auch noch falsche. Was zum Teufel soll ich damit anfangen?«

»Mein Mann konnte sie schlecht nach ihren Papieren fragen.«

»Ja, schon gut, verdammt! Wahrscheinlich reisen die ohnehin mit gefälschten Papieren.«

»Möglich.«

»Haben Sie wenigstens Personenbeschreibungen?«

»Ich fürchte, nur ziemlich dürftige. Alle drei sind dunkelhaarig und schlank, hab ich mir sagen lassen. Dieser Gavrilo ist klein und etwas schmächtig. Auch was seine beiden Kameraden betrifft, habe ich nichts Definitives, außer dass dieser Trifko einen halben Kopf größer sein soll als die anderen beiden.«

»Na großartig! Diese Beschreibung passt auf die halbe Bevölkerung«, erwidert Pašić. Seine Stimme trieft förmlich vor Sarkasmus. »Damit kann man bestimmt viel anfangen. Keine besonderen Merkmale? Tätowierungen …?«

Mihailović schüttelt den Kopf.

Pašić seufzt resigniert. »Und was für Waffen, sagten Sie?«

»Pistolen. Marke Browning. Dazu ein paar Bomben aus Armeebeständen. Auch damit haben sie geübt.«

»Mein Gott! Auch noch serbische Bomben! Wie kommen die denn an so was?«

»Es gibt einen Offizier, der die Sache anscheinend leitet. Aber mein Mann wollte den Namen nicht nennen. Man würde sonst sofort wissen, dass er der Verräter ist.«

»Ihr Mann gehört also zu einem dieser Geheimbünde. Die Schwarze Hand, womöglich?«

»Kann gut sein. Ja, ich denke schon.«

»Wissen Sie, was passiert, wenn die Österreicher diese Knaben festnehmen und Bomben aus serbischen Armeebeständen finden?«

»Eine schwere diplomatische Krise, denke ich.«

Pašić lacht bitter auf. »Ich sehe, Sie sind ein Optimist. Im schlimmsten Fall könnte das Krieg bedeuten, ist Ihnen das nicht klar? Besonders, wenn diese … diese Attentäter auch noch erfolgreich sind. Und einen Krieg gegen Österreich-Ungarn können wir uns nicht leisten. Da gehen wir mit wehenden Fahnen unter.«

Mihailović wischt sich Schweißtropfen von der Stirn. Die Unterhaltung setzt ihm sichtlich zu. »Ich könnte meinen Mann verhaften lassen, damit er uns den Namen des Offiziers preisgibt. Vielleicht gelingt es, ihn zu schnappen. Dann ließe sich das Ganze noch verhindern.«

Pašić winkt ab. »Dazu ist es zu spät. Dank Ihrer Untätigkeit sind die längst unterwegs. Wir müssen jetzt gut überlegen, wie wir uns am besten verhalten. Einen ernsten Konflikt mit Österreich können wir uns, wie gesagt, nicht leisten. Das würde diesen Terroristen nur in die Hände spielen. Darauf sind sie doch aus.«

Gedankenverloren starrt Pašić eine Weile aus dem Fenster. Dann greift er wieder zur Pfeife, klopft die Asche aus und beginnt sie langsam und sorgfältig aus einem Tabaksbeutel zu füllen. Er entzündet ein Streichholz, hält die Flamme über den Tabak und pafft die Pfeife zum Leben. Dann lehnt er sich zurück und bläst blauen Dunst aus.

»Ich wette, Dimitrijević steckt dahinter«, sagt er.

»Unser eigener Geheimdienst?«

»Liegt doch auf der Hand. Das ist genau die Art von Aktion, wie Dimitrijević sie durchziehen würde. Der Kerl ist ein verbohrter Nationalist, er hasst die Österreicher und hat seine Finger in mehr als einer dreckigen Sache. Außerdem schreckt er vor nichts zurück. Das hat er schon mehrfach bewiesen.«

»Dann pfeifen Sie ihn zurück«, sagt Mihailović.

»Er wird es abstreiten. Wir haben keine Beweise.«

»Drohen Sie ihm mit Entlassung.«

Pašić schüttelt den Kopf. »Der Mann ist gefährlich, das wissen Sie so gut wie ich. Der hat bestimmt ein paar unschöne Dinge gegen mich in der Hand. Und gegen Sie mit Sicherheit auch. Sein verdammter Geheimdienst führt ein Eigenleben, sag ich Ihnen. An den kommt man nicht ran.«

Mihailović kaut betreten auf der Unterlippe. Es ist in der Tat nicht auszuschließen, dass Dimitrijević über seine kleinen Nebengeschäfte im Bilde ist. Das könnte seiner Karriere ein schnelles Ende bereiten. »Dann bleibt uns nichts anderes übrig, als die Österreicher zu warnen«, sagt er.

»Sie haben's erfasst. Gleich im Anschluss werde ich mit dem Außenminister telefonieren. Gehen Sie zu ihm, und setzen ihn über alles ins Bild. Er soll diese Informationen sofort an die Österreicher weiterleiten. Und zwar so schnell wie möglich. Nur kein Wort von einem serbischen Offizier. Erfinden Sie etwas. Die Burschen sind belauscht worden, was weiß ich? Die Österreicher werden schon wissen, wie sie ihren Mann schützen.«

»Die Sache ist heikel. Vielleicht sollten Sie selbst Wien kontaktieren …«

»Nein, nein. Ich kann ja wohl schlecht den österreichischen Thronfolger anrufen und ihm sagen, man trachtet ihm nach dem Leben. Das wird er als Affront auffassen. Nein, wir gehen mit den uns bekannten Einzelheiten über die offiziellen Kanäle. Dann können wir sicher sein, dass die richtigen Stellen informiert sind. Und Sie, mein Lieber, Sie sehen zu, dass Sie schleunigst die Grenze schließen. Alarmieren Sie die Posten an allen Grenzübergängen nach Bosnien. Mehr können wir im Augenblick nicht tun.« Pašić pafft furios an seiner Pfeife. »So eine gottverdammte Schweinerei! Wenigstens haben wir sie gewarnt. Mehr können wir im Augenblick nicht tun.«

Sarajevo, 8:27 Uhr, im Konak

Noch nicht ganz wach sitzt Major Rudolf Markovic an seinem Schreibtisch und starrt mürrisch auf die halb leere Tasse, die vor ihm steht. Huber, sein Bursche, der aufgrund der Lage jetzt ebenfalls im Konak übernachtet, hat ihm einen extra starken Kaffee gebracht. Und ein Butterhörnchen von einem serbischen Bäcker zwei Straßen weiter. Das türkische Zeug, das es hier überall gibt, ist Markovic zu süß.

Er hat mal wieder nicht genug geschlafen. Einfach abzuwarten, dass sich etwas ergibt, ist ihm unmöglich. Zu viel steht auf dem Spiel. Deshalb war er noch spät in der Nacht in einigen Kneipen unterwegs – einfach um etwas zu tun, und in der Hoffnung, vielleicht das eine oder andere Gerücht aufzuschnappen. Leider ist sein Gesicht in gewissen Kreisen der Stadt nicht mehr unbekannt, weshalb man ihm immer öfter finstere Blicke zuwirft und die Gespräche verstummen, wenn er das Lokal betritt. Das ist besonders dort zu spüren, wo sich Serben treffen. Leider spricht er selbst kaum mehr als ein paar Worte ihrer Sprache, was nicht gerade hilfreich ist. Eine gewisse Feindseligkeit unter diesen Leuten ist jedenfalls nicht zu leugnen. Österreich-Ungarn ist deutlich weniger beliebt, als Idioten wie Potiorek uns glauben machen wollen.

Kurz nach Mitternacht war er dann noch bei Svjetlana, aber auch dort hat er nichts Neues in Erfahrung bringen können. Er kann nur hoffen, dass wenigstens Simon bei seinen Informanten weitergekommen ist. Bis jetzt hat er sich noch nicht sehen lassen. Muss wohl ebenfalls spät geworden sein.

Seit Tagen leisten alle Mitarbeiter der Geheimdienstabteilung Überstunden. Markovic hat sie in Schichten eingeteilt.

Einige von ihnen haben die Nacht durchgearbeitet und schlafen in einem ungenutzten Büro auf Feldbetten. Sie haben alte Akten durchstöbert, Verbindungen durchleuchtet, besonders alles, was mit der *Narodna Odbrana* und anderen nationalistischen Bünden zu tun hat. Dabei sind eine ganze Reihe von Namen aufgetaucht, teilweise von Kriminellen, die meisten aber von jungen Männern, die bei Protestaktionen aufgefallen sind oder kurzfristig sogar verhaftet wurden. Die wird man mit Hilfe der Polizei ausfindig machen und befragen. Auch deren Nachbarn, Professoren und Kommilitonen. Natürlich möglichst diskret. Sie wollen ja nicht die gute Stimmung der Bevölkerung anlässlich des hohen Besuchs verderben. Oder den Herrn Potiorek verärgern.

Neben diesen Hinweisen türmen sich die üblichen Berichte und Meldungen der Nacht auf Markovic' Schreibtisch, Relevantes aus lokalen Zeitungen, Meldungen von den sich ganz in der Nähe im Manöver befindenden Truppen. Auch einige telegrafische Depeschen aus Wien und Triest. Demnach ist der Thronfolger gestern Abend planmäßig aus Wien abgereist und müsste in Kürze in Triest eintreffen. Das Schlachtschiff *Viribus Unitis* liegt wie geplant am Kai. Diverse Würdenträger und eine Militärkapelle stehen bereit, um dem hohen Herrn einen würdigen Empfang zu bescheren. Morgen Nachmittag, nach einer kurzen Seereise und anschließender Zugfahrt über Land, soll er dann in dem bei Sarajevo gelegenen Kurort Ilidža ankommen, wo er gemeinsam mit seiner Gemahlin während der Manöver logieren wird.

Markovic fragt sich, warum der Thronfolger seine Frau allein mit dem Zug über Budapest reisen lässt, während er selbst das Schiff nimmt. Er hätte sie doch mit an Bord nehmen können. Oder leidet sie unter Seekrankheit? Na ja, wie auch immer, es hat keine große Bedeutung, abgesehen davon, dass es theoretisch jetzt zwei mögliche Anschlagsziele gibt.

Aber das ist sicher Unsinn. Wer sollte der Herzogin etwas antun wollen? Sie ist eine nette Dame und hat politisch keinerlei Bedeutung. Und was den Thronfolger angeht: Wo könnte er sicherer sein als auf einem Schlachtschiff seiner Majestät?

Markovic gähnt und wischt sich mit einer müden Handbewegung übers Gesicht. Vielleicht bin ich zu besorgt, denkt er, vielleicht sehe ich hinter jedem Baum Dunkelmänner. Er nimmt einen Schluck von dem inzwischen lauwarmen Kaffee. Am Ende ist vielleicht gar nichts, und sie machen sich hier umsonst verrückt. Dann wird Potiorek recht gehabt haben, und beim Besuch des Erzherzogs hat es nichts als schwülstige Reden gegeben, begeistert winkende Menschen, Blumen für die Herzogin und einen Kinderchor, der den beiden ein Ständchen bringt. Am Ende reisen die Herrschaften dann wohlbehalten ab, und sie können endlich wieder aufatmen.

Mit einem Seufzer lehnt er sich zurück, legt die Füße auf die Schreibtischplatte und betrachtet seine glänzend gewienerten Stiefelspitzen. Wenigstens auf Huber ist Verlass. Markovic hasst nichts so sehr, wie in ungeputzten Stiefeln herumzulaufen. Derzeit hat sein Bursche mehr zu tun als sonst. Dauernd ist er unterwegs, um ihm aus der Pension eine saubere Uniform und ein frisch gebügeltes Hemd zu besorgen oder ihm und anderen bei einem Straßenverkäufer etwas zu essen zu holen. Heute Morgen hat er seinen Herrn sogar rasiert, weil Markovic ausnahmsweise keine Lust dazu hatte.

Markovic fragt sich, ob sie etwas übersehen haben und was sie außer den laufenden Ermittlungen noch unternehmen könnten. Aber es fällt ihm nichts ein. Überhaupt scheint sein Hirn um diese Uhrzeit noch nicht recht in Gang gekommen zu sein. Statt die Berichte auf seinem Schreibtisch durchzugehen, die ohnehin nichts Nützliches enthalten, sonst hätte man es ihm gesagt, wandern seine Gedanken zu Svjetlana.

Mein Gott, was für ein Weib! Sie hat es ihm angetan, das

muss er sich eingestehen. Und das, obwohl die Frau ein Bordell betreibt. Aber Markovic ist alles andere als ein Moralist. Auf den Menschen kommt es ihm an. Svjetlana ist in vieler Hinsicht eine beeindruckende Person. Inzwischen kennt er sie seit mehr als zwei Jahren, und es hat sich so etwas wie Freundschaft zwischen ihnen entwickelt. Oft genug besucht er ihr Etablissement. Der Mensch hat schließlich Bedürfnisse. Aber mit ihr war er noch nie im Bett. Nicht, dass er es nicht versucht hätte, aber Svjetlana schläft nicht mit Kunden, denn fürs Geschäft hat sie ihre Mädchen. Das ist eine strikte Regel bei ihr.

Markovic fühlt sich in ihrer Gesellschaft wohl. Vor allem mag er ihre abgeklärte Art, die Welt zu betrachten, ihre ironischen Bemerkungen zu verschiedenen Wichtigtuern in der Stadt. »Ohne Hosen sind sie alle gleich«, sagt sie lachend. »Ich könnte dir Dinge erzählen …« Aber sie tut es nicht. Das Allerprivateste ihrer Kunden zu enthüllen, würde ihr im Leben nicht einfallen. Auch das ist eine ihrer Regeln. Trotzdem vertraut sie Markovic so einiges an. Deshalb ist sie für ihn eine nützliche Informantin, was heimliche Affären, politische Intrigen oder Korruption betrifft. Es ist erstaunlich, was Männer in intimen Stunden alles ausplaudern. Natürlich ist ihm klar, dass sie dies alles nicht allein aus Freundschaft erzählt. Für eine Frau wie sie ist eine gute Beziehung zum Chef des Geheimdienstes mehr als nützlich. Fast so etwas wie eine Lebensversicherung.

Markovic schaut allerdings nicht nur aus dienstlichen Gründen bei ihr vorbei. Schon seltsam, dass die einzigen Freunde, die er in dieser verdammten Stadt hat, sein Kollege Simon und eine Bordellbesitzerin sind. Was sagt das über ihn selbst aus?

Das muss man sich wirklich mal fragen, denkt er. Hier in der Provinz fühlt er sich manchmal wie ein gestrandeter

Fisch. Keine Freunde, keine sozialen Beziehungen. Nur halbseidene Gestalten, die er aus Nachtlokalen kennt, Tänzerinnen vom Theater, Prostituierte. Dabei ist Svjetlana eine charmante Person. Sie ist ein paar Jahre jünger als er und auf eine diskrete Art äußerst hübsch, noch dazu ziemlich klug. Muss sie in ihrem Geschäft wohl auch sein. Außerdem kommt sie ihm wesentlich gebildeter vor als die meisten anderen Frauen, die er kennt. Aus niederen Verhältnissen kann sie jedenfalls nicht stammen, denn ihr Auftreten ist das einer Dame der Gesellschaft. Eine verdammte Verschwendung, wenn man bedenkt, womit sie ihren Lebensunterhalt verdient! Aber wenn man sie zu ihrer Vergangenheit befragt, lässt sie sich kein Sterbenswörtchen entlocken. Das reizt ihn natürlich umso mehr.

»Warum verkaufst du nicht den Laden?«, pflegt er ihr zu sagen. »Dann nimmst du dein Geld und gehst nach Wien, wo dich keiner kennt, und heiratest einen reichen, einflussreichen Mann.«

»Ja und wen?«

»Mich zum Beispiel.«

Sie lacht dann immer, und ihre weißen Zähne schimmern zwischen den roten Lippen. »Bist du etwa reich?«

»Zumindest meine Familie.«

»Und einflussreich?«

»Kann ja noch werden.«

»Aber Rudi!« Wenn sie seinen Namen nennt, rollt sie immer so schön das R. Ihr Deutsch ist nahezu perfekt, aber der serbische Akzent ist unverkennbar. »Wozu sollte ich denn heiraten, Rudi? Ich hab doch alles. Ich bin nicht arm, mir geht es gut, und niemand – am wenigsten ein Ehemann – tanzt mir auf der Nase herum und macht mir Vorschriften.«

»Ja«, sagt er dann und nickt resigniert. »Kann ich verstehen. Aber solltest du eines Tages genug von deiner Freiheit haben, dann klopf bei mir an, dann bestell ich sofort das Aufgebot.«

Sie grinst verschmitzt. »Ich verspreche es. Und ich fühle mich geehrt.«

Natürlich wissen beide, dass es nicht ernst gemeint ist, weder von ihm noch von ihr. Was wäre, wenn er sie wirklich heiraten würde? Genüsslich stellt er sich den Skandal in seiner Familie vor, wenn herauskäme, dass sie ein Bordell betrieben hat. Eine »Puffmutter«, um es vulgär zu sagen. Was für ein Sturm würde da losbrechen! Mutter würde in Ohnmacht sinken und aus Scham sämtliche gesellschaftlichen Verpflichtungen absagen. Vater würde ihn enterben. Zumal er im Gegensatz zu seinem aufrechten Bruder ohnehin schon das schwarze Schaf der Familie ist.

Nun, vielleicht nicht direkt das schwarze Schaf, aber auf jeden Fall aus der Art geschlagen. Kein Sinn fürs Familiengeschäft wie sein Bruder, der dafür prädestiniert ist, das Unternehmen in Zukunft zu führen, wenn Vater sich zurückzieht. Markovic selbst hat sich in seiner Jungmännerzeit mehr für Schauspielerinnen und anrüchige Nachtlokale interessiert, darüber hinaus für schnelle Pferde. Deshalb ist er auch bei der Kavallerie gelandet. Obwohl, sollte es tatsächlich Krieg geben, was einige Kassandren behaupten, dann wäre im Zeitalter von Maschinengewehren, Flugmaschinen und motorisierten Panzern eine Kavallerie wohl eher nutzlos.

Das ist auch der Grund, warum er sich vor Jahren zum Geheimdienst hat versetzen lassen. Das Reiten, besonders in freier Natur, fehlt ihm allerdings. Gelegentlich leiht er sich ein Pferd aus, in letzter Zeit allerdings seltener.

Mit einem Mal reißt ihn das Telefon aus den Gedanken. Markovic zuckt zusammen. Hastig nimmt er die Füße vom Tisch und greift zum Hörer.

»Markovic.«

»Einen Augenblick, Herr Major«, hört er das Fräulein vom Amt. Nach kurzer Pause ist sie wieder in der Leitung. »Gespräch für Sie aus Belgrad. Österreichische Botschaft. Nehmen Sie Gespräch an?«

Markovic ist plötzlich hellwach. »Natürlich nehme ich es an.«

Es knackt ein paarmal in der Leitung, dann hört er Södermanns Stimme laut und klar. »Sind Sie das, Herr Major?«

»Natürlich, wer sonst?«

»Ich rufe an, um Bericht zu erstatten.«

»Wird aber auch Zeit. Wir sitzen hier auf glühenden Kohlen. Was haben Sie rausgefunden? Reden Sie, Mann!« Markovic ist sich bewusst, dass er nervös klingt. Er ist jetzt wieder beim »Sie«. Vielleicht mag der Södermann es nicht, den Chef zu duzen.

Södermann lässt sich nicht aus der Ruhe bringen. »Also Folgendes, wenn Sie erlauben«, beginnt er bedächtig. »Bei der Beobachtung von Oberst Dimitrijević hat sich bisher nichts Neues ergeben. Allerdings mussten wir Leute von ihm abziehen, da Sie befohlen haben, auch Major Tankosić zu beschatten. Wir sind ziemlich unterbesetzt und haben zudem nur eine Handvoll, die fließend Serbisch sprechen. Dazu kommt, dass einer meiner Männer wegen Krankheit ausgefallen ist. Wir können deshalb nicht sagen, was Dimitrijević am Nachmittag und am Abend getrieben hat. Ich hoffe, uns ist da nichts entgangen.«

»Ja, nun. Kann man nicht ändern. Was ist mit diesem Tankosić? Der ist im Moment wichtiger. Hat sich da was ergeben?«

»Ja, ich glaube, da haben wir was«, hört er Södermann sagen. »Jedenfalls hatte der Mann gestern Nachmittag ein ziemlich verdächtiges Treffen mit drei jungen Männern. Studenten, dem Anschein nach. Das heißt, eigentlich waren es vier. Der vierte war schon in Tankosić' Begleitung, als er auf die anderen traf.«

»Und wo?«

»In einer Spelunke in der Altstadt. Heruntergekommener Laden, aber ein stadtbekannter Treffpunkt für Nationalisten und ehemalige Freischärler. Ein Ort, wo man sich als Normalsterblicher kaum hintraut. Ziemlich raues Klientel, sag ich Ihnen. Besonders abends, wenn die Kerle betrunken sind.«

»Wen hatten Sie auf Tankosić angesetzt?«

»Zwei von unseren Kroaten.«

»Gut. Ich hoffe, die sind nicht gleich als Spitzel aufgefallen.«

»Nein, nein! Die machen ihre Sache gut. Sie waren als Arbeiter verkleidet. Und sie haben einiges mitbekommen, denn sie saßen praktisch am Nebentisch.«

»Wollen Sie damit sagen, dieser Tankosić redet in der Öffentlichkeit über Anschlagspläne?«

»Das nicht. Aber er und die jungen Kerle haben sich nicht nur so zum Bier getroffen, das war offensichtlich. Überhaupt: Warum redet ein Major der Armee mit neunzehn- oder zwanzigjährigen Bengeln?«

»So jung?«

»Ja. Und ziemlich ärmlich sahen sie auch aus.«

»Arbeiter?«

»Nein, eher Schüler oder Studenten, wie ich schon sagte. Der Major und diese Burschen haben die Köpfe zusammengesteckt und verdächtig getuschelt, als hätten sie etwas vor und würden Einzelheiten absprechen.«

»Das könnte alle möglichen Gründe haben.« Markovic ist enttäuscht. »Muss nicht unbedingt verdächtig sein. Jedenfalls nicht, was uns hier betrifft.«

»Da ist noch was. Tankosić war gerade hereingekommen,

hatte sich aber noch nicht zu ihnen gesetzt. In der Kneipe hat es wohl wieder das übliche Gerede von wegen südslawischer Vereinigung gegeben. Und in diesem Zusammenhang ließ einer der drei jungen Burschen laut genug die Worte ›österreichische Unterdrückung‹ und ›Bombe‹ fallen. Damit könne man alles ändern. Meine Männer sagen, es war klar, was gemeint war, denn seine Kumpel haben ihn gleich zurückgepfiffen und sich schuldbewusst umgesehen. Tankosić hat das wohl ebenfalls mitbekommen und muss den Burschen nachher ziemlich zusammengestaucht haben, denn der hat im Anschluss kein Wort mehr gesagt.«

Markovic überlegt. »Könnte einfach Prahlerei gewesen sein. Muss nicht unbedingt was bedeuten.«

»Ich meine doch. Denn im Anschluss haben sie von einer Reise nach Sarajevo geredet. Tankosić scheint den drei Studenten Anweisungen gegeben zu haben. Es fiel auch der Name Pavle.«

»Pavle? Sagt mir nichts.«

»Den sollten sie angeblich heute früh treffen. Wo, weiß ich nicht. Kurz darauf sind sie auseinandergegangen.«

»Ich hoffe, ihr habt sie verfolgt.«

»Hat leider nicht geklappt. Die drei Studenten sind zuerst aus der Kneipe raus. Da konnten meine Männer nicht gleich aufspringen und hinterherrennen. Das wäre Tankosić aufgefallen. Als sie dann auf der Straße standen, waren die drei verschwunden.«

»Scheiße!«

»Ich hab meine Leute heute früh für alle Fälle auf dem Bahnhof postiert. Bis jetzt hat sich aber nichts gerührt.«

Markovic seufzt genervt. »Wir greifen nach Strohhalmen, Södermann. Trotzdem, gute Arbeit, danke. Wer weiß, vielleicht ist ja doch was dran.« Er greift nach Papier und Bleistift. »Namen haben Sie wohl nicht erfahren können.«

»Leider nein. Aber eines ist uns am Bahnhof aufgefallen: Es war eine ungewöhnliche Menge an Polizisten unterwegs.«

»Was heißt ungewöhnlich?«

»Normal wäre eine Streife von zwei Mann. Heute Morgen tummeln sich da mehr als ein Dutzend Uniformierte. Gelegentlich halten sie Leute an und fragen nach Papieren.«

»Haben Sie einen Verdacht, was das bedeuten könnte?«

»Nein. Ist uns nur aufgefallen.«

»Vielleicht haben die Serben etwas spitzgekriegt und fahnden nach den Kerlen. Das würde Ihre Vermutungen natürlich bestärken. Könnte aber auch andere Gründe haben. Haltet weiter die Augen auf.«

»Tun wir, Herr Major.«

»Und was diese jungen Burschen betrifft: Geben Sie mir mal die genauen Personenbeschreibungen durch.«

Im Zug nach Budapest, 10:27 Uhr

Ich liebe Reisen«, sagt Baronin Gertrude von Prittwitz. »Ich möchte Ihnen noch einmal herzlich danken, Hoheit, dass ich mitkommen darf. Unsere verehrte Maria Theresa verreist leider viel zu selten.«

Sie spricht von Erzherzogin Maria Theresa von Braganza, Franz Ferdinands Stiefmutter und Förderin. Die Baronin ist eine ihrer Hofdamen und steht ihr angeblich besonders nahe. Vielleicht, weil die Baronin als unkonventionelle, fröhliche Natur bekannt ist, denn Maria Theresa mag keine Miesepeter um sich. Auch nicht das langweilige Gewäsch steifer Höflinge.

»In Wirklichkeit bin ich es, die zu danken hat«, erwidert Sophie freundlich. »So habe ich wenigstens etwas Gesellschaft auf der langen Fahrt. Und während die Männer Krieg spielen, können wir uns den berühmten Basar von Sarajevo anschauen.«

»Oh ja! Es soll dort wunderbare orientalische Seidentücher geben. Und schönen Goldschmuck.«

»Dann werden Sie und ich ein bisserl stöbern gehen!«

Sophie ist tatsächlich froh, dass die Baronin sich bereit erklärt hat, sie auf der Reise zu begleiten. Nicht nur wegen der Unterhaltung. Sie empfindet es auch als eine Art Anerkennung, denn außer der guten Maria Theresa ist ihr bei Hof normalerweise niemand gewogen. Franz Ferdinands Stiefmutter ist seit dem unglücklichen Tod der Kaiserin so etwas wie die erste Dame des Reiches. Dass ihre Hofdame ihr nun im Zug gegenübersitzt und mit ihr plaudert, als wären sie die besten Freundinnen, ist Sophie nicht nur angenehm, sondern auch eine kleine Genugtuung. Die Baronin scheint sich jedenfalls nicht daran zu stören, in Begleitung der Erbschleicherin, wie Sophie in gewissen Kreisen genannt wird, gesehen zu werden. Vielleicht beginnt das Eis am Wiener Hof ja zu schmelzen. Ein klein wenig zumindest.

Die Prittwitz, immer noch ledig, obwohl schon Ende dreißig, ist fast übertrieben schlank, sodass ihre Finger- und Handgelenke etwas knochig wirken. Auch ihr Gesicht ist schmal, wenn auch keineswegs hässlich. In ihm dominieren hohe Wangenknochen und große dunkle und leicht hervortretende Augen. Sie scheint immer in Bewegung zu sein, hat gerade ihren eleganten Hut abgenommen und in ihrer Tasche nach einem kleinen japanischen Fächer gesucht.

»Es ist so stickig«, sagt sie, öffnet mit der Linken den obersten Knopf ihrer Seidenbluse und wedelt sich mit der Rechten Luft zu. »Seit Tagen schon. Gestern in Wien, da bin ich fast umgekommen vor Hitze.«

»Sie haben recht«, antwortet Sophie. »Es scheint dieses Jahr ein besonders heißer Sommer zu werden. Möchten Sie, dass wir das Fenster öffnen?«

»Ach, lieber nicht, Hoheit, wenn es Ihnen nichts ausmacht. Sonst haben wir bald den Gestank der Lokomotive im Abteil.«

»Auch wieder wahr.« Sophie nimmt einen Schluck des Waldquelle-Wassers, das man ihr gebracht hatte. Sie lächelt der Baronin zu. »Vielleicht ist es der Wein, der Ihnen zu Kopf steigt, meine Liebe. Bei dem Wetter …« Die Dame ist nämlich bereits bei ihrem zweiten Glas Weißwein angelangt.

Die Prittwitz lächelt und zuckt gleichmütig mit den schmalen Schultern. »Ja, das sagt man. Bei warmem Wetter soll man angeblich keinen Wein trinken. Aber vor dem Mittagessen gönne ich mir immer ein Gläschen. Ist mir noch nie schlecht bekommen.«

Vor dem Mittagessen ist gut, denkt Sophie. Bis dahin sind es noch mindestens zwei Stunden. Aber wer ist sie, darüber ein Urteil zu fällen? Jedem das Seine. »Ich bin schon eine Weile nicht mehr in der Hauptstadt gewesen«, sagt sie. »Außer dem kurzen Aufenthalt gestern. Also, erzählen Sie, was gibt es Neues in Wien?«

»Ach, was gibt's da schon zu berichten? Der Kaiser hat sich Gott sei Dank wieder erholt. Er hatte wirklich schlimmen Husten und einen grässlichen Katarrh.«

»Davon hab ich gehört.«

»Ansonsten ... Bei Hofe herrscht natürlich immer noch das eiserne Regiment unseres Oberhofmeisters. Wird wirklich langsam Zeit, dass sich da was ändert.«

»Der Kaiser besteht auf Tradition«, ist Sophies diplomatische Antwort.

Die Baronin macht eine wegwerfende Handbewegung. »Ich kann das Wort nicht mehr hören. Im Grunde bedeutet das doch nur elenden Stillstand.«

»Das sagt Franz Ferdinand auch immer.«

»Und recht hat er. Das Land könnte wirklich ein bisschen frischen Wind vertragen.« Wie um ihre Worte zu bekräftigen, wedelt sie heftiger mit dem Fächer. »Und dann unsere Minister! Schauderhaft! Inkompetenz lässt grüßen. Aber im Grunde interessiere ich mich nicht für Politik. Das ist alles so grässlich langweilig.«

Die Herzogin winkt lachend ab. »Nein, bitte keine Politik. Davon krieg ich schon genug von meinem Franzl zu hören. Aber gab es nicht kürzlich einen Weltfrauenkongress?«

»Ja, in Rom. Das war letzten Monat. Am Zehnten, glaube ich. Auch Österreich war mit dreißig Frauen vertreten.«

»Wirklich! Um was genau ging es dabei?«

»Der Kongress findet alle fünf Jahre statt. Diesmal war eine Engländerin Vorsitzende, die Gattin des indischen Vizekönigs. In der Hauptsache geht es darum, Frauenfragen weltweit stärker in den Vordergrund zu rücken. Besonders das Frauenwahlrecht.«

»Denken Sie, Frauen sollten wählen dürfen?«

»Aber klar doch. Wir dürfen doch nicht alles den Männern überlassen. Die Welt ist schon schlimm genug. Dauernd wird irgendwo geschossen. Jetzt reden sie schon wieder von einem kommenden Krieg in Europa. Als wäre das unvermeidlich. Ich sage Ihnen, es ist eine Tragödie, dass Berta von Suttner gestorben ist.«

»Sie war meine Kusine.«

»Ach, wirklich? Das wusste ich gar nicht. Dieser Dame hörte man wenigstens zu. Ich versichere Ihnen, Hoheit, hätten wir das Frauenwahlrecht, wäre Schluss mit Kriegen, und es ginge uns allen besser.«

Sophie lächelt. »Aber Sie sagten doch eben, Sie interessieren sich nicht für Politik.«

»Na ja, manchmal kann man schon aus der Haut fahren.« Die Baronin wedelt wieder furios mit dem Fächer.

»Ich bitte Sie, reden wir nicht von Krieg«, sagt Sophie. »Der Gedanke ist einfach zu schrecklich.«

»Verzeihen Sie, Hoheit. Sie haben völlig recht. Mögen Sie Musik?«

Die plötzliche Wende überrascht die Herzogin. »Musik? Ja, sehr sogar. Aber wir haben so selten Gelegenheit, in die Oper zu gehen. Als Thronfolger muss Franz Ferdinand natürlich des Öfteren verreisen. Aber ich selbst, das heißt unsere Kinder und ich, wir leben eher zurückgezogen. Was mir durchaus angenehm ist. Ich bin nicht besonders erpicht auf das Stadtleben.«

»Dann haben Sie bestimmt auch das große Praterfest verpasst. Es war wieder mal herrlich schön. Diverse Bühnen, auf denen Stücke gespielt wurden, jede Menge Musikkapellen,

Gesang und Tanz. Ich liebe Volksfeste.« Die dunklen Augen der Baronin leuchten. Dann wechselt sie erneut das Thema, als wäre sie ein Vogel, der von einem Ast zum anderen hüpft. »Ja, und dann war da vor Kurzem eine Ausstellung des Wiener Hagenbunds. Das hätten Sie sehen sollen! Mögen Sie Kunst, Hoheit?«

»Ja, natürlich. Aber der Hagenbund ist doch etwas in Verruf geraten.«

»Nicht zuletzt dank Ihres Gemahls, Hoheit, wenn ich das so sagen darf. Er scheint der modernen Kunst wenig abzugewinnen.«

»Das ist wohl wahr.«

Tatsächlich hasst Franz Ferdinand das moderne Zeug wie die Pest. In einer Ausstellung des Hagenbunds ist er einmal richtig ausfällig geworden, wie Sophie sehr wohl weiß. Es hätte nicht viel gefehlt, und er hätte die Bilder von der Wand gerissen. Daraufhin wollte man dem Hagenbund eine Zeit lang keine Ausstellungsräume mehr vermieten. Was die Kunst betrifft, ist ihr Franzl eben ein Traditionalist. Er mag Bodenständiges, Volkslieder und röhrende Hirsche vor Alpenpanorama.

Mit einem Augenzwinkern sagt die Baronin: »Dann hätte ihm diese Ausstellung ganz gewiss nicht gefallen.«

»Was gab es denn zu sehen?«

»Ach, ganz Unterschiedliches von Wiener Künstlern.« Die Baronin hört einen Augenblick auf zu wedeln, beugt sich vor und raunt in verschwörerischem Ton: »Da waren einige wirklich sündhafte Bilder darunter von diesem jungen Wilden, diesem Egon Schiele.« Mit einem anzüglichen Grinsen lehnt sie sich zurück und beginnt wieder zu fächeln.

Sophie hebt die Brauen. »Was ist denn so sündhaft an den Bildern?«

»Haben Sie noch nichts von Schiele gesehen?«

Die Herzogin schüttelt den Kopf.

»Na, da ist Ihnen aber was entgangen, Hoheit. Sein Lieblingsthema sind nackte Menschen, Männer wie Frauen, aber mehr Frauen. Und er zeigt alles. Ungeschönt und fast brutal.«

»Wie ›alles‹?«

Die Baronin beugt sich ein zweites Mal vor. »Private Körperteile. Sie verstehen mich schon.«

»Wirklich?« Sophie ist rot geworden. Sie fragt sich, ob das Gespräch nicht etwas zu frivol geworden ist. »Und das ist erlaubt? Ich meine, in einer öffentlichen Ausstellung?«

Die Baronin lehnt sich wieder zurück und lächelt fast ein wenig gönnerhaft. »Sie sehen, die Welt verändert sich, Hoheit. Und das ist auch gut so, wenn Sie mich fragen. Nur unser Wiener Hof benimmt sich, als lebten wir noch im vergangenen Jahrhundert.«

»Ja, die Welt verändert sich, das kann man wohl sagen.« Aber private Körperteile auf Gemälden? Sophie ist immer noch leicht schockiert. Neben dieser mondänen Baronin kommt sie sich auf einmal naiv und altbacken vor. »Mein Mann mag Kokoschka nicht. Aber ich eigentlich schon«, erklärt sie deshalb rasch, um von Schieles Bildern abzulenken. »Wunderschön. Besonders die Farben. Natürlich ganz anders als das, was man gewohnt ist.«

Die Baronin nickt. »Keine verträumten Landschaften mehr, kein romantischer Kitsch.«

»Und Gustav Klimt«, fügt die Herzogin hinzu. »Der gefällt mir auch.«

»Ja, Klimt ist großartig. Und was sagt Ihr Gemahl dazu?«

»Der hat seinen eigenen Geschmack«, erwidert Sophie und lacht.

Dem Franzi gegenüber würde sie es nie eingestehen, aber diesen Klimt, den mag sie wirklich. *Der Kuss.* Was für ein

Wahnsinnsbild! Auf dem sieht man Gott sei Dank nichts von Körperteilen. Und doch! Es ist so sinnlich. Der Gedanke an das Gemälde lässt sie innerlich erschauern.

Die Baronin lächelt versonnen, während sie sich weiter Luft zufächelt. »Ja, der Klimt. Ein richtiger Schwerenöter. Ich kenne ihn gut. Ein äußerst gut aussehender Mann. Wussten Sie, dass er mit den meisten seiner Modelle ein Verhältnis hatte?«

»Ach! Nein, das wusste ich nicht.«

»Sogar mit den Damen, die er porträtieren durfte, den Ehefrauen seiner reichen Kunden.«

»Ach, wirklich?« Sophie ist wieder rot geworden. Was sind denn das nun wieder für Geschichten?

»Ich weiß auch, um welche Damen es sich handelt«, sagt die Baronin.

»Nein, das glaube ich nicht!«

»Ich schwöre es, Hoheit. Die Affären sind Stadtgespräch.«

»Aber das kann ich mir gar nicht vorstellen. Welcher Ehemann erlaubt denn so was?«

Die Baronin lacht ausgelassen. »Der gute Ehemann muss es ja nicht unbedingt erfahren. Und warum sollen nur die Männer ihren Spaß haben?«

»Das meinen Sie doch wohl nicht im Ernst!« Sophie ist schockiert. Noch mehr als von den Gemälden Egon Schieles, die sie sich nie im Leben anschauen wird. Die gute Laune der Baronin ist jedoch ansteckend. Am Ende muss sie ebenfalls lachen. »Na, Sie sind mir ja eine!«

Die Prittwitz grinst schalkhaft. »Ganz ehrlich, welche Frau hat denn nicht schon einmal daran gedacht, ihren Mann zu betrügen?«

»Na, jetzt hören Sie aber auf!«, ruft Sophie empört. »Ich weiß ja nicht, in welchen Kreisen Sie sich bewegen …«

Die Baronin merkt, sie ist zu weit gegangen. »Es tut mir

leid, Hoheit. Aber bei Hofe hört man so einiges. Ein Gerücht jagt das andere. Aber wahrscheinlich ist alles Unsinn.«

Sophie nickt gnädig. »Das denke ich auch.«

Sie schweigen beide. Die Baronin schaut verträumt aus dem Zugfenster. Nach einer Weile seufzt sie und sagt: »Ja, der Klimt. Ich wünschte, er würde mich mal porträtieren.«

Sarajevo, 11:02 Uhr, im Konak

Hauptmann Simon sitzt vor Markovic' Schreibtisch und unterdrückt ein Gähnen. Er sieht aus wie einer, der gerade aus dem Bett gefallen ist. Unter den Augen hat er dunkle Ringe, und rasiert hat er sich auch noch nicht.

Markovic wirft ihm einen kritischen Blick zu. »Du siehst aus, als hätte dich einer aus der Mülltonne gezogen.«

»Tut mir leid. Hab erst um fünf Uhr früh ein Auge zumachen können.« Simon fährt sich mit der Hand über die Bartstoppeln. »Bei einigen Kerlen mussten wir handgreiflich werden.«

»Und? Hast du was rausgefunden?«

Simon hebt die Schultern. »Ein paar Hinweise, mehr nicht. Ob sie stimmen, lässt sich nicht überprüfen. Angeblich hat die Schwarze Hand was für den Achtundzwanzigsten vor. Das sagt man jedenfalls auf der Straße. Obwohl natürlich keiner was Genaues wissen will. Entweder haben die, die wir befragt haben, keine Ahnung, oder sie haben Schiss, das Maul aufzumachen. Angst vor Repressalien.«

»Mehr Angst als vor dir?«

»Klar! Ich würde an deren Stelle auch den Mund halten. Lieber ein paar Maulschellen vom guten alten Simon als von der Schwarzen Hand umgebracht zu werden.«

»Wir wissen also nicht, was genau die Bastarde vorhaben?«

»Wenn sie denn etwas vorhaben.« Simon schüttelt den Kopf. »Bisher haben wir nur vage Vermutungen und ein paar leere Drohungen. Wir würden schon sehen und unser blaues Wunder erleben. Das muss man nicht ernst nehmen. Wenn man wirklich nachbohrt, ist da nichts. Nichts als überhitzte Fantasien. Besonders bei den jungen Serben. Und doch scheinen die sich irgendwas geradezu herbeizuwünschen.«

»Bosnische Serben.«

»Ganz recht. Manche reden von Protesten, von einem Aufruhr, der angezettelt werden soll. Und während der Unruhen … Na, du weißt schon.«

»Also doch ein Attentat.«

»Ja, aber ich sag doch: nichts Konkretes. Eher widersprüchliches Gefasel.«

»Trotzdem sollten wir solche Gerüchte ernst nehmen. Gerüchte entstehen ja nicht von ungefähr. Und wenn so viele davon reden, muss was dran sein.«

Simon holt sein verbeultes Zigarettenetui heraus und steckt sich eine an. Markovic schiebt ihm einen Aschenbecher hin, den er sich besorgt hat. Wenn er dem Simon schon nicht das Rauchen abgewöhnen kann, dann soll er ihm wenigstens das Büro nicht versauen.

Simon bläst ein paar Rauchringe in die Luft und starrt ihnen gedankenverloren hinterher. »Ich will dir da gar nicht widersprechen«, sagt er. »Aber falls die Hunde wirklich ein Attentat geplant haben, wo wäre der beste Ort dafür?«

»Ich schätze, irgendwo auf dem Weg vom Bahnhof zum Rathaus. Der führt die meiste Zeit am Fluss entlang. Es ist allerdings eine lange Strecke. An die zwei Kilometer, glaube ich. Wenn wir Militär zur Verfügung hätten, könnten wir alles absichern. Aber so –«

»Die Frage ist auch, wer soll denn so ein Attentat überhaupt durchführen?«, unterbricht Simon. »Einer von meinen Schwerenötern hat was von drei Kerlen gefaselt.«

»Davon hast du noch gar nichts gesagt.«

»Weil der Kerl ein Spinner ist. Der hat nur irgendwas erzählt, damit wir ihn aus der Mangel lassen.«

»Und? Was hat er denn erzählt? Lass dir doch nicht die Würmer einzeln aus der Nase ziehen.«

»Nichts Genaues, wirres Zeug. Er hat von drei Männern geredet. Angeblich geübte Kämpfer. Tschetniks.«

»Interessant. Von drei Männern hat mir auch Södermann berichtet, keine Tschetniks, sondern Studenten. Junge Burschen, nicht älter als zwanzig. Die sind angeblich hierher unterwegs.« Markovic erzählt ihm, was er von Södermann erfahren hat.

Simon aber schüttelt ungläubig den Kopf. »Gymnasiasten und Studenten, die nicht mal mit 'ner Knarre umgehen können? Kann ich mir nicht vorstellen. Du siehst, wie widersprüchlich diese Aussagen sind. Mein Informant faselt was von Tschetniks und der Södermann von Gymnasiasten. Ich wette, es stimmt weder das eine noch das andere. Ob dieser Tankosić tatsächlich ein Attentat plant, wissen wir auch nicht. Wir vermuten es nur.« Er drückt ärgerlich seine halb gerauchte Zigarette aus.

»Du hast recht. Trotzdem müssen wir uns gegen jede Eventualität absichern. Wir sind gut beraten, davon auszugehen, dass ein Attentat geplant ist. Und dass Dimitrijević dahintersteckt, dass sein Tankosić die Sache organisiert, dass die drei Jungs unterwegs zu uns sind und wir sie irgendwie abfangen müssen.«

»Na schön. Sollte tatsächlich der Bastard Dimitrijević dahinterstecken … Ihm traue ich einiges zu, aber er wird nicht irgendwelche Gymnasiasten mit einem Attentat auf den Thronfolger betrauen. Der Mann ist Profi.«

»Wer weiß«, sagt Markovic. »Vielleicht wird er es gerade deshalb tun. Um uns in die Irre zu führen. Die meinen vielleicht, die hiesige Polizei reagiert genau wie du und hält ein paar reisende Studenten für harmlos. Im Grunde müssen wir alle ankommenden Reisenden überprüfen.«

»Haben wir überhaupt genug Leute für so was?«

»Wenigstens am Bahnhof. Mayerhoffer postiert da ein Dutzend seiner Männer, um die Ankommenden zu beobachten und Stichproben zu machen. Ich hab schon nach dem Telefonat mit Belgrad mit ihm gesprochen.«

»Dann sollen sie lieber nach gestandenen Kerlen Ausschau halten. Nicht nach Jüngelchen. Ich sag dir, Tschetniks kann ich auf drei Meilen riechen. Die haben diesen kalten Blick.«

Markovic überlegt einen Augenblick. »Sagen wir, du hast recht und Dimitrijević schickt ein erfahrenes Tötungskommando. Das sind Kerle, die haben den Krieg gegen die Osmanen überlebt. Die werden sich wohl kaum für Dimitrijević opfern wollen. Sie müssen also einen Fluchtplan haben. Vielleicht sollten wir darüber nachdenken. Wo, auf der Route zum Rathaus, hätten sie die beste Chance, nach gelungener Tat zu entkommen? Genau dort sollten wir Männer postieren.«

»Vielleicht soll es ja gar nicht auf der Route passieren. Vielleicht ist ein Anschlag auf das Hotel in Ilidža geplant. Da gibt es ringsum eine Menge Wald. Und bergig ist die Gegend auch. Sie könnten Verwirrung stiften und nach der Tat leichter untertauchen als in Sarajevo.«

Markovic nickt. »Daran hab ich noch gar nicht gedacht. Ich werde Gede Bescheid geben, er soll das Hotel besonders scharf bewachen lassen. Wenn er es ohnehin nicht schon tut.«

Simon seufzt genervt. »Vielleicht bilden wir uns das alles auch nur ein, und es ist überhaupt nichts geplant. Man kann auch hysterisch werden, weißt du!«

»Lieber hysterisch als ein toter Thronfolger.«

Auf dem Schreibtisch klingelt das Telefon.

»Markovic!«

»Gespräch aus Belgrad, mein Herr. Österreichische Botschaft.«

Wenig später hat er Södermann am Apparat. »Wir haben noch was herausgefunden, Herr Major.«

»Was denn?«

»Wir haben uns den Kneipenwirt noch mal vorgeknöpft. Anscheinend sind die drei Jungs seit Monaten regelmäßig bei ihm gewesen. Was Namen angeht, kann er sich aber nur an einen erinnern. Čabrinović soll der heißen. Große Klappe. Ein Aufschneider, der sich gern selbst reden hört.«

»Čabrinović, sagen Sie? Versucht mal rauszufinden, wer den Burschen sonst noch kennt. Ich notiere mir das mal. Vielleicht gibt's auch hier eine Verbindung. Sonst noch was? Wie sieht's am Bahnhof aus?«

»Hat sich nichts geändert. Sie kontrollieren immer noch.«

»Gut. Danke.« Markovic legt auf und berichtet Simon, was er gehört hat.

»Čabrinović«, murmelt Simon. »Irgendwie sagt mir das was.« Er überlegt. »Da gibt es doch diese etwas heruntergekommene Pension in der Stadt. Die gehört einem gewissen Čabrinović. Schon etwas älterer Kerl.« Er überlegt. »Ah, jetzt kommt's mir wieder! Der war mal auf meiner Liste von Informanten. Hat uns über seine Gäste auf dem Laufenden gehalten. Ich sag dir, das ist kein Revoluzzer. Einer von den Guten. Der steht treu zum Kaiser.«

»Vielleicht hat er einen Sohn. Oder einen Bruder.«

Simon nickt. »Ich werd ihn mir vorknöpfen.«

»Seltsam, dass die Serben am Bahnhof immer noch die Passagiere kontrollieren. Vielleicht reisen die Burschen ja gar nicht mit dem Zug.«

»Deine Jüngelchen?«

»Ich weiß, du hältst das für Unfug. Aber was für Reisemöglichkeiten gibt's denn sonst noch?«

»Mit dem Automobil. Der Dimitrijević wird ja wohl einen Motorwagen auftreiben können.«

»Das würde auffallen. Drei abgerissene Studenten in einem Motorwagen? Die können doch gar nicht Auto fahren.«

»Da ist ja noch dieser mysteriöse Pavle.«

»Richtig. Den hatte ich vergessen.«

Simon überlegt weiter. »Außerdem wäre da auch noch die Save. Nebenfluss der Donau. Auf ihr verkehren kleine Dampfschiffe. Die fahren bis Šabac. Von dort gibt's wieder eine Bahnverbindung nach Loznica an der Drina. Dort befindet sich die Grenze zu Bosnien. Wir könnten die dortige Polizei anrufen und ihnen sagen, den Grenzübergang zu kontrollieren.«

»Gute Idee. Kann jedenfalls nicht schaden.«

»Warte mal.« Simon runzelt die Stirn. »Es gibt diese alte Schmuggelroute über die Drina. Ich hatte da mal einen Einsatz. Einsame Gegend mit Inseln mitten im Fluss.« Er steht auf und studiert die große Balkankarte an der Wand. Dann deutet er auf eine der kleinen Drina-Inseln. »Hier ist es. Das Wasser ist an dieser Stelle nicht tief. Man kann mit Leichtigkeit rüberwaten. Und ringsum keine Menschenseele, nur dichte Wälder.«

Markovic macht große Augen. Dann springt er auf und starrt ebenfalls auf die Karte. »Verdammt, Simon. Das muss es sein! Das ist ihre Route. Besorg uns einen Motorwagen. Wir fangen sie ab.«

»Bist du verrückt? Einfach so? Auf einen mehr als vagen Verdacht hin?«

»Ich sag dir, wir fahren. Ich hab da so ein Gefühl.«

»Selbst mit einem guten Wagen sind wir acht oder neun Stunden unterwegs. Die Straßen sind nicht besonders gut.«

Aber Markovic ist jetzt nicht zu bremsen. »Macht nichts. Wenn wir uns beeilen, sind wir noch vor Einbruch der Dunkelheit da. Wir nehmen ein paar von Gedes Gendarmen mit. Und vor der Abfahrt reden wir mit der Polizei in … Wie heißt der nächste Ort in der Gegend? Ah, hier ist es: Bijeljina. Gott, was für unaussprechliche Namen! Wir verabreden einen Treffpunkt mit der lokalen Miliz und legen uns auf die Lauer.«

»Einer von uns beiden sollte hierbleiben, um die Ermittlungen zu überwachen.«

Markovic kaut auf der Unterlippe. »Du hast recht, wir sollten uns nicht beide aus Sarajevo entfernen. Aber nur du kennst die Gegend da.« Er sieht Simon eindringlich an.

Der stöhnt. »Wusste ich's doch, dass es mal wieder an mir hängenbleibt. Hätte ich doch bloß die Klappe gehalten.«

Markovic lacht. »Für Kaiser und Vaterland, Simon.«

»Ja, ja. Du hast mal wieder schön reden.«

Auf der Sava, 14:17 Uhr, an Bord der Princeza

Milan Ciganović stützt sich mit den Ellbogen auf die eiserne Reling und starrt auf das Flusswasser unter ihm. In der flachen Landschaft fließt die Save breit und träge dahin. Kleine Sandstrände und Schilfgürtel säumen die Ufer. Dahinter gelegentlich dichter Wald, ansonsten Felder, auf denen goldgelb der Weizen steht. In der sengenden Sonne mühen sich Bauern ab, ihr Korn zu mähen. Frauen mit bunten Kopftüchern und nackten Armen sammeln die Halme auf und bündeln sie zu Garben. Am Ufer spielen Kinder. Sie halten inne, um einen Blick auf das vorüberfahrende Schiff zu werfen. Ein kleines Mädchen winkt.

Das Stampfen der Maschine lässt das Deck unter den Füßen vibrieren. Für den kleinen, in die Jahre gekommenen Dampfer, der sich ächzend und schnaufend seinen Weg flussaufwärts bahnt, ist *Princeza* ein ziemlich hochtrabender Name. Das Schiff hat eindeutig bessere Zeiten gesehen. Die verschiedenen Anstriche, mit denen man gegen den Verfall angekämpft hat, können weder das Abblättern der Farbe noch die großen Rostflecke verbergen.

Hinter dem Führerhaus ragt ein schlanker Schornstein empor, der mehr schwarzen Qualm als Dampfwolken ausspuckt. Über dem offenen Deck hinter dem Maschinenraum und auf einem rostigen Gestänge ist eine verblichene Persenning angebracht, die den Bänken der Passagiere etwas Schatten bietet. Ausgefranste Reste einer serbischen Flagge wehen über der Kielwelle, die dem Schiff in einem langen Dreieck folgt und das Schilf am Ufer bewegt. Ein paar Möwen fliegen auf und verfolgen die *Princeza*, bevor sie enttäuscht aufgeben.

Der traurige Zustand des kleinen Dampfers ist Beleg für den Niedergang der Flussschifffahrt, seitdem immer mehr Eisenbahnen das Land durchziehen. Wer reist heutzutage noch per Schiff? Den meisten geht das viel zu langsam. Aber gerade deshalb hat Ciganović diese Route gewählt. Hier gibt es nur wenige Passagiere und vor allem keine Kontrollen.

An Bord der *Princeza* ist, wie erwartet, nicht mehr als ein Dutzend Fahrgäste unterwegs, Milans Gruppe mitgezählt. Die meisten halten sich unter der Persenning auf, denn die Sonne brennt heute unerbittlich heiß auf die Landschaft herab. Ab und zu legt die *Princeza* an einer Ortschaft an. Der einzige Matrose an Bord macht dann die Leinen fest, einige Leute gehen von Bord, andere steigen zu. Im Augenblick befindet sich ein halbes Dutzend ärmlich gekleideter Bauern auf dem Passagierdeck, ein orthodoxer Priester und ein Herr im Anzug, der sich mit dem Priester unterhält. Die beiden sind schon seit Belgrad auf dem Schiff. Ciganović fragt sich, wer der Mann im Anzug sein könnte. Hoffentlich kein Spitzel der Regierung.

Dass sie auf der Save reisen, hat er seinem Freund, dem Minister, nicht verraten. Denn falls Mihailović die Polizei auf sie ansetzt, will er selbst nicht auch verhaftet werden. Außerdem sollen die Schleichwege der Schwarzen Hand geheim bleiben. Überhaupt hat er die Sache nur aus Angst gebeichtet, so ein Attentat könnte Serbien mehr schaden als nützen.

Inzwischen ist er sich nicht mehr so sicher, ob das eine gute Idee war. Vielleicht hat er sich selbst damit unnötig in die Nesseln gesetzt. Sollte Tankosić davon erfahren … Nein, daran will er besser nicht denken. Zum Glückt ist die Sache für ihn erledigt, sobald er die vier über die Grenze gebracht hat. Möglicherweise unternimmt der Minister ja auch nichts. Falls doch, kennt er ihre Route nicht, kann also höchstens die

Österreicher warnen. Sollen die sich doch gefälligst selbst um die Sicherheit ihres Thronfolgers kümmern!

Ciganović holt ein Sacktuch aus der Hosentasche und wischt sich den Schweiß von der Stirn. An der Reling wird es langsam wirklich heiß. Besser, er zieht sich in den Schatten zurück, auch wenn er dann das Gerede der anderen Fahrgäste ertragen muss. Besonders das dieser fetten Bäuerin, die ununterbrochen dummes Zeug plappert. Ihr Mann sitzt dabei und sagt kein Wort, nickt nur ab und zu mit dem Kopf. Ciganović beschließt, es doch noch etwas länger an der Reling auszuhalten. Niemand soll sich allzu sehr sein Gesicht einprägen können.

Von seinen vier Schützlingen, die es sich auf dem Vorschiff bequem gemacht haben, hält er sich ebenfalls fern. Falls sie erwischt werden, kann er behaupten, er kenne sie nicht und habe nichts mit ihnen zu tun. Die vier wissen das. Er hat es ihnen erklärt. Deshalb hat er ihnen auch schon vor der Abfahrt die Pistolen und Bomben ausgehändigt. Die haben sie in ihren Reisetaschen und Rucksäcken versteckt. Sollten sie doch irgendwo kontrolliert werden, hat er selbst sichere Papiere bei sich und ist sauber. Auch die vier behaupten, gültige bosnische Papiere vorweisen zu können. Sie seien schließlich Bosnier. Überprüft hat er das nicht. Ist nicht sein Problem. Obwohl man sich in dem Fall natürlich fragen muss, warum das ganze Theater mit der Reise durch den Tunnel. Wahrscheinlich weil man fürchtet, jemand könne gequatscht haben. So einer wie er.

Bei dem Gedanken wird ihm plötzlich noch heißer. Er wirft einen Blick zu den jungen Verschwörern auf dem Vorschiff. Sie hocken zwischen einer Ladung von Fässern und dicken Stroh- oder Heuballen. Seit Stunden sitzen sie da unter freiem Himmel und quatschen. Die sollten mal lieber aufpassen, dass sie sich keinen Sonnenbrand holen.

Was gibt's überhaupt so viel zu reden?, fragt er sich. Der reinste Kindergarten ist das, obwohl sie versuchen, erwachsen auszusehen. Alle vier tragen stolze Bärtchen auf der Oberlippe. Der Kleinste von ihnen, dieser Gavrilo, hat sich sogar einen mickrigen Bart wachsen lassen. Das lässt ihn allerdings kaum erwachsener aussehen. Immerhin kann der Junge schießen, was man von den anderen nicht behaupten kann. Und dumm ist er auch nicht. Dieser Nedeljko, dem Ciganović den Umgang mit Bomben beibringen musste, ist dagegen ein ausgemachter Kindskopf, redet viel und macht dauernd blöde Witze. Als wenn es irgendwas zu lachen gäbe, wenn man bedenkt, was die Burschen vorhaben! Der dritte, ein langer Lulatsch, redet ebenfalls gern, aber nie etwas Kluges. Der muss in der Schule gefehlt haben. Oder viel geschwänzt haben, was wahrscheinlicher ist.

Und dann ist da noch einer, ein Danilo. Der ist älter als die anderen, schätzungsweise Mitte zwanzig, und macht den vernünftigsten Eindruck. Er hat melancholische Augen, ist meistens ernst und sagt nicht viel, obwohl seine Gefährten ihn mit Respekt behandeln. Laut Tankosić gehört der Bursche ebenfalls zur Schwarzen Hand. Ciganović ist ihm vor den Schießübungen aber noch nie begegnet. Ganz offensichtlich ist er so etwas wie Tankosić' Aufpasser und wird die drei bis nach Sarajevo begleiten.

Während Ciganović sich seine Gedanken macht und Trifko und Nedeljko ununterbrochen reden, ist Gavrilo still. Er hört kaum zu, sondern blickt auf die Felder und Wiesen, die an ihnen vorüberziehen, schaut sich gelegentlich zu ihrem Ausbilder, diesem Pavle, um, der schon seit einer Weile an der Reling lehnt. Ihm ist aufgefallen, dass der Mann sie dauernd beobachtet, obwohl sie sich eigentlich nicht kennen sollten. Und zwar mit einem finsteren, fast missbilligenden Blick. Er fragt sich, was dem Kerl nicht passt. Hat er was gegen sie und ihren Auftrag? Um was es geht, hat er ja wohl mitbekommen. Oder ärgert es ihn, dass er sie über die Grenze schmuggeln und seine Zeit mit ihnen verschwenden muss? Vielleicht hat er Besseres zu tun, vielleicht wartet eine Frau auf ihn, und er wäre jetzt lieber mit ihr im Bett als auf diesem Rostpott.

Eine nackte Frau im Bett – wieso ist ihm das jetzt eingefallen? Nicht zum ersten Mal gehen ihm solche Dinge durch den Kopf. Immer öfter in letzter Zeit. Dabei weiß er nicht einmal, wie eine nackte Frau aussieht. Mehr als ein paar idealisierte Frauenstatuen im Park hat er nicht als Vorbild. Er hat sich schon oft gefragt, wie das wohl ist mit einer Frau. Trifko scheint es zu wissen. Das behauptet er jedenfalls, obwohl er nicht darüber spricht. In den schäbigen Kneipen, die sie in den letzten Monaten frequentiert haben, wird oft über Weiber geredet und mit Abenteuern geprahlt, meist in abfälligen Tönen, begleitet von kruden Witzen. Bestimmt ist nicht mal die Hälfte davon wahr.

Gavrilo mag solches Gerede nicht. Überhaupt mag er es nicht, wenn man abfällig über Frauen spricht. Bestimmt ist es ganz anders zwischen Mann und Frau, als sie in den Kneipen quatschen. Viel schöner. Und romantischer. Verliebt hat er sich schon das eine oder andere Mal. Aber es hat nie zu etwas geführt. Auch mit Vukosava nicht. Er mag Vukosava. Sie ist wie ein Kätzchen, anschmiegsam und doch scheu und zurückhaltend. Könnte sie ihn lieben? Und er sie? Würde sie es überhaupt zulassen? Aber nein. Sie ist zu jung und außerdem Nedeljkos Schwester. Es reicht schon, dass sie sich schreiben.

Aber das andere – wieder sieht er eine nackte Frau vor sich – dieses aufregende andere, das verfolgt ihn viel zu oft in letzter Zeit. Bevor er stirbt, hätte er gern von der verbotenen Frucht gegessen, wie es in der Bibel heißt, selbst erlebt, wie es ist, mit einer Frau zu schlafen. Ein wenig Geld hat er noch übrig. Ob es für eine Hure in Sarajevo reicht? Doch

Liebe für Geld widerstrebt ihm. Nein, das kann er sich nicht wirklich vorstellen. Nicht nach den widerlichen Geschichten der Trunkenbolde in den Kneipen. Für Gavrilo sind Frauen bewundernswerte, fremde Wesen. Besonders die eleganten Damen in Belgrad oder Sarajevo. Die haben etwas Mystisches, Faszinierendes und Geheimnisvolles an sich, das er gern durchdrungen hätte. Leider wird das wohl nie geschehen, so wie die Dinge stehen. Er wird nie am eigenen Leib erfahren, wovon die Dichter in schamhaften Andeutungen schwärmen.

Er blickt zu Pavle hinüber und fängt wieder einen dieser seltsamen Blicke auf, bevor der Mann den Kopf wegdreht und erneut aufs vorübergleitende Ufer starrt. Je länger sie mit dem Kerl zu tun haben, umso weniger traut er ihm. Na ja, einmal über die Grenze, dann sind sie ihn los.

Langsam wird es Gavrilo zu heiß auf dem Vordeck der *Princeza*, auch wenn der Fahrtwind ein wenig kühlt. Er lehnt sich gegen den Strohballen, an dem er sitzt, rutscht noch etwas tiefer und schiebt sich seinen kleinen feldgrauen Rucksack unter den Nacken. Der ist schon ziemlich verschlissen, denn seit Jahren schleppt er ihn mit sich herum. Nur das Nötigste hat er mitgenommen. Wie die anderen trägt auch er einen dunklen wollenen Anzug. Seinen einzigen. Und schon etwas zerschlissen. Den Rest seines kargen Besitzes hat er zurückgelassen. Wintermantel, Stiefel, Handschuhe, zwei Pullover, die braucht er nicht mehr. Es ist nur schade um die Bücher. Kaum mehr als ein Dutzend, aber sich von ihnen zu trennen, ist ihm schwergefallen. Sie haben ihm so viel gegeben. Nun wird er sie ebenfalls nicht mehr brauchen.

Nur eines hat er mitgenommen: *Kosovka devojka*, das wunderschöne, traurige Lied vom Mädchen auf dem Amselfeld, dort, wo die große, tragische Schlacht der Serben stattfand, dieses ewige Epos serbischen Heldentums. Gavrilo stellt sich das schöne Mädchen vor, das nach der Schlacht den Verwundeten Wasser bringt und ihren Verlobten unter ihnen sucht. Ja, das Lied passt zum *Vidovdan*, zum Opfer, das sie am Achtundzwanzigsten dem Vaterland schenken werden wie die Helden vom Amselfeld. Dieses Lied wird ihm Mut machen in den letzten Stunden seines Lebens.

Plötzlich irritiert ihn das Geschwätz seiner Freunde. Als wären sie auf einer Vergnügungsfahrt. Nedeljko unterhält sie mal wieder mit seinen Mätzchen. Er macht Witze über sich selbst und seinen Vater, der in Sarajevo eine Pension betreibt und ihn oft und wegen jeder Kleinigkeit geschlagen hat. Nedeljko erzählt, wo er sich als kleiner Bengel überall versteckt hat, um der nächsten Tracht Prügel zu entgehen. Einmal sei er in den Waschbottich seiner Mutter gekrochen und habe den großen Deckel darübergezogen. Erst nach zwei Stunden habe man ihn gefunden. Als Strafe habe es nicht nur Prügel gesetzt, sondern auch kein Abendessen gegeben. Ein andermal habe er sich im Hühnerstall versteckt und sich den Hosenboden mit Hühnerscheiße vollgesaut. Dafür musste er dann Extrahiebe einstecken.

Nedeljko macht das gut, würzt seine Geschichten mit witzigen Einzelheiten. Besonders die bissigen Imitationen der Erwachsenen gefallen Trifko. Der lacht sich halb tot und verschluckt sich dabei, fängt an zu husten. Nedeljko klopft ihm kräftig auf den Rücken. »He, Mann. Ist noch zu früh zum Verrecken. Wir haben noch was vor. Schon vergessen?«

Trifko muss trotz des Hustens immer noch lachen. Bis auf seiner Unterlippe Blutspritzer auftauchen.

»Nimm mal dein Taschentuch«, sagte Gavrilo. »Du blutest.«

Das Lachen stirbt auf Trifkos Gesicht. »Schon wieder?« Er zieht sein Sacktuch aus der Tasche. Darauf sind noch mehr eingetrocknete Flecken zu sehen. Er tupft sich die Lippen sauber. Dann starrt er auf das frische, in der Sonne leuchtende Blut. »Scheiße!«, murmelt er und steckt das Sacktuch weg.

Ja, das ist unser Todesurteil, denkt Gavrilo. Nicht die Schüsse, die sie in Sarajevo abfeuern werden, auch nicht die Zyanidkapseln, die Danilo für sie in seinem Rucksack aufbewahrt. Nein, es ist die Krankheit, dieser schleichende Tod, der sie befallen hat, das Blut, das sie sich aus der Lunge husten. Ohne die Schwindsucht säßen sie nicht auf diesem elenden Kahn. Vielleicht wäre dann alles anders.

Einen Augenblick lang stellt er sich vor, sie befänden sich gar nicht auf dieser Reise in den Tod. Er würde sein Studium weiterführen, vielleicht Kaufmann werden wie sein Bruder. Oder Mediziner. Doch für ein solches Studium hätte er kein Geld. Außerdem hat die Krankheit alles verändert. Besser, nicht an was-wäre-wenn zu denken. Es hat schon alles seine Richtigkeit. Jeder hat sein von Gott bestimmtes Schicksal. Und sie werden ihren Mann stehen, wenn die Stunde kommt. *Ave, Imperator, morituri te salutant!* Die Todgeweihten grüßen dich, Caesar.

Nedeljko redet schon wieder. Diesmal über seine kleine Schwester und die Streiche, die er ihr gespielt hat. Nun hört auch Gavrilo amüsiert zu. Sein Freund macht zwar gern Witze, doch im Grunde will er dahinter nur seine Trostlosigkeit und Melancholie verstecken. Denn in Wirklichkeit ist er eine verlorene Seele. Die ständigen Prügel seiner Kindheit haben sein Innerstes mehr beschädigt, als er sich anmerken lässt. Er hätte seinen Vater wohl gern geliebt, aber so ist er irgendwann von zu Hause weggelaufen. Nur mit seiner Schwester schreibt er sich noch, trifft sich mit ihr heimlich, wenn er in Sarajevo ist. Zuletzt war er Gehilfe in einer Druckerei, bis man ihn vor Kurzem rausgeworfen hat. Im Grunde hat er eine Wut auf die Welt, auf alle Autoritäten. Nedeljko wird seine Bombe werfen, da ist Gavrilo sich ganz sicher.

Schon allein, um sich für all das zu rächen, was ihm widerfahren ist.

Trifko ist anders, obwohl auch er Probleme mit seinem Vater, einem orthodoxen Priester, hatte. Trifko ist sogar noch früher aus dem Elternhaus geflohen, weil er es nicht mehr ausgehalten hat, von dem Vater ständig gemaßregelt zu werden. In der Kirche redete der Mann von Nächstenliebe, zu Hause und bei seiner Familie ließ er sie jedoch sträflich vermissen. Auch Trifko wurde geschlagen. Außerdem hat er sich immer wieder anhören müssen, was für ein Dummkopf und Taugenichts er doch sei. Es ist wahr, Trifko ist nicht der Klügste, aber gutherzig ist er, wenn ihn nicht gerade die Wut packt. Wenn ihn einer ärgert, schlägt er zu. Wie sein Vater.

Viele Kinder wachsen so auf, denkt Gavrilo. Da habe ich Glück gehabt. Meine Eltern waren zwar bitterarm – sind es noch –, aber geschlagen haben sie keines ihrer Kinder. Im Gegenteil. Die Mutter hat sich für sie das letzte Brot vom Mund abgespart. Und Vater war gezwungen, neben der harten Arbeit auf dem kargen Acker etwas als Briefträger dazuzuverdienen, um die Familie durchzubringen. Gavrilo erinnert sich, wie der Vater sich im Winter durch tiefen Schnee hat kämpfen müssen, um in den umliegenden Dörfern die Post auszutragen. Wie er oft halb verhungert und mit Frostbeulen an den Füßen heimgekommen ist. Auf den lokalen Bey, der den armen Bauern auch noch das letzte Hemd stahl, hat er geflucht. Lernen müssten sie, hat er seinen drei Söhnen eingebläut, lernen, um etwas aus sich zu machen und der Armut zu entfliehen.

Und sie haben gelernt. Der Älteste ist inzwischen Besitzer eines kleinen Sägewerks, der zweite studiert Medizin. Und Gavrilo hat mit unstillbarem Hunger Bücher verschlungen. Alles hat er gelesen, nicht nur serbische Autoren, vor allem russische Romane, aber auch philosophische Werke. Von Kommunisten und Anarchisten, von Panslawisten und anderen Revolutionären. Diese Bücher haben seinen Geist geweckt, ihm die Augen für die Ungerechtigkeiten dieser Welt geöffnet. Das Ende der Knechtschaft ist gekommen, davon ist er überzeugt. In Russland reden sie von Revolution, wollen die Zarenherrschaft hinwegfegen. Auch er wird seinen Beitrag leisten. Hier in Bosnien. Für eine neue, gerechtere Welt.

Im Rucksack unter dem Kopf spürt er die harte Form der Pistole, der Waffe, die ein Mister Browning aus Amerika für die Fabrique Nationale entworfen hat und die er bald benutzen wird. Das ist jetzt seine Realität. Diese Waffe, die er zwischen zwei Hemden gesteckt hat, das extra Paar Socken und die saubere Unterwäsche. Dazu das Magazin mit sechs Schuss Munition. Die Unterwäsche hat er gestern selbst gewaschen und zum Trocknen aufgehängt. Das ist ihm wichtig. Wenn er schon sterben muss, dann in sauberer Wäsche. Alles andere wäre ihm peinlich.

Trifko und Nedeljko lachen wieder so laut, als könnten sie sich nicht einkriegen. Das Blut im Sacktuch scheint vergessen. Was haben die beiden nur? Ist das Galgenhumor? Langsam geht es Gavrilo auf die Nerven. Auch Danilo sitzt dabei und schüttelt den Kopf.

Gavrilo setzt sich auf. »Macht mal Schluss mit euren Faxen!«

Sofort hören die beiden auf zu lachen. Nedeljko starrt ihn an. »Ach so. Faxen nennst du das?« Plötzlich wird er wütend. »Wir dürfen uns nicht mehr amüsieren, was? Aber dein Gelaber müssen wir uns den ganzen Tag anhören.«

»Was für'n Gelaber?«

»Dein ewiges Gerede von Aufstand und Revolution und serbischem Stolz. Und dann müssen wir auch noch deinen alten Gedichten zuhören … von … ach, was weiß ich wovon?

Du wirst dann immer ganz ergriffen. Ich sag dir ehrlich, mich ergreift dieser schwülstige Quatsch nicht!«

»Du weißt nicht, was du sagst, Nedeljko. Und hör auf zu schreien!«

»Ich schreie, so viel ich will!«

»Beruhige dich«, mischt sich nun auch Danilo ein, der bisher geschwiegen hat. »Mach keinen Lärm. Du erregst Aufmerksamkeit.«

Er hat recht. Der Mann im Anzug hat sich zu Pavle gesellt und blickt neugierig zu ihnen herüber.

Aber Nedeljko will sich nicht beruhigen. Er zeigt auf Gavrilo und brüllt nur noch lauter: »Wir sind nicht alle wie er. Er kann es gar nicht abwarten, seine Revolution anzuzetteln und sich in die Luft zu sprengen.« Er bückt sich zu seinem Rucksack, wühlt darin und zieht eine der serbischen Bomben hervor. Er hält sie hoch. »Hier! Was haltet ihr davon? Wir können das Ganze ja beschleunigen. Gleich hier, auf diesem verdammten Kahn!« Er fummelt am Verschluss des Zünders und lacht dabei wie ein Irrer.

Gavrilo und Danilo Ilić sind sofort auf den Beinen. Danilo entreißt Nedeljko die Bombe. »Sag mal, bist du wahnsinnig geworden?«, faucht er ihn an.

Nedeljko starrt ihn mit wirren Augen an. An seiner Unterlippe hängt ein Tropfen Speichel. Sein Blick wandert von einem zum andern, dann lässt er sich zu Boden gleiten und verbirgt das Gesicht in zitternden Händen. Auch seine Schultern zucken.

»So eine Scheiße!«, knurrt Danilo und versteckt die Bombe wieder im Rucksack. Aber nicht in Nedeljkos, sondern in seinem eigenen.

Gavrilo wirft einen besorgten Blick zu Pavle. Der Mann im Anzug neben ihm starrt mit offenem Mund herüber. Der Kerl hat natürlich alles mitgekriegt, und sein Gesichtsausdruck macht deutlich, dass er weiß, was Nedeljko in der Hand hatte. Wahrscheinlich ist er Kriegsveteran und hatte Umgang mit den Dingern.

»Jetzt glotzt nicht dauernd zu dem Mann rüber!«, zischt Danilo. »Das macht uns ja noch verdächtiger.«

Gavrilo stößt Nedeljko gegen die Schulter. »Du Idiot! Was zum Teufel ist nur in dich gefahren?«

»Lass ihn«, murmelt Danilo. »Dem sind die Nerven durchgegangen. Er wird sich schon wieder einkriegen.«

Trifko blickt unsicher von einem zum anderen. »Der Kerl da drüben hat alles gesehen. Was machen wir jetzt?«

Danilo funkelt ihn an. »Eines kann ich euch sagen, ein zweites Mal passiert mir das nicht, das schwör ich euch. Ich sammle gleich alle Waffen ein und bring sie selbst über die Grenze. Euch Idioten ist ja nicht zu trauen. Im Grunde hab ich nicht übel Lust, das Ganze abzublasen.«

Verstohlen schielt Gavrilo zu dem Mann im Anzug hinüber. Der redet auf Pavle ein und deutet auf die vier. Aber Pavle zuckt nur mit den Schultern, sagt etwas und lacht, scheint den Mann zu beruhigen. Der macht schließlich kehrt und setzt sich wieder zu den anderen Fahrgästen.

»Ich frag mich, was er dem gesagt hat.«

»Wenn der Kerl Alarm schlägt, sind wir geliefert«, meint Trifko.

Gavrilo schüttelt den Kopf. »Er hätte den Schiffsführer alarmieren können. Hat er aber nicht getan.«

»Der erzählt das bestimmt brühwarm den anderen Fahrgästen.«

Sie beobachten, wie Pavle seinen Platz an der Reling verlässt und am Führerhaus vorbei unter der Persenning verschwindet.«

»Pavle wird sie beruhigen, ihnen irgendwas erzählen.«

»Es tut mir leid«, hören sie Nedeljko flüstern.

Keiner achtet auf ihn.

»Wenn der Kerl an der nächsten Station aussteigt, müssen wir damit rechnen, dass er zur Polizei rennt«, raunt Danilo ihnen zu. »Dann sollten wir ein paar Stationen weiter auch aussteigen und irgendwie sehen, dass wir anders weiterkommen.«

Bei der nächsten Ortschaft legt die *Princeza* wie üblich an, die fette Bäuerin und ihr Mann steigen aus, sonst passiert nichts. Kurz darauf löst der Matrose die Leinen, und das Schiff setzt seine Fahrt schnaufend und dampfend fort.

»Vielleicht haben wir Glück«, meint Danilo. Er wendet sich an Nedeljko. »Eines sag ich dir, mein Lieber. Du bist raus aus der Sache, hast du verstanden?«

»Wie meinst du das?«

»Mit dir ist Schluss. Einen wie dich können wir nicht gebrauchen. Sobald wir in Šabac ankommen, trennen wir uns von dir.«

»Das kannst du nicht machen«, sagt Trifko. »Nedeljko gehört zu uns.«

»Nicht mehr. Am besten, du hältst jetzt auch die Klappe.«

Der Mann im Anzug ist immer noch an Bord. Sie wissen nicht, ob er den anderen Fahrgästen von der Bombe erzählt hat. Sie können ihn auch nicht sehen, denn Führerhaus und Maschinenraum versperren die Sicht. Gavrilo fragt sich, was Pavle ihm gesagt hat. Der Rest der Reise erscheint ihm jetzt unendlich lang. Noch zweimal gibt es einen Halt an einem der Dörfer am Fluss, dann endlich erreichen sie Šabac, eine mittelgroße Stadt, und für sie die Endstation der Schiffsreise. Schon nähert sich die *Princeza* dem Anlegeplatz. Die Schraube dreht rückwärts, um die Fahrt abzubremsen, der Matrose legt die Leinen um die Poller und schiebt die Gangplanke auf den Steg.

»Lasst sie erst alle von Bord gehen«, sagt Danilo.

Während sie ihre Sachen aufsammeln, beobachten sie, wie die Fahrgäste aussteigen, auch Pavle und der Mann im Anzug. Der dreht sich noch einmal zu ihnen um, eilt dann mit einem kleinen Koffer in der Hand davon. Vom Anlegeplatz bis zu den ersten Häusern sind es vielleicht dreihundert Meter. Dazwischen grüne Wiese und einzelne Bäume. Sie beobachten, wie der Mann im Anzug dahinschreitet und um eine Wegbiegung verschwindet.

»Jetzt wir.«

Danilo schlingt sich den Rucksack, der durch die Waffen um einiges schwerer geworden ist, über die Schulter und geht voran. Die anderen folgen und klettern über die Gangplanke an Land. Von den Fahrgästen sind außer dem Priester, der von einer Familie abgeholt wird, nur noch die Rücken zu sehen. Sie folgen dem gleichen Weg wie der Mann im Anzug. Pavle ist verschwunden. Er muss einen anderen Weg genommen haben.

»Wo ist …«

»Keine Sorge. Er wird schon wieder auftauchen. Erst mal gehen wir jetzt zum Bahnhof.«

Beklommen machen sie sich auf den Weg. Nedeljko hat seit dem Vorfall auf dem Schiff kein Wort mehr gesagt. Gavrilo fragt sich, ob der Mann, der die Bombe gesehen hat, nicht doch zur Polizei geht. Warum sonst hatte er es so eilig?

Am Bahnhof löst Danilo Fahrkarten bis zur Grenzstadt Loznica. Das ist nur eine Nebenstrecke, die Hauptverbindung führt von Belgrad nach Zagreb. Es ist jetzt 18:30 Uhr. In einer Dreiviertelstunde geht ihr Zug. Sie setzen sich im Warteraum auf eine Bank.

Plötzlich taucht Pavle auf, sieht sich kurz um und setzt sich auf die Bank neben der ihren. »Was zum Teufel war das vorhin auf dem Schiff?«, raunt er ärgerlich.

»Ja, dumm gelaufen«, sagt Danilo. »Nedeljko sind die Nerven durchgegangen. Was hat denn der Kerl neben dir gesehen?«

»Der hat schon kapiert, was es war. War selbst im Krieg.«

»Und?«

»Ich hab versucht, es ihm auszureden. Hab gesagt, mir wär das eher wie eine blecherne Schnapsflasche vorgekommen. Was man so mit sich trägt.«

»Hat er's geglaubt?«

»Weiß nicht. Hat ihn jedenfalls verunsichert. Zumindest hat er den anderen Fahrgästen nichts gesagt.«

Gavrilo stößt einen Seufzer der Erleichterung aus. »Ist also noch mal gut gegangen.«

Zehn Minuten vor Abfahrt des Zuges machen sie sich auf den Weg zum Bahnsteig. Pavle lässt sie vorausgehen, bleibt aber in der Nähe. Der Zug, bestehend aus zwei etwas heruntergekommenen Reisewaggons und drei Güterwagen, steht schon bereit. Gavrilo schickt sich als Letzter an einzusteigen, dreht sich noch einmal um und blickt zurück zur Bahnhofshalle. Er erschrickt, denn da steht der Mann im Anzug und starrt zu ihm herüber. Eilig und mit klopfendem Herzen steigt Gavrilo in den Wagon und lässt sich auf eine der harten Holzbänke fallen.

»Was ist los?«, fragt Danilo sofort. »Du siehst aus, als hättest du einen Geist gesehen.«

Gavrilo wischt sich den Schweiß von der Stirn. »Hab ich auch.«

Belgrad, 19:32 Uhr, Büro des Innenministers

Minister Mihailović sitzt an seinem Schreibtisch und studiert einen Bericht über Militärausgaben. Die fallen zwar nicht in sein Ressort, aber in der nächsten Kabinettssitzung soll darüber abgestimmt werden. Dem Kriegsminister wird er ordentlich die Suppe versalzen. Der Mann ist unersättlich und fordert immer mehr vom kargen Staatshaushalt. Das muss verhindert werden. Dabei sind die verdammten Zahlenreihen ziemlich ermüdend. So ein langweiliger Kram! Er schiebt Finger und Daumen der Rechten unter die Brille und reibt sich die Augen.

Plötzlich klopft es an der eichenen Tür zu seinem Büro.

»Ja!«, ruft er ungehalten.

Sein Sekretär steckt den Kopf zur Tür herein. »Entschuldigen Sie, Herr Minister, aber –«

»Was gibt's denn? Ich hatte doch gesagt, ich will nicht gestört werden.«

»Ich glaube, es ist wichtig, Herr Minister. Der Polizeipräsident hat angerufen. Eine außerordentliche Fügung.«

Der Minister schiebt die Akte, die er studiert hat, von sich und nimmt die Brille ab. »Was für eine Fügung?«

»Etwas Unerwartetes, Herr Minister.«

»Wollen Sie mich auf die Folter spannen? Reden Sie schon!«

Der Sekretär öffnet die Tür etwas weiter und schiebt sich halb in den Raum. »Einer unserer zivilen Beamten war per Schiff nach Šabac unterwegs, um Verwandte zu besuchen. Außer Dienst eigentlich. Und auf dem Schiff ist er Zeuge einer verdächtigen Handlung geworden.«

»Hat das mit unserer geheimen Angelegenheit zu tun?«

Der Sekretär nickt. »Sieht ganz so aus.«

»Nun kommen Sie schon rein, und machen Sie die Tür zu. Muss ja nicht jeder hören.«

Der Sekretär tritt ganz in den Raum und schließt die schwere Tür hinter sich. »Auf dem Schiff waren angeblich vier junge Männer unterwegs. Der Beamte hatte eigentlich keinen Verdacht, denn von der Fahndung wusste er nichts. Er war ja nicht im Dienst. Aber auf einmal wurde er Zeuge eines heftigen Streits. Einer der vier zog dabei eine Granate, eine Bombe, aus seinem Rucksack und fuchtelte damit herum, als wollte er sie zünden.«

Der Minister hebt die Brauen. »Mein Gott! Auf dem Schiff?«

»Zum Glück haben seine Kameraden ihm das Ding gleich abgenommen. Ist also nichts passiert.«

»Und unser Mann ist sicher, es war eine Bombe?«

»Er glaubt es. Angeblich war er selbst beim Militär. Allerdings räumt er ein – so der Polizeipräsident –, dass er auf fünfzehn Metern Entfernung nicht absolut sicher sein kann. Es hätte auch eine flache Flasche sein können. So eine für Schnaps, die man mit sich trägt.«

»Ein Flachmann.«

Der Sekretär nickt.

Der Minister war selbst beim Militär. Die M12-Granate sieht tatsächlich wie ein Flachmann aus. Ein wenig zumindest. Sie hat sogar einen ähnlichen Verschluss, den man abschrauben muss, um den Zünder freizulegen. Den muss man dann irgendwo anschlagen, damit sich die Säure durch den Verzögerungsmechanismus frisst. Man hat nicht mehr als vier Sekunden, bevor das Ding hochgeht.

»Na ja«, sagt er dennoch. »Viele laufen mit einem Flachmann herum. Wir Serben lieben unseren Schnaps, nicht wahr? Der Mann muss sich geirrt haben. Falscher Alarm, würde ich sagen.«

»Aber der Beamte sagt, so wie die vier sich benommen haben, kann es keine Schnapsflasche gewesen sein.«

»Und wieso?«

»Die waren wohl sehr erschrocken und höchst alarmiert. Sie haben ihm das Ding sofort aus der Hand gerissen und es weggesteckt. Dann haben sie sich schuldbewusst umgeschaut und getuschelt. Und der mit der Bombe hat sich hingehockt und nichts mehr gesagt.«

»Mmh. Und das alles hat unser Mann beobachtet?«

»So hat es mir der Polizeipräsident am Telefon erklärt. Er hat mir aufgetragen, Ihnen alles Wort für Wort zu berichten.«

»Und was hat unser Mann unternommen?«

»Na ja, der Beamte war allein, hatte auch keine Dienstwaffe dabei. Außerdem war er sich zu dem Zeitpunkt noch nicht sicher, ob er sich nicht vielleicht doch geirrt haben könnte. Er hat die jungen Kerle erst mal beobachtet und bis zum Bahnhof verfolgt.«

»Bis zum Bahnhof. Wo? In Šabac?«

»Ganz recht. Dort haben sie Fahrkarten nach Loznica gekauft.«

»Das liegt an der Grenze, oder?«

»Genau. Da befindet sich der Grenzübergang nach Bosnien. Und dann ist dem Beamten noch etwas Wichtiges aufgefallen. Auf dem Schiff war ein weiterer Fahrgast. Ein Alleinreisender, seltsamerweise ohne Gepäck. Der hat den Vorfall ebenfalls beobachtet.«

»Was ist so seltsam daran, dass einer ohne Gepäck reist?«

»Nichts eigentlich, nur dass der Mann so getan hat, als kenne er die vier Burschen nicht. Im ersten Moment nicht verwunderlich, aber das hat sich dann als Lüge herausgestellt. Denn unser Beamter hat ihn später wiedergesehen, wie er am Bahnhof zusammen mit den vier jungen Kerlen in den Zug gestiegen ist. Vorher haben sie im Wartesaal die Köpfe zusammengesteckt und leise geredet. Sie kannten sich also doch. Daraufhin ist der Beamte zur nächsten Polizeidienststelle gegangen, um die Sache seinem Vorgesetzten in Belgrad zu melden.«

Der Sekretär hat seinen Bericht beendet und wartet auf die Reaktion des Ministers. Der schüttelt versonnen den Kopf. »Und was sagt der Polizeipräsident dazu?«

»Er glaubt, es könnte sich um die Gesuchten handeln.«

»Mmh, ja. Ich gebe zu, das Ganze kommt mir ebenfalls sehr verdächtig vor. Dabei sollten es doch eigentlich nur drei junge Männer sein.«

»Der Polizeipräsident vermutet, dass die anderen beiden Schleuser sind. Es gehen doch nicht selten Leute illegal über die Grenze. Irgendjemand hilft ihnen dabei. Jedenfalls hat er Zoll und Polizei in Loznica alarmiert, damit die sich die Burschen schnappen, bevor sie das Land verlassen können.«

Der Minister starrt nachdenklich vor sich hin und nickt dann. »Ja, ich denke, der Polizeipräsident hat recht. Das könnten tatsächlich unsere Attentäter sein. Laufen die Kerle mit Bomben im Rucksack herum! Aus Armeebeständen! Das deckt sich mit dem, was ich selbst in Erfahrung gebracht habe. Sieht aus, als hätten wir ausnahmsweise mal Glück. Sagen Sie dem Polizeipräsidenten, er soll mich auf dem Laufenden halten. Ich bleibe noch eine halbe Stunde hier. Später kann er mich daheim erreichen. Wir empfangen Gäste, aber er darf mich ruhig stören.«

»Sehr wohl, Herr Minister.«

»Und notieren Sie sich: Wenn wir die Kerle schnappen, soll dieser Beamte eine Auszeichnung bekommen. So was muss belohnt werden.«

Nachdem der Sekretär das Zimmer verlassen hat, lehnt

sich der Minister in seinem schweren Ledersessel zurück. Was für ein Glücksfall! Die verdammten Kerle werden sich wundern, wenn sie in Loznica ankommen. Reisen die Idioten mit Bomben im Rucksack! Also wirklich! Damit kann man sie natürlich sofort überführen. Wir schnappen uns die Bande, bevor sie überhaupt etwas ausrichten können. Ganz ohne diplomatischen Eklat. Er greift zum Telefonhörer. Der Premierminister wird sich freuen, das zu hören.

Doch dann nimmt er die Hand wieder vom Telefon. Was, wenn der Beamte sich doch geirrt hat, und sie die Falschen verhaften? Dann würde er selbst ziemlich dumm aussehen. Besser, dem Premierminister vorerst nichts zu sagen. Erst, wenn sie die richtigen Kerle gefasst haben. Dann wird er es dem Kriegsminister dick unter die Nase reiben. M12-Bomben aus Armeebeständen!

Abends, 22:37 Uhr, im Wald in der Nähe der Drina

He, wartet auf mich!«, jammert Trifko. »Ich glaub, ich hab mir den Fuß verstaucht.«

Alle bleiben stehen und drehen sich zu ihm um. »Fehlt uns gerade noch, dass du schlapp machst«, fährt Danilo ihn an. »Reiß dich zusammen. So schlimm wird's schon nicht sein.«

»Man kann ja nicht mal die Hand vor Augen sehen. Wieso haben wir keine Laterne dabei? Oder eine Taschenlampe?«

»Bist du blöd, Junge?«, knurrt Pavle, alias Milan Ciganović. »Dann könnten wir ja gleich 'ne Anzeige in die Zeitung setzen, dass wir hier über die Grenze gehen. Pass lieber auf, wo du hintrittst.«

»Ist es denn hier nicht sicher?«, fragt Gavrilo. »Du hast gesagt, es ist eine einsame Gegend.«

»Ist es auch. Um diese Uhrzeit ist normalerweise keine Sau unterwegs. Trotzdem. Man kann nie wissen. Also, kein Licht und kein unnötiges Gequatsche. Das hier ist kein Mai-Ausflug!«

Gavrilo ist die Fahrt von Šabac hierher ewig lang vorgekommen, denn der Zug hat in jedem Kaff gehalten, bis sie schließlich in einem dieser Orte, einem kleinen Dorf von nicht mal tausend Seelen, ausgestiegen sind. Heute kommt es ihm dunkler vor als sonst zu dieser Jahres- und Tageszeit. Muss wohl daran liegen, dass sich am späten Nachmittag der Himmel zugezogen hat. Laut Pavle heißt das Dörfchen Maćvanski Prnjavor, ein Name, den man sich nicht unbedingt merken muss. Als der Zug zischend und fauchend wieder anfuhr, standen sie als einzige Reisende auf dem Bahnsteig. Nicht einmal ein Bahnhofsvorsteher war zu sehen. Vielleicht gibt es hier auch keinen. Das Bahnhofsgebäude war nichts als eine wackelige Holzbaracke. Überhaupt ist Gavrilo alles sehr vernachlässigt und ärmlich vorgekommen und hat ihn an sein Heimatdorf erinnert. Wenigstens scheint das Ackerland hier ergiebiger zu sein als der dürre Kalkboden seiner Heimat.

Das Dorf lag in völliger Dunkelheit. Die Gassen wie leer gefegt, nirgendwo ein Licht. Außer ein paar Hofhunden hat niemand auf sie geachtet. Die schliefen wohl alle schon. Eigentlich nicht verwunderlich, denn Bauern müssen früh aus den Federn.

Unter Pavles Führung haben sie das Dorf hinter sich gelassen und sind fünf Kilometer nach Nordwesten marschiert, haben zwischen den Büschen eines Feldrains gewartet, bis es vollständig Nacht geworden ist, und sich dann aufgemacht, über Schleichwege den dichten Wald zu durchqueren.

»Also, was ist mit deinem Fuß?«, fragt Pavle. »Kannst du gehen?«

»Ich denke schon. Aber nicht so schnell.«

»Dann weiter!«

Pavle nimmt wieder seinen Platz an der Spitze ein, und die anderen folgen ihm im Gänsemarsch. Gavrilo ist aufgeregt. Die Wanderung durch den stockfinsteren Wald zehrt an den Nerven. Man kann wirklich fast nichts sehen. Es bleibt also nicht aus, dass man über Wurzeln stolpert oder in niedrig hängende Äste läuft. Sie alle tragen normale Straßenkleidung. Nicht gerade ideal für diesen nächtlichen Waldspaziergang. Aber es ist alles, was sie an Klamotten besitzen. Außerdem knurrt Gavrilo der Magen. Wie die anderen hat er außer einer Semmel am Bahnhof von Šabac den ganzen Tag lang nichts gegessen.

»Wann sind wir endlich an dem vermaledeiten Fluss?«, fragt Trifko.

»Was ist los mit dir? Hör endlich auf zu quengeln!«, faucht

Danilo ihn an. Auch bei ihm liegen die Nerven blank, obwohl er sich sonst immer so abgebrüht gibt.

»Ich quengle nicht. Mein Fuß tut weh.«

»Wir sind gleich da«, lässt sich Pavle vernehmen. Er bleibt stehen, sodass Gavrilo beinahe in ihn hineingelaufen wäre.

»Wundert mich, dass du dich hier nicht verirrst …«

»Bin ja nicht zum ersten Mal hier.«

»Fragt sich eigentlich keiner, wie es Nedeljko geht?«, hören sie Trifko sagen.

Wie angekündigt, hat Danilo darauf bestanden, Nedeljko aus der Gruppe auszuschließen. Auf ihn könne man sich nicht verlassen. Ihr Freund hat natürlich protestiert und geschworen, so etwas wie auf dem Schiff werde nie mehr vorkommen. Aber sowohl Danilo als auch Pavle waren sich einig, dass es besser sei, sich von ihm zu trennen. Nedeljko ist also nicht in Mačvanski Prnjavor ausgestiegen, sondern ohne sie weitergefahren.

»Keine Sorge, dem geht's bestens«, sagt Danilo. »In Loznica kann er den Zug zurück nach Belgrad nehmen.«

»Heute Nacht bestimmt nicht mehr.«

»Dann muss er eben in der Wartehalle pennen.«

»Glaubt bloß nicht, dass Nedeljko aufgibt. Der geht bei Loznica über die Grenze. Da bin ich mir sicher. Papiere hat er ja. Und seine Bomben hast du ihm abgenommen.«

»Ich hoffe, er tut's nicht. Der Kerl bringt alles durcheinander.«

»Seid ihr sicher, dass er saubere Papiere hat?«, fragt Pavle. »Sonst nehmen sie ihn an der Grenze fest, und dann verrät er uns womöglich.«

Langsam ist es Gavrilo zu viel. »Hört endlich auf, auf ihm herumzuhacken. Nedeljko verrät uns nicht. Es stimmt, er ist manchmal ein bisschen unbeherrscht. Aber –«

»Ein bisschen ist gut«, knurrt Pavle.

»Ich sage dir, Nedeljko ist in Ordnung. Er ist unser Freund und genauso entschlossen, die Sache zu Ende zu bringen wie Trifko und ich.«

Niemand antwortet ihm. Der Wald um sie herum wirkt seltsam bedrohlich. Die Wolkendecke und die dichten Baumkronen über ihren Köpfen schlucken fast vollständig das ohnehin spärliche Licht des Himmels, einen Tag nach Neumond. Der Pfad ist schmal und als solcher kaum zu erkennen. Sie stolpern über Steine und Wurzeln, Äste scheinen nach ihnen zu greifen.

Vorne hören sie Pavles Schritte durch das tote Laub vom letzten Herbst. Sein Schatten ist nur schemenhaft zu sehen. Sie beeilen sich, nicht den Anschluss zu verlieren. Gavrilo marschiert direkt hinter Pavle, dann kommt Danilo Ilić. Der hat mit sämtlichen Waffen im Rucksack am meisten zu tragen. Aber er beklagt sich nicht. Trifko humpelt eilig hinter ihnen her, stöhnt jedoch bei jedem Schritt. Scheint sich wirklich verletzt zu haben.

Plötzlich öffnet sich vor ihnen ein tiefer Graben. Es ist ein Bach, aber zu breit, um hinüberzuspringen. »Zieht die Schuhe aus, und krempelt die Hosenbeine hoch«, sagt Pavle. »Muss ja nicht alles nass werden.«

Sie tun wie geheißen, steigen mit nackten Füßen die Böschung hinunter und waten mit Schuhen in den Händen durch das kühle Bachbett. Gavrilo stößt sich den Zeh an einem Stein. Es tut höllisch weh, aber er beißt die Zähne zusammen. Am anderen Ufer trocknen sie sich notdürftig die Füße, ziehen Socken und Schuhe an und marschieren weiter. Diesmal durch sumpfiges Gelände. Gavrilo ist sich sicher, nach dieser Wanderung werden seine Schuhe versaut sein. Es sind die einzigen, die er besitzt.

Nach etwa einer halben Stunde lichtet sich der Wald. Vor ihnen eine Wasserfläche. Endlich! Das muss die Drina sein.

Pavle dreht sich um. »Jetzt wird nicht mehr geredet«, raunt er ihnen zu. »Der Fluss ist die Grenze. Wir warten hier am Ufer und schauen, ob die Luft rein ist.«

Ein schmaler Grasstreifen trennt Wald und Fluss. Schilf säumt das Ufer, und dicht am Wasser die dunklen Schatten einiger Bäume. Neben einem von ihnen lässt sich Pavle nieder. Auch die anderen hocken sich zu ihm. Die Drina fließt gemächlich dahin. Etwa hundert Meter breit an dieser Stelle. Irgendwo quaken Frösche. Im spärlichen Licht ist gegenüber ein Sandstreifen zu erkennen, dahinter die schwarzen Umrisse des Waldes. Pavle starrt lange hinüber, lässt den Blick von einer Seite zur anderen wandern.

»Hier ist doch niemand«, flüstert Gavrilo. »Worauf warten wir?«

»Sag mal, wer ist hier der Reiseführer, du oder ich?«, flüstert Pavle gereizt. »Das hier ist ein Schmuggelpfad und den Zöllnern nicht unbekannt. Meistens ist hier niemand. Aber gelegentlich muss man mit einer Streife rechnen.«

Auf einmal fängt es an zu tröpfeln. »Ich hab's geahnt. Jetzt kriegen wir auch noch Regen«, murmelt Danilo.

»Halt die Klappe!«, zischt Pavle. »Ich kann nichts hören, wenn ihr dauernd quatschen müsst.«

Wieder vergehen zehn Minuten, bis Pavle sich überzeugt hat, dass die Luft rein ist. »Das da drüben ist nur eine Insel. Wir müssen also zweimal durchs Wasser.« Er hält die flache Hand hoch. »Ich glaube, es regnet nicht mehr. Waren nur ein paar Tropfen. Wenn ihr eure Kleider trocken halten wollt, zieht sie aus, und wickelt sie um die Schuhe.« Er macht es ihnen vor.

Nach kurzem Zögern tun die anderen es ihm nach und entledigen sich ebenfalls ihrer Jacken, Hosen und Unterhosen. Die Hemden verknoten sie unter der Brust. So ganz ohne Unterhose fühlt Gavrilo sich verwundbar. Die Nachtluft ist nicht besonders kalt, doch auf der nackten Haut spürt er die feuchte Kühle, die vom Fluss aufsteigt.

»Los jetzt«, sagt Pavle.

Einer nach dem anderen waten sie vorsichtig, Kleiderbündel unter dem Arm, in den Fluss. In Ufernähe ist es flach, aber unangenehm steinig. Das Wasser ist kalt, die Strömung sanft. Doch rasch wird es tiefer und schlammiger. Algen verheddern sich an den Zehen. In der Mitte reicht ihnen das Wasser bis zum Hintern und darüber hinaus, dann wird es langsam wieder flacher. Schließlich erreichen sie die andere Seite und steigen nass und fröstelnd ans sandige Ufer.

»Lohnt nicht, sich anzuziehen«, raunt Pavle. »Die Insel ist schmal.«

Mit dem Kleiderbündel unter dem Arm geht er ein kurzes Stück am Waldrand entlang. Dann bleibt er stehen und winkt ihnen zu. Im spärlichen Licht der Nacht wirken seine nackten Beine ausgesprochen weiß, das dunkle Dreieck der Schamhaare und der Penis zwischen den Schenkeln wie eine bleiche Wurst. Der Anblick ist Gavrilo peinlich.

»Hier geht's weiter«, hören sie Pavle sagen und folgen ihm vorsichtig in den dunklen Wald. Ein seltsames Gefühl, auf nackten Sohlen über den Waldboden zu gehen, aber nicht unangenehm. Und tatsächlich haben sie nach wenigen Augenblicken die Insel durchquert.

Wieder bleibt Pavle im Schutz einiger Sträucher stehen und starrt zum anderen Ufer hinüber, um sich zu vergewissern, dass niemand sie beobachtet. Der Flussarm ist hier weniger breit. Gegenüber nichts als dichter Wald. Ein Käuzchen lässt sich hören, und vom Wasser her das Geräusch einer Fischflosse. Ansonsten ist es still.

»Los jetzt«, flüstert Pavle.

Wieder schleichen sie durchs Wasser, bemüht, so wenig Geräusch wie möglich zu machen. Das Flussbett ist diesmal flacher, und bald haben sie das schilfbedeckte Ufer erreicht und klettern durch schleimigen Schlick die Böschung hinauf. Sie wischen, so gut es geht, Wassertropfen von den Beinen und Uferschlamm von den Füßen. Dann ziehen sie sich wieder an. Die Hosen kleben unangenehm an den feuchten Beinen.

»Und wie geht's jetzt weiter?«, fragt Gavrilo.

»In der Nähe liegt Janja. Noch so ein kleines Dorf. Darum machen wir aber einen Bogen.« Pavle spricht nicht mehr so leise wie vorhin. Offensichtlich fühlt er sich jetzt sicher genug. »Fünf Kilometer südlich von Janja befindet sich ein einsames Gehöft. Der Bauer gehört zu unseren Leuten.«

»Zur Schwarzen Hand?«

»Ja. Bei dem können wir in der Scheune übernachten. Er bringt euch dann morgen früh weiter.«

»Du kommst nicht mit?«

»Nein. Ich soll euch dem Bauern übergeben. Damit endet mein Auftrag.«

»Gehst du den gleichen Weg zurück?«

»Nein. Meine Aufgabe war, euch unbehelligt über die Grenze zu bringen, ohne mit den Waffen erwischt zu werden. Aber das ist jetzt euer Problem. Ich werde Richtung Loznica marschieren und dort ganz normal zurück über die Grenze gehen.«

»He! Wer ist da?«, tönt eine Männerstimme.

Sie schrecken hoch. Gavrilo rutscht das Herz in die Hose. Das war ziemlich nah, ganz sicher nicht mehr als dreißig oder vierzig Schritt entfernt. Jetzt knackt es im Unterholz. Eilige Schritte. Hört sich nach mehreren an, die rasch näher kommen.

Pavle reagiert sofort. »Schnell, folgt mir!«, flüstert er und rennt am Ufer entlang nach Süden, weg von den Stimmen. Mit hämmernden Herzen rennen die anderen drei hinter ihm her. Trifko humpelt nicht mehr. Die Angst ist stärker als der Schmerz.

»Halt! Polizei!«, hören sie hinter sich. »Bleiben Sie stehen, oder wir schießen!«

»Achtet nicht darauf«, zischt Pavle und rennt weiter.

Wo kommt denn die Polizei auf einmal her?, fährt es Gavrilo durch den Kopf. Aber keine Zeit, darüber nachzudenken. Nur weiterrennen. Unter ihren Füßen knacken Zweige. Genauso wie hinter ihnen. Er hört jemanden fluchen. Kurz darauf brechen Lichtstrahlen durch die Blätter der Büsche am Ufer. Die Polizisten haben Taschenlampen und versuchen, sie im Lichtkegel zu erfassen. Mein Gott, es ist aus! Sie werden uns schnappen!

Auf einmal fällt ein Schuss. Und noch einer. Gavrilo glaubt, den Luftzug einer vorüberzischenden Kugel zu spüren. Pavle vor ihm schlägt einen Haken nach rechts, weg vom Fluss und tiefer in den Wald hinein. Die anderen rennen hinter ihm her. Das wird nichts nützen, denkt Gavrilo in seiner Panik. Die hören uns doch und werden folgen.

Hundert Meter weiter bleibt Pavle ganz plötzlich stehen.

»Alle beisammen?«, fragt er keuchend. »Trifko auch?«

Danilo blickt sich um. »Es fehlt keiner. Was jetzt?«

»Sie müssen ganz in der Nähe sein«, flüstert Pavle, »aber sie haben uns noch nicht in Sicht. Ab jetzt gehen wir ganz leise und ändern ein paarmal die Richtung. Passt bloß auf, wo ihr hintretet. Vor allem nicht auf trockene Zweige. Verstanden?«

Wie man trockene Zweige in der Dunkelheit vermeiden soll, ist Gavrilo ein Rätsel, aber in diesem Augenblick bewundert er diesen Pavle, dem er die ganze Zeit nicht wirklich getraut hat. Der Kerl bleibt trotz der Gefahr einer Festnahme unglaublich kühl und gefasst.

Wieder folgen sie ihm, schleichen diesmal aber langsam

und vorsichtig und mit gelegentlichen Richtungsänderungen durch Büsche und durch das hohe Gestrüpp, das unter den Bäumen wächst.

Hinter ihnen hören sie die Polizisten suchen. Durch Rufe halten sie Kontakt miteinander. Ab und zu blitzen Taschenlampen auf. Sie scheinen alles in Flussnähe systematisch abzusuchen.

Pavle und seine Schützlinge schleichen weiter, wechseln noch ein paarmal die Richtung, bewegen sich immer mehr vom Fluss weg. Endlich werden die Geräusche und Stimmen der Beamten leiser. Als sie den Waldrand erreichen, sehen sie zwei Motorwagen in etwa zweihundert Metern Entfernung auf einem Feldweg stehen.

»Ihr habt es gehört, das war Polizei, nicht der Zoll«, flüstert Pavle. »Einer dieser Wagen da drüben hat eine Polizeimarkierung. Wahrscheinlich Beamte aus Bijeljina. Der andere Wagen scheint ein Daimler zu sein. So was fährt die Polizei nicht.«

Sie liegen still im Unterholz und lauschen. Die Verfolger scheinen die Richtung gewechselt zu haben. Sie suchen anscheinend weiter nördlich, denn ihre Stimmen werden leiser.

Danilo deutet zu den Motorwagen. »Da steht einer Wache.«

»Ich hab's gesehen«, murmelt Pavle. »Nur gut, dass sie keine Hunde dabeihaben.« Er sieht sich um. »Dahinten neben dem Feld ist ein Graben. Da schleichen wir uns hin. Ihr müsst kriechen, damit die Wache uns nicht sieht.« Trifko fragt er: »Was ist mit deinem Fuß?«

»Tut weh, aber es geht.«

Zum Glück ist der Himmel immer noch bedeckt und schluckt das ohnehin karge Mondlicht. Einer nach dem anderen kriechen sie durchs Gras, bis sie den Graben erreicht haben und hineinschlüpfen. Zum Glück ist er trocken. Pavle steckt vorsichtig den Kopf heraus und späht zu der Wache bei den Motorwagen. »Der hat nichts gemerkt. Und die anderen suchen immer noch in Flussnähe«, raunt er. »Kommt! Wir kriechen, so weit es geht, durch den Graben. Dann sehen wir weiter.«

Plötzlich muss Gavrilo husten. Nur mit Mühe gelingt es ihm, den Hustenreiz zu unterdrücken.

»Geht's?«, flüstert Danilo, der das mitbekommen hat.

Gavrilo atmet vorsichtig durch. »Alles in Ordnung«, raunt er.

Es wird eine elende Kriecherei auf dem Bauch, bei der sie sich endgültig die Klamotten versauen. Zumindest kommen sie ungesehen voran. Nach einer gefühlten Ewigkeit erreichen sie ein Stück Feld, auf dem noch der Weizen steht. Sie verlassen den Gaben, kriechen zwischen die Halme und warten dort, um zu sehen, was sich tut.

Lange geschieht nichts. Schließlich aber tauchen Lichter im Wald auf. Kurz darauf treten mehrere Uniformierte aus dem Gebüsch und gehen auf die Motorwagen zu. Sie scheinen die Suche aufgegeben zu haben, aber sie diskutieren noch eine Weile, bevor sie auf die Fahrzeuge steigen. Motorenlärm wird laut, Scheinwerfer erhellen das Feld, dann fahren die Wagen an und kommen langsam auf sie zu.

Wir waren blöd, denkt Gavrilo erschrocken, der verdammte Feldweg führt genau hier vorbei.

»Duckt euch«, zischt Pavle. »Und rührt euch nicht!«

Einen Augenblick lang leuchtet das Korn um sie herum auf, als hätte eine Lohe es erfasst, dann rumpeln die Wagen an ihnen vorbei. Rücklichter glühen wie rote Katzenaugen in der Nacht, schließlich werden die Motorengeräusche leiser. Alle atmen erleichtert auf.

»Das war knapp«, murmelt Pavle.

Auch den drei anderen steckt der Schreck in den Gliedern. »Wer zum Teufel waren die?«, fragt Danilo.

»Polizei, keine Zöllner. Habt ihr gesehen? Zwei von denen trugen Militäruniformen. Österreicher, schätze ich.«

»Österreichisches Militär? Was haben denn die hier zu suchen?«

Pavle kann sich denken, was passiert ist. Sein Freund, der Innenminister, muss die Österreicher gewarnt haben. Die beiden Militärs gehören möglicherweise zum Geheimdienst. Wer sonst fährt einen Daimler? Dass sie von diesem Schmugglerpfad wissen, erschreckt ihn. Dieser Weg wird in Zukunft nicht mehr zu benutzen sein. Die bosnischen Zöllner kann man täuschen oder bestechen. Aber der österreichische Geheimdienst ist eine andere Sache.

»Wieso Militär?«, fragt Danilo erneut.

»Ich glaube, die wissen Bescheid.«

Gavrilo starrt Pavle entsetzt an. »Wie, die wissen Bescheid? Das kann doch nicht sein. Denkst du, es hat uns jemand verraten?«

Pavle zuckt mit den Schultern. »Keine Ahnung. Vielleicht nicht. Vielleicht hat es gar nichts mit euch zu tun. Kann ja sein, dass sie hinter etwas anderem her sind. Trotzdem, ihr solltet es als Warnung verstehen. Ihr habt es jetzt über die Grenze geschafft, aber möglicherweise wissen die Österreicher, was ihr vorhabt. Also bleibt im Verborgenen, und benehmt euch so unauffällig wie möglich. Im Grunde wäre es sogar besser, ihr trennt euch.«

»Wieso?«, fragt Gavrilo.

»Wenn man euch mit den Waffen im Gepäck erwischt, ist es aus. Besser einer allein nimmt das Risiko auf sich.«

Danilo nickt. »Das mach ich. Ich hab sie eh schon im Rucksack. Gibt es eine Zugverbindung von Bijeljina nach Tuzla?«

»Nein. Gibt es nicht.« Pavle steht auf und wischt sich den Dreck von den Hosenbeinen. »Und jetzt weiter zu meinem Freund, dem Bauern.«

»Vielleicht wissen die, wer er ist, und warten da auf uns.«

Pavle schüttelt den Kopf. »Glaube ich nicht. Der Mann ist schon seit Jahren bei uns. Den haben sie noch nie erwischt.«

Nachts, 01:17 Uhr, Polizeistation Bijeljina

Dankend nimmt Hauptmann Simon eine Tasse des frischen Kaffees entgegen, den einer der wachhabenden Polizisten für die Männer gebrüht hat. Der Inhalt ist so heiß, dass er sich fast die Lippen verbrennt. Er bläst auf die Oberfläche und nimmt einen zweiten vorsichtigen Schluck. Das heiße Getränk tut seine Wirkung und belebt ein wenig die Geister.

Er nickt dem lokalen Polizeichef zu. »*Hvala!* Danke für die Amtshilfe.«

Der Mann, ein früh ergrauter Mittvierziger mit rotem Gesicht und gewaltigem Schnauzbart, hebt bedauernd die Schultern. »Keine Ursache. Hat nur nix gebracht. Morgen schauen noch mal nach. Bei besser Licht.«

»Auf jeden Fall müssen die umliegenden Höfe abgesucht werden. Vielleicht haben sie sich irgendwo in einer Scheune verkrochen. Oder in der Stadt.«

»Werde meine Leute gleich die Straßen absuchen lassen. Habe aber wenig Hoffnung. Können nicht alle Häuser durchsuchen. Höfe müssen warten bis morgen früh.«

»Ich weiß. Lässt sich nicht ändern. Aber die Burschen müssen noch irgendwo in der Nähe sein.«

Der Beamte nickt. »Morgen früh können wir versuchen. Leider habe nur einen Motorwagen und nicht mehr als fünfzehn Mann. Wir können vielleicht Pferde borgen.«

Simon schüttelt den Kopf. Mit dieser Personalstärke wird eine flächendeckende Durchsuchung aller umliegenden Höfe kaum möglich sein. Selbst wenn er seinen eigenen Wagen zur Verfügung stellt. Vielleicht haben sie ja Glück, doch Simon glaubt nicht wirklich daran. Dabei waren sie den Kerlen so nahe! Wenn es denn wirklich die Gesuchten waren, die sie am Fluss aufgestöbert haben.

»Was ist mit dem Städtchen hier? Gibt es Sympathisanten der Schwarzen Hand?«

Der Polizeichef hebt die Schultern. »Ein Teil von Bevölkerung sind Serben. Kann sein, dass es Sympathisanten gibt. Aber können nicht jedes Haus durchsuchen.«

Vielleicht bist du selbst ja einer dieser Sympathisanten, denkt Simon. Nicht auszuschließen.

Im Hintergrund klingelt ein Telefon. Einer der Beamten nimmt ab und winkt ihn dann zu sich. »Für Sie, Herr Hauptmann.«

Er geht hinüber, wechselt die halb leere Tasse in die Linke und greift zum Hörer. »Simon hier! Bist du das, Rudi?«

»Wer sonst? Habt ihr sie erwischt?«

»Leider nicht. Die Scheißkerle sind uns entkommen.«

»Aber sie waren da?«

»Sieht so aus. Wir haben sie aber nur gehört, nicht wirklich zu Gesicht bekommen.«

»Wieso nicht?«

»Es war stockdunkel, verdammt noch mal!«

Einen Augenblick lang herrscht enttäuschte Stille in der Leitung. »Ich hatte also recht«, hört er Markovic schließlich sagen. »Und du hast sie entkommen lassen.«

»Na, hör mal! Man konnte kaum die Hand vor Augen sehen, so finster war's. Und so genau konnten wir nicht wissen, wo die Kerle rüberkommen. Beinahe hätten wir sie ja auch erwischt.«

»Die sind da also tatsächlich über die Grenze.«

»Na ja, ich vermute mal, dass es unsere Pappenheimer waren. Hundert Prozent sicher kann man nicht sein. Wir haben Stimmen gehört und sie dann in diesem verdammten Wald verfolgt. Das heißt, versucht, sie zu verfolgen. Voller Unterholz und Gestrüpp, sag ich dir. Dann waren sie plötzlich wie vom Erdboden verschluckt. Später haben wir beim Absuchen des Ufers die Stelle entdeckt, wo sie aus dem Wasser gestiegen sind. Da waren die nassen Spuren von vier Männern zu erkennen.«

»Vier Mann, sagst du? Södermann hat von dreien geredet.«

»In der Kaschemme in Belgrad soll noch einer gewesen sein, du erinnerst dich. Der, der mit Tankosić gekommen ist. Wahrscheinlich ist das ihr Führer. Die Gegend hier muss man kennen, sonst kann man sich leicht verirren. Nur an der Insel ist die Drina seicht genug.«

»Du hast recht. Die müssen einen Führer gehabt haben.«

»Vielleicht täuschen wir uns, Rudi. Könnten auch Schmuggler gewesen sein.«

»Nein, nein! Ich bin sicher, das waren die Bastarde. Kann doch kein Zufall sein, dass da ausgerechnet heute Nacht vier Mann unterwegs waren. Sucht ihr die Gegend ab?«

»Jetzt, mitten in der Nacht? Keine Chance. Wir werden es gleich morgen früh versuchen, wenn sie dann nicht schon über alle Berge sind. Mach dir also keine allzu große Hoffnung. Außerdem haben wir hier nicht genug Leute. Mehr als Stichproben geht nicht.«

»Dann komm schleunigst zurück.«

»Mach ich. Aber ich muss erst mal ein paar Stunden pennen. Hab seit gestern kaum geschlafen.«

»Pennen kannst du im Wagen. Du hast doch einen Fahrer. Ich brauch dich hier, Simon. Jetzt mehr denn je!«

»Ja, ja, verdammt. Bin schon unterwegs. Ich trink nur noch meinen Kaffee aus, wenn der gnädige Herr erlaubt.«

Er hört Markovic lachen. »Lass den Kaffee stehen, wenn du pennen willst. Wir sehen uns morgen früh.«

Simon hört es in der Leitung klicken. Markovic hat aufgelegt. Mit einem Seufzer reicht er den Hörer zurück.

»Verdammte Scheiße!«, knurrt er und leert die Tasse. Dann brüllt er nach seinem Fahrer und den zwei Gendarmen aus Sarajevo, die Gede ihm zugeteilt hat. »Ab nach Hause, Jungs!«

DONNERSTAG, 25. JUNI 1914

Reichspost

Die Wohnung des Thronfolgers in Ilidze
(Spezialbericht der Reichspost)

Sarajevo, 23. Juni 1914: Den Erzherzog-Thronfolger Franz Ferdinand und seine Gemahlin Herzogin Sophie von Hohenberg erwartet in Ilidze, dem reizenden, idyllisch gelegenem Bade Bosniens, eine Überraschung. Es ist die mit wahrhaft fürstlicher Pracht ausgestattete Wohnung des hohen Paares, die in den Räumen des Hotels »Bosna« hervorgezaubert wurde. Tag und Nacht waren fleißige Hände am Werke, um nach den Entwürfen und Weisungen des Regierungsarchitekten Bartholomäus Knopfmacher eine Reihe von Appartements herzurichten, die würdig sind, Österreich-Ungarns Thronfolger und Gemahlin gastlich aufzunehmen.

Neue Freie Presse

Die Manöver in Bosnien

Metkovic, 25. Juni 1914: S. M. S »Viribus Unitis« ging um 5 Uhr früh an der Narentamündung vor Anker. Erzherzog Franz Ferdinand ging an Bord S. M. S »Dalmat«, woselbst Landeschef Feldzeugmeister Potiorek und Statthalter Graf Attems Meldung erstatteten. Hierauf wurde die Fahrt nach Metkovic angetreten. An der Riva in Metkovic waren zur Aufwartung erschienen der Direktor der bosnisch-herzegowinischen Landesbahnen Hofrat Mrazek, Bezirkshauptmann Krpan und der Gemeindegerent Andreis. Von der Riva fuhr Erzherzog Franz Ferdinand zum Bahnhofe und setzte mit dem Landeschef Feldzeugmeister Potiorek in einem Sonderzug die Reise nach Mostar fort.

An Bord der SMS Viribus Unitis, 4:30 Uhr

Langsam und mit gedrosselten Maschinen nähert sich das große Schlachtschiff der Mündung der Narenta. An Bord brennt kein Licht. Im Osten graut der Morgen, aber von Land aus ist das Schiff gegen den noch nachtschwarzen westlichen Himmel sicher nur an seinen Navigationslichtern erkennbar. Auf der Kommandobrücke hoch über dem Gefechtsdeck herrscht kontrollierte Aktivität, während die Offiziere regelmäßig die Position neu bestimmen und die Mannschaft angewiesen wird, das Ankermanöver vorzubereiten.

Auch auf der Schiffsbrücke herrscht Dunkelheit, um den Offizieren nicht die Nachtsicht zu nehmen. Nur der große Kompass vor dem Ruderstand und einige Instrumentenanzeigen verbreiten einen schwachen Schein. Die See ist ruhig, wie so oft im adriatischen Sommer, aber es weht eine stete Brise aus Westen. Gegen den noch dunkelgrauen Himmel lässt sich bereits die Küstenlinie ausmachen. Die Berge sind eine schwarze, formlose Masse, Einzelheiten nicht erkennbar. Weiter vorn blinkt ein Leuchtfeuer in regelmäßigen Abständen. Da irgendwo muss sich die Flussmündung befinden.

Erzherzog Franz Ferdinand steht etwas abseits von den Offizieren und blickt auf die dunkle See. Und auf die zwei vorderen der insgesamt vier Drillingstürme des Schiffs mit ihren gewaltigen Geschützrohren. Im spärlichen Licht des Morgengrauens sind unten auf dem Deck Matrosen zu sehen, die dabei sind, eine der Barkassen zum Übersetzen klarzumachen. Trotz der verlangsamten Fahrt spürt man das leichte Vibrieren, das von den beiden Parsons-Turbinen ausgeht, die bis zu 25000 PS liefern und das Schiff auf knapp einundzwanzig Knoten beschleunigen können.

Von Franz Ferdinands Gefolge hat ihn nur Korvettenkapitän Uhlir auf die Brücke begleitet. Der ist Wiener und ein lustiger Kerl und hat den ganzen Abend die Gesellschaft in der Messe mit Seemannsgeschichten unterhalten. Die meisten davon waren mit Sicherheit erfunden. Jetzt redet er gerade mit dem Ersten Offizier.

Die anderen Herren, die ihn nach Sarajevo begleiten, sind noch beim Frühstück. Franz Ferdinand hat darauf verzichtet, um die Ankunft nicht zu verpassen. Er war schon immer von der Seefahrt fasziniert und genießt die seemännischen Aktivitäten um ihn herum trotz der frühen Stunde. Er lauscht der ruhigen Stimme des Kommandanten, der dem Rudergänger ab und zu Anweisungen gibt. Dieser Janko Vuković macht einen kompetenten Eindruck, auch wenn er Kroate ist. Na ja, wenigstens ist er kein Ungar.

Der zweite Offizier nimmt zum dritten Mal eine Peilung vor und notiert sich Ergebnis und Uhrzeit. Dann liest er die Schiffsgeschwindigkeit von einer der Anzeigen ab, notiert sie ebenfalls und begibt sich in den Kartenraum hinter der Brücke. Dort plotten zwei Navigationsoffiziere über eine rötlich beleuchtete Seekarte gebeugt den Kurs.

Die *Viribus Unitis* ist als erstes Schiff der neuen *Tegetthoff*-Klasse vor drei Jahren vom Stapel gelaufen. Franz Ferdinand erinnert sich noch gut daran, wie aufgeregt seine Sophie bei der Schiffstaufe war. »Im Namen des Kaisers und der ganzen Nation taufe ich dich auf den Namen *Viribus Unitis*!«, hatte sie mit heller Stimme und unter dem Beifall militärischer und höfischer Prominenz gerufen. *Viribus Unitis*, mit vereinten Kräften – das Motto des Kaisers. Franz Ferdinand hätte sich einen anderen Namen gewünscht, etwas Martialischeres oder wenigstens den Namen eines berühmten Admirals statt dieses abgeschmackten Spruchs. Nun ja.

Dafür entspricht die *Viribus Unitis* allen Anforderungen moderner Seekriegsführung. Sie ist etwas kleiner als vergleichbare englische und deutsche Schlachtschiffe, steht ihnen jedoch, was die Feuerkraft betrifft, in nichts nach: 280 mm Panzerung, zwölf schwere Geschütze und neben weiterer Bewaffnung auch noch zwei Torpedorohre. Fast tausend Mann tun auf ihr Dienst. Nein, hinter der Marine anderer Nationen muss sich die österreichisch-ungarische wahrlich nicht verstecken, denkt Franz Ferdinand nicht ohne patriotischen Stolz.

Kapitän Vuković gesellt sich zu ihm. »Wir sind gleich da, Hoheit. Wir haben die *Dalmat* zwar noch nicht ausmachen können, aber ich nehme an, sie wartet in der Flussmündung auf uns. Wir werden Sie und Ihre Männer mit der Barkasse hinüberbringen.«

Der Erzherzog nickt. Die *Dalmat* ist eine schon etwas ältere, gut vierzig Meter lange Segelyacht, die dem österreichischen Staat gehört. Zum Glück auch mit einer Dampfmaschine ausgerüstet und deshalb für die Flussfahrt geeignet. Auf ihr sollen er und seine Reisegruppe bis nach Mostar befördert werden, wo sie für die letzte Etappe in den Zug umsteigen.

»Noch etwas«, sagt Kapitän Vuković. »Wir haben einen Funkspruch erhalten. Offenbar befindet sich Feldzeugmeister Potiorek an Bord der *Dalmat*. Er ist Ihnen entgegengereist, um Sie zu begrüßen.«

Ausgerechnet!, denkt Franz Ferdinand. Musste das sein? Es genügt schon, dass er den Kerl tagelang in Sarajevo ertragen muss. Aber so ist das auf diesen verdammten Reisen. Ständig ist man von Leuten umgeben, die einem mit ihren Nichtigkeiten auf die Nerven gehen. Nun, dank Morsetechnik ist er wenigstens gewarnt. Er mag diesen Potiorek nicht besonders. Sicher ein fähiger Mann, aber zu ehrgeizig, ein Karrierist, der immer schon die nächste Stufe der Leiter im Blick hat. Deshalb hat er ihn damals übergangen und Franz Conrad von Hötzendorf als Chef des Generalstabs durchgesetzt, obwohl auch das ihn inzwischen reut.

»Ist gut, Kapitän.« Mit einem Lächeln fügt er hinzu: »Übrigens, ich wollte Ihnen nochmals für den gestrigen Abend danken. Und für die überaus interessante Schiffsführung.« Nach dem kleinen Streit mit Sophie hat er sich vorgenommen, freundlicher zu sein. Und ja, Kapitän und Mannschaft haben es durchaus verdient. Man hat sich sehr bemüht, seinen kurzen Aufenthalt an Bord so angenehm wie möglich zu gestalten. »Sie können wirklich stolz auf Ihr Kommando sein, lieber Vuković.«

Der Kapitän verbeugt sich und lächelt erfreut. »Vielen Dank, Hoheit. Und wie fanden Sie die Schießübungen?«

»Mehr als beeindruckend! Überhaupt alles. Auch, dass Ihre Offiziere in der Nacht so sicher durch diese Gewässer navigieren. Dürfte nicht ganz einfach sein mit all den vorgelagerten Inseln.«

»Nun, das sind wir gewohnt, Hoheit. Dies ist schließlich unser Revier. Möchten Sie, dass ich Ihnen noch einen Kaffee bringen lasse?«

»Kann nicht schaden. Um diese Uhrzeit ist man ja noch gar nicht richtig wach.«

Der Kapitän dreht sich um und trägt einem der Matrosen auf der Brücke auf, Kaffee zu besorgen. Dann wendet er sich wieder zum Erzherzog: »Verzeihen Sie, Hoheit, aber ich sollte mich jetzt um mein Schiff kümmern. Wir werden bald ankern.«

»Nur zu! Lassen Sie sich von mir nicht stören.«

Kapitän Vuković geht für einen Augenblick in den Kartenraum, um die Position zu überprüfen, dann wechselt er ein paar Worte mit dem Ersten Offizier. Der begibt sich zum Schiffstelegrafen, um dem Maschinenraum zu melden, die Geschwindigkeit noch weiter zu drosseln. Es dauert nicht lange, und das Vibrieren der Turbinen wird schwächer. Jetzt gleitet die *Viribus Unitis* noch etwas gemächlicher auf die Küste zu.

Schade, dass die Schiffsreise schon zu Ende ist. Er wäre gerne noch ein bisschen an Bord geblieben. Die Kinder haben das Telegramm, das er ihnen am Nachmittag geschickt hat, sicherlich schon erhalten. Er hat versucht, ihnen eine Idee davon zu vermitteln, wie prachtvoll die Fahrt auf der *Viribus Unitis* war. Die leuchtende See, das Marinemanöver, die salutierenden Begleitschiffe. Und dass er sie lieb hat, seine Sophie, den Max und natürlich Bululu, den kleinen Ernst. Dass er sich freut, sie am Dienstag wiederzusehen.

Der junge Korvettenkapitän Uhlir tritt wieder zu ihm. »Wenn Sie erlauben, Hoheit, werde ich den anderen Herrschaften Bescheid sagen, dass sie sich fertig machen sollen.«

»Tun Sie das«, brummt Franz Ferdinand. Er steht immer noch am Fenster und starrt zur Küste hinüber. Es ist schon etwas heller geworden, denn es lassen sich die Felsformationen sowie Bäume und Häuser erkennen.

»Hoheit? Ihr Kaffee«, hört er neben sich.

Er dreht sich etwas zu rasch um und stößt gegen das Tablett mit der vollen Tasse, die ihm der junge Mann entgegenhält. Mit Mühe gelingt es dem Matrosen zu verhindern, dass ihm das Tablett aus der Hand gleitet. Aber etwas von dem Kaffee schwappt über, und ein Spritzer landet auf Franz Ferdinands feinem Offiziersrock.

»Herrgott noch mal!«, schnauzt er wütend und versucht, den Fleck abzuwischen. »Kannst du nicht aufpassen? Was bist du für ein verdammter Tölpel!«

Der Matrose ist vor Schreck bleich geworden und murmelt etwas von »tausend Mal Verzeihung«. Der Kapitän ist sofort zur Stelle und schickt ihn mit harschen Worten von der Brücke. Mitsamt Tablett und halb leerer Tasse.

»Tut mir außerordentlich leid, Hoheit. Sehr bedauerlich. Ich lasse Ihnen gleich einen neuen Kaffee bringen.«

»Nicht nötig«, erwidert Franz Ferdinand ärgerlich. »Dazu ist mir jetzt die Lust vergangen.«

»Es tut mir wirklich leid. Wir können Ihren Rock natürlich sofort reinigen lassen. Dazu ist sicher noch Zeit. Oder Hoheit möchten sich vielleicht umziehen?«

»Nein!«, ist die barsche Antwort. »Mein Gepäck steht schon unten. Also kümmern Sie sich lieber um ihr verdammtes Schiff!« Franz Ferdinand wischt noch einmal über den Fleck. Leider ohne Erfolg.

Er blickt auf und bemerkt die betroffene Miene des Kapitäns. Sie erinnert ihn daran, dass er sich eigentlich geschworen hatte, freundlicher mit seinen Untergebenen umzugehen. Er versucht, ein Lächeln aufzusetzen. »Ach, was! Nicht so schlimm, Vuković. Bestrafen Sie den armen Matrosen nicht.« Er deutet auf den Fleck und wagt ein Witzchen. »Kampfspuren von meinem Marineeinsatz, könnte man sagen.«

Kapitän Vuković lächelt gezwungen, aber sichtlich erleichtert, dass der Vorfall keine weiteren Konsequenzen nach sich zu ziehen scheint.

»Die *Dalmat* ist in Sicht«, lässt sich die Stimme des ersten Offiziers hören. »Sie liegt an einem Kai in der Flussmündung.«

»Na wunderbar«, sagt Kapitän Vuković und stellt sich neben den Rudergänger. Er gibt Anweisung, in den Wind zu drehen und die Maschinen zu stoppen. Kurz darauf hört das Vibrieren der Turbinen auf, und es wird ungewohnt still auf der Brücke. Ganz allmählich dreht sich das große Schiff, und die Fahrt verlangsamt sich, bis die *Viribus Unitis* schließlich bewegungslos auf dem Wasser zu liegen scheint.

Der erste Offizier entstöpselt eines der Sprachrohre, mit denen er mit der Mannschaft unter Deck kommunizieren kann. »Anker ab!«, ruft er, den Mund dicht am Trichter.

Franz Ferdinand ist ein wenig erstaunt, dass die Offiziere immer noch gern die Sprachrohre benutzen, obwohl es zu den einzelnen Abteilungen und den Geschützbatterien auch Telefonverbindungen gibt. Marinetradition, nimmt er an.

Kurz darauf geht ein Rumpeln durch das Schiff, als der Anker gelöst wird und die schwere Kette durch die Ankerklüse rattert.

Der Erzherzog blick zur felsigen Küste hinüber. Vom Schiff aus scheint der Fluss durch eine Lücke zwischen den Bergen zu fließen. Auf beiden Seiten der Mündung lässt sich ein wenig flaches und bewirtschaftetes Land erkennen, links davon winzige Dächer und ein Kirchturm. Das muss Ploče sein.

»Die Barkasse steht bereit, Hoheit.«

»Meine Herren!«, sagt Franz Ferdinand und hebt zum militärischen Gruß die Hand an die Stirn. »War mir eine Ehre.«

Ost-Bosnien, 5:50 Uhr, in einer Scheune

He, ihr Schlafmützen! Zeit zum Aufstehen!«

Gavrilo fährt erschrocken hoch. Im ersten Augenblick ist er verwirrt und orientierungslos. Ein Geruch von Heu und Kuhstall umgibt ihn und versetzt ihn in seine Kindheit zurück. Er spürt sein Herz klopfen. Dann raschelt es neben ihm im Stroh, und er hört Trifko, der stöhnend aufwacht und zu husten anfängt. Jetzt kommt es ihm wieder. Sie sind heil über die Grenze und in Bosnien. Blinzelnd setzt er sich auf und blickt zu dem fremden Kerl hoch, der vor ihm steht. Schlank und gut angezogen, soweit sich das im Halbdunkel der Scheune erkennen lässt.

»Wer bist du?«, fragt Gavrilo benommen.

Der Mann hockt sich zu ihm. »Ich bin Miško. Ich übernehme euch von hier aus. Du bist …?«

»Gavrilo.«

»Und die anderen?«

»Trifko und Danilo – und Pavle.«

»Aber sollte da nicht noch einer sein?«

Jetzt meldet sich Pavle zu Wort, der inzwischen ebenfalls aufgewacht ist. »Den haben wir nach Hause geschickt.«

Miško hebt die Brauen. »Und warum?«

»Geht dich nichts an«, mischt sich Danilo ein. »Geheimhaltung. Wie üblich. Du musst nicht mehr als das Nötigste wissen.«

»Na gut.« Miško wendet sich an Pavle. »Du machst dich gleich auch davon, hab ich recht?« Die beiden scheinen sich zu kennen. Ist ja nicht das erste Mal, dass sie Leute über die Grenze schmuggeln.

Pavle nickt und wischt sich Heu von der Jacke. »So ist es.«

»Dann sind wir nur zu viert im Wagen. Das passt ja prima. Zu fünft wär es ein bisschen eng geworden.«

»Du hast ein Automobil?«, fragt Gavrilo.

»Hab ich. Leider nicht das neueste Modell. Aber keine Sorge. Damit kommen wir gut nach Tuzla. Von dort nehmt ihr den Zug.«

Das Scheunentor, das nur angelehnt war, geht auf, und ein Mann mittleren Alters in groben Arbeitshosen und dreckigen Stiefeln schiebt eine Karre in die Scheune. Er lässt sie stehen und kommt zu ihnen herüber, ein grobknochiger Kerl mit großen roten Händen und wirren grauen Haaren, die ihm in die wettergegerbte Stirn fallen. Das muss der Bauer sein.

»Wird langsam Zeit«, brummt er ungehalten. »In der Küche gibt's Kaffee. Ich geh jetzt das Vieh füttern und die Kühe melken. Wenn ich fertig bin, seid ihr gefälligst verschwunden. Ist das klar?«

»Keine Sorge«, erwidert Miško. »Wir sind gleich weg.«

Während der Bauer mit einer Gabel Heu in die Karre schaufelt, erheben sich die vier, nehmen ihre Rucksäcke zur Hand und folgen Miško aus der Scheune. Über ihnen ein strahlend blauer Himmel und eine grelle, noch tief stehende Sonne, die zwischen vereinzelten Bäumen hervorlugt und lange Schatten wirft. Wird wohl wieder ein heißer Tag, denkt Gavrilo.

»Ist der Kerl immer so freundlich?«

»Der riskiert 'ne Menge, vergiss das nicht«, erwidert Pavle. »Nach dem Zwischenfall diese Nacht kann es gut sein, dass hier bald die Polizei auftaucht.«

»Meinst du, die suchen die Gegend ab?«

»Was denn sonst? Besser, ihr macht euch so schnell wie möglich auf den Weg.«

Im Hof steht Miškos Automobil, ein verwahrlost wirkendes antikes Modell ohne Verdeck, mit hohen Speichenrädern und dünnen Reifen.

»Die Rostkutsche fährt noch?«, fragt Danilo misstrauisch.

»Besser, als du denkst«, erwidert Miško. »Selbst wenn die Karre mal bockt, kriegen wir alles wieder hin. Ich hab 'nen Werkzeugkasten dabei.«

»Da sollen wir uns reinquetschen?«, murrt Trifko. »Und unsere Rucksäcke? Was ist damit?«

»Die müsst ihr auf den Schoß nehmen. Gepäckträger gibt's nicht.«

»Kommt rein!« ruft die Bäuerin, die an der Tür schon auf sie gewartet hat. »Der Kaffee wird kalt.«

Sie ist eine rundliche Frau Anfang vierzig mit roten Apfelbäckchen und einem enormen Busen. Ihr dunkelblondes Haar ist im Nacken zu einem losen Knoten gebunden. Die Ärmel des Kittels hat sie aufgerollt, sodass man ihre fleischigen Unterarme sieht. Einer nach dem anderen treten die Männer durch die niedrige Tür. Zuletzt folgt ihnen die Bauersfrau.

»Setzt euch«, sagt sie und deutet auf die Stühle, die um den wuchtigen Küchentisch stehen, der einen Großteil des Raumes einnimmt. Darauf stehen eine blecherne Kaffeekanne sowie Becher und Teller aus gleichem Metall. Es duftet nach warmem Brot. »Wer will, kann Pflaumenmus haben. Und da steht auch Schweineschmalz. Butter ist gerade ausgegangen. Muss wieder welche machen.«

Sie wendet sich ab und nimmt einen Laib Brot aus der Ofenröhre und legt ihn auf den Tisch. Mit einem langen Küchenmesser schneidet sie dicke Scheiben ab. »Greift zu!«

»Und du?«, fragt Miško. »Isst du nicht mit uns?«

»Wir haben schon gegessen. Aber ich setz mich einen Augenblick.«

Die Männer sind ausgehungert. Gavrilo schmiert sich

Pflaumenmus aufs warme Brot und beißt gierig hinein. Auch die anderen langen zu. Die Bäuerin beobachtet schmunzelnd, wie sie das Brot in sich hineinschlingen, als mache es ihr Freude, sie essen zu sehen. Plötzlich überkommt es Trifko, und er fängt an zu husten. Er holt sein blutbeflecktes Sacktuch aus der Tasche und hält es sich vor den Mund. Die Bäuerin macht große Augen, als sie das sieht. Sie hat gleich verstanden, was mit ihm los ist, springt erschrocken auf und tritt einen Schritt zurück. »Du bist krank?«, ruft sie. »Du hast die Schwindsucht!«

Danilo versucht, sie zu beschwichtigen. »Keine Sorge. So schnell steckt man sich nicht an.«

»Ich will keine Schwindsüchtigen in meinem Haus. Meine Tante ist daran gestorben. Das hat mir gereicht. Ihr geht jetzt besser. Und zwar sofort!«

Die jungen Männer sehen sich betreten an. Langsam stehen sie auf und nehmen ihre Rucksäcke. Gavrilo greift sich noch eine Scheibe Brot, bevor sie einer nach dem anderen die Küche verlassen und ins Freie treten. Hinter ihnen schließt sich deutlich hörbar die Tür.

Miško sieht sich zu Trifko um. »Du hast die Schwindsucht?«

»Na und? Machst du jetzt auch 'nen Rückzieher?«

»Ach was. Ich frag ja nur.« Miško deutet auf sein Gefährt. »Steigt ein, während ich den Motor starte.« Er holt eine Kurbel aus dem Wagen.

»Also, ich geh dann mal«, sagt Pavle.

»Sollen wir dich ein Stück mitnehmen?«

»Nicht nötig. Außerdem ist das nicht meine Richtung.«

Gavrilo betrachtet Pavle, wie er dasteht und etwas schief grinst. Nicht einmal Gepäck hat er dabei. »Danke für alles«, sagt er verlegen. Er hat das Gefühl, er sollte mehr sagen, aber es fällt ihm nichts ein.

»Nichts zu danken.« Pavle winkt ihnen kurz zu und macht sich davon.

Er wird dem Flusslauf der Drina bis zum Bahnhof nach Loznica folgen, wie Gavrilo weiß. Ein ziemliches Stück Weg. Und ja, es wäre sicher mehr als ein einfaches Dankeschön nötig gewesen. Ohne Pavle wären sie nicht heil über die Grenze gekommen. Aber irgendwie hat er den Kerl von Anfang an nicht gemocht.

Miško stellt sich vor den Kühler und setzt die Kurbel an. Nach zwei vergeblichen Versuchen springt der Motor an, und Gavrilo klettert auf den Beifahrersitz. Seinen Rucksack hält er wie die anderen auf dem Schoß. Miško klemmt sich hinters Steuer, löst die Handbremse, der Motor knattert, und langsam fahren sie vom Hof. Hinter ihnen tritt der Bauer aus der Scheune und schaut ihnen kopfschüttelnd nach. Eine Kuh muht im Stall. Zeit zum Melken.

Sarajevo, 10:30 Uhr, in Markovic' Pension

Markovic steht vor dem Spiegel und rasiert sich. Nach dem äußerst enttäuschenden Telefonat mit Simon letzte Nacht hatte er keine Lust, schon wieder im Konak das harte Feldbett zu drücken. Ab und zu muss der Mensch auch mal ausschlafen. Obwohl, für mehr als sechs Stunden hat es trotzdem nicht gereicht. Die Zeit drängt, es gibt zu tun. Sie dürfen nicht nachlassen, jetzt noch weniger als sonst.

Nachdenklich schabt er sich über die Wangen. Seine Intuition hat ihn nicht getäuscht. Beinahe hätte Simon die Kerle geschnappt. Zu blöd, dass sie es über die Grenze geschafft haben und entkommen sind! Weiß der Kuckuck, wo die sich jetzt aufhalten. Mit Sicherheit sind sie unterwegs nach Sarajevo. Nur wo und über welche Route? Vielleicht sind sie sogar schon in der Stadt.

Nein, das ist nicht möglich. Bijeljina hat keinen Bahnanschluss. Das hat er überprüft. Und bis nach Loznica sind sie mit Sicherheit auch nicht gelaufen, denn von dort gibt es ebenfalls keine Bahnverbindung nach Sarajevo. Dieses Bosnien ist einfach zu rückständig. Und zu bergig. Streckenlegen ist hier eine ziemlich teure Angelegenheit. Da muss man Tunnel bohren und Brücken bauen.

Aber wie kommen sie dann nach Sarajevo? Nachdenklich zieht Markovic die Augenbrauen hoch. Sicher nicht zu Fuß. Von der Furt an der Drina quer durchs Land sind es mehr als hundertzwanzig oder hundertdreißig Kilometer. Über das bergige Gelände vielleicht noch mehr. Unmöglich, das in drei Tagen zu Fuß zu schaffen. Die einzige Bahnlinie nach Sarajevo beginnt in Tuzla. Das muss also ihr nächstes

Ziel sein. Doch sogar bis Tuzla wären sie zu Fuß mindestens zwei Tage unterwegs. Ziemlich knapp, wenn sie rechtzeitig hier sein wollen, um ein Attentat auf den Thronfolger zu verüben. Also wird sie jemand fahren. Irgendwo an einem verabredeten Treffpunkt nahe der Drina muss sie jemand abgeholt und weiterbefördert haben. Ist ja nicht das erste Mal, dass die Schwarze Hand Agitatoren und andere zwielichtige Gesellen über die Grenze befördert.

Es ist also anzunehmen, dass sie entweder direkt nach Sarajevo gefahren sind oder nach Tuzla. Wir müssen nicht nur die Bahnhöfe überwachen, sondern auch nach einem Motorwagen Ausschau halten, überlegt er. Das erschwert das Ganze. Außerdem haben wir immer noch keine vernünftige Personenbeschreibung. Und wie die verflixten Burschen heißen, wissen wir auch nicht. Selbst wenn wir Straßen und Bahnhöfe kontrollieren – wie sollen wir sie identifizieren?

Dann fällt ihm ein, dass der Kneipenwirt in Belgrad sich an den Namen Čabrinović erinnert hat. Laut Simon führt ein Čabrinović hier in der Stadt eine Pension. Die Namensgleichheit mag Zufall sein. Aber wenn der Pensionswirt nun doch der Vater ist? Simon sagt, der Mann sei kaisertreu. Vielleicht. Vielleicht auch nicht. In jedem Fall sollte man ihm einen Besuch abstatten. Doch jetzt erst einmal zum Konak, von wo er das Polizeirevier in Tuzla anrufen kann. Die Kollegen sollen sofort am Bahnhof Kontrollen vornehmen. Drei oder vier junge Burschen, von denen einer Čabrinović heißt, das müsste doch reichen.

Markovic wischt sich den Rest des Rasierschaums aus dem Gesicht und kämmt sich die Haare. Er starrt einen Augenblick lang in den Spiegel. Unter den aus Schlafmangel geröteten Augen liegen dunkle Ringe. Überhaupt fühlt er sich miserabel. Und diesmal liegt es nicht am Alkohol.

Vielleicht sollte er nach dieser Affäre den Dienst quittieren und endlich heiraten. Er wird ohnehin seinen Hut nehmen müssen, sollte den Bastarden ihr verdammtes Attentat gelingen. Vielleicht ist es überhaupt an der Zeit, das unstete Leben aufzugeben, sich fürs Familienunternehmen zu interessieren und eine Frau zu finden. Eine Frau fürs Leben. Kinder und all der Kram. Aber gibt es das überhaupt? Eine Frau, die man sein ganzes Leben lang lieben kann? Na ja, man darf eben nicht zu viel verlangen. Weder von sich selbst noch von anderen. Und ab und zu ist sicher ein heimlicher Bordellbesuch erlaubt, rein zur Abwechslung. Am liebsten bei Svjetlana. Oder besser noch, ich heirate die Gute einfach, denkt er amüsiert. Dann erübrigt sich das mit den Bordellbesuchen. Svjetlana als brave Ehefrau mit drei süßen Blagen am Rock. Ein schöner Gedanke und doch schwer vorstellbar.

Eine Dreiviertelstunde später – der Polizei in Tuzla hat er im Namen von Polizeikommissär Gede strikte Anweisungen gegeben – steht Markovic zusammen mit Polizeichef Mayerhoffer in einer Gasse der Altstadt vor dem dreistöckigen Haus, in dem dieser Čabrinović eine Pension betreibt. Ein angerostetes Schild weist darauf hin. Wie die meisten Häuser in diesem Viertel ist auch dieses ziemlich alt, der Putz bröckelt ab, und die hölzerne Doppeltür sieht aus, als sei sie seit zweihundert Jahren nicht mehr gestrichen worden. Das Haus muss einmal Muslimen gehört haben, denn über der Tür sind stark verblichene arabische Schriftzeichen zu erkennen. Scheint aber schon lange her zu sein.

Mayerhoffer betätigt den Klopfer an der Tür. Sie sind ohne Übersetzer gekommen, denn laut Simon spricht der Mann passables Deutsch.

Nach einer Weile geht im ersten Stock ein Fenster auf. Der Kopf einer jungen Frau schaut heraus, vermutlich eine

Dienstmagd. Als sie die Uniformen erkennt, fragt sie auf Deutsch: »Was wünschen Sie?«

»Wir möchten Herrn Čabrinović sprechen«, erwidert Markovic. »Ist er anwesend?«

Sie nickt. »Warten einen Augenblick. Ich rufe Vater.« Dann schließt sich das Fenster wieder.

»Ah«, sagt Mayerhoffer, »die Tochter des Hauses.«

Es dauert eine Weile, dann öffnet sich die Tür, und vor ihnen steht ein mürrisch aussehender graubärtiger Mann von etwa fünfzig Jahren. Er trägt einen schäbigen Hausrock, darunter Pantoffeln und auf dem kahlen Kopf eine dünne Mütze, so eine, wie man sie im Winter im Bett trägt, wenn man sich im eisigen Schlafzimmer nicht den Tod holen will. Etwas seltsam, mitten im Sommer. Neben ihm seine junge Tochter.

»Womit können wir dienen?«, fragt der Mann mit einem unaufrichtigen Lächeln, aber offensichtlich beeindruckt von den Uniformen der beiden Männer.

»Sie sind Herr Čabrinović?«, fragt Mayerhoffer streng.

»Jawohl, zu dienen, der Herr.«

»Und dies ist Ihre Pension.«

»Sie ist es. Seit fünfzig Jahren in der Familie.«

»Und Sie haben einen Sohn.«

Urplötzlich verfinstert sich seine Miene. Der Mann starrt Mayerhoffer an, als habe der etwas Unflätiges geäußert, und schüttelt energisch den Kopf. »Ich habe keinen Sohn.«

»Sind Sie sicher?«

Der Mann macht ein trotziges Gesicht. »Sicher!«

»Wir haben Grund zur Annahme, dass Ihr Sohn sich in Belgrad aufhält«, schaltet Markovic sich ein. »Bis vor Kurzem jedenfalls. Gestern hat er Belgrad verlassen.«

Čabrinović schüttelt den Kopf. »Was geht das mich an?«

»Wir suchen ihn. Wissen Sie, wo er sich befindet?«

»Nein!«

»Ist er vielleicht hier im Haus?«

»Nein. Wie kommen Sie darauf?«

»Erwarten Sie ihn?«

Zorniges Kopfschütteln. »Nein! Auf keinen Fall!«

Das Mädchen hat bis jetzt geschwiegen, mischt sich jetzt aber ein: »Was ist mit Nedeljko. Was wollen von ihm?« Sie hat einen deutlichen Akzent und ihr Deutsch ist nicht so gut wie das des Vaters.

»Ah«, sagt Markovic. »Sein Vorname ist also Nedeljko. Und er ist Ihr Bruder.«

Čabrinović wirft seiner Tochter einen wütenden Blick zu. Das Mädchen wird rot und senkt betreten den Kopf. Markovic sieht sie sich genauer an. Die junge Frau ist klein und zierlich, hat eine klare, fast durchsichtige Haut und schöne dunkle Haare, die zu einem langen Zopf geflochten sind. Man kann sie nicht besonders hübsch nennen, und doch hat sie etwas Ansprechendes. Und ein ehrliches Gesicht.

»Sie haben also doch einen Sohn«, sagt Mayerhoffer zum Vater. »Warum wollten Sie uns das verschweigen?«

Čabrinović starrt den Polizeichef feindselig an. Dann sagt er: »Er ist ein unwürdiger Sohn. Wir wollen nichts mit ihm zu tun haben.«

»Was hat er denn getan, dass Sie so wütend auf ihn sind?«

Wieder mischt sich die Tochter ein: »Nichts hat getan! Mein Vater ist ungerecht.«

»Du hältst den Mund, Tochter!«, fährt Čabrinović sie an. Er wendet sich an Mayerhoffer. »Er ist respektlos. Und ein … Wie sagt man? … Herumtreiber!«

»Ist er Student?«

»Nein. Ein Nichtsnutz ist er. Ein Herumtreiber!«

»Was wollen denn von ihm?« Die Tochter ist sichtlich besorgt.

»Wie ist Ihr Vorname, Fräulein?«, fragt Markovic freundlich.

»Vukosava.«

»Lieben Sie Ihren Bruder, Fräulein Vukosava?«

Die Frage erstaunt sie. Sie wirft ihrem Vater einen unsicheren Blick zu. Doch der steht mit steinerner Miene in der offenen Tür und sieht an den beiden Uniformierten vorbei, als gäbe es sie nicht.

»Nedeljko ist kein Nichtsnutz«, antwortet sie leise. »Und ja, wir lieben ihn. Warum fragen? Was wollen Sie von uns?«

»Wie alt ist Ihr Bruder?«

»Neunzehn.«

»Ist er im Haus?«

Sie schüttelt den Kopf. »Nein. Nedeljko nicht hier.«

»Wir können mit einem Durchsuchungsbefehl wiederkommen«, schnauzt Mayerhoffer in scharfem Polizeiton.

Čabrinović funkelt ihn wütend an. »Dann tun Sie das!«, schreit er aufgebracht. »Aber finden werden Sie nix! Und wenn Sie Gäste stören, ich werde mich beim Bürgermeister beschweren.«

Die Tochter legt dem Vater die Hand auf den Arm, wie um ihn zu beruhigen. Dann blickt sie zu Markovic auf und bedenkt ihn mit einem beschwörenden Blick. Vielleicht, weil er bisher freundlicher aufgetreten ist als Mayerhoffer. »Bitte, Herr Offizier. Sie müssen glauben, mein Bruder nicht hier. Ist in Belgrad, seit einem Jahr. Einmal hat er besucht, aber war vor vier Monaten. Und einmal hat geschrieben. Von Belgrad. Vor vier Wochen. Aber nur Grüße. Wir wissen nicht, wo in Belgrad wohnt.«

Der Vater nickt. »Herumtreiber! Sag ich doch.«

Markovic sieht das Mädchen lange an, ohne etwas zu sagen. Die Röte steigt ihr dabei erneut in die Wangen, doch sie widersteht seinem forschenden Blick. Er kann nichts Hinterhältiges oder Verschlagenes in diesem jungen Gesicht entdecken. »Nun, ich glaube Ihnen, Fräulein Vukosava«, sagt er schließlich. »Aber vielleicht können Sie uns trotzdem helfen.«

»Sicher. Aber bitte! Sagen Sie, was von Nedeljko wollen.«

»Du hältst den Mund!«, fährt Čabrinović sie grob an.

»Warum soll sie denn nicht reden?«, fragt Mayerhoffer ihn scharf. »Haben Sie etwas zu verbergen?«

Čabrinović knurrt wütend etwas auf Bosnisch, das wie ein grober Fluch klingt. Seiner Tochter ist dies ganz offensichtlich peinlich.

»Entschuldigen Vater«, sagt sie. »Ist manchmal schwieriger Mensch.«

»Schwierig nennst du mich?«, schreit Čabrinović. »Schwierig ist dein Bruder. Hätte mehr Prügel bekommen sollen.«

»Jetzt beruhigen Sie sich mal«, raunzt Mayerhoffer ihn an. »Langsam reicht's mir. Schreien Sie nicht so rum, und lassen Sie Ihre Tochter reden.«

Čabrinović schüttelt wütend den Kopf und knurrt wieder etwas Unverständliches zwischen den Zähnen.

»Also, Fräulein Vukosava«, sagt Mayerhoffer. »Wo ist Ihr Bruder? Wir müssen ihn dringend sprechen.«

»Aber ist nicht hier! Ich schwöre.« In ihren Augen liegt große Sorge. »Warum sprechen? Hat er Schlimmes getan?«

»Noch nicht«, erwidert Markovic.

»Noch nicht? Was soll das heißen, bitte? Ich verstehe nicht.«

Aber Markovic antwortet nicht auf ihre Frage. »Wenn er kommt, Fräulein Vukosava, dann müssen Sie uns sofort informieren. Das gilt auch für Ihren Vater. Sonst machen Sie sich beide strafbar.«

Ihre Hand fliegt zum Mund. »Oh, mein Gott! Was hat er getan?«

»Noch hat er nichts getan. Wir wollen verhindern, dass

er etwas tut. Dabei können Sie und Ihr Vater helfen. Das ist auch ganz im Interesse Ihres Bruders. Das verspreche ich Ihnen.«

»Aber was denn verhindern, mein Gott?« Das Mädchen bekreuzigt sich. Ihre Augen füllen sich mit Tränen. »Was denn verhindern?«

»Das ist vorerst geheim. Aber wir müssen ihn unbedingt finden. Es ist äußerst wichtig!«

Markovic merkt, dass seine Worte sie mehr als verängstigt haben. Sie schlägt für einen Augenblick die Hände vors Gesicht und schüttelt den Kopf, als könne sie nicht glauben, was sie da hört.

»Lassen Sie meine Tochter in Ruhe!«, brüllt Čabrinović. »Schluss mit Fragen! Schluss, sage ich!« Er fasst sie am Arm, um sie ins Haus zu ziehen.

Mayerhoffer geht dazwischen und schiebt ihn mit Wucht von seiner Tochter weg. »Sie halten jetzt mal die Klappe! Haben Sie mich verstanden? Wir stellen so viele Fragen, wie wir wollen.«

»Ist schon gut, Vater«, sagt Vukosava. Sie atmet tief durch, ringt um Fassung. Dann sieht sie Markovic flehentlich und mit feuchten Augen an. »Nedeljko manchmal macht dumme Sachen. Aber ist kein schlechter Mensch. Ich schwöre. Ist kein schlechter Mensch.« Sie wischt eine Träne von der Wange. »Muss er ins Gefängnis? Bitte tun Sie ihm nichts. Ist doch mein Bruder.«

Markovic kann sich nicht helfen, das Mädchen tut ihm leid. »Vielleicht ist er in schlechte Gesellschaft geraten«, sagt er. »Was wissen Sie über seinen Umgang?«

»Umgang?« Sie blickt verwirrt.

»Seine Freunde. Mit wem trifft er sich, wenn er in Sarajevo ist?«

Sie runzelt die Stirn. Dann schießt ihr das Blut in die

Wangen. Sie sieht verlegen zur Seite, zögert einen Augenblick, schließlich sagt sie, ohne Markovic anzusehen: »Weiß nicht. Ich kennen keine Freunde.«

»Sind Sie sicher?«

»Nedeljko ist selten zu Hause. Bringt nicht Freunde mit«, erwidert sie immer noch, ohne ihn anzusehen. »Außerdem wir haben seit Monaten nicht gesehen.«

»Bitte erinnern Sie sich«, sagt Markovic. »Ihr Bruder steckt in Schwierigkeiten. Und Sie können ihm helfen, indem Sie uns helfen, ihn zu finden.«

Sie schüttelt den Kopf. »Nichts wissen. Nichts!«

Mayerhoffer mischt sich ein. »Sie werden uns doch wohl nicht weismachen wollen, dass er nie einen Freund mit nach Hause gebracht hat.«

»Nein, nix wissen.« Ihr Deutsch ist plötzlich schlechter geworden.

»Und Sie, Čabrinović? Was wissen Sie über die Freunde Ihres Sohns?«

Der Vater hat jetzt endgültig genug. Er beugt sich vor und brüllt Mayerhoffer ins Gesicht: »Schluss jetzt! Lassen Sie meine Tochter in Ruhe. Und mich auch. Wir wissen nix. Der Sohn ist tot für uns. Jetzt gehen Sie endlich!«

Bevor Markovic und Mayerhoffer reagieren können, hat er seine Tochter ins Haus gezogen und die Tür zugeknallt.

Markovic zuckt mit den Schultern und wendet sich zum Gehen. »Ohne richterlichen Beschluss kommen wir hier nicht weiter.«

Mayerhoffer ist noch nicht bereit aufzugeben. »Čabrinović!«, brüllt er. »Ich denke, Sie hören mich. Sollte Ihr Sohn hier auftauchen, sagen Sie ihm nichts, sondern gehen gleich zur nächsten Polizeiwache. Am besten zu der hier in der Altstadt. Fragen Sie nach mir. Mein Name ist Mayerhoffer. Haben Sie das? Mayerhoffer!«

Von drinnen ist keine Antwort zu hören.

»Lassen Sie's gut sein«, sagt Markovic. »Der wird den Teufel tun und uns benachrichtigen. Wir müssen uns was anderes ausdenken.«

»Auf jeden Fall werde ich das Haus Tag und Nacht überwachen lassen. Sollte der Kerl hier aufkreuzen, dann haben wir ihn.«

»Ich weiß nicht. Seinen Vater wird der bestimmt nicht besuchen. Eine Überwachung ist natürlich trotzdem sinnvoll.«

An der nächsten Straßenecke trennen sie sich. Markovic wandert über die Lateinerbrücke zurück zum Konak. Im Geiste geht er noch einmal das Gespräch mit Čabrinović und seiner Tochter durch. Der Alte war völlig verstockt, was seinen Sohn angeht. Was mag zwischen den beiden vorgefallen sein? Ganz anders die Tochter. Die war ehrlich. Das heißt, zuerst. Nachher wollte auch sie nichts mehr sagen. Das war, nachdem wir nach den Freunden ihres Bruders gefragt hatten. Da hat sie plötzlich zugemacht. Wen versucht sie zu schützen? Ja, so ist es ihm vorgekommen. Sie will jemanden schützen.

Markovic hat schon fast den Konak erreicht, als ihm plötzlich die Erleuchtung kommt: Möglicherweise gibt es einen besonderen Freund, der in diesem Haus ein und aus gegangen ist. Ja, das wird es sein. Ein junger Bursche, in den sich das Mädchen verliebt hat und dessen Name sie nicht verraten will. Damit der nicht auch noch Scherereien mit der Polizei bekommt.

Natürlich hätte er auf der Stelle nachbohren sollen. Aber die Kleine hat ihm leidgetan. So ein gutherziges, unschuldiges Ding und nur durch Zufall in diese Affäre verwickelt, in ein Attentat auf den österreichischen Thronfolger.

Gut, dass wir das nicht verraten haben, denkt er. Diese Vukosava wäre auf der Stelle vor Schreck gestorben. Macht nichts, sagt er sich. Wir können auf anderem Weg rauskriegen, mit wem ihr Bruder Umgang hat. Es wird doch wohl Kneipen geben, wo man diesen Nedeljko kennt. Ihn und diesen Freund.

Außerhalb von Tuzla, 11:55 Uhr, in einem Wäldchen

Miško steuert den Wagen von der Straße weg und in einen angrenzenden Wald hinein. Eine Weile rumpeln sie bergauf über einen unebenen, grasbewachsenen Weg, dann lichtet sich der Wald, und der Wagen kommt zum Stehen. Miško stellt den Motor ab.

Unter ihnen, lang gestreckt zwischen den Bergen, liegt das Städtchen Tuzla. Wie ein schmales Band schlängelt sich das Flüsschen Jala durchs Tal und spiegelt den Himmel, wo es nicht gerade von Bäumen oder Gebäuden verdeckt ist. Rote Dächer, auch auf den Hängen rechts und links, die meisten Häuser hell gestrichen. Es sieht friedlich aus. Kirchtürme und Minarette in trauter Gemeinsamkeit, wie an vielen Orten Bosniens. Gavrilo hat irgendwo gelesen, dass die Stadt an die zwanzig- oder dreißigtausend Einwohner zählt. Die meisten sind Bosniaken, ein Teil Kroaten, aber nur wenige Serben. Tuzla lebt vom Salz, das hier gefördert wird. Besonders, seit die Österreicher den Abbau industriell betreiben.

»So, Leute, Endstation«, sagt Miško und sieht sich zu Danilo und Trifko um, die im Fond sitzen. »Von hier aus geht ihr zu Fuß. Einfach den Weg hier weiter bis hinunter ins Tal. Der Bahnhof ist leicht zu finden. Man kann ihn von hier aus sogar sehen.«

»Wieso bringst du uns hierher und nicht in die Stadt?«, fragt Trifko.

»Ich hätte gedacht, das wäre offensichtlich. Nach dem, was ihr mir von gestern Nacht erzählt habt, wissen die jetzt Bescheid. Möglicherweise beobachten sie jeden, der am Bahnhof ankommt. Deshalb schlage ich vor, ihr geht getrennt. Einzeln seid ihr weniger auffällig, als wenn ich euch mit einem Wagen mitten auf dem Bahnhofsplatz absetze.«

»Warum sollten sie hier in Tuzla von uns wissen?«

»Es gibt Telefon, Trifko. Schon davon gehört?«

»Miško hat recht«, sagt Danilo. »Falls die Österreicher wirklich einen Verdacht haben, werden sie nach uns Ausschau halten.«

»Vielleicht haben sie gar keinen Verdacht. Woher sollen die von unserem Vorhaben überhaupt wissen? Das an der Drina kann doch Zufall gewesen sein. Die waren bestimmt nur da, um Schmuggler zu schnappen.«

Miško schüttelt den Kopf. »Ich sag dir eins, mein Junge, Pavle und ich, wir machen das schon seit einer ganzen Weile. In diesem Geschäft überlebt man nur, wenn man äußerst vorsichtig ist und immer vom Schlimmsten ausgeht. Vielleicht haben sie wirklich nur nach Schmugglern gesucht. Aber es schadet auch nicht, anzunehmen, dass sie euch auf der Spur sind. Sicher ist sicher. Habt ihr eigentlich falsche Papiere?«

»Nein. Nur unsere eigenen.«

»Scheiße! Da haben die mal wieder gepennt. Ich hätte euch nicht ohne falsche Papiere über die Grenze gehen lassen.«

»Aber wir sind doch alle aus Sarajevo«, sagt Gavrilo. »Es ist doch nicht verboten, von Tuzla nach Sarajevo zu reisen.«

»Natürlich nicht. Aber irgendjemand muss gequatscht haben, davon solltet ihr ausgehen. Kann gut sein, dass ihr am Bahnhof kontrolliert werdet. Und wehe, die finden die Waffen. Dann seid ihr geliefert.«

»Und was machen wir jetzt?«, fragt Trifko. »Kannst du nicht die Waffen für uns nach Sarajevo bringen?«

Miško schüttelt vehement den Kopf. »Auf keinen Fall. Und ich fahr euch auch nicht hin. Mein Auftrag endet hier.«

»Warum machst du das eigentlich?«, fragt Gavrilo.

»Mache ich was?«

»Na, das hier. Uns durch den Tunnel schleusen, wie ihr das nennt?«

»Na, warum wohl? Weil ich Serbe bin und Patriot.«

»Und dann lässt du uns hier einfach hängen?«

»Hör zu, du Klugscheißer. Ich weiß nicht, was ihr vorhabt. Geht mich auch nichts an, aber man kann es sich denken, ich bin ja nicht blöd. Ich lebe in dieser Stadt da unten. Als einer von wenigen Serben. Da hat man's nicht immer leicht. Ich bin Kaufmann und habe Familie. Natürlich tue ich, was ich kann, um der Sache zu dienen, aber ich werde nicht mein Leben und meine Familie aufs Spiel setzen, ist das klar?«

»Verstehe«, sagt Danilo. Er sieht die anderen an. »Dann machen wir uns jetzt besser auf den Weg.« Er wendet sich noch einmal zu Miško: »Wie oft fahren die Züge?«

»Etwa jede Stunde. Habt ihr Geld für Fahrkarten?«

»Haben wir.«

»Die Sache ist riskant, das müsst ihr wissen. Falls sie eure Namen kennen, werden sie euch bei einer Kontrolle verhaften. Auch ohne Waffen. Dann werden sie euch fertigmachen, bis ihr gesteht.«

»Wir müssen es riskieren«, sagt Gavrilo. »Wir haben keine andere Wahl.«

»Wartet mal«, sagt Danilo nachdenklich. »Vielleicht gibt es doch eine andere Möglichkeit. Wie heißt die erste Bahnstation nach Tuzla?«

Miško runzelt die Stirn. »Kreka. Oder auch Bosanska Poljana. Warum fragst du?«

»Dann fahr uns doch bis zu einer dieser Stationen. Dann umgehen wir die Kontrollen.«

»Herrgott noch mal! Was soll das denn jetzt? Du verlangst ganz schön viel!«

Danilo lächelt. »Ein kleiner Dienst von einem Patrioten für den anderen.«

Miško starrt ihn eine Weile missmutig an. »Also gut«, sagt er schließlich. »Fahren wir nach Bosanska. Das ist noch ein Stück weiter. Aber durch Tuzla müssen wir trotzdem. Ich werde, soweit es geht, durch Nebenstraßen fahren und kann nur hoffen, dass uns keiner anhält. Macht euch klein. Und setzt Mützen auf, falls ihr welche dabeihabt.«

Sarajevo, 13:10 Uhr, im Konak

Hauptmann Simon ist von seinem nächtlichen Einsatz an der Drina zurück. Er betritt Markovic' Arbeitszimmer und lässt sich mit müdem Seufzer auf einen der Stühle fallen, die vor dem Schreibtisch stehen. Seine Uniform ist zerknautscht, seine Wangen sind von Stoppeln bedeckt. »Und?«, fragt er. »Was gibt's Neues?«

»Du kommst erst jetzt? Das hat aber lange gedauert.«

»Es ist eine elende Strecke, sag ich dir. Und jede verdammte Schafherde hat Vorfahrt. Einmal hatten wir beinahe einen Unfall. Und dann mussten wir Benzin suchen. War natürlich nirgends aufzutreiben, bis uns nach einer Stunde ein mitleidiger Automobilist ausgeholfen hat. Geschlafen hab ich auch kaum bei der ständigen Ruckelei.«

»Was soll ich sagen? Tut mir leid.«

»Dieses Bosnien ist so verdammt rückständig. In Sarajevo kann man's noch aushalten, aber auf dem Land, da glaubt man sich im letzten Jahrhundert. Was sage ich, im verdammten Mittelalter!«

»Gibt es noch was aus Bijeljina zu berichten?«

»Nichts, rein gar nichts. Gestern Nacht hätten wir die Kerle beinahe gehabt, ich schwör's dir. Aber auf einmal waren sie wie vom Erdboden verschluckt. Die Polizei in diesem Kaff kannst du vergessen. Die wollten doch tatsächlich zu Fuß oder auf Pferden losziehen, um die Höfe abzuklappern. Haben die sich eigentlich gemeldet? Ich hab ihnen gesagt, sie sollen anrufen, falls sie was haben.«

»Nein, nichts.«

»Hab ich mir gedacht.« Simon gähnt ausgiebig.

»Ich sehe, du bist müde«, sagt Markovic. »Dann leg dich jetzt für ein paar Stunden aufs Ohr. Im Augenblick haben wir hier alles im Griff.«

»Wer ist ›wir‹?«

»Mayerhoffer und ich.«

»Und? Seid ihr weitergekommen.« Simon greift in die Brusttasche und holt sein Zigarettenetui heraus. Dann steckt er es mit einem halb unterdrückten Fluch wieder weg. »Hab vergessen, ich hab ja gar keine mehr.« Er dreht sich zur Tür und brüllt: »Huber!«

Alois Huber, Markovic' Bursche, steckt den Kopf zur Tür herein. »Waren Sie das, der gerufen hat, Herr Hauptmann?«

»Besorg mir Zigaretten. Und zwar hoppla!«

»Sofort, Herr Hauptmann.« Die Tür schließt sich wieder.

Simon wendet sich wieder seinem Vorgesetzten zu. »Also, was habt ihr inzwischen gemacht?«

»Folgendes: Zunächst einmal sind wir den ganzen Weg vom Bahnhof bis zum Rathaus abgeschritten, um zu sehen, wo ein Attentat Erfolg haben könnte. Solange die Fahrzeugkolonne des Thronfolgers zügig fährt, dürfte es jedoch schwierig sein, den Erzherzog im fahrenden Wagen zu treffen. Eine Bombe wäre sicherer, aber auch die auf einen fahrenden Wagen zu werfen, ist nicht so leicht.«

»Sie könnten die Kolonne aufhalten. Zum Beispiel eine Karre auf die Straße schieben. Irgendwas, um ihnen Zeit zu geben, sich dem Wagen zu nähern und in Ruhe ihr Werk zu tun.«

»Genau. Das wäre die naheliegende Möglichkeit. Nur wo auf dieser langen Strecke? Wie zum Teufel sollen wir das frühzeitig erkennen und verhindern? Daran müssen wir noch arbeiten.«

»Wir könnten darauf dringen, dass die Wagenkolonne einen ganz anderen Weg nimmt«, schlägt Simon vor. »Jedenfalls nicht den angekündigten.«

»Das habe ich schon versucht. Aber dieser Major Wiesinger, Potioreks Adjutant, hat mich gleich abblitzen lassen. Unser Landeschef will jubelnde Menschen, die dem hohen Paar begeistert zuwinken. An der Route wird deshalb nichts geändert.«

Simon schüttelt genervt den Kopf. »Dieser verdammte Holzkopf! Ich frag mich, wer den auf seinen Posten gehievt hat.«

Markovic lacht. »Lass das niemanden hören. Sonst versetzen sie dich ins ferne Galizien. In irgendeine Offiziersmesse, aber nur zum Kartoffelschälen.«

»Na und? Dann hätte ich wenigstens geregelte Arbeitszeiten.«

In diesem Augenblick geht die Tür auf, und Huber tritt ein. Er hält Simon ein offenes Zigarettenetui hin. »Die gehören Leutnant Müller. Ich besorg gleich noch mehr.«

Simon grinst erfreut. Er bedient sich, holt sein Feuerzeug aus der Tasche und steckt sich die Zigarette an. »Danke, Huber«, sagt er und nimmt einen tiefen Zug. »Jetzt geht's mir schon besser. Wenn ich jetzt noch 'ne Tasse Kaffee kriegen könnte …«

»Ich setz gleich neuen auf, Herr Hauptmann.

»Ach, noch was, Huber«, sagt Markovic, bevor sein Bursche das Zimmer verlässt. »Wenn du schon Kaffee kochst und Zigaretten kaufen gehst, besorg uns auch was zu essen. Der Hauptmann ist bestimmt hungrig.«

Als sie wieder allein sind, sagt Simon: »Zurück zum Thema. Ich frage mich die ganze Zeit, wie die nach vollbrachter Tat entkommen wollen. Auf der Straße vom Bahnhof ist das unmöglich.«

»Vielleicht wollen die gar nicht entkommen. Hast du daran gedacht?«

»Du meinst, die wollen sich opfern?«

»Ist doch möglich, oder?«

»Kommt mir unwahrscheinlich vor. Was ist mit dem Hotel in Ilidža? Das hatten wir doch als weiteren Anschlagsort in Betracht gezogen.«

»Ich denke, das Hotel ist ausreichend gesichert. Polizeikommissär Gede hat dort zwanzig Mann in Zivil abgestellt. Die haben das umliegende Gelände auf verdächtige Spuren abgesucht und Gebäude und Garten gesichert. Herzogin Sophia ist bereits angekommen, und ihr Mann wird für heute Nachmittag so gegen 15:00 Uhr erwartet. Mehr können wir im Augenblick nicht tun.«

»Was ist mit dem Besitzer dieser Pension, diesem Čabrinović?«

Markovic nickt. »Jetzt kommen wir zum interessanten Teil. Wir haben uns den Mann vorgeknöpft. Er ist tatsächlich der Vater dieses Burschen. Zumindest hat der Alte einen neunzehnjährigen Sohn, der vor einer Weile nach Belgrad gezogen ist. Sehr wahrscheinlich, dass es sich um den gleichen handelt.«

Simon nickt. »Sieht ganz danach aus.«

»Dieser Sohn heißt Nedeljko, wie wir erfahren haben. Er und sein Vater scheinen sich nicht zu verstehen. Der Alte verleugnet seinen Sohn, sagt, er will nichts mit ihm zu tun haben. Er sei ein Nichtsnutz und Herumtreiber. Die jüngere Schwester, Vukosava mit Namen, war zugänglicher. Die hat einen ehrlichen Eindruck auf mich gemacht. Aber beide haben keine Ahnung, wo dieser Nedeljko sich jetzt aufhält. Sie denken, er lebt in Belgrad. Wo genau, wissen sie nicht. Und das letzte Lebenszeichen war angeblich vor Monaten ein Brief aus Belgrad an die Schwester.«

»Verstehen die sich gut, Bruder und Schwester?«

»Ich denke schon. Sie war sehr besorgt um ihn. Und sie machte einen durchaus ehrlichen Eindruck.«

»Hast du schon gesagt. Was stand denn in dem Brief?«

»Angeblich nur Grüße. Ich habe sie nach dem Umgang ihres Bruders gefragt. Darüber wisse sie nichts, hat sie behauptet. Sie kenne keinen seiner Freunde.«

»Und du glaubst ihr?«

Markovic zuckt mit den Schultern. »Was das betrifft, nicht wirklich. Sie hat plötzlich zugemacht und wollte nicht mehr reden.«

»Wäre gut, die Namen seiner Freunde herauszubekommen. Und wo die wohnen.«

»Ich hab schon zehn unserer Leute losgeschickt, sich sämtliche Kneipen in der Stadt vorzunehmen. Die werden herausfinden, wo Nedeljko sich für gewöhnlich rumgetrieben hat und mit wem er Umgang hatte. Mayerhoffer lässt derweil rund um die Uhr die Pension überwachen. Sollte Čabrinović sich da zeigen, dann haben wir ihn.«

Simon ist nicht überzeugt. »Mayerhoffer und seine wackeren Kämpen«, murmelt er geringschätzig. »Die schaffen es noch, den Verkehr zu regeln, aber von professioneller Überwachung haben die Jungs doch keine Ahnung.«

»Wir können ihnen ja noch ein paar Mann Verstärkung schicken.«

»Gut. Und ist bei der Kneipenbefragung schon was rausgekommen?«

»Noch nicht. Die Kneipen füllen sich doch erst gegen Abend. Vorher werden wir wohl nichts hören.«

»Wo ist dieser Čabrinović eigentlich zur Schule gegangen?«

»Keine Sorge. Auch da sind wir dran.«

Simon bläst einen Rauchring in die Luft. »Dass wir seinen Namen bestätigen konnten, ist schon mal eine gute Fährte. Obwohl wir mit unserer Vermutung, dass es sich um einen Attentatsplan handelt, auch falschliegen könnten. Wir spekulieren mehr, als dass wir handfeste Beweise hätten.«

»Das stimmt. Aber wir sind hier nicht vor Gericht, Simon. Du bist lange genug beim Geheimdienst und weißt, dass wir meistens gegen graue Schatten kämpfen und mit Gerüchten und Vermutungen arbeiten, die sich nicht immer nachweisen lassen. Die Sache ist heikel. Wir müssen einfach davon ausgehen, dass ein Anschlag geplant ist, und alles tun, um ihn zu verhindern.«

Simon nickt. »Natürlich. Ich wollte nur noch mal daran erinnern, dass vielleicht gar nichts dahintersteckt.«

»Jedenfalls haben wir nicht genug, um damit zu Potiorek zu gehen. Der würde mich nur auslachen.«

Die beiden Männer schweigen eine Weile. Simon zieht nachdenklich an der Zigarette und streift die Asche ab. Dann sagt er: »Ich glaube, wir sollten uns noch mal das Mädchen vorknöpfen. Und zwar ernsthaft. Hier im Konak. Da wird sie schon den Mund aufmachen.«

Markovic schüttelt den Kopf. »Kommt nicht infrage! Nicht mit deinen Verhörmethoden. Das verängstigt das arme Ding nur noch mehr. Am Ende kriegen wir gar nichts aus ihr raus. Und falls wirklich kein Attentat dahintersteckt, sehen wir hinterher wie brutale Mistkerle aus, die eine unschuldige Siebzehnjährige gefoltert haben. Vergiss es also.«

Simon hebt beschwichtigend die Hände. »Schon gut, du hast ja recht! Aber ich bin sicher, die Kleine weiß was.«

»Überlass das mir. Ich hab schon eine Idee, wie wir es anstellen.«

Simon lacht. »Natürlich. Du bist ja der Mann mit dem Händchen für die Damen.«

Markovic grinst. »Worauf du dich verlassen kannst.«

Wien, 14:27 Uhr, Büro des österreichischen Finanzministers Biliński

»Herr Minister, der serbische Gesandte hätte gern ein Wort mit Ihnen gewechselt.«

Irritiert blick Biliński auf. »Herrgott noch mal! Sie wissen doch, ich bin beschäftigt. In fünfzehn Minuten beginnt die Sitzung.«

Der Minister kritzelt noch rasch einen Kommentar auf die Akte, die vor ihm liegt. Dann klappt er sie zu. Leon von Biliński ist wegen der anstehenden Besprechung heute etwas nervös. Er ist ein eher ruhiger, gemütlicher Mann von knapp siebzig Jahren, der der Wiener Küche zugetan ist, was man seiner rundlichen Figur ansehen kann. Der Kaiser hat ihn vor zwei Jahren zum gemeinsamen Finanzminister der Doppelmonarchie ernannt. Theoretisch ist er damit auch Oskar Potioreks Chef, denn die Verwaltung Bosniens und Herzegowinas untersteht dem Finanzministerium. Allerdings versteht er sich mit Potiorek nicht gerade gut. Besonders was den Umgang mit der serbischen Minderheit in Bosnien angeht, hatten sie schon häufiger heftige Auseinandersetzungen, denn in diesem Punkt ist Biliński eher moderat. Vielleicht weil er selbst kein gebürtiger Österreicher ist, sondern aus der Ukraine stammt.

»Was stehen Sie noch rum?«, fragt er seinen Sekretär. »Hier, diese beiden Akten werde ich für die Sitzung benötigen.«

Der Sekretär tritt an den Schreibtisch und nimmt die Akten entgegen. »Herr Jovanović sagt, es sei dringlich.«

»Ach, bei dem ist immer alles dringlich.« Biliński hält nicht viel von Jovan Jovanović. Der Mann ist serbischer Nationalist und einer von der unbelehrbaren Sorte, legt jedes Wort auf die Goldwaage und ist schnell beleidigt, sobald er eine auch nur annähernde Schmälerung seiner nationalserbischen Ehre wittert. »Für eine Audienz hab ich jetzt wirklich keine Zeit. Wimmeln Sie ihn ab.«

»Er ist am Telefon, Herr Minister. Und er sagt, es dauert nicht lange.«

Biliński seufzt genervt. »Also gut, stellen Sie ihn durch.«

Der Sekretär verlässt das große, holzgetäfelte Arbeitszimmer und schließt die gepolsterte Tür hinter sich. Was will dieser Jovanović nur wieder?, fragt sich Biliński. Wahrscheinlich geht es um diese Zollerleichterungen, auf die Serbien pocht. Oder er will sich mal wieder über irgendwas beschweren. Biliński zieht seine Uhr aus der Westentasche. In zehn Minuten ist Sitzung.

Das Telefon klingelt. Der Minister nimmt ab: »Biliński.«

»Herr Minister«, hört er Jovanović mit seinem unverwechselbaren serbischen Akzent sagen. »Entschuldigen Sie untertänigst die Störung.«

»Machen Sie's kurz, Jovanović. Ich gebe Ihnen fünf Minuten. Danach habe ich eine Besprechung.«

»Ist gut. Mehr brauche ich nicht.«

»Um was geht's denn?« Gerade noch rechtzeitig hat Biliński sich das Wort »diesmal« am Ende verkniffen.

»Meine Regierung hat mich beauftragt, Ihnen eine Warnung zu übermitteln.«

»Was für eine Warnung?«

»Es wäre vielleicht gut und vernünftig, wenn Erzherzog Franz Ferdinand nicht nach Sarajevo reisen würde.«

»Wie kommen Sie darauf?«

»Nun ja, in Sarajevo gibt es häufig Unruhen. Es könnte gefährlich für ihn und seine Gemahlin sein.«

»Machen Sie sich darum keine Sorgen. Wir haben Manöver in der Gegend. Es ist genug Militär vor Ort, um für Ordnung zu sorgen.«

»Nun ja. Militär ist schön und gut. Ich weiß, Sie haben Manöver. Aber irgendein junger Serbe, vielleicht ein Soldat, könnte statt einer Platzpatrone eine scharfe Kugel nehmen und sie auf den Thronfolger abschießen.«

»Wie kommen Sie darauf? Haben Sie konkrete Hinweise?«

»Nein, aber es kursieren Gerüchte.«

»Gerüchte. Mein lieber Jovanović. Ich danke Ihnen für die Besorgnis um unseren Thronfolger. Aber wegen ein paar Gerüchten können wir nicht die Reise absagen. Es ist alles seit Langem geplant. Die Menschen in Sarajevo wären maßlos enttäuscht. Außerdem ist der Erzherzog längst unterwegs und müsste gerade ankommen.«

»Wie Sie meinen, Herr Minister. Wollte Sie nur gewarnt haben.«

»Dafür bedanke ich mich. Auch im Namen des Kaisers und unseres Thronfolgers. Und was scharfe Kugeln betrifft«, Biliński lacht unbekümmert, »so lassen Sie uns hoffen, dass so was niemals passiert.«

»Natürlich, Herr Minister.«

»Jetzt muss ich leider auflegen.«

»Danke, dass Sie mir zugehört haben. Einen schönen Tag noch!«

Biliński hängt den Hörer ein und seufzt. Er nimmt einen kleinen Kamm aus einer Schreibtischschublade und kämmt damit seinen weißen Bart. Diese Serben, denkt er, immer voller Dramatik. Besonders Jovan Jovanović. Im Grunde ein Windbeutel. Was für ein Unsinn sollte das nun wieder sein? Ich soll dem Generalinspektor der Streitkräfte sagen, er soll sein Heer nicht besuchen? Wegen eines Gerüchts? Lächerlich! Als wenn wir was auf Gerüchte geben würden!

Ein wenig wundert sich Biliński dennoch über den Anruf. Seltsamerweise hat der Mann diesmal gar nicht so lange geredet wie sonst. Hat sich sogar ziemlich schnell verabschiedet. Auch, dass ausgerechnet die Serben sie warnen wollen, ist seltsam. Vielleicht ein Trick, eine Intrige. Egal. Keine Zeit für solchen Unsinn.

Biliński sieht noch einmal auf die Taschenuhr, legt den Kamm zurück und verlässt hastig sein Arbeitszimmer.

Ilidža, 15:03 Uhr, Hotel Bosna

Als Erzherzog Franz Ferdinand in Ilidža aus dem Zug steigt, wird er von lokalen Honoratioren des Kurorts feierlich empfangen. Auf dem Bahnsteig wimmelt es von winkenden Menschen, ganz vorn Kinder mit Blumen in den Händen, im Hintergrund spielt eine Blaskapelle die Kaiserhymne. Der Erzherzog hebt die Hand zum huldvollen Gruß und lächelt pflichtgemäß, wenn auch ein wenig gequält. Dann beugt er sich zu dem hübschen achtjährigen Mädchen vor ihm, das ein Sträußchen zu ihm hochreicht, bedankt sich und tätschelt der Kleinen die Wange. Ein Fotograf macht eine Aufnahme von der Szene, die Menge freut sich und winkt begeistert, Hochrufe erschallen.

Franz Ferdinand reicht dem Bürgermeister die Hand, der ihn salbungsvoll begrüßt. Weitere Herren werden ihm vorgestellt, deren Namen er sich nicht merken wird. Und plötzlich ein bekanntes Gesicht: Franz Conrad von Hötzendorf steht vor ihm, der Chef des Generalstabs, in voller Montur mit Orden auf der Brust. Zackig reißt der kleine Mann die Hacken zusammen und hebt die Hand an die Uniformmütze. Sein gewachster, nach oben gezwirbelter Schnurrbart steht dabei stramm wie der Mann selbst.

»Erlaube mir, Ihre Hoheit aufs Herzlichste willkommen zu heißen. Ich hoffe, die Reise war nicht zu beschwerlich.«

»Mein lieber Conrad«, erwidert Franz Ferdinand. »Danke, dass Sie sich herbemüht haben. Was die Reise betrifft, sie war interessant, überaus interessant. Besonders auf der *Unitis*. Prachtvolles Schiff! Und wie ist es bei Ihnen? Wie läuft das Manöver?«

»Bestens, bestens, Hoheit. Ich habe die Ehre, die Grüße des gesamten Offizierskorps zu überbringen. Die Truppe freut sich auf Hoheits Anwesenheit.«

Man begrüßt auch die anderen Herren des erzherzoglichen Gefolges. Zwischen Conrad und Potiorek findet ein eher kühler Händedruck statt, beiderseits begleitet von einem steifen, unaufrichtigen Lächeln. Während die Hymne ausklingt, begibt sich die Reisegesellschaft samt Empfangskomitee durch die kleine Bahnhofshalle hinaus auf den Platz, wo eine Reihe von Fiakern bereitsteht, um die Gäste in die Hotels zu fahren. Einen Augenblick lang herrscht Durcheinander, bis sich sortiert hat, wer wohin gefahren werden soll. Das Gepäck wird aufgeladen, dann geht es los. Als Erste fährt die Kutsche des Thronfolgers ab, in der auch die beiden Heerführer Platz genommen haben.

Franz Ferdinand sieht sich um. Adrette Häuser, beschnittene Hecken, Vorgärten, in denen Blumen blühen. »Hübsch hier«, sagt er. »Sehr gepflegt.«

Potiorek beugt sich vor. »Wie Hoheit vielleicht wissen, haben schon die Römer ihre Thermen hier betrieben. Und auch die Ottomanen.«

»Ist mir bekannt«, schnappt Franz Ferdinand etwas irritiert. Dieser Potiorek mit seinen Erklärungen! Der Mann kann einem wirklich auf den Geist gehen. Meint der denn, man ist vom Lande? Natürlich hat er seinen Baedeker genauestens studiert. Der Name Ilidža kommt aus dem Türkischen und bedeutet so viel wie »heiße Quelle«. Das Städtchen liegt nicht weit von Sarajevo in der Nähe des Berges Igman. Und der ist ja wahrlich nicht zu übersehen. Durch den Ortskern fließt irgend so ein unaussprechlicher Nebenfluss der Bosna, die selbst am Fuße des Igman entspringt und später in die Save mündet. Von Ilidža bis Sarajevo sind es nur wenige Kilometer. Übernachten werden sie hier, im Hotel Bosna, von dem es im Baedeker sogar ein Foto gibt, einem großen, viergeschossigen Bau, der in der Mitte und auf jeder Etage mit weiten hölzernen Veranden versehen und angeblich auch von einem schönen Park umgeben ist. Überhaupt soll der gesamte Thermalkomplex neu und erst vor wenigen Jahren angelegt worden sein.

Mein Sopherl müsste eigentlich schon angekommen sein, überlegt Franz Ferdinand. Er freut sich auf sie. Wenn er doch nur schon diese ganzen Leute los wäre. Wie die Kletten hängen sie an ihm seit Tagen. Händeschütteln, Ansprachen, Diners. Und immer brav lächeln und sich freundlich geben. Sogar sein eigenes Gefolge buhlt ständig um Aufmerksamkeit. Und heute die elende Bahnfahrt und Potioreks andauerndes Geschwätz im Ohr. Diese schnarrende Stimme! Wir sind doch nicht auf dem Exerzierplatz. Ach, wie hat er das alles satt! Dabei stehen ihm noch Tage davon bevor. Aber jetzt erst mal das Hotel und sein Sopherl.

Bei dem Gedanken ans Hotel und an ein komfortables Bett muss er gähnen. Ein warmes Bad und ein Nickerchen, das käme ihm gerade recht, so früh, wie er heute Morgen aufgestanden ist.

Als sich die Kutsche der Allee nähert, in der sich das Hotelgelände befindet, beginnt es zu regnen. Nicht sehr stark, aber immerhin. Der Kutscher hält die Gäule an, um das Verdeck hochzuziehen. Doch bevor er vom Bock steigen kann, ruft der Erzherzog ihm zu: »Nun fahren Sie schon weiter, Mann! Wir sind ja nicht aus Zucker!«

Der Kutscher nickt beflissentlich, reicht den Herren, bevor er weiterfährt, einen Regenschirm, den Potiorek über sich und den Erzherzog aufspannt. Franz Conrad, der gegenübersitzt, muss leider nass werden.

Zwei Minuten später biegt die Kutsche in die Einfahrt zum Hotelpark, folgt der Auffahrt und hält schließlich vor dem breiten Hoteleingang. Uniformierte Polizisten halten trotz des Regens Wache. Man hört jemand rufen: »Sie kommen!« Dann reißt ein Türsteher in Livree den Schlag auf. Franz Ferdinand steigt als Erster aus und sieht sich um. Potiorek, ihm dicht auf den Fersen, hält immer noch den Schirm über ihn. Diverse Bedienstete eilen herbei, allen voran der Hoteldirektor.

Und dann ist plötzlich Sophie in seinen Armen und küsst ihn auf die Wange. »Endlich, Franzi. Hab dich schon vermisst«, raunt sie ihm zu.

»Gehen wir lieber rein, Herzl«, sagt er. »Du wirst ja ganz nass.«

Sie lacht, und beide flüchten unter den überdachten Eingang. Dann wendet sie sich mit freundlichem Lächeln an die beiden Generäle. »Grüß Gott, die Herren, aber ich muss Sie jetzt um Nachsicht bitten. Der Erzherzog ist gewiss müde von der langen Reise. Haben Sie also Erbarmen. Morgen steht er Ihnen den ganzen Tag zur Verfügung, aber heute gehört er mir.«

»Selbstverständlich, Hoheit«, sagt Conrad von Hötzendorf und beugt sich galant über ihre Hand. Von seinem Mützenschirm tropft Wasser auf ihr Kleid. Potiorek kann nur ergeben nicken, denn er hält immer noch den Schirm.

Nun kommen andere dienstbare Geister mit Schirmen gelaufen, um auch die übrigen Gäste in Empfang zu nehmen, deren Kutschen gerade ankommen.

»Komm, Franzi«, sagt die Herzogin und nimmt ihn bei der Hand. »Ich zeig dir unser Appartement. Du wirst staunen.«

Im Foyer des luxuriösen Kurhotels – schwere Kronleuchter, dicke Teppiche, blitzend poliertes Messing – stehen neugierige Menschen und starren sich die Augen aus dem Kopf. Bei Franz Ferdinands Erscheinen sind die Gespräche verstummt, die Herren verbeugen sich, die Damen üben den Hofknicks, im Hintergrund ruft einer »Vivat!«. Auch der Hoteldirektor verbeugt sich noch einmal tief, wünscht seinem erlauchten Gast einen wunderbaren Aufenthalt und versichert ihm, das gesamte Personal werde dem hohen Paar jeden erdenklichen Wunsch erfüllen. Dann begleitet er die beiden zum Aufzug. Marke Siemens, neuestes Modell und absolut sicher, wie er sagt.

Franz Ferdinand hat genug von dem ganzen Trubel. Dem Geschwätz des Hoteldirektors hört er gar nicht mehr zu. Nur endlich ein bisschen Ruhe! Es wartet jedoch eine weitere Prüfung auf ihn, denn im zweiten Stock werden sie von einem älteren Herrn in Empfang genommen, den Sophie als den Regierungsarchitekten Bartholomäus Knopfmacher vorstellt. »Man sieht es dir an, du bist müde, Schatzerl«, sagt sie, »aber der Herr Architekt möchte dir persönlich das wundervolle Appartement zeigen, das unter seiner Leitung und nur für uns entstanden ist.«

»Ihr ergebenster Diener, Hoheit.« Knopfmacher verbeugt sich tief. »Seit März haben wir daran gearbeitet. Ich hoffe innigst, dass es Ihrer Hoheit gefällt.«

»Mir gefällt es ganz außerordentlich«, erwidert Sophie und schreitet den Herren voraus. Franz Ferdinand stöhnt innerlich und folgt ihr. Der Hoteldirektor trottet als Letzter hinter ihnen her.

Sie betreten das Appartement. Der Direktor grinst stolz, während der Herr Architekt erklärt. Die eigens für den Besuch des Thronfolgerpaares eingerichtete Wohnung besteht aus sechs großen Zimmern, die man zu einer einzigen Suite zusammengefügt hat. Zwei der Zimmer hat man in einen großen Salon verwandelt und in orientalischem Stil eingerichtet. An den Wänden stilvolle Temperamalereien, wunderbare Teppiche, zierlich geschnitzte Möbel, jedes für sich ein Kunstwerk, Vorhänge aus kostbaren Stoffen, eine ganze Waffenwand mit alten silber- und goldeingelegten Pistolen und Vorderladern, ein wuchtiger Schreibtisch für den Erzherzog mit prachtvollem türkischen und mit Altgold eingelegten Schreibzeug.

Dieser Salon ist wirklich eine Augenweide, aber Franz Ferdinand hat wenig Sinn dafür und wird langsam unruhig, da dieser Knopfmacher jedes verdammte Stück einzeln erklären zu wollen scheint. Als dann auch noch die Tür auffliegt und eine Horde livrierter Hoteldiener das Gepäck hereinträgt, steigt ihm die Zornesröte ins Gesicht, und er kann nicht mehr an sich halten.

»Jetzt reicht's mir langsam!«, brüllt er. »Ich will jetzt endlich meine Ruhe haben. Raus, raus! Alle raus! Sofort!« Er scheucht die Diener und sogar den Herrn Direktor mit einer unmissverständlichen Geste zur Tür hinaus. Dann deutet er auf den zutiefst erschrockenen Regierungsarchitekten. »Und Sie auch! Alle raus!«

»Und die übrigen Zimmer?«, fragt der Mann gequält.

»Die kann ich mir auch ohne Sie ansehen!«

Wie von Hunden gejagt folgt der arme Mensch den Hoteldienern aus dem Appartement und schließt die Tür hinter sich.

»Mein Gott, endlich!«, stöhnt Franz Ferdinand und öffnet den obersten Knopf seines Uniformkragens. Dann lässt er sich in einen opulenten Fauteuil fallen und streckt die Beine von sich. »Endlich sind wir allein.«

»Aber Franzi.« Sophie sieht ihn vorwurfsvoll an. »Das war jetzt nicht sehr nett von dir. Der gute Mann hat sich so viel Mühe gegeben.«

»Ich weiß, ich weiß. Aber ich hab mir auch viel Mühe gegeben. Nämlich mit Herrgotts allen freundlich zu sein. Auf der ganzen Reise. Nur weil du es von mir verlangst. Ich sage dir, das zehrt an meinen Kräften. Jetzt war einfach genug. Jetzt konnte ich mich nicht mehr zurückhalten. Bitte verzeih, Liebes.«

»Natürlich verzeih ich dir.« Sie setzt sich auf seinen Schoß und streicht ihm übers Haar. »Weißt du, es gibt in diesem Appartement sogar eine kleine Kapelle, eigens für uns. Und du solltest erst mal meinen Salon sehen. Eine wahre Augenweide.«

»Du bist meine Augenweide.«

Sie lacht. »Mit meinen Runzeln?«

»Ich seh keine.«

»Eigentlich wollte ich mit dir auf den Basar gehen. Der ist nämlich wirklich wundervoll. Aber du hast jetzt sicher keine Lust dazu.«

»Warst du denn schon dort?«

»Ja, mit Baronin von Prittwitz.«

»Kenn ich die?«

»Sie ist Hofdame deiner lieben Stiefmutter. Eine Lustige ist das. Hat mich die ganze Zeit unterhalten.«

»Sei mir nicht böse, aber zu einem Basarbesuch habe ich wirklich keine Lust mehr. Heute Morgen bin ich um vier Uhr aufgestanden. Dann die lange Reise. In Mostar die Geistlichen der Stadt, der katholische Bischof, der orthodoxe Metropolit und der muselmanische Mufti. Nicht zu vergessen die Stadtrundfahrt und diese idiotische Rede des Bürgermeisters. Als wär's nicht genug, musste ich während der ganzen Zugfahrt auch noch diesen Potiorek ertragen. Mir reicht's für heute.«

»Das versteh ich, Schatzi. Am besten nimmst du jetzt ein Bad. Das wird dir guttun.«

»Darauf hab ich mich schon die ganze Zeit gefreut.«

»Hinterher trinken wir ein Gläschen Champagner zusammen.«

»Aber du trinkst doch fast nie.«

»Heut mach ich eine Ausnahme. Und danach …« Sie lächelt geheimnisvoll und beginnt, seine Uniformjacke aufzuknöpfen.

»Aha«, sagt er und grinst. »Du hast also doch noch etwas vor.«

»Na ja, die Prittwitz meint, das Leben sei zu kurz, um es nicht zu genießen.« Schüchtern lächelnd beugt sie sich vor und flüstert ihm ins Ohr: »Ich hab schon Bescheid gegeben, dass wir auf keinen Fall gestört werden wollen. Heute sind wir endlich mal ganz allein, Franzl, nur du und ich und ohne Kinder. Das muss doch gefeiert werden.«

Sarajevo, 16:11 Uhr, vor einem Kaffeehaus

In einem der neuen Viertel nicht weit von der Altstadt, in einer belebten Straße voller teurer Geschäfte, steht Vukosava Čabrinović vor einem Kaffeehaus. Über der Drehtür prangt in großen, geschwungenen Lettern »Café Marić«. Ab und zu geht jemand durch die Drehtür. Gerade sind es zwei Damen mit Einkaufstaschen. Sie schauen zum Himmel, aber der Regen hat längst aufgehört. Es war nur ein Schauer.

Das Lokal nimmt die ganze Breite eines dreistöckigen Gebäudes ein und ist im Stil eines Wiener Kaffeehauses eingerichtet, soweit man das durch die großen, von eleganten Vorhängen umrahmten Fenster erkennen kann. Die Gäste sitzen an kleinen Tischen, unterhalten sich oder lesen Zeitung. Die meisten sind Männer in westlicher Kleidung, vermutlich Beamte der österreichisch-ungarischen Verwaltung, Geschäftsleute, Journalisten. Auch einige Uniformträger und ein paar Damen, die sich um diese Uhrzeit zu Kaffee und Kuchen verabredet haben.

Das Café Marić ist kein Lokal, das ein junges Mädchen wie Vukosava normalerweise betreten würde. Nicht einmal ihr Vater. Zu elegant, zu modern, zu teuer. Aber genau hierhin hat man sie bestellt. So steht es jedenfalls auf dem Zettel, den sie in der Handtasche hat und den ein Bote ihr vor einer Stunde zugesteckt hat. Das Papier sieht aus, als habe man es hastig aus einem Schulheft gerissen. Der Text ist in Großbuchstaben und in serbischer Sprache verfasst und unmissverständlich fordernd: *Kommen Sie um 16:15 Uhr zum Café Marić*, steht da, mit genauer Anschrift. *Ich habe dringende Nachricht von Ihrem Bruder. Kommen Sie allein, und seien Sie pünktlich, aber sagen Sie niemandem etwas davon. Die Polizei sucht nach ihm.*

Was soll man davon halten? Dem Vater hat sie nichts erzählt. Der hätte ihr verboten, der Aufforderung Folge zu leisten. Aber kommen musste sie, ganz gleich, was sie hier erwartet. Ja, die Polizei sucht nach ihm. Das bereitet ihr eine Heidenangst. Nedeljko ist älter als sie und doch ein Kindskopf. Immer steckt er in Schwierigkeiten. Was hat er diesmal angestellt?

Oder besser – was hat er vor? Die Polizei hat etwas von »verhindern« gesagt. Wollen er und Gavrilo wieder Flugblätter verteilen, an einem Protestmarsch teilnehmen und sich mit der Polizei prügeln? Wäre nicht das erste Mal. Deshalb sind sie ja auch nach Belgrad gegangen – weil Gavrilo wegen Aufruhr und Erregung öffentlichen Ärgernisses von der Schule geflogen ist. Planen sie diesmal noch Schlimmeres? Warum sonst würde die Polizei sie suchen?

Die Ungewissheit macht ihr am meisten Angst. Oft genug hat sie die beiden von Aufstand und Revolution reden hören, von bewaffnetem Widerstand. Dabei sind sie nicht die einzigen jungen Serben, die so dämlich daherquatschen. Besonders von Studenten hört man so was. Sie selbst versteht ja nicht viel von Politik. Aber Widerstand gegen wen? Es lebt sich doch gut in Sarajevo. Sie hat dieses Gerede nie ernst genommen. Doch seit dem Besuch der Uniformierten heute Morgen sind ihr all die verwegenen Sprüche wieder eingefallen. Jetzt kann sie an gar nichts anderes mehr denken. Was um Gottes willen wirft man den beiden vor? Und warum interessiert sich außer der Polizei auch ein Armeeoffizier für sie?

Nach Nedeljkos Freunden haben sie gefragt. Von Gavrilo wissen sie also nichts, sonst hätten sie seinen Namen erwähnt. Monatelang hat sie nichts von ihm gehört. Denkt er überhaupt noch an sie? In Belgrad hat er bestimmt Umgang mit ganz anderen Mädchen als der dummen kleinen Vukosava. Er ist so viel klüger als sie und älter und hat so viele Bücher verschlungen, dass einem der Kopf schwirrt, wenn man ihn nur reden hört. Aber er war immer sehr nett zu ihr. Einmal haben sie sich sogar geküsst. Es war ihr schrecklich peinlich, und doch träumt sie immer noch davon. Sie hat sich bemüht, die Bücher zu lesen, die er ihr geliehen hat. Anfangs hat er ihr häufig geschrieben, doch in letzter Zeit nicht mehr. Verraten würde sie ihn trotzdem nicht. Niemals!

Vukosava ist so in Gedanken versunken, dass sie erschrickt und zur Seite springt, als hinter ihr plötzlich die Straßenbahn vorbeirattert. Unwillkürlich legt sie die Hand ans Herz, um sich zu beruhigen. Die Menschen, die an ihr vorübergehen, nimmt sie kaum wahr, denn sie starrt nur auf den Eingang des Cafés und fragt sich zum hundertsten Mal, wer ihr die Nachricht geschickt haben könnte. Der Bote, ein fünfzehnjähriger Junge, hat nichts sagen wollen und ist gleich wieder verschwunden. Zuerst wollte sie der Aufforderung nicht folgen. Wer weiß, was dahintersteckt. Doch dann konnte sie nicht widerstehen. Sie muss einfach herausfinden, in welchen Schlamassel Nedeljko steckt.

Von einer Kirche in der Nähe hört sie die Viertelstunde schlagen. Es ist so weit. Dass sie an einen öffentlichen Ort bestellt wurde und nicht in eine dunkle Gasse, macht ihr ein wenig Mut. Sie holt noch einmal tief Luft und zwängt sich durch die Drehtür des Cafés.

Drinnen bleibt sie stehen und blickt sich hilfesuchend um. Wird man sie überhaupt erkennen? Niemand nimmt Notiz von ihr, nur drei Damen, die sie kurz von oben bis unten mustern, wahrscheinlich wegen ihrer ärmlichen Kleidung. Die fragen sich bestimmt, was ein Mädchen wie sie hier zu suchen hat. Sie sollte sich wohl besser setzen.

Mit vor Verlegenheit unsicheren Schritten steuert Vukosava auf einen leeren Tisch zu und lässt sich vorsichtig auf einem der Stühle nieder. Sie sitzt steif und aufrecht, die Handtasche auf den Knien, der ganze Körper angespannt. Soll sie etwas bestellen? Etwas Geld hat sie dabei. Vielleicht kommt ja gar keiner, und man hat sich nur einen üblen Scherz mit ihr erlaubt.

Minuten vergehen. Eine Ewigkeit, so kommt es ihr vor. Sie ist kurz davor zu gehen, als ein befrackter Kellner an ihren Tisch tritt und sich vertraulich zu ihr beugt. »Sind Sie Fräulein Čabrinović?«, fragt er leise auf Bosnisch.

Vukosava errötet. »Ja. Woher wissen Sie?«

»Man hat Sie beschrieben. Würden Sie mir bitte folgen?«

Mit zitternden Knien erhebt sie sich. Der Kellner geht voran und führt sie in den hinteren Teil des Cafés zu einer von mehreren Nischen. Dort, im Halbdunkel, sitzt eine schlanke, elegant gekleidete Dame. Sie trägt einen modischen Hut mit Schleier, der nur das Kinn und den rot geschminkten Mund sehen lässt.

»Nehmen Sie Platz, Fräulein Čabrinović«, hört sie die Dame sagen. »Sie sind also doch gekommen. Ich war mir nicht sicher.«

Das Herz klopft Vukosava bis zum Hals. Eine Frau? Das hat sie nicht erwartet. Sie rutscht auf die gepolsterte Bank der Dame gegenüber. »Wer sind Sie?«, haucht sie. »Haben Sie mir etwa die Botschaft geschickt?«

»In der Tat. Ich freue mich, dass Sie gekommen sind. Und keine Angst. Ich meine es gut mit Ihnen und mit Ihrem Bruder.«

Vukosava nimmt ihre Tasche von der Schulter und legt sie neben sich. Die Stimme der Dame hat freundlich geklungen. Ihr Serbisch ist perfekt und akzentfrei. Jetzt hebt sie den Schleier vom Gesicht und schenkt Vukosava ein warmes Lächeln, das bis zu den dunklen Augen reicht. Es ist ein starkes, aber sympathisches Gesicht, nur wenig geschminkt und doch seltsam anziehend. Ihr dunkles Haar ist unter dem Hut verborgen. Die Frau muss um die dreißig sein und stammt zweifellos aus gehobenen Kreisen, denn sie trägt eine Seidenbluse unter dem Kostüm und auf dem Revers eine kostbare Perlenbrosche. Vukosava hat alles Mögliche erwartet, vielleicht sogar die Polizei. Oder einen von Nedeljkos eher zwielichtigen Freunden. Aber keine Dame wie diese.

»Ich … ich versteh nicht ganz …«, stammelt sie. Sie wagt nicht, sich zurückzulehnen, sitzt kerzengerade, die Hände nervös auf dem Schoß verkrampft.

»Sie fragen sich, was jemand wie ich mit Ihrem Bruder zu tun hat. Ich werde Ihnen alles erklären. Dazu möchte ich Sie zu einer Tasse Tee einladen. Aber nicht hier, sondern in meiner Wohnung, hier oben, direkt über dem Café. Mein Name ist Marić, Svjetlana Marić, genau wie das Café. Es gehört mir.«

»Es gehört Ihnen?« Vukosava macht große Augen.

Die Dame nickt. »Eine gute Investition, es ist sehr beliebt. Als der frühere Besitzer vor zwei Jahren gestorben ist, da musste ich einfach zugreifen. Also kommen Sie, Fräulein Čabrinović. Sie haben nichts zu befürchten. Oben sind wir ganz unter uns. Ich verspreche Ihnen, Sie werden es nicht bereuen.«

Die Dame, die sich Marić nennt, erhebt sich, streicht mit einer unbewussten Handbewegung den Rock glatt, klemmt sich ihre Handtasche unter den Arm und geht ohne ein weiteres Wort auf einen Flur zu und im Flur zu einer Tür, auf der »Privat« steht.

Einem fremden Mann hätte Vukosava sich nicht zu folgen getraut. Aber dieser freundlichen Dame mag sie die Einladung nicht abschlagen. Eine Treppe führt in den ersten Stock, wo Frau Marić eine Tür aufschließt und sie hineinbittet. Mit klopfendem Herzen betritt Vukosava einen kleinen Vorraum, von dem mehrere Türen abgehen. Eine steht offen und erlaubt den Blick in einen Salon.

»Gehen Sie ruhig weiter ins Wohnzimmer«, hört sie die Dame hinter sich sagen. »Ich will nur rasch Wasser aufsetzen.«

Vukosava tritt durch die offene Wohnzimmertür und sieht sich um. Der Raum ist großzügig geschnitten und mit weichen Teppichen und bequemen Möbeln ausgestattet. Sofas und Sessel, auf denen bunte Kissen liegen. Zeitungen etwas unordentlich verstreut auf dem Kaffeetisch. An den dunkel tapezierten Wänden hängen helle Landschaftsaquarelle in lebhaften Farben. An der Rückwand steht ein riesiges Bücheregal. Manche Bände wirken abgegriffen und zerlesen, sie sind also nicht nur zur Dekoration da. Lampen und Kunstobjekte im sogenannten Jugendstil, wie Gavrilo ihr einmal erklärt hat. Eines ist deutlich: Diese Frau Marić ist alles andere als arm. Nur eines kommt Vukosava seltsam vor: Sie kann nirgends Familienbilder entdecken. Nicht wie bei ihr zu Hause, wo gerahmte Fotografien ihrer Großeltern und Tanten an der Wand hängen und auch eines ihrer verstorbenen Mutter. Hier findet sich nichts dergleichen. Hat die Dame keine Familie? Oder möchte sie nicht an sie erinnert werden?

Svjetlana Marić betritt das Wohnzimmer mit einem Tablett, das sie auf dem niedrigen Kaffeetisch abstellt. Sie nimmt zwei Teetassen aus feinem Porzellan herunter, dazu Zuckerdose und Milchkännchen und auch etwas Gebäck. Ihren Hut hat sie abgelegt, sodass ihr schönes dichtes Haar zur Geltung kommt. Sie trägt es hochgesteckt, was ihrer Erscheinung etwas Nobles verleiht. Unwillkürlich fasst sich Vukosava an die eigenen Haare und schämt sich der noch vom Regen feuchten Strähnen, die ihr in die Stirn fallen.

»Die Wohnung war verfügbar, als ich das Café übernommen habe«, erklärt Frau Marić. »Hier hat der frühere Besitzer gewohnt. Es gibt auch einen separaten Eingang zur Straße. Ich bin nicht immer hier. Aber in letzter Zeit öfter.«

Vukosava ist mehr als beeindruckt. Von der Frau und von der Wohnung. Sie blickt zur Bücherwand. »Haben Sie die alle gelesen?«, fragt sie schüchtern.

»Die meisten. Ich hab schon immer gern gelesen.«

»Ihr Ehemann muss reich sein.«

Frau Marić lacht. »Ehemann? Nein, einen Ehemann hab ich nicht. Ich bin unverheiratet. Und ich hab auch nichts geerbt, wenn Sie das denken. Ich bin Geschäftsfrau … Unternehmerin, verstehen Sie?«

»Aber das sind doch nur Männer.«

»Meistens.«

Ein Kessel pfeift. »Oh, das Wasser ist heiß«, sagt Frau Marić. »Einen Augenblick.«

»Das ging aber schnell.«

»Ich bin hier schon ans neue Gasnetz angeschlossen. Aber setzen Sie sich doch!« Damit eilt sie aus dem Zimmer.

Gas. Das erklärt es. Daheim dauert es ewig, bis der mit Holz befeuerte Herd heiß genug ist. Vukosava nimmt ihre abgewetzte Tasche von der Schulter und lässt sich auf einem Stuhl nieder. Auf das Sofa traut sie sich nicht. In diesem luxuriösen Salon kommt sie sich klein und unbedeutend vor. Wer um Himmels willen ist diese Frau? Und was hat sie mit Nedeljko zu tun? Das hat sie immer noch nicht erklärt.

Wenig später trägt Frau Marić eine dampfende Kanne herein. Man kann den Tee riechen. »Wir sollten ihn noch etwas ziehen lassen«, sagt sie und lächelt freundlich. »Und nun zu Ihnen, meine Liebe. Darf ich fragen, wie alt Sie sind?«

»Siebzehn.«

»Mein Gott, so jung! Dann darf ich Sie vielleicht noch beim Vornamen nennen und duzen?«

Vukosava nickt. »Natürlich, Frau Marić.«

»Ich heiße Svjetlana. Lassen wir die Nachnamen einfach mal weg. Und dein Bruder? Wie alt ist der?«

»Neunzehn.« Vukosava ist sichtlich nervös. Sie möchte natürlich nicht unhöflich sein – die Dame ist mehr als freundlich –, aber nun sollte sie endlich zur Sache kommen. »Sie haben geschrieben …«

»Ich weiß, was ich geschrieben habe. Und natürlich fragst du dich, was dahintersteckt, warum ich dich hergebeten habe. Weißt du, bei meinen Geschäften habe ich mit vielen Menschen zu tun. Einige davon sind hoch platziert. Hier in Sarajevo, aber auch in Belgrad, wo ich ursprünglich herkomme. Und da erfährt man so einiges.«

»Über meinen Bruder?«

Svjetlana nickt. »Über viele Dinge. Aber auch über Nedeljko. Warum ausgerechnet ich mich für ihn interessiere und ihm helfen möchte, erkläre ich dir später. Dann wird es dir auch nicht mehr so seltsam vorkommen. Vorher hätte ich aber gern gewusst, wie das so war bei euch zu Hause. Hattet ihr eine glückliche Kindheit?«

Vukosava blickt verwirrt. Was für eine seltsame Frage. »Ich weiß nicht … Mutter ist gestorben, als ich noch klein war. Nedeljko hat darunter gelitten. Mehr als ich. Warum fragen Sie?«

»Hat dein Vater wieder geheiratet?«

Vukosava schüttelt stumm den Kopf.

»Das heißt, er hat euch beide allein aufgezogen.«

»Ja.«

»Und wie verstehst du dich mit deinem Vater?«

Vukosava zögert, bevor sie antwortet. »Gut. Das heißt … Manchmal ist er cholerisch. Es ist nicht immer leicht mit ihm. Er ist sehr streng.«

»Hat er euch geschlagen?«

Vukosava wird rot. Es ist ihr unangenehm, über solche Dinge zu reden. »Warum …?

»Warum ich das frage?« Svjetlana beugt sich zur Teekanne vor und füllt die beiden Tassen. »Nimmst du Milch und Zucker?«

»Nur etwas Zucker, bitte.«

Svjetlana süßt Vukosavas Tee und stellt die Tasse vor sie auf den Tisch. Dann nimmt sie selbst einen Schluck, ungesüßt und ohne Milch. Sie stellt ihre Tasse ab und lehnt sich zurück. »Weißt du, Vukosava, nach dem, was mir zu Ohren gekommen ist, handelt es sich um eine sehr schwerwiegende Angelegenheit, in die dein Bruder hineingeraten ist. Sicher ganz unschuldig und ohne genau zu wissen, auf was er sich da eingelassen hat. Um ihn da wieder rauszuholen, möchte ich mir ein Bild machen. Deshalb noch mal: Wie war das mit eurem Vater?«

Die Worte sind nicht in der Lage, Vukosava zu beruhigen. Ganz und gar nicht. Eine »schwerwiegende Angelegenheit«? Was um Himmels willen mag das sein? Was weiß diese Frau? Will sie wirklich helfen, wie sie sagt, oder tut sie nur so? Warum erklärt sie nicht gleich, um was es geht?

»Vukosava?«

Sie blickt in die forschenden Augen der Frau. »Nun ja«, stammelt sie. »An meine Mutter kann ich mich kaum noch erinnern. Und mein Vater war immer sehr streng … Nedeljko musste oft Prügel einstecken. Ich auch. Aber Nedeljko noch mehr.«

»Ist er deshalb von zu Hause weg? Weil die beiden sich nicht verstehen? Haben sie sich im Streit getrennt?«

Vukosava nickt beklommen.

»Worüber haben sie gestritten?«

»Über alles Mögliche. Vater hält Nedeljko für einen Nichtsnutz, hat immer etwas an ihm auszusetzen. In den letzten Jahren hat er ihn nicht mehr geschlagen. Gestritten haben sie trotzdem. Oft über Politik. Mein Vater findet es gut, dass die Österreicher hier sind. Er ist ein Anhänger der Monarchie.«

»Und dein Bruder?«

»Der verachtet alles, was mein Vater gut findet. Vor allem die Besatzung durch Österreich.«

»Nennt er das so?«

»Ja.«

»Er ist also kein Monarchist.«

Vukosava schüttelt den Kopf. »Nein, eher das Gegenteil. Aber warum sagen Sie mir nicht endlich …?«

Svjetlana legt ihr die Hand aufs Knie und lächelt mitfühlend. »Hab etwas Geduld mit mir. Ich versuche nur, mir sein Verhalten zu erklären.«

Vukosava bekommt feuchte Augen. »Sein Verhalten? Was hat er denn getan? Nedeljko ist manchmal ein Kindskopf, aber kein schlechter Mensch.«

»Das glaube ich dir«, erwidert Svjetlana. »Ich will dir etwas gestehen: Ich weiß nur zu gut, wie es ist, mit einem cholerischen und gewalttätigen Vater aufzuwachsen. Ich habe das leider am eigenen Leib erfahren müssen. In meinem Fall war es noch schlimmer als nur Ohrfeigen und Züchtigungen. Ich weiß, wie sich der Hass in einem aufstaut. Wie man am liebsten zurückschlagen möchte. Gegen die ganze Welt möchte man zurückschlagen.«

Vukosava blickt sie schweigend und mit großen Augen an, Augen, die sich langsam mit Tränen füllen.

»Ist es nicht so?«, fragt Svjetlana leise.

Vukosava blickt zu Boden und nickt. Eine Träne fällt ihr aufs Knie und hinterlässt einen feuchten Fleck auf dem Rock. »Ja. Nedeljko hasst unseren Vater. Der hat ihn am Ende rausgeworfen. Er soll nie mehr wiederkommen.«

»Ist er deshalb nach Belgrad?«

»Ja, und auch, weil …« Sie beißt sich auf die Lippen. Beinahe hätte sie Gavrilo verraten.

»Weil …?«

»Nichts.«

»Und du? Hasst auch du deinen Vater?«

Vukosava wischt sich über die Augen. »Ach. Er ist, wie er ist. Und ich streite mich nicht mit ihm. Es lohnt sich nicht, mit ihm zu streiten.« Dann sprudelt es plötzlich aus ihr heraus: »Dabei ist er doch krank. Das hat er mir geschrieben.«

»Dein Bruder? Er ist krank?«

»Er hat die Schwindsucht. Er glaubt, dass er nicht mehr lange leben wird. Ich wünschte, er würde nach Hause kommen. Dann könnte ich mich um ihn kümmern. Er ist doch mein Bruder.« Sie schlägt die Hände vors Gesicht und weint.

Svjetlana steht auf, hockt sich neben sie und legt ihr den Arm um die zuckenden Schultern. »Das tut mir leid, Kind. Das tut mir aufrichtig leid. Er muss schleunigst zu einem guten Arzt. Tuberkulose muss nicht immer tödlich sein. Manche werden geheilt. Vielleicht kann ich etwas für ihn tun.«

Vukosava wirft ihr einen flehentlichen, tränennassen Blick zu. »Sagen Sie mir doch bitte, wo er ist. Warum er gesucht wird. Sie haben geschrieben, Sie hätten eine Nachricht von ihm.«

Svjetlana nimmt Vukosavas Hände in die ihren. »Vertraust du mir?«, fragt sie und sieht das Mädchen eindringlich an.

Vertrauen? Wie kann man jemanden vertrauen, den man gar nicht kennt? Doch Vukosava nickt beklommen.

»Dann will ich dich nicht länger auf die Folter spannen. Wir müssen etwas für Nedeljko tun. Besonders nach dem, was du mir gerade gesagt hast. Es sieht nämlich so aus, dass er in schlechte Gesellschaft geraten ist. Man hat seine Jugend ausgenutzt und ihm den Kopf verdreht. Davon bin ich überzeugt. Junge Männer sind ja so begeisterungsfähig. Sie entflammen für die wildesten Ideen und stürzen sich ins Abenteuer, ohne nachzudenken. Und vielleicht hat es auch mit deinem Vater zu tun.«

»Was hat er getan?«, flüstert Vukosava. »Sagen Sie's mir!«

»Noch hat er nichts getan. Aber du weißt doch, wir Serben sind eine stolze Nation. Und die bosnischen Serben fühlen sich seit Langem unterdrückt. Genauso wie dein Bruder sich zu Hause unterdrückt gefühlt hat. Da ist die Wut groß. Ich fürchte, er hat sich zu etwas überreden lassen, das er später ganz sicher bereuen wird.«

Vukosavas Hand fliegt an die Mund. »Oh Gott! Sie haben etwas Schlimmes vor. Ist es das, was Sie mir sagen wollen?«

Svjetlana nickt. »Wer auch immer mit deinem Bruder unter einer Decke steckt – sie haben wirklich etwas Schlimmes vor. Mit deiner Hilfe, mein Kind, können wir es vielleicht verhindern, können wir deinen Bruder retten, bevor es zu spät ist, bevor er eine schreckliche Dummheit begeht.«

Vukosava ist bleich geworden. »Ich habe es befürchtet«, flüstert sie. »Aber woher wissen Sie das alles?« Plötzlich wird sie misstrauisch. »Sind sie von der Polizei?«

»Nein, bin ich nicht.«

»Aber –«

»Es ist unwichtig, woher ich diese Informationen habe. Du kannst mir glauben, sie stammen aus sicherer Quelle. Wichtig ist nur, dass ich dir helfen will. Und deinem Bruder.«

»Sie müssen mir alles sagen. Was um Himmels willen hat er denn vor?«

Svjetlana schweigt einen Augenblick. Dann sagt sie mit leiser Stimme: »Nedeljko und andere planen, einen Mord zu begehen.«

»Wie bitte?«, flüstert Vukosava entsetzt.

»Keinen gewöhnlichen Mord. Einen politischen.«

Vukosava sitzt mit weit aufgerissenen Augen da. »Nein, das glaube ich nicht«, stammelt sie. »Das kann nicht sein.«

»Doch. Soviel ich weiß, haben sie vor, den österreichischen Thronfolger umzubringen, der am *Vidovdan* im Rathaus eine Rede halten wird.«

Vukosava starrt sie mit ungläubigen, vom Weinen geröteten Augen an. Ihr Gesicht wird ganz rot. Sie schüttelt den Kopf und springt auf. Dann schreit sie: »Nein, das glaube ich nicht. Das kann nicht sein! Sie lügen mich an!«

Sie greift nach ihrer Handtasche und macht sich daran, das Zimmer zu verlassen. Aber Svjetlana ist ebenfalls aufgesprungen und hält sie fest.

»Ich weiß, das ist schwer für dich. Aber wir müssen jetzt einen klaren Kopf behalten.«

Tränen stürzen Vukosava aus den Augen. »Es ist eine Lüge! Nedeljko würde niemals so etwas tun.« Sie birgt ihr Gesicht in den Händen.

Svjetlana legt die Arme um sie. »Vielleicht hast du recht und es ist wirklich nur eine falsche Vermutung. Aber dann musst du helfen, die Sache aufzuklären. Nur so lässt sich der Verdacht entkräften.«

Vukosava nickt. Plötzlich kann sie nicht mehr.

Svjetlana nimmt ihr die Tasche ab. »Setz dich wieder, Kind. Sag mir, was du weißt.«

Ilidža, 16:47 Uhr, im Hotel Bosna

Im Schlafzimmer des Appartements herrscht angenehmes Halbdunkel, denn außer einem dünnen Schlitz sind alle Vorhänge zugezogen. Sophie liegt entspannt auf ihren Kissen. Sie schließt die Augen und lauscht auf die gedämpften Laute, die durch das angelehnte Fenster dringen: Vogelrufe, ferne Stimmen von Gästen, die sich nach dem Regen wieder in den Park getraut haben. Nichts davon störend, eher angenehm. Nicht einmal die Fliege, die ab und zu durchs Zimmer summt, irritiert sie.

Es war heute schön gewesen mit ihrem Franzl, auch wenn er ihr jetzt den Rücken zukehrt und leise schnarcht. Im Gegenteil, sie ist froh, dass er schläft. Bei der Ankunft am Nachmittag hat er wirklich müde ausgesehen. Und heute Abend gibt es wieder ein festliches Abendessen. Da ist es gut, dass er ein paar Stunden Ruhe bekommt. Sie selbst ist viel zu aufgekratzt, um zu schlafen. Die Reise, die neuen Eindrücke, vor allem dass sie hier an Franzls Seite in offizieller Funktion auftreten darf.

Schön, dass sie bei all dem Trubel der Reise ein Stündchen für sich allein hatten. Und das in einem Hotel, ausgerechnet am helllichten Tag, während alle Welt um sie herum wach ist, während Gäste durch die Flure laufen, sich unten im Café treffen, während Zimmermädchen nebenan die Kissen richten, unten Wagen vorfahren und in der Küche Gänse gerupft werden. Wie zwei Diebe haben sie sich hier verkrochen, die Tür abgeschlossen, die Vorhänge zugezogen und sich in dieser kleinen Insel der Intimität geliebt.

Sie rekelt sich wie eine Katze und zieht die leichte Decke

bis unters Kinn. Ein gutes Gefühl, diese wollüstige Mattigkeit nach der Liebe. Dabei kommt sie sich ein wenig verrucht vor. Sich am Nachmittag im Bett zu wälzen! Gehört sich das überhaupt? Außerdem war es heute anders als sonst, anders und besser. Denn diesmal ist sie weit mehr als sonst aus sich herausgegangen, hat sich getraut, das Heft in die Hand zu nehmen. Weil er müde war. Und sie beschwipst. Champagner am Nachmittag, daran ist sie nicht gewohnt. Ob ihre Freizügigkeit ihn schockiert hat?

Gib's zu, sagt sie sich, das lose Gerede der Prittwitz hat dich angeregt. Ob die auch so locker lebt, wie sie redet? Was sie von diesem Klimt erzählt … ob es stimmt? Dass er die Damen verführt, die sich von ihm porträtieren lassen? *Welche Frau hätte nicht schon daran gedacht, ihren Mann zu betrügen.* Ziemlich nonchalant hat die Prittwitz diese Worte dahingesagt, als wäre es das Natürlichste der Welt, so etwas zu tun. Für Sophie selbst natürlich völlig undenkbar! Vor allem in ihrer Position. Außerdem ist sie zu alt für so was. Selbstverständlich, das muss sie einräumen, gibt es attraktive Männer, besonders junge Offiziere in ihren feschen Uniformen, die ihr gefallen könnten. Aber mehr als einen flüchtigen Blick darf man sich nicht erlauben. Auf keinen Fall. Selbst das ist schon *risqué*!

Im Grunde kann sie froh sein, dass es noch so gut läuft zwischen dem Franzl und ihr. Das ist schließlich nicht selbstverständlich. Aber solch spontane Nachmittage wie heute sind viel zu selten geworden. Die sollten sie sich wirklich öfter erlauben. Ob der Franzl das auch so sieht? Sie muss ihn fragen. Er ist etwas schüchtern in solchen Dingen und immer so korrekt. Jedenfalls mit ihr.

Hat er eigentlich viele Frauen vor mir gehabt?, fragt sie sich. Nach dem, was gemunkelt wird, soll er sich vor der Ehe ordentlich ausgetobt haben. Wie alle Habsburger. Ob er ihr wohl treu ist? Wie sehen seine Abende aus, wenn er, wie so oft, ohne sie verreist? In Wahrheit will sie es gar nicht wissen. Alles ist gut, wie es ist.

Und doch wünscht sie sich manchmal etwas mehr vom Leben. Warum auch nicht? Sie ist streng erzogen worden nach dem Motto: für Ehemann und Kinder sorgen, am Sonntag in die Kirche gehen, dem Mann zur Seite stehen und ihn in allem unterstützen. Das ist ihr als heilige Pflicht einer rechtschaffenen Ehefrau eingebläut worden. Die Pflichten wiegen besonders, wenn man mit einem Franz Ferdinand, dem Thronfolger von Österreich, verheiratet ist. Doch heutzutage gibt es Frauen, die sich damit nicht mehr zufriedengeben. Sie wollen studieren, etwas bewirken in der Welt, für den Frieden kämpfen wie Kusine Berta. Ach ja, die Berta. Die hat sie immer bewundert. So stark und so furchtlos. Genau wie diese Rosa Luxemburg. Die mag der Franzi allerdings gar nicht. Kein Wunder, die ist ja auch Sozialistin.

Und dann die mutigen Frauen, die für das Wahlrecht auf die Straße gehen. Da ist diese Juristin Anita Augspurg. Eine interessante Person, eine Kämpferin. Lesbisch soll sie sein. Das verbirgt sie nicht einmal, lebt ganz offen mit einer anderen Frau zusammen, obwohl gleichgeschlechtliche Liebe unter Strafe steht. Vielleicht betrifft das aber auch nur Männer, so genau ist sie da nicht informiert. Sophie fragt sich, ob sie Frau Augspurgs Mut zu ihrer Individualität begrüßen oder darüber schockiert sein soll. Mit einer Frau intim zu sein, das wäre für sie selbst ganz unvorstellbar. Wirklich ganz unvorstellbar.

Überhaupt wird neuerdings über die Rolle der Geschlechter diskutiert. Die Amerikanerin Victoria Woodhull fällt ihr ein. Von der hat sie gelesen, dass sie sich in Zeitungsartikeln beschwert, es sei eine Schande, dass Frauen gezwungen sind, ihren Körper ohne Liebe hinzugeben, nur um zu überleben oder überhaupt im Leben versorgt zu sein. In diesem Sinne seien viele Ehefrauen nicht besser dran als Prostituierte, behauptet sie. Ein schockierender Vergleich, aber vielleicht nicht ganz unberechtigt. Besonders in adeligen Kreisen, wo Töchter oft gar nicht gefragt werden, wenn es darum geht, einen passenden Gemahl zu finden. Im Grunde ein Viehhandel! Auch das gehört abgeschafft. Zum Glück ist es ihr besser ergangen. Dass der Franzl so um sie gekämpft hat, wird sie ihm nie im Leben vergessen.

Sie dreht sich zu ihm auf die Seite, kuschelt sich an und legt den Arm um ihn. Er murmelt etwas im Schlaf, wacht aber zum Glück nicht auf.

Nein, trotz all der Anfeindungen bei Hofe kann sie sich über ihr Leben nicht beklagen. Besonders nicht über ihr beschauliches Leben in Konopischt zusammen mit den Kindern. Ach, die Kinder. Sie vermisst sie schon. Aber es geht ihnen bestimmt gut. Der Janaczek passt ja auf sie auf. Das hat er versprochen. Kinder wachsen so schnell heran. Die Älteren entgleiten einem schon irgendwie. Sophie wird im nächsten Monat dreizehn. Bald brauchen sie einen nicht mehr. Und dann?

Sie fragt sich, ob es nicht mehr gibt im Leben, als die eigenen Kinder zu versorgen. Oder diese Schirmherrschaften über irgendwelche Kindergärten und Wohltätigkeitsvereine, um die sie meist gebeten wird. Sie sollte vielleicht mehr aus ihrem Leben machen. Nicht, indem sie wie die Prittwitz von einer Wiener Vernissage zur anderen streunt, sondern indem sie etwas Sinnvolles tut, eben wie Kusine Berta, sich engagiert. Natürlich nicht in der Politik, das gehört sich für sie nicht, aber sie könnte doch ihre Stellung nutzen, um Menschen zu helfen. Sie nimmt sich vor, bei Gelegenheit mit Franzi darüber zu reden.

Ihre Hand liegt auf seiner Brust, wo sie sein Herz schlagen

spürt. Sein Atem geht tief und regelmäßig. Alles an ihm ist ihr vertraut. Der Geruch seiner Haut, sogar sein zerknautschtes Gesicht, wenn er nachher aufwacht. In den Zeitungen wird er oft ungerecht behandelt. Das ist wirklich ärgerlich. Diese Menschen kennen ihn nicht. Nicht so, wie sie ihn kennt. Trotz all seiner gelegentlichen Ruppigkeit ist er ein fürsorglicher und zärtlicher Ehemann. Das hat sie immer an ihm geschätzt.

Der Franzl und seine Geschwister, überhaupt viele in dieser elenden Kaiserfamilie, haben in der Kindheit keine Liebe erfahren. Tradition, Rang und Ehre hatten immer Vorrang vor Freundschaft, Liebe und Verbundenheit. Der Kaiser, dieser alte Tyrann, und seine Sissy, die haben sich nie geliebt. Und die Kinder mussten daran leiden. Kein Wunder, dass der Sohn sich erschossen hat. In Franzis Familie war es kaum besser. Es musste erst die Marie Therese kommen, die Stiefmutter, damit der Franzi gerettet wurde. Erst die hat sich gekümmert und ihm Zuneigung geschenkt. Sonst wär er auch vor die Hunde gegangen wie sein Bruder Otto.

Plötzlich schnauft ihr Franzl tief auf und regt sich. »Bist du wach?«, murmelt er noch halb im Schlaf.

Sie küsst ihn auf den Rücken. »Ja, Schatzerl. Ich bin wach. Ich bin viel zu aufgeregt, um zu schlafen.«

Sarajevo, 19:37 Uhr, in Svjetlanas Wohnung

Svjetlana steht am Fenster und blickt zum Himmel, wo Schwalben sich ihr Abendmahl erjagen. Die Regenwolken haben sich längst verzogen. Die sinkende Sonne über den verwinkelten Dächern färbt die Stadt golden und lässt die weißen Türme einer Moschee noch einmal hell aufleuchten. Bald wird der Muezzin die Gläubigen zum Gebet rufen. Svjetlana liebt diese Stimmung am Ende des Tages.

Das heißt, an normalen Tagen. Heute wartet sie mit Unruhe im Herzen auf Major Markovic. Eigentlich hat sie nicht vorgehabt, sich vor seinen Karren spannen zu lassen. Sie ist ihm gern behilflich, wenn ihr etwas zu Ohren kommt, was ihn interessieren könnte. Hintergründe, Affären, politische Schiebereien. Aber sich selbst in diesen Sumpf verwickeln zu lassen, das ist gegen ihre Prinzipien. Und viel zu gefährlich. Es könnte ihre Existenz in Gefahr bringen. Und die verteidigt sie mit allen Mitteln.

Seltsam, wie sehr sie sich an diese Stadt gewöhnt hat. An die Mischung aus Orient und Okzident. Hier hat sie vor Jahren ihre neue Heimat gefunden. Nach ihrer Flucht aus Serbien, wo sie gedemütigt und verstoßen worden war. Von der eigenen Familie, von einem strenggläubigen Vater, der seine Tochter lieber in der Gosse sah, als ihren Fehltritt zu verzeihen und ein Bastardkind seinen Enkel zu nennen. Niemand hatte ihr geholfen, nicht einmal ihre Mutter.

Um als Siebzehnjährige ohne Geld im winterlichen Belgrad zu überleben, hat sie sich trotz Schwangerschaft prostituieren müssen. Sie ist tiefer gesunken, als man sich das vorstellen kann, ausgerechnet sie, die wohlerzogene Tochter aus reichem bürgerlichem Hause. Einem gewalttätigen Zuhälter ist sie in die Hände gefallen, der sie regelmäßig verprügelt hat, wenn sie nicht genug Geld ablieferte. Einmal ist er zu weit gegangen. In seiner unbeherrschten Wut hat er sie zu Boden gestoßen und ihr immer wieder gegen den schwangeren Bauch getreten. Danach ist er mit seinen Kumpeln saufen gegangen. Blutend und mit letzter Kraft hat sie sich zu Mara, einer anderen Hure, geschleppt und sich dort versteckt. Das Kind in ihrem Leib ist tot zur Welt gekommen. Und ohne Maras wochenlanger Fürsorge wäre auch sie gestorben.

Das alles ist sechzehn Jahre her, doch die Erinnerung daran ist immer noch schmerzhaft wach. Damals hat sie geschworen, sich nie mehr von einem Mann beherrschen zu lassen, überhaupt nie mehr abhängig zu sein und trotz aller Widrigkeiten ganz allein auf den Beinen zu stehen. Nur die treue Mara steht ihr immer noch tatkräftig zur Seite. Die Frage damals war: Wie zieht man sich aus der Gosse? Frauen durften und dürfen noch immer nicht studieren, nicht einmal eine ordentliche Berufsausbildung wird ihnen gewährt. Ohne Empfehlung haben sie keine Chance, eine Anstellung in einem bürgerlichen Haushalt zu finden. Mit Glück können sie sich bei kargem Lohn als Näherin durchschlagen oder putzen gehen. Zum Nähen hatte Svjetlana kein Talent, und zum Putzen war sie sich zu schade. Doch mit den Begierden wohlhabender Männer ließ sich Geld verdienen, wenn man es nur richtig anstellte.

Die ersten Jahre waren schwer, haben ihr einiges abverlangt, sie hart gemacht. Dennoch ist sie nicht unempfindlich gegenüber dem Leid anderer Menschen, gerade weil sie selbst so viel durchgemacht hat. Für einige ihrer Mädchen ist sie die letzte Rettung. Sie behandelt sie gut. Es sind ihre Schützlinge. Sie sorgt sich um ihr Wohlergehen und ihre Gesundheit. Der Besuch in ihrem Haus ist teuer, aber die Freier schätzen die

Exklusivität und das besondere Erlebnis, das ihre Mädchen bieten.

So ist ihr Geschäft in den Jahren aufgeblüht, hat ihr Wohlstand gebracht. Ihre Kunden – hohe Militärs, Unternehmer, Politiker – entstammen den besten Kreisen, auch wenn eine wie sie in ihrer Welt verachtet wird. Niemand würde sie jemals in einen eleganten Salon zum Tee einladen. Aber das stört sie nicht. Für die Bigotterie der feinen Leute hat sie ohnehin nichts übrig. Und in der Schattenwelt von Sarajevo ist sie die ungekrönte Königin der Nacht.

Nun diese schreckliche Affäre. Rudi – in letzter Zeit ist er in ihren Gedanken mehr Rudi als Major Markovic, zumal sie sich ohnehin seit Monaten duzen –, Rudi hat sie mit Engelszungen beschwören müssen, bevor sie sich hat überreden lassen. Großer Gott! Ein Attentat auf den Thronfolger von Österreich-Ungarn! Was für ein Wahnsinn! Und das mit serbischer Hilfe.

Svjetlana liest Zeitungen. Ihr ist klar, dass eine solche Tat, sollte sie gelingen, mehr als nur Bosnien und Serbien ins Chaos stürzen kann.

Umso mehr sollte sie sich da raushalten. Alle Instinkte haben sie gewarnt. Aber es ist schwer, Rudolf Markovic etwas abzuschlagen. An ihren Patriotismus hat er nicht appelliert – den hat sie ohnehin nicht –, aber an ihre Vernunft und ihren Eigennutz. Was würde aus ihrem Geschäft werden, sollte das Chaos über Sarajevo hereinbrechen? Oder auch nur das Kriegsrecht, Ausgangsperren, verschärfte Kontrollen?

Auf einmal war er nicht mehr der intelligente, unterhaltsame und etwas zynische Junggeselle, sondern ein ernsthafter Mann mit einer Mission. Svjetlana fragt sich, welcher Markovic ihr besser gefällt. Im Grunde mag sie beide.

Sie kennen sich seit zwei Jahren. Er kommt sie häufig besuchen, doch seit einer ganzen Weile hat er sich kein Mädchen mehr bei ihr genommen, sondern nur ihr den Hof gemacht. Es schmeichelt ihr, das muss sie zugeben. Sein Humor und sein jungenhafter Charme lassen sie nicht unberührt. Es kostet sie Mühe, seinem Werben zu widerstehen. Ab und zu faselt er etwas von Heirat. Natürlich völliger Unsinn. Zu ihrer Beruhigung sagt er so was nicht ohne ein schalkhaftes Augenzwinkern, als wäre es nicht ernst gemeint. Nur ein kleiner Scherz zwischen ihnen, ein amüsantes Spiel.

Und doch. Manchmal ertappt sie sich dabei zu träumen. Was wäre, wenn? Im gleichen Atemzug schimpft sie sich eine Idiotin. An ein bürgerliches Leben an der Seite eines Mannes wie Rudolf Markovic ist nicht zu denken. Das ist die nackte Realität. Es wäre besser, ihn gar nicht mehr zu sehen. Sie sollte ihm einfach Hausverbot erteilen. Das wäre wirklich das Beste. Doch das wird sie natürlich nicht tun.

Sosehr sie sich anfänglich gesträubt hat, in dieser Angelegenheit die Spionin für Rudi zu spielen, sosehr ist sie jetzt gefangen. Vukosava hat etwas in ihr berührt, ein einfaches Mädchen reinen Herzens, viel zu jung und naiv, aber gutwillig, nichts Böses ahnend, ein Mädchen, das ihren Bruder liebt und mit einem tyrannischen Vater zusammenlebt. Ihr Bericht vom Heranwachsen der Geschwister hat sie an ihr eigenes Schicksal erinnert, an den eigenen verbohrten, hasserfüllten Patriarchen von Vater. Wieso werden Menschen so? Was passiert in ihrem Leben, dass sie so hart und verbittert werden, dass sie zu keiner Liebe mehr fähig sind?

Dieser Nedeljko scheint ein labiler Typ zu sein, ein Idiot im Grunde. Und doch kann Svjetlana seine Wut und Rebellion verstehen, auch wenn es ein Irrsinn ist, zu was der Junge sich hat überreden lassen. Dass andere dahinterstecken, erscheint ihr gegeben. Vielleicht tut man ihm ja auch unrecht. Aber ganz gleich, ob Rudis Verdacht sich am Ende bewahrheitet, man muss alles tun, um Nedeljko und seinen Freund aufzuspüren. Schon allein, um die Sache aufzuklären und womöglich das Schlimmste zu verhindern.

Von unten schallt der Türklopfer durchs Treppenhaus. Das muss Rudi sein. Hastig geht sie zum Kaffeetisch und nimmt das gefaltete Papier an sich, auf dem sie alles Wichtige notiert hat. Dann eilt sie aus dem Wohnzimmer, durch die Diele und öffnet die Tür zur Treppe. Mit der Rechten hält sie ihren langen Rock hoch, um nicht zu stolpern. Eilig steigt sie hinunter und öffnet die Haustür.

Draußen steht Markovic und blickt sie erwartungsvoll an. »Und? Hat es geklappt?«

»Komm erst mal rein«, erwidert Svjetlana und schließt, nachdem er eingetreten ist, gleich wieder die Tür. Muss nicht jeder sehen, wen sie hier empfängt. Besonders nicht, wenn er so wie jetzt in Uniform ist. »Ich kann dich nicht nach oben bitten. Das arme Kind ist ziemlich durcheinander, da wollte ich sie nicht nach Hause gehen lassen, zu diesem abscheulichen Vater. Sie ist völlig fertig mit den Nerven und hat viel geweint. Ich konnte sie überreden, sich ein wenig hinzulegen. Zum Glück schläft sie jetzt. Vielleicht behalte ich sie sogar für ein paar Tage hier.«

»Musst du dich nicht um deinen Laden kümmern?«

»Das macht Mara heute.«

»Die Kleine hat also geredet?«

»Hat sie.«

»Wie hast du das geschafft?«

Svjetlana zuckt mit den Schultern. »War nicht einfach. Aber ich hab ja Erfahrung mit jungen Mädchen. Man muss ihr Vertrauen gewinnen und darf sie nicht gleich unter Druck setzen.«

Er nickt. »Hast du ihr verraten, um was es geht?«

»Natürlich. Musste ich doch.«

»Und? Was hat sich ergeben?«

Svjetlana entfaltet das Papier, das sie in der Hand hält. »Ich hab dir das Wichtigste in Stichworten aufgeschrieben: Vukosava ist siebzehn Jahre alt und ein liebes, eher scheues Mädchen. Sie hat keine besondere Schulbildung und hilft dem Vater in der Pension, putzt und kocht und kommt ansonsten wenig vor die Tür. Einer der Freunde ihres Bruders ist ihr vertraut, ein Gymnasiast namens Gavrilo Princip. Der hat früher häufig bei den Čabrinović' verkehrt. Scheint ein gebildeter Junge zu sein, hat sich viel mit ihr unterhalten, ihr Bücher geliehen und Gedichte vorgelesen, hat ihr von berühmten Künstlern erzählt und ihr sogar von Belgrad aus geschrieben, allerdings in letzter Zeit nicht mehr. Es ist deutlich, dass sie in ihn verliebt ist.«

»Deshalb wollte sie ihn nicht verraten. Hat sie dir geglaubt, was diese Attentatspläne angeht?«

»Nein. Sie war natürlich fürchterlich erschrocken. Aber sie ist fest davon überzeugt, dass es ein Missverständnis ist. Oder eine Verleumdung. Es hat lange gedauert, bis ich ihr begreiflich machen konnte, dass sie reden muss, um ein mögliches Attentat zu verhindern. Schon allein, um ihren Bruder davon abzubringen, um ihm zu helfen, besonders wenn er unschuldig ist. Sie klammert sich immer noch an den Gedanken, dass ihr Nedeljko unfähig ist, so etwas zu tun. Gar nicht zu reden von ihrem verehrten Gavrilo. Ihr Bruder sei ein Wirrkopf, aber nicht bösartig, behauptet sie. Und Gavrilo sei ein guter und verständiger Mensch.«

»Sagt das verliebte Mädchen.« Markovic grinst ironisch. »Wer ist denn der Charakterstärkere von den beiden Burschen?«

»Eindeutig dieser Gavrilo. Der scheint großen Einfluss auf ihren Bruder zu haben.«

»Und wo kommt der her? Hier aus Sarajevo?«

»Nein, hier ist er nur aufs Gymnasium gegangen, bis man

ihn wegen Aufruhr rausgeschmissen hat. Er stammt aus dem trockenen Karstland im Nordwesten des Landes und ist der Sohn von bitterarmen Kleinbauern, ehemalige Leibeigene. Vukosava hat er erzählt, dass sie als Kinder oft hungern mussten. Er hat einen Hass auf Türken und Muslime und ist der Ansicht, auch die Österreicher seien nur Besatzer und Unterdrücker. Sie hat die beiden oft diskutieren hören, wenn der Vater nicht zugegen war. Auch über Anarchisten und Revoluzzer in Russland, die sie als Vorbilder verehren.«

»Und dann traut sie den beiden kein Attentat zu?«

»Sie sagt, das sei nur Gerede. Man sagt doch leicht Dinge daher. Das heißt ja nicht, dass man sie auch tut.«

»Und wie konnte dieser Gavrilo aufs Gymnasium gehen, wenn die Eltern doch so arm sind?«

»Es gibt noch zwei ältere Brüder. Der Älteste – sie liegen ziemlich weit auseinander – hat es geschafft, sich ein Geschäft aufzubauen. Er betreibt ein Sägewerk außerhalb der Stadt und unterstützt den Jungen.«

»Gut. Das Sägewerk werden wir finden. Vielleicht haben sie vor, da unterzuschlüpfen. Oder gibt es noch andere Freunde?«

»Sie glaubt, da sind noch ein oder zwei. Aber die hat sie nie gesehen, und an Namen kann sie sich nicht erinnern.«

»Macht nichts. Nedeljko Čabrinović habe ich schon zur Fahndung ausgeschrieben. Der Bahnhof und die Straßen aus dem Osten werden überwacht. Jetzt haben wir dank dir noch einen zweiten Namen. Das ist eine große Hilfe. Sonst noch was?«

»Ich glaube nicht.« Svjetlana runzelt die Stirn und überlegt, ob sie etwas vergessen hat. »Doch«, sagt sie schließlich. »Vukosava behauptet, ihr Bruder habe Tuberkulose. Im fortgeschrittenen Stadium. Das hätte er ihr jedenfalls geschrieben. Darüber ist sie natürlich sehr bekümmert.«

»Tuberkulose«, murmelt Markovic nachdenklich. »Ich weiß nicht, ob das was zu bedeuten hat, aber irgendwie klingelt es da bei mir.«

»Wenn ihr die beiden findet, was geschieht dann mit ihnen?«

»Bist du um sie besorgt? So, wie du mich anschaust …«

»Natürlich bin ich besorgt. Das sind doch unreife Jungs mit großen Ideen, die sich in Hirngespinste verstiegen haben.«

»Die sind aber gefährlich, deine unreifen Jungs!«

»Nicht, wenn man der Schwester glaubt.«

»Das wird sich herausstellen.«

Sie fasst ihn am Arm. »Ich bitte dich, Rudi. Geh nicht zu hart mit ihnen um. Es gibt Gerüchte über euren Hauptmann Simon.«

»Ich weiß, Svjetlana. Versteh bitte, ich muss ein Attentat verhindern. Nur darum geht es mir. Alles andere ist Sache der Polizei und der Gerichte.«

»Was steht denn auf so was?«

»Wenn sie mit Waffen erwischt werden und alles gestehen, wäre die Todesstrafe nicht auszuschließen.«

Svjetlanas Hand fährt zum Mund. »Mein Gott! Wirklich? Das war mir nicht bewusst. Die arme Schwester. Das wird sie umbringen!«

»Sollten sie noch unter zwanzig sein, fällt es unter Jugendrecht. Eine ziemlich lange Haftstrafe ist trotzdem anzunehmen.«

»Vielleicht habt ihr euch geirrt, und sie haben gar nichts vor.«

Markovic nickt. »Ja, das ist durchaus möglich. Vielleicht haben wir falsche Schlüsse gezogen. Ich wünsche mir nichts mehr als das, das kannst mir glauben. Trotzdem müssen wir sie aufspüren.« Mit einer müden Handbewegung wischt er sich durchs Gesicht. »Wir tun alles, was wir können, Svjetlana. Seit Tagen komm ich kaum zum Schlafen.«

»Ja, du siehst müde aus.«

»Wenn sie unschuldig sind oder nicht gestehen und wir auch keine Waffen bei ihnen finden, kann man ohnehin nichts beweisen. Dann können sie weiter Flugblätter verteilen und von serbischer Befreiung träumen.«

Svjetlana seufzt. »Gut. Dann geh jetzt, und tu deine Pflicht!«

Er lächelt. »Du willst mich nicht mal zu einem Kaffee einladen?«

Sie schüttelt den Kopf. »Vergiss nicht, das Mädchen ist bei mir oben. Vielleicht wacht sie auf. Die muss dich nicht unbedingt zu sehen bekommen. Ich hab ihr zwar gesagt, woher ich die Informationen habe, aber wenn sie deine Uniform sieht, kriegt sie noch mehr Angst.«

»Verstehe.«

Sie sehen sich lange an. Svjetlanas Herz klopft schneller, und sie spürt, wie ihr die Röte ins Gesicht steigt. Nun geh schon endlich, denkt sie, ich halte das sonst nicht länger aus. Aber er steht da und blickt sie unentwegt mit seinen dunklen Augen an, als würde er auf etwas warten, als könne das Gespräch so noch nicht enden.

»Ich glaube, du hast jetzt viel zu tun«, sagt sie etwas hilflos.

Er nickt. »Du hast recht.« Er steckt ihren Zettel weg. Dann tritt er einen Schritt vor und nimmt ihre Hände in die seinen. »Ich muss dir wirklich sehr danken, Svjetlana. Du hilfst uns, ein schreckliches Verbrechen zu verhindern. Du weißt, wie wichtig das ist und was es bedeutet, sollten die Burschen Erfolg haben.«

Svjetlana schluckt. »Ja. Ihr Österreicher marschiert in Serbien ein. Dann gibt's Krieg und Zerstörung und viele Tote.«

»Dazu könnte es kommen. Es würde der Kriegspartei in

Wien in die Hände spielen. Du tust also ein gutes Werk. Vergiss das nicht.«

»Krieg ich einen Orden?«, fragt sie scherzhaft.

Er grinst. »Einen Orden kann ich dir leider nicht versprechen. Aber was ist hiermit …?« Bevor sie sich's versieht, hat er die Arme um sie gelegt und zieht sie an sich. Dann küsst er sie auf den Mund.

Es geschieht so unerwartet, dass sie gar nicht auf den Gedanken kommt, sich zu wehren. In diesem Moment will sie sich auch gar nicht wehren, denn eine Glut steigt in ihr auf, ein plötzliches Verlangen, als wollten sich all ihre aufgestauten Gefühle mit einem Mal Bahn brechen. Der Kuss ist wie eine Befreiung. Bei diesem verdammten Kerl hat sie sich immer zurückgehalten, sich nie anmerken lassen, was sie empfindet. Aus gutem Grund. Doch in diesem Augenblick ist sie schwach. In diesem Augenblick ist es ihr egal. Zum Teufel mit der Vernunft!

Ihre Hände umfassen sein Gesicht, und mit einem leidenschaftlichen Stöhnen erwidert sie den Kuss.

Es dauert lange, bis sie sich voneinander lösen. Schließlich stößt sie ihn von sich. »Nun geh schon endlich!«, sagt sie mit belegter Stimme und öffnet die Haustür.

»Bist du sicher?«

Sie vermeidet seinen Blick. »Besser so«, murmelt sie und schließt die Tür hinter ihm.

Kurz vor Sarajevo, 22:27 Uhr, in der Bahn von Tuzla

Der Zug verlangsamt die Fahrt. Danilo Ilić erhebt sich von der hölzernen Bank, nickt dem Fremden, der ihm seit einer Stunde gegenübersitzt, freundlich zu und hievt sich den schweren Rucksack auf den Rücken. Dann geht er den Gang entlang an Trifko vorbei, der am Fenster sitzend in die Nacht starrt, und drei Reihen weiter auch an Gavrilo, der so tut, als lese er in einem Büchlein.

Während der ganzen Fahrt von Tuzla bis hierher sind sie getrennt gefahren, haben kein einziges Mal miteinander gesprochen und so getan, als würden sie sich nicht kennen. Aus Sicherheitsgründen, falls man nach einer Gruppe junger Männer fahndet. Während der Zug durch die bergige Landschaft ruckelte, hat der Schaffner kommentarlos die Fahrkarten geprüft und sie danach nicht weiter beachtet.

In Doboj ist eine Gruppe ungarischer Soldaten zugestiegen, die sich lärmend unterhalten haben. Einmal ist ihnen allen der Schrecken in die Glieder gefahren, als sie die dunkelblaue Uniform und den roten Fez eines Polizisten gewahrten, der den Waggon betrat. Aber der interessierte sich für niemanden, las seine Zeitung und schüttelte nur ab und zu den Kopf, wenn die Soldaten es zu laut trieben. Nur einmal hat er neugierig zu Gavrilo herübergeschaut, als der vergeblich einen Hustenanfall zu unterdrücken versuchte. Zu ihrer Erleichterung ist der Mann ein paar Stationen weiter wieder ausgestiegen.

Nun sind sie also fast am Ziel. Um eventuelle Kontrollen zu umgehen, haben sie vor, auch hier den Hauptbahnhof zu meiden und schon eine Station vor Sarajevo auszusteigen.

Danilo wartet bei den Türen am Ende des Waggons. Auch die beiden anderen haben ihre Rucksäcke zur Hand genommen und schließen zu ihm auf. Mit kreischenden Bremsen nähert der Zug sich dem Bahnsteig und kommt unter dem Zischen der Lokomotive zum Stehen. Danilo drückt den Türöffner nach unten, steigt aus und marschiert ohne einen Blick auf die Kameraden in Richtung Ausgang davon. Die beiden anderen lassen sich etwas Zeit, dann stehen auch sie auf dem Bahnsteig. Trifko dreht sich zur Seite und hustet in sein Taschentuch, während Gavrilo den wenigen Fahrgästen, die hier außer ihnen den Zug verlassen haben, zum Ausgang folgt.

Trotz der späten Stunde ist Gavrilo hellwach, und sein Herz klopft ihm bis zum Hals. Die Nacht ist warm, aber das ist nicht der Grund, warum ihm der Schweiß auf der Stirn steht. Wird man ihre Papiere kontrollieren? Dass sie noch vor Sarajevo den Zug verlassen könnten, müsste denen eigentlich auch eingefallen sein. Ist doch der einfachste Trick der Welt. Aber auf dem Weg zum Ausgang ist keine Uniform zu sehen, nur die des Bahnhofsvorstehers, der auf seiner Pfeife trillert und das Signal zur Weiterfahrt gibt. Vielleicht suchen sie ja gar nicht nach uns, denkt Gavrilo, vielleicht machen wir uns unnötig Sorgen.

Auch vor dem kleinen Bahnhof wartet keine Polizei auf sie. Im schummrigen Licht zweier Straßenlaternen sind nur die Rücken der ausgestiegenen Fahrgäste zu sehen. Und weiter die Straße hinunter Danilos Schatten, der den Weg zum Fremdenheim seiner Mutter eingeschlagen hat. Es liegt auf einem Hang in den westlichen Außenbezirken von Sarajevo, weniger als eine Stunde zu Fuß entfernt. Dort wollen sie bis zum *Vidovdan* Unterschlupf finden. Gavrilo und Trifko sind schon öfter da gewesen und kennen den Weg. Danilo trägt im Augenblick das größte Risiko, denn er hat die Waffen bei sich. Sobald er daheim ist, wird er sie gut verstecken.

Nur einmal sieht sich Gavrilo flüchtig nach Trifko um, bevor er selbst den Bahnhof verlässt und losmarschiert. Streng genommen kann man ihnen beiden ohne Waffen im Gepäck nichts nachweisen, selbst wenn die Polizei ihre Identität herausbekommen haben sollte. Aber man würde sie einsperren und tagelang verhören, sie vielleicht foltern, bis sie alles verraten. Deshalb ist weiterhin Vorsicht geboten. Sie werden auf getrennten Wegen gehen. Sollte man einen von ihnen festnehmen, sind die anderen nicht gefährdet.

Was Danilos Mutter betreibt, ist nicht wirklich eine Pension. Sie vermietet lediglich ein paar einfache Zimmer, um ihre Witwenrente aufzubessern. Meist an durchreisende Arbeiter und anderes Volk mit wenig Geld. Dafür hat ihr Danilo sogar sein Zimmer überlassen. Hinter dem Haus befindet sich eine ungenutzte Scheune. Die hat er für sich ausgebaut, und dort schläft er, wenn er in Sarajevo ist, und schreibt seine Artikel für ein lokales serbisches Blatt. Eigentlich ist er Lehrer von Beruf, aber er zieht es vor, als freier Journalist zu arbeiten. Da verdient man nicht viel, aber es erlaubt ihm, zu reisen und sich seine Zeit so einzuteilen, wie er möchte.

Das Gefährlichste, so redet sich Gavrilo Mut zu, war im Grunde die Reise hierher. In Sarajevo können sie unbemerkt untertauchen. Die Gefahr, unter Tausenden auf der Straße angehalten und kontrolliert zu werden, ist gering. Trotzdem mussten sie Danilo versprechen, sich in den nächsten Tagen so wenig wie möglich öffentlich zu zeigen. Auch ihre Angehörigen sollen sie meiden. Die könnte man sonst später der Mittäterschaft bezichtigen. Trifko hat ohnehin nicht vor, die Eltern zu besuchen, denn mit dem Vater hat er seit Langem gebrochen. Gavrilos Bruder lebt in der Stadt, aber den will er auf keinen Fall in die Sache hineinziehen. Nur Vukosava hätte er gern wiedergesehen, aber er hat ihr ja geschrieben. Am Morgen vor dem Attentat wird er den Brief einstecken.

Das muss genügen. Jetzt ist nicht der Moment, sich von Mädchen verwirren zu lassen.

Gavrilo ist müde nach der langen Bahnfahrt, aber sein Rucksack ist leicht und die Aufregung der Ankunft klingt noch nach und hält ihn wach. Das Dorf, in dem sich der kleine Bahnhof befindet, liegt hinter ihm. Am Nachmittag waren noch Regenwolken über das Land gezogen, doch jetzt ist der Nachthimmel voller Sterne. Gavrilo bleibt einen Augenblick lang stehen und starrt hinauf. Wie Diamanten auf schwarzem Samt sehen sie aus. Es ist, als schaue man in die Ewigkeit. Wird es das letzte Mal sein, dass er einen so klaren Sternenhimmel sieht? Wandelt man eigentlich irgendwo da oben zwischen den Sternen, wenn man tot ist? Bestimmt. Wo sonst sollte Gottes Himmelreich sein?

Aber vielleicht komme ich ja gar nicht in den Himmel. Der Gedanke überfällt ihn plötzlich siedend heiß. Du sollst nicht töten, ist Gottes Gebot. Aber genau das hat er vor. Er senkt den Blick, kann nicht länger zum Himmel aufschauen. Und dann überfällt ihn der Husten. Ein schrecklicher Husten. Es will gar nicht mehr aufhören, ihn zu schütteln und ihm die Brust zu zerreißen. Ist das Gottes Strafe? Aber wieso sollte Gott ihn für etwas strafen, das er noch gar nicht begangen hat?

Endlich hört der Husten auf. Gavrilo wischt sich die Lippen mit dem Taschentuch und geht weiter. Gottes Strafe! So ein Unsinn! Jeder Mensch darf sich verteidigen, in Notwehr sogar töten. Was sie vorhaben, ist nichts anderes als Notwehr im Namen ihres Volkes gegen den Unterdrücker. Es gelingt ihm, tief durchzuatmen, ohne einen neuen Hustenanfall zu provozieren.

Danilo ist nirgends zu sehen. Er hat eine Abkürzung über die Felder genommen. Gavrilo folgt erst einmal der staubigen Straße in Richtung Sarajevo. So haben sie es abgesprochen. Trifko soll etwas später folgen. Der kann ohnehin nicht so schnell laufen, der verstauchte Fuß behindert ihn immer noch. Nedeljko haben sie aus der Gruppe geworfen, aber eigentlich ist Trifko der unsicherste unter ihnen. Trifko ist wahrscheinlich nur dabei, weil die beiden anderen ihn überredet haben. Und weil er unheilbar krank ist. Wird er am Ende den Mut haben, die Sache durchzuziehen?

Gavrilo fühlt sich schwach. Sie haben wenig geschlafen, und der Tag war so verdammt lang. Er weiß, dass in Wirklichkeit die Schwindsucht an seinen Knochen nagt, ihn müde und matt macht. Es fühlt sich an, als wolle sie ihn zu Boden ziehen. Er versucht, dagegen anzukämpfen, strafft die Schultern, holt noch einmal tief Luft und marschiert weiter durch die Nacht. Er kommt an Bauernkaten und Feldern vorbei. Nur wenige Lichter sind zu sehen, die meisten Leute schlafen schon. Einmal hört er Motorenlärm und duckt sich hinter ein Gebüsch. Es ist aber nur ein klappriger Lastwagen, der noch spät unterwegs ist.

Nach etwa einer weiteren halben Stunde nähert er sich den Häusern einer kleinen Arbeitersiedlung, bereits Teil der Vorstadt von Sarajevo. An einer Kreuzung leuchten die Fenster eines Wirtshauses. Er bleibt stehen, denn es wird ihm bewusst, dass er Durst hat. Und Hunger. Aber der Wirt steht schon an der Tür, um hinter den letzten Gästen, die gerade gehen, abzuschließen.

Zuletzt schlüpft noch ein junges Mädchen in die Nacht hinaus, verabschiedet sich mit einer Handbewegung und schlägt die Richtung von Sarajevo ein, den gleichen Weg, den auch Gavrilo geht. Er folgt ihr. So spät noch unterwegs? Und ganz allein? Ungewöhnlich für eine Frau, auch wenn es in der Stadt nicht besonders gefährlich ist. Der Gang des Mädchens und die Umrisse ihrer schlanken Gestalt im Gegenlicht einer Straßenlaterne kommen ihm seltsam bekannt vor.

Auf einmal sieht sie sich flüchtig zu ihm um. Sie muss bemerkt haben, dass ihr jemand folgt, und sicher ist ihr das unangenehm. Plötzlich weiß er, wer sie ist.

»Jelena«, ruft er. »Warte auf mich!«

Statt anzuhalten, geht sie schneller. Er muss ihr Angst gemacht haben. »Jelena! Ich bin's, Gavrilo. So warte doch!«

Nach ein paar zögernden Schritten bleibt sie stehen und dreht sich zu ihm um. »Gavrilo? Was machst du denn hier?«

Er schließt zu ihr auf. »Das Gleiche könnte ich dich fragen. Ich sah dich aus dem Wirtshaus kommen.«

Sie stehen sich gegenüber. Jelena ist ein oder zwei Zentimeter größer als er. Ihm ist peinlich bewusst, dass seine Schuhe dreckig sind und sein Anzug arg zerknittert. Aber sie bemerkt es nicht, lächelt ihm zu und scheint sich zu freuen, ihn zu sehen. »Mein Gott, es ist lange her«, sagt sie. »Wo hast du denn gesteckt die ganze Zeit?«

»In Belgrad. Hier haben sie mich doch von der Schule geworfen.«

»Ach ja, ich erinnere mich.«

»In Belgrad bin ich weiter aufs Gymnasium gegangen. Und was machst du in dem Wirtshaus da drüben?«

»Ich helfe aus. Immer dienstags und donnerstags, so wie heute. Das Geld spar ich mir für später, für mein Studium.«

»Was willst du denn studieren?«

»Ich will Lehrerin werden.«

Er betrachtet sie im Schein der Laterne, unter der sie stehen. Nicht ohne Herzklopfen, denn von diesem Mädchen kann man kaum die Augen lassen. Jelena Milišić ist eine seltene Schönheit. War sie schon immer. Er kennt sie aus der Schulzeit hier in Sarajevo. Sie ging zwar auf die Mädchenschule, aber es bleibt ja nicht aus, dass Jungen und Mädchen der höheren Schulen sich treffen. Ihr Gesicht ist oval mit einer schlanken Nase, göttlichen Lippen und feinen, gebogenen Brauen über den großen Augen. Ihr glattes schwarzes Haar ist in der Mitte gescheitelt und hinten zu einem Zopf geflochten. Wie eine Madonna sieht sie aus. Früher war die halbe Schule in sie verliebt.

»So, Lehrerin willst du werden«, erwidert er. »Und wie geht es Ranko?«

Sie zischt verächtlich durch die Zähne. »Kein Wort über diesen Kerl! So ein Idiot!«

Gavrilo fragt sich, was da vorgefallen sein mag. Ein Herz und eine Seele waren die beiden früher und alle Jungs eifersüchtig auf diesen Ranko. »Ihr seid also nicht mehr befreundet.«

Sie schüttelt energisch den Kopf. »Ranko ist für mich gestorben. Frag mich bitte nicht, warum.«

»Nein, geht mich ja nichts an. Und jetzt marschierst du mitten in der Nacht ganz allein nach Hause?«

Sie zuckt unbekümmert mit den Schultern. »Bin ich gewohnt.« Sie legt den Kopf leicht schief und grinst. »Wenn du Angst um mich hast, kannst du mich ja begleiten. Ich wohne nicht weit von hier.«

»Gerne. Gehen wir.«

Sie hakt sich bei ihm unter, als wäre es das Natürlichste der Welt. Unterwegs erzählt sie ihm von ihren Zukunftsplänen als Erzieherin, überhaupt der schönste Beruf für eine Frau, wie sie meint. Das heißt, wenn man Kinder liebt. Und wer tut das bitte nicht? Jetzt endlich gebe es ja Schulen für Frauen, die diesen Beruf erlernen wollen.

Gavrilo sagt gelegentlich etwas, aber die meiste Zeit hört er nur zu und genießt ihre Gegenwart. Während sie redet, spürt er ihren langen Rock an seinem Bein entlangstreichen. Und einmal, als sie sich ihm zuwendet und über eine seiner Bemerkungen lacht, drückt sich ihr Busen an seinen Arm. Wie elektrisch durchzuckt es ihn dabei. Was muss dieser

Ranko für ein Idiot sein, dass er es sich mit diesem göttlichen Wesen verscherzt?

Plötzlich unterbricht sie sich selbst. »Himmel noch eins! Ich rede die ganze Zeit von mir. Tut mir leid, Gavro. Ich hab gar nicht gefragt, wie's dir geht. Bist du auf Urlaub hier?«

Gavro. So haben sie ihn in der Schule genannt. Auch seine Freunde nennen ihn manchmal so. Es klingt vertraut und freundlich und aus ihrem Mund fast ein wenig zärtlich.

»Könnte man sagen«, erwidert er.

»Besuchst du deine Familie?«

»Nein, die leben ganz woanders. Nur mein ältester Bruder wohnt hier.«

»Schön, dass wir uns getroffen haben. Bleibst du noch eine Weile? Wann fährst du wieder zurück?«

Er zögert. »Ich weiß noch nicht, ob ich wieder zurückfahre«, sagt er verlegen.

»Aber du musst doch deine Schule beenden.«

»Ja. Natürlich.«

Er hat das plötzliche Bedürfnis, sich ihr anzuvertrauen, eine verständnisvolle Seele in ihr zu finden, denn Jelena war auch immer gegen die Besatzung. Was wäre, wenn er ihr die Wahrheit sagen würde, dass er nicht die Schule, sondern sein Leben beenden will. Für eine gute Sache. Würde sie das beeindrucken? Er würde sie so gerne beeindrucken. Aber er darf es ihr natürlich nicht sagen. Sie würde es vielleicht nicht verstehen und zur Polizei gehen.

»Du hörst dich an, als ob du keine Lust mehr auf die Schule hast. Ist was vorgefallen?«

»Nein, nein. Natürlich nicht.«

Sie schüttelt ihn sanft am Arm. »Sieh mich an, Gavro. Es ist was vorgefallen, oder nicht? Haben sie dich wieder von der Schule geschmissen?«

»Nein, bestimmt nicht. Ich schwör's.«

»Na, dann ist es ja gut«, sagt sie und lächelt. »Ansonsten kannst du gerne mit mir reden. Vielleicht hilft's.«

»Danke, das ist lieb von dir.«

»Ich hab dich nämlich immer gemocht. Damit du's weißt.«

»Wirklich?«

»Du warst ein bisschen schüchtern.« Sie lacht. »Bist du, glaube ich, immer noch, oder?«

Gavrilo wird rot und ist froh, dass man es in der Dunkelheit nicht sehen kann. »Ja. Ein bisschen schüchtern bin ich wohl immer noch.«

»Mir hat das gefallen«, sagt sie. »Und dass du immer so kluge Sachen zu sagen hast.«

»Ich? Du erstaunst mich.«

»Doch, doch. Du warst immer der Klügste unter deinen Kameraden. Fand ich jedenfalls. Die meisten hatten doch nichts im Hirn. Aber du warst anders.«

»Vielleicht hab ich ja nur was aus meinen Büchern nachgeplappert. Ich hab immer viel gelesen.«

»Weiß nicht. Deshalb hast du diese klugen Sachen gesagt. Über ernste Dinge. Das hat mir gefallen.«

»Das hat dir gefallen? Hab ich gar nicht gemerkt. Du warst doch mit Ranko befreundet.«

Sie runzelt wütend die Brauen. »Nenn nie wieder diesen Namen!«

»Habt ihr euch zerstritten?«

»Mehr als das. Aber darüber gibt's jetzt nichts mehr zu sagen.« Sie bleibt stehen und zeigt auf ein Haus. »Hier wohne ich. Danke, dass du mich begleitet hast.«

Sie sehen sich einen Augenblick schweigend an. Dann lächelt sie, haucht ihm einen Kuss auf die Wange und wendet sich zu gehen. Sie hat schon fast die Straße überquert, als er wieder zu Besinnung kommt. »Darf ich dich morgen besuchen?«, ruft er ihr hinterher.

Sie bleibt stehen und dreht sich um. »Na, das hat aber gedauert, bis dir das eingefallen ist«, sagt sie und lacht. »Natürlich darfst du mich besuchen. So gegen fünf. Nein, besser um sechs. Vorher muss ich meiner Mutter helfen.«

Sie winkt ihm zu und geht den Rest des Weges bis zur Tür ihres Elternhauses. Noch einmal winkt sie kurz, dann verschwindet sie im Haus.

Gavrilo bleibt wie festgewurzelt stehen. Als könne er sich gar nicht lösen. Zum Glück musste ich nicht husten, denkt er, das hätte alles kaputt gemacht, die Magie des Augenblicks zerstört.

Schließlich macht er sich wieder auf den Weg. Ein ganzes Stück muss er zurückgehen, bis er die schmale Straße findet, die den Hang hinauf zu Danilos Haus führt. Er trödelt, hat es überhaupt nicht eilig, denn die Begegnung mit Jelena hat ihn tief bewegt. Sie mag mich, denkt er immer noch freudig überrascht und mit einem warmen Gefühl im Herzen. Sogar schon damals mochte sie ihn, als er in Sarajevo noch zur Schule ging. Hat sie jedenfalls gesagt. Wie dumm, dass er das nicht früher bemerkt hat.

Natürlich haben er und andere sich im Park mit Mädchen getroffen, aber nicht einzeln, sondern meist in Gruppen. Jelena hat er häufig mit diesem Ranko gesehen, einem gut aussehenden Jungen aus wohlhabender Familie. Gavrilo selbst hatte nie eine nähere Mädchenfreundschaft. Wahrscheinlich, weil er klein ist. Er spürt noch ihre Lippen auf der Wange, wohin sie ihn zum Abschied geküsst hat. Hat das etwas zu bedeuten? Er ist verwirrt. Euphorisch, aber in gewisser Weise auch traurig. Als habe er in seinem kurzen Leben etwas verpasst, das sich nie mehr zurückholen lässt.

Eine Viertelstunde später erreicht er Danilos Haus. Im zweiten Stock brennt Licht. Es muss schon fast Mitternacht sein. Irgendjemand da oben kann nicht schlafen. Er öffnet das Hoftor und schleicht sich am Haus vorbei zu Danilos Scheune. Durch das kleine Fenster fällt ein warmer Lichtschein. Die Tür knarrt, als er sie öffnet und hineinschlüpft.

»Wo zum Teufel warst du?«, fragt Danilo sofort.

Gavrilo schließt die Tür hinter sich. »Nirgendwo. Das war 'ne lange Zugfahrt. Da hab ich mir ein bisschen die Beine vertreten.« Er nimmt den Rucksack von den Schultern.

»Guck mal, wer hier ist, Gavro!«, sagt Trifko mit breitem Grinsen und deutet in die hintere, dunkle Ecke des Raums, wo jemand auf einer Matratze sitzt.

»Nedeljko?«, fragt Gavrilo überrascht. »Du hier?«

Nedeljko kommt auf die Füße. »Ja. Das hast du wohl nicht erwartet, was? Ich lass euch das doch nicht allein durchziehen.«

Gavrilo umarmt ihn kurz. »Wie bist du hergekommen? Von Loznica gibt's doch keine Bahnverbindung.«

»Ich hatte Glück. Noch in der gleichen Nacht hat mich ein Fuhrmann auf seinem Laster mitgenommen. Fast bis nach Sarajevo. Den Rest des Weges bin ich gelaufen.«

»Ich bin froh, dich zu sehen.«

»Ich auch.«

Gavrilo dreht sich zu Danilo um. »Und? Was bedeutet das jetzt für uns?«

Danilo zuckt seufzend mit den Schultern. »Nedeljko hat versprochen, sich zu benehmen und zu tun, was ich ihm sage.«

FREITAG, 26. JUNI 1914

Reichspost

Ankunft der Herzogin v. Hohenberg in Ilidze

Sarajevo, 25. Juni. Frau Herzogin v. Hohenberg ist um 9 Uhr 20 Minuten in Bad Ilidze im Salonwagen der bosnisch-herzegovinischen Landesbahnen eingetroffen. Über einen prachtvollen Teppich schritt die Frau Herzogin in die festlich geschmückte Wandelhalle, wo Sektionsleiter Hofrat Franges und Präsidialsekretär Doktor Starch sich meldeten. Das anwesende Publikum, vornehmlich Damen, darunter viele muslimische Frauen, akklamierten die Frau Herzogin lebhaft, wofür diese freundlichst dankte. Ihre Hoheit fuhr hierauf im Auto des Grafen Harrach zum Hotel Bosna, wo sie im Foyer vom Bezirksvorsteher Galanthan, Hofwirtschaftssekretär Eckmann, Kurdirektor Dr. Rostie und dessen Frau, welch letztere der Frau Herzogin ein Rosenbukett überreichte, empfangen wurde.

Stimmungen vom Empfange

(Von dem Spezialkorrespondenten der »Reichspost«)

Sarajevo, 25. Juni. Die Fahrt des Erzherzog-Thronfolgers gestaltete sich heute zu einer wahren Freudenfahrt von der Mündung der Narenta bis ins Herz der felsigen Herzegovina und von da bis in die Hauptstadt der Reichslande. Dem Erzherzog-Thronfolger ward überall ein Empfang, ein Willkommensgruß zuteil, der deutlich bewies, wie warm ergeben die Herzen der Bosnier und der Herzegovzen für Habsburg schlagen und welche tiefe Liebe sie zu dem greisen erhabenen Monarchen und zu seinem dereinstigen Nachfolger beherrscht. Die Presse Bosniens, der Ausfluss der Gedanken und Gefühle des Landes, hat in beredten Worten der Freude Ausdruck gegeben, die alle bewegt, der hohen Begeisterung, die alle erfasst hat!

Sarajevo, 9:12 Uhr, in Danilos Scheune

Der Himmel ist grau, und es regnet.

»Danilo!«, gellt es über den Hof. »Frühstück!«

»Wir essen hier bei mir, Mutter.«

»Dann kommt es holen!«

Danilo dreht sich zu den anderen um. »Einer muss mir mal helfen.«

Sofort erhebt sich Nedeljko von dem klapprigen Stuhl, auf dem er gesessen hat. »Ich mach das.«

Im Gegensatz zu Danilo, der schon fertig angezogen ist, trägt er kein Hemd, nur Schuhe und Hosen. Seine Schultern sind weiß und eckig, und die Rippen stehen hervor, so mager ist er.

Im Grunde sehen wir alle drei so aus, denkt Gavrilo und blickt den beiden nach, wie sie im Regen den Hof überqueren und durch die Küchentür ins Haus treten. Er wundert sich, dass Nedeljko Danilo gegenüber auf einmal so gefügig ist, fast schon unterwürfig. Er will wohl den hysterischen Ausbruch auf dem Schiff vergessen machen. Dabei hätte er sich alles ersparen und wegbleiben können. Aber offensichtlich will er Vertrauen zurückgewinnen, wieder dazugehören. Wir sind seine einzige Familie, denkt Gavrilo, deshalb ist er jetzt mit allem einverstanden, gibt sich entschlossen und guten Mutes, auch wenn er dabei ein bisschen übertreibt.

Das Haus der Witwe Ilić ist nicht besonders groß, hat aber zwei Stockwerke, und unter dem Dach gibt es noch ein paar kleine Kammern. Auf der Straßenseite sieht es recht passabel aus, frisch gestrichen und mit einem gepflegten kleinen Vorgarten. Hier hinten, auf der Hofseite zeigt es sein wahres, vom Alter gezeichnetes Gesicht: grauer, bröckelnder Putz zum Teil von Efeu überwuchert, ein mit unebenen Steinplatten ausgelegter Hof, zwischen denen Unkraut sprießt. Neben der Regenrinne zwei dreckige Abfallkübel und ein reifenloses verrostendes Fahrradgestell, halb von Brennnesseln überwuchert. In der Ecke ein Scheißhaus aus verwittertem Holz, dessen Tür nicht richtig schließt.

Bei dem Regenwetter sieht alles natürlich noch trostloser aus als sonst. Danilo gibt zu, dass seine Mutter ihm schon seit Monaten in den Ohren liegt, den Hof endlich mal aufzuräumen, aber dazu hat er weder Lust noch Zeit. Im Grunde ist es ihm egal, wie es hier aussieht.

Das Haus ist wie Bosnien, denkt Gavrilo. Oberflächlich betrachtet haben die Österreicher Fortschritt gebracht, besonders hier in Sarajevo. Eisenbahnen, Industrie, moderne Bauten, neue Stadtviertel für die Wohlhabenden, Gasbeleuchtung, eine Straßenbahn. Und natürlich ihre Sprache und ihre deutsche Ordnung. Dahinter aber verbirgt sich der Müll der Geschichte, das verwahrloste Erbe von vierhundert Jahren Fremdherrschaft und Unterdrückung, zum Teil noch mittelalterliche Zustände und diese elende Unterwürfigkeit großer Teile der Bevölkerung.

Gavrilo dreht sich um und wandert auf nackten Füßen zurück zu einer Bank, wo er angefangen hat, seine einzigen Schuhe zu putzen. Die Absätze sind abgelaufen, und das Leder ist stumpf. Bei ihrem Weg über die Grenze und den nächtlichen Wald haben sie noch mehr gelitten. Er hat Schuhcreme aufgetragen und einziehen lassen. Nun wienert er mit einem weichen Lappen, bis das Leder wieder ein bisschen glänzt. Danach sehen sie besser aus, obwohl einige Macken und Abschürfungen nicht zu übersehen sind.

Seinen Anzug hat er schon ausgebürstet. Ein paar Flecken sind nicht wegzukriegen, aber die fallen auf dem dunklen Stoff nicht allzu sehr auf. Er muss noch eines der beiden Hemden bügeln, die er im Rucksack hat. Sogar an einer Krawatte fehlt es nicht, auch wenn sie etwas abgetragen und speckig ist. Zumindest muss er sich nicht schämen, wenn er sich später mit Jelena trifft. Die Verabredung war in Anbetracht ihres Vorhabens vielleicht keine gute Idee. Aber, verdammt, warum sollte er darauf verzichten? Er und seine Kameraden sind alle so ernst geworden, fast schon richtig griesgrämig. Jelena wird ihn wenigstens ein wenig aufmuntern.

Er stellt die Schuhe weg und räumt Danilos Putzsachen zurück in die Kiste. Hinter sich hört er Trifko husten. Der liegt immer noch in seiner Ecke auf der behelfsmäßigen Matratze, die Danilo ihm gegeben hat, mit dem Kopf zur Wand und der Decke über dem Kopf, als scheue er das Tageslicht, das durch die kleinen Fenster dringt.

»He, Trifko! Willst du nicht endlich aufstehen?«, ruft er ihm zu.

»Lass mich in Ruhe.«

»Was ist mit deinem Fuß? Besser?«

»Ich hab gesagt, du sollst mich in Ruhe lassen!«

»Ist ja schon gut, Mann. Meinetwegen kannst du den ganzen Tag verpennen. Brennt ja nichts an.«

Gavrilo lässt den Blick durch die Scheune wandern. War das wirklich mal eine Scheune oder nur ein großer Schuppen? Über ihren Köpfen das nackte Gebälk, der Boden aus rauen Holzplanken. Gegenüber steht Danilos schmaler Schreibtisch, auf dem alte Zeitungen und Papiere liegen. Auch an die Wand über dem Tisch hat er Notizen und Zeitungsausschnitte geheftet. Der Anblick ist Gavrilo vertraut, er war schließlich schon öfter hier. Für Danilos Mutter – eine kleine, etwas übergewichtige Frau, die immer beschäftigt zu sein scheint – ist er kein Fremder. Überhaupt bringt Danilo nicht selten Bekannte her, weshalb sie schon lange keine Fragen mehr stellt.

Gavrilo fragt sich, wo ihr Freund die Waffen versteckt hat. Sein Rucksack ist nirgends zu sehen. Dann wandern seine Gedanken wieder zu Jelena. Was für ein Zufall, dass er sie getroffen hat. In der Nacht hat er trotz Müdigkeit nicht gleich einschlafen können, sosehr hat ihn die Begegnung beschäftigt. Er hat noch ihre Stimme im Ohr, ihr fröhliches Lachen. Wieso ist ihm nicht schon früher aufgefallen, dass sie etwas für ihn übrighat? Vielleicht hat sie das nur so dahingesagt. Bei Mädchen weiß man nie, was sie wirklich denken. Außer bei Vukosava, bei der muss man nicht lange raten. Der sieht man sofort an, was in ihr vorgeht. Arme Vukosava. Er hat sie aufrichtig gern, aber neben Jelena …

»He, wir werden nass! Mach mal einer die Tür auf!«, schallt es von draußen. »Wir haben die Arme voll.«

Gavrilo steht auf, geht zur Tür und reißt sie weit auf. »Na endlich! Mir hängt schon der Magen in den Kniekehlen.«

Danilo und Nedeljko betreten, jeder mit einem Tablett beladen, die Scheune. Eine große Kanne Kaffee, emaillierte Trinkbecher, Besteck, Zucker, Milch, Butter, Honig, Marmelade und duftendes Brot. Sie stellen alles auf den Schreibtisch.

Danilo wischt sich ein paar Regentropfen aus dem Gesicht und grinst. »Bedient euch, Leute!«

Gavrilo macht sich ein Brot mit Erdbeermarmelade und schenkt sich Kaffee ein. Auch Nedeljko langt zu. »Hat deine Mutter nichts dagegen, dass wir hier übernachten?«, fragt er und leckt Marmelade von seinem Messer.

»Ach was. Die ist das gewohnt«, erwidert Danilo und beißt in ein dick mit Butter und Honig beschmiertes Brot.

Nedeljko überkommt plötzlich ein Hustenanfall. Sein Gesicht wird rot, und er legt hastig das Brot weg. Mit vorgehaltener Hand beugt er sich zur Seite und hustet sich schier die Lunge aus dem Hals. Dann hört es auf, und er kommt wieder zu Atem.

»Entschuldigt«, murmelt er.

»Schon gut.«

»Weiß sie, was wir vorhaben?«

»Natürlich nicht. Bist du verrückt? Die würde mich umbringen, wenn sie's wüsste.«

»Wo hast du eigentlich die Waffen versteckt.«

»Wo sie sicher sind. Die kriegt ihr noch früh genug.«

Plötzlich meldet sich Trifko aus seiner Ecke: »Du spuckst ganz schön große Töne, weißt du das?« Er hat die Decke weggeschoben und sitzt im Schneidersitz auf der Matratze. Seine Unterwäsche sieht nicht besonders sauber aus. »Kommandierst uns rum, als wären wir Schuljungen. Dabei macht der feine Herr gar nicht mit. Warum eigentlich nicht? Kannst du uns das mal erklären?«

»Was gibt's da zu erklären?«, brummt Danilo.

Trifko kommt auf die Füße und nähert sich ihm drohend. »Los! Sag mir, warum wirfst du nicht 'ne Bombe? Warum überlässt du uns die Drecksarbeit? Wir sollen krepieren, und du lebst dein glückliches Scheißleben weiter?« Mit der Linken packt er Danilo am Hemdkragen, die Rechte zur Faust erhoben.

»Lass mich sofort los, du Idiot«, zischt Danilo ihm zu.

»Ich polier dir die Fresse, du Feigling!«, brüllt Trifko.

»Feigling nennst du mich?« Danilo stößt ihn von sich.

»Ja, das tue ich. Du und deine Schwarze Hand, ihr nutzt uns aus. Wir sind die Arschlöcher, die für euch ins Feuer springen!« Er hebt erneut die Faust.

»Ihr habt euch freiwillig gemeldet. Ihr wolltet es doch so.«

Gavrilo geht dazwischen. »Trifko! Hör sofort mit dem Unsinn auf! Wir sind nicht hier, um zu streiten. Danilo organisiert alles, und wir erledigen das Schwein, so wie wir es uns geschworen haben. Du warst mit allem einverstanden, vergiss das nicht. Jeder hat seine Aufgabe, und damit basta!«

Trifko lässt die Arme sinken und starrt Gavrilo an. So schnell die Wut in ihm aufgeflackert ist, so schnell erlischt sie wieder. Er nickt niedergeschlagen, zieht sich wieder auf seine Matratze zurück und wickelt sich die Decke um die mageren Schultern. Einen Augenblick lang herrscht verlegenes Schweigen. Danilo hat sich abgewendet und kaut an seinem Brot.

Nedeljko wirft einen besorgten Blick auf Trifko, der in seiner Ecke hockt und schmollt. »Warum isst du nichts?«, fragt er ihn.

»Hab keinen Hunger.«

Sie schweigen eine Weile. Alle außer Trifko kauen an ihrem Brot und trinken Kaffee aus angeschlagenen Emaillebechern, altem Geschirr, das Danilos Mutter nicht ihren Zimmergästen zumuten möchte. Der Kaffee belebt die Geister, egal aus welchem Gefäß sie ihn trinken.

Gavrilo versucht, die Stimmung aufzulockern. »Ratet mal, wen ich gestern Nacht getroffen habe.«

»Wen denn?«, fragt Nedeljko.

»Jelena Milišić.«

»Was? Diese Hübsche von der Mädchenschule?«

»Genau die.« Gavrilo wendet sich an Danilo und Trifko. »Ihr beiden kennt sie vielleicht nicht. Ich bin durch Zufall auf sie gestoßen.«

»Mitten in der Nacht?«, fragt Danilo.

»Sie hilft in einer Kneipe aus und war auf dem Heimweg. Ich hab sie bis vor die Haustür begleitet. Sie hat mir erzählt, sie will Lehrerin werden, so wie du, Danilo. Ein großartiges Mädchen. Alle waren damals in sie verliebt.«

Danilo grinst spöttisch. »Das bist du wohl immer noch.«

»Die würde dir auch gefallen. Sie ist ausgesprochen hübsch. Eine Schönheit.«

»Na und?«

»Heute Nachmittag bin ich mit ihr verabredet.«

»Du hast dich verabredet? Sag mal, bist du blöd? Wir sind doch nicht hier, um mit Mädchen zu schäkern.«

»Was stört es dich, wenn ich mich mit ihr treffe?«

»Was es mich stört? Ich sag es dir: Es lässt mich an deiner Ernsthaftigkeit zweifeln. Wir bereiten uns auf einen Anschlag vor, der die ganze verdammte Doppelmonarchie erschüttern soll, und du hast plötzlich Mädchen im Kopf.«

Gavrilo runzelt die Stirn. Danilos Worte ärgern ihn. »An meiner Ernsthaftigkeit hast du nicht zu zweifeln. Und mit wem ich mich treffe, geht dich einen feuchten Dreck an!«

Beide haben nicht bemerkt, dass Nedeljkos Miene sich verdunkelt hat. Plötzlich springt er auf. »Mich geht es was an, du Romeo! Du willst dich mit dieser arroganten Ziege treffen? Was ist mit meiner Schwester? Hast du die schon vergessen? Du bist dauernd um sie herumgeschwänzelt, bis sie sich in dich verliebt hat. Und jetzt ist sie dir egal? Warum verabredest du dich nicht mir ihr?« Seine Augen sprühen vor Zorn.

»Du weißt doch ganz genau, warum das nicht geht«, verteidigt sich Gavrilo. »Kann sein, dass sie euer Haus beobachten.«

»Warum gerade unser Haus? Warum nicht dieses hier? Oder Trifkos Elternhaus? Wer weiß, ob sie irgendwas beobachten. Hast du irgendwo Polizeikontrollen gesehen? Ich nicht!«

»Halt den Mund, Nedeljko«, faucht Danilo barsch. Er wendet sich Gavrilo zu. »Vergiss das mit dem Mädchen. Das führt zu nichts. Außerdem ist es gefährlich. Vielleicht sieht dich jemand oder du verplapperst dich, und dann erwischen sie uns, bevor wir die Sache zu Ende führen können.«

Gavrilo erwidert zuerst nichts. Dann nickt er. Danilo hat natürlich recht. Sie sollten sich lieber auf ihre Aufgabe konzentrieren, statt sich ablenken zu lassen.

Trifko aber regt sich auf. »Scheiße, Danilo! Jetzt kommandierst du uns schon wieder rum«, hören sie ihn aus seiner Ecke sagen. Er schiebt die Decke weg und setzt sich auf. »Mach dir doch nichts vor. Denkst du wirklich, die erwischen uns nicht schon lange vorher? Gleich marschiert hier die Polizei rein, darauf kannste dich verlassen.«

Trifkos Kinn ist unrasiert, und unter den Augen hat er dunkle Schatten. Der sieht aus, als hätte ihn der Teufel ausgespuckt, denkt Gavrilo. Muss schlecht geschlafen haben.

Danilo verdreht genervt die Augen. »Red keinen Quatsch, Trifko. Warum sollten sie uns erwischen? Es sei denn, ihr lauft in der Stadt herum und quatscht mit jedem Mädel, das euch schöne Augen macht. Haltet euch an das, was ich sage. Bis jetzt lief doch alles gut.«

Trifko überzeugt das nicht. »Das Ganze ist ein Hirngespinst. Denkt ihr wirklich, wir paar Idioten können das Haus Habsburg ins Wanken bringen? Das ist doch lächerlich!«

Die anderen drei sehen ihn sprachlos an. »Was ist denn plötzlich in dich gefahren?«, fragt Gavrilo seinen Freund, obwohl Trifkos Ausbruch ihn weniger überrascht als die anderen. »Bis vor Kurzem warst du Feuer und Flamme. Und jetzt?«

Es wird still in der Scheune. Sie warten auf eine Antwort. Aber Trifko hockt schweigsam auf der Matratze und starrt vor sich hin. Auf einmal laufen ihm Tränen über die Wangen. »Ich kann das nicht«, schluchzt er und schlägt die Hände vors Gesicht.

»Was kannst du nicht?«, fragt Danilo scharf.

Trifko antwortet nicht. Er sitzt vornübergebeugt, mit zuckenden Schultern da, das Gesicht in den Händen. Man hört ihn leise wimmern. Nach einer Weile lässt er die Hände sinken, atmet tief durch und blickt mit tränennassen Augen auf. »Ich will nicht sterben«, flüstert er.

Die anderen sehen sich betreten an. Was soll man dazu sagen? Gavrilo und Nedeljko und Trifko – alle drei waren sie fest entschlossen, etwas Heroisches für Serbien zu tun, in die Geschichte einzugehen. Dass der Tod dazugehört, war ihnen klar, das haben sie in Kauf genommen. Aber nun ist der Tag nicht mehr fern …

Danilo räuspert sich. »Eines Tages müssen wir alle sterben.«

Trifko hebt den Kopf. »Aber nicht so schnell.«

Wieder vergeht ein Augenblick, in dem sie betreten schweigen. »Hör zu«, sagt Danilo schließlich. »Wir haben lange darüber geredet. Du bist krank. Unheilbar krank. Wie lange hast du noch? Was denkst du? Zwei Monate, drei Monate? Ein halbes Jahr?«

»Was weiß ich?«, murmelt Trifko und wischt sich die Nase.

»Du selbst hat gesagt: Besser ein schneller, heldenhafter Tod als ein langsames Dahinsiechen. Das hast du doch gesagt. Oder hab ich mich da verhört?«

Trifko steigt wieder die Zornesröte ins Gesicht. »Was weißt du denn?«, schreit er. »Du hältst dich ja fein raus aus der Sache. Du musst ja nicht sterben. Du musst ja kein Zyanid fressen. Also erzähl uns keinen Scheiß!«

Gavrilo will sich schon einmischen, als die Tür aufgeht und Danilos Mutter im Rahmen steht. »Alles in Ordnung bei euch?«, fragt sie. »Wollt ihr noch Kaffee?« Sie bemerkt die betretene Stimmung und Trifkos rotes, tränennasses Gesicht. »Was ist denn mit dem los?«

»Nichts, Mutter«, erwidert Danilo. »Unser Trifko hat Liebeskummer.«

»So, Liebeskummer hat er.« Sie lacht. »Der vergeht wieder.« Sie wendet sich zum Gehen. »Wenn ihr noch was braucht, kommt es euch holen.« Damit fällt die Scheunentür hinter ihr zu.

Die Unterbrechung hat die Gemüter etwas abgekühlt. Jedenfalls, was Trifko angeht. Er legt sich auf seine Matratze, dreht ihnen den Rücken zu und zieht sich wieder die Decke über den Kopf. Nedeljko starrt betroffen auf Trifkos Rücken, und Gavrilo sagt sich, er hat es kommen sehen. Trifko ist das schwächste Glied in der Kette, das schwächste Rad an ihrem Wagen. Obwohl er selbst auch nicht vor solchen Gedanken gefeit ist. Wer will schon sterben?

Danilo ist wütend. »Langsam reicht's mir!«, schnauzt er gereizt. »Von euch dreien hab ich wirklich die Schnauze voll. Unser Witzbold Nedeljko will sich selbst in die Luft sprengen. Du, Gavro, hast plötzlich nichts als Mädchen im Kopf. Und der da …« Er deutet auf Trifko. »Der da kriegt auf einmal Muffensausen. Was für eine Truppe! Dabei war doch alles zehnmal abgesprochen.« Er steht auf. »Ich sag euch was: Mit euch wird das einfach nichts. Wir blasen das Ganze ab. Ich geh in die Stadt zum Telegrafenamt.«

»Wozu?«, fragt Nedeljko schuldbewusst.

»Na, wozu wohl? Ich ruf Belgrad an und sag Bescheid. Ende mit dem ganzen Scheiß!«

»Warte mal …«, stammelt Nedeljko. »Doch nicht wegen mir …«

Aber Danilo ignoriert ihn, reißt eine Schirmmütze vom Haken an der Wand und zieht sie sich tief in die Stirn. Dann wirft er sich eine Jacke um die Schultern und stürmt aus der Scheune in den Regen, der immer noch nicht nachgelassen hat.

Hilfesuchend wendet Nedeljko sich an Gavrilo. »Wir müssen ihn aufhalten, Gavro. Warum sagt du nichts?«

Ja, warum sag ich nichts?, denkt Gavrilo. Er fühlt sich zerrissen. Natürlich will er den Anschlag ausführen. Das ist ihr Ziel. Wochenlang haben sie sich darauf vorbereitet. Alles durchgesprochen, Schießen gelernt, sich mit ihrem Schicksal abgefunden, denn eine solche Gelegenheit kommt nie wieder. Aber irgendetwas lähmt ihn, hinter Danilo herzulaufen und ihn aufzuhalten. Vielleicht sollten sie wirklich alles abblasen.

»Ach was«, sagt er schließlich und seufzt. »Danilo ist genauso aufgeregt wie wir. Er wird sich schon wieder einkriegen. Ich glaube nicht, dass er Belgrad anruft.«

Sarajevo, 10:05 Uhr, in Svjetlanas Wohnung

»Möchtest du noch was essen?«, fragt Svjetlana. »Ich kann auch neuen Kaffee machen.«

Vukosava schüttelt den Kopf. »Nein, danke. Mehr krieg ich nicht runter.« Sie lächelt schüchtern. »Sie sind sehr freundlich.«

Svjetlana streicht ihr mitfühlend über die Hand. »Es wird schon alles gut, mein Kind. Man wird sie rechtzeitig finden, davon bin ich überzeugt. Dank deiner Hilfe kommt dein Bruder glimpflich davon. Und auch dein Freund.«

Vukosava senkt den Kopf. »Ich komme mir vor wie eine Verräterin.«

»Aber nicht doch. Das musst du nicht denken. Du hast das einzig Richtige getan. Man wird es dir danken. Am Ende wird dir auch dein Bruder dafür danken.«

Vukosava nickt bekümmert. »Ich hoffe es.«

Am anderen Ende des Esstischs sitzt der Zeichner, den Markovic geschickt hat. Er räuspert sich höflich. »Ich möchte nicht stören, aber ich glaube, ich bin jetzt so weit. Wenn Sie erlauben …« Er hält die nach Vukosavas Beschreibungen und mehrfachen Versuchen erstellte Porträtzeichnung hoch. »Wie ist jetzt Ihr Eindruck, Fräulein Čabrinović? Trifft sie Ihren Freund jetzt besser?«

Vukosava sieht sich die Zeichnung genau an. Ja, sie hat Ähnlichkeit mit Gavrilo. Und doch auch wieder nicht. Zu steif, es fehlt der Lebensfunke, das Leuchten in seinen Augen. Aber das kann man von so einer Zeichnung wohl nicht erwarten. »Ich glaube, sein Gesicht ist doch etwas schmaler«, sagt sie schließlich. »Tut mir leid.«

»Oh, es muss Ihnen nicht leidtun, Fräulein Čabrinović. Es ist eben nicht leicht, jemand aus dem Gedächtnis zu beschreiben. Schauen Sie sich das Bild noch mal genau an.«

Vukosava vertieft sich erneut in das mit Bleistift gezeichnete Porträt. »Die Brauen vielleicht noch etwas höher«, sagt sie. »Und der Mund ein klein wenig voller.« Ja, der Mund. Der Mund, der sie geküsst hat.

Mein Gott!, denkt sie. Was tue ich hier? Ich verrate sie beide.

»Sonst noch etwas?«

Sie schüttelt den Kopf. »Nein.«

»Gut«, sagt der Zeichner. »Das kann ich noch korrigieren. Im Großen und Ganzen trifft es ihn, ja?«

»Ich denke schon«, haucht sie.

Auch Svjetlana hat das Bild eingehend betrachtet. Ein recht gut aussehender junger Mann mit dünnem Oberlippenbart und großen dunklen Augen in einem schmalen Gesicht. Über der Stirn wirre Haare.

»Ist es nicht erstaunlich, wie der Herr zeichnen kann?«, fragt sie und beobachtet, wie der Mann mit Stift und Radiergummi arbeitet, um die letzten Änderungen einzuarbeiten.

»Machen Sie das öfter«, fragt Svjetlana den Zeichner.

»Eigentlich male ich Porträts«, erwidert der Mann. »Aber gelegentlich helfe ich mal aus. So wie heute. Eine Gelegenheit, ein bisschen dazuzuverdienen.«

»Warum wollen Sie eigentlich keine Zeichnung von Nedeljko?«, fragte Vukosava.

Svjetlana, die immer noch den Künstler beobachtet, wendet sich wieder Vukosava zu. »Sie haben ein Foto von ihm. Dein Vater hat es ihnen gegeben. Du bist auch darauf zu sehen.«

»Ach ja. Ich kann mir denken, welches. Nedeljko wollte unbedingt ein Foto von uns beiden. Er hat mich zu einem Fotografen geschleppt.«

»Wann war das?«

»Vor einem Jahr. Ich hab es rahmen lassen. Es hängt in meinem Zimmer. Das heißt …« Sie stockt, denn nun hat es die Polizei.

Sie bekommt feuchte Augen. Jetzt haben sie Polizisten in ihrem Leben, die wahrscheinlich alles durchsuchen und begrapschen und ausgerechnet dieses Foto, das sie so liebt, an sich genommen haben. Sie blickt zum Fenster hinaus, obwohl sie kaum etwas wahrnimmt, so dicht ist der Tränenschleier vor ihren Augen.

Sie spürt Svjetlanas Hand auf dem Arm und hört ihre Stimme, die ihr gut zuredet. »Entschuldigen Sie«, flüstert sie und wischt sich über die Augen.

»Du musst dich nicht entschuldigen. Ich kann mir gut vorstellen, wie du dich fühlst.«

Sie sitzen eine Weile, ohne zu reden, während Vukosava mit dem Finger Brotkrümel auf ihrem Teller zu einem kleinen Häufchen zusammenschiebt. Sie hört den Zeichner arbeiten, das Geräusch des Stifts auf dem Papier, dann hält er den Block auf Armeslänge, betrachtet das Porträt kritisch und macht daraufhin noch eine kleine Verbesserung. Schließlich hält er es so, dass Vukosava es sehen kann.

»Ist es besser so?«, fragt er.

Ja, nun ist es wirklich Gavrilo. Immer noch etwas steif und irgendwie ohne Leben, aber er ist es. Ohne Zweifel. »Ja«, sagt sie. »Das trifft es, denke ich.«

Der Zeichner lächelt zufrieden. »Gut. Dann bedanke ich mich.« Er legt den Zeichenblock mit dem Porträt in seine Mappe, packt Stifte und Radiergummi weg und erhebt sich. Er deutet eine Verbeugung an. »Küss die Hand, die Damen.«

Svjetlana führt ihn zur Wohnungstür und öffnet sie. »Ich denke, Sie finden hinaus.«

Mit einer weiteren Verbeugung verlässt der Mann die

Wohnung. Svjetlana kehrt zurück und setzt sich wieder an den Tisch. Die beiden Frauen sehen sich an. Svjetlana hebt leicht die Schultern und seufzt. »Jetzt müssen wir warten.«

Vukosava rückt ihren Stuhl zurück. »Ich glaube, ich geh jetzt besser nach Hause.«

»Du kannst gerne noch bleiben«, erwidert Svjetlana rasch. »Du bist willkommen, so lange du willst. Dein Vater muss sich keine Sorgen machen. Er weiß Bescheid.«

Vukosava schüttelt den Kopf. »Nein. Ich möchte jetzt lieber gehen.« Sie steht auf.

»Soll ich dich begleiten?«

»Das ist nicht nötig.«

»Vergiss nicht, man beobachtet euer Haus. Benimm dich also ganz normal, so wie immer. Und lass dir auch den Nachbarn gegenüber nichts anmerken.«

»Ich weiß«, sagt Vukosava, hängt sich ihre Tasche um und wendet sich zur Tür.

Svjetlana begleitet sie bis in die Diele. An der Garderobe bückt sie sich nach einem Schirm. »Es regnet. Nimm den Schirm mit. Du kannst ihn ein andermal wiederbringen.«

»Danke.« Bevor Vukosava die Wohnung verlässt, sieht sie Svjetlana noch einmal mit großen, flehentlichen Augen an. »Beten Sie für uns!«, flüstert sie. Dann wendet sie sich ab und steigt die Treppe hinunter.

Armes Kind, denkt Svjetlana und schließt die Tür hinter ihr. Ich möchte nicht in ihrer Haut stecken.

Sarajevo, 11:18 Uhr, Konferenzraum im Konak, Lagebesprechung

Guten Morgen, meine Herren«, Markovic blickt in die Runde, »vielen Dank, dass Sie alle pünktlich erschienen sind.«

Neben ihm und Hauptmann Simon sind Karl Mayerhoffer und Edmund Gede zugegen und auch der Bürgermeister, Fehim Effendi Čurčić. Dazu ein junger Offizier aus Markovic' Abteilung, der Protokoll führt. Kaffee steht auf dem Tisch. Die meisten haben sich bedient.

»Eigentlich hätte ich noch gern Adjutant Major Wiesinger dabeigehabt. Aber der befindet sich zusammen mit unserem Landesherrn beim Manöver.« Markovic öffnet ein Notizbuch, in dem er sich Stichpunkte notiert hat. »Ich versuche jetzt, den Ermittlungsstand zusammenzufassen. Bitte unterbrechen Sie und ergänzen meinen Bericht, wo nötig.«

Er nimmt einen Schluck aus seiner Kaffeetasse, bevor er fortfährt. »Wie Sie wissen, sind uns Gerüchte zu Ohren gekommen, dass serbische Nationalisten möglicherweise für den *Vidovdan* einen Anschlag geplant haben. Auch wenn es sich zum Teil um widersprüchliche Gerüchte handelt, mussten wir als militärischer Geheimdienst und um unseren Thronfolger zu schützen, der Sache natürlich nachgehen. Dabei ist uns ein glücklicher Zufall zu Hilfe gekommen. Einer unserer Spitzel in Belgrad konnte ein geheimes Treffen zwischen Oberst Dimitrijević, dem Chef des serbischen Geheimdienstes, und einem Offizier der serbischen Armee, Major Tankosić, beobachten. Beide gehören zur berüchtigten Schwarzen Hand, und dass sie sich frühmorgens in einem verlassenen Park trafen, konnte nichts Gutes heißen. Ich ließ diesen Tankosić beschatten. Und siehe da, er traf sich in einer Spelunke mit drei jungen Kerlen zu einer Besprechung, in der viel geflüstert wurde und in der das Wort ›Bombe‹ zu hören war. Außerdem war die Sprache davon, dass man damit ›alles verändern‹ könne. Es war auch von einer Reise nach Sarajevo am nächsten Morgen die Rede. Das löste bei Hauptmann Simon und mir natürlich Alarm aus.«

Markovic unterbricht mit einem leicht irritierten Blick auf Simon, der neben ihm steht und sich gerade eine Zigarette anzündet. Da auch Gede eine Pfeife hervorholt und sie zu stopfen beginnt, weist er einen jungen Offizier an, Aschenbecher zu besorgen und das Fenster zu öffnen.

»Wir haben diesen Tankosić natürlich weiter beschattet«, fährt er fort, »dabei hat sich jedoch nichts Neues ergeben. Allerdings fiel uns auf, dass die serbische Polizei am fraglichen Tag alle Fahrgäste am Bahnhof kontrolliert hat. Ebenfalls ohne Erfolg. Niemand wurde festgenommen. Hauptmann Simon hier hatte daraufhin die Vermutung, die jungen Terroristen – wenn sie das denn sind – könnten per Dampfschiff nach Šabac und von dort weiter bis zur Drina und über einen ihm bekannten Schmugglerpfad nach Bosnien übergesetzt haben. Tatsächlich wäre es uns beinahe gelungen, in der Nacht und an der besagten Stelle eine Vierergruppe festzunehmen. Hauptmann Simon kann Ihnen dazu, wenn gewünscht, nachher noch weitere Einzelheiten liefern –«

»Mit Verlaub«, unterbricht Kommissär Gede. »Wir sind schon seit einigen Tagen in Alarmbereitschaft. Wie sicher können Sie sein, dass es sich tatsächlich um Attentatspläne handelt und dass die vier Männer, die sie an der Drina beobachtet haben, die vermeintlichen Terroristen sind?«

»Ob es sich wirklich um Anschlagspläne handelt, wissen wir nicht. Und ob die vier Männer an der Drina die Kerle aus der Kneipe waren, können wir ebenfalls nicht mit Sicherheit sagen. Es ist aber durchaus möglich. Und wenn man alles zusammennimmt – die Anwesenheit des Thronfolgers am *Vidovdan*, die Gerüchte bezüglich eines geplanten Anschlags, geheime Treffen der Schwarzen Hand und alles Weitere, was ich Ihnen gerade geschildert habe –, dann kann man durchaus zu diesem Schluss kommen. Zumindest steht die Möglichkeit im Raum, und entsprechend müssen wir alles versuchen, um eine solche Tat zu verhindern und den Thronfolger zu schützen.«

»So ist es«, sagt Mayerhoffer. Gede nickt zustimmend.

»Für unsere Stadt wäre es eine Katastrophe«, murmelt Bürgermeister Čurčić. Er wirkt sehr besorgt. Wahrscheinlich wünscht er sich, sie würden das verdammte Manöver woanders abhalten und hätten nie den Thronfolger nach Sarajevo eingeladen. Aber dieser Potiorek hat darauf bestanden. »Haben Sie schon den Landeschef informiert?«, fragt er.

»Nein«, antwortet Markovic. »Sie haben ihn das letzte Mal ja erlebt. Er würde uns auslachen. Die Beweislage ist einfach zu dünn. Ich habe versucht, wenigstens die Route der Fahrzeuge ändern zu lassen. Aber selbst das wurde nicht genehmigt. Potiorek will unbedingt winkende Menschen.«

Mayerhoffer schüttelt den Kopf. »Die dann erleben dürfen, wie vor ihren Augen der Thronfolger gemeuchelt wird.«

Der Bürgermeister wirft ihm einen entsetzten Blick zu, und Gede sagt: »Nun malen Sie mal nicht den Teufel an die Wand. Wir werden es schon verhindern.«

»Wir müssen annehmen, dass die Verdächtigen inzwischen Sarajevo erreicht haben«, sagt Simon und zieht an seiner Zigarette. »Irgendwie müssen sie durch unsere Kontrollen an den Bahnhöfen und Einfallstraßen geschlüpft sein. Lassen Sie ihre Männer dennoch weiter kontrollieren, Mayerhoffer. Vielleicht erwischen wir sie ja noch.«

Mayerhoffer nickt. »Wir werden in unserer Wachsamkeit nicht nachlassen, das kann ich Ihnen versichern. Aber was ist mit diesem Čabrinović? Sein Sohn könnte einer der Terroristen sein.«

»Richtig«, sagt Markovic. »Der Name Čabrinović wurde uns aus Belgrad übermittelt. Der Wirt der Kneipe, in der Tankosić sich mit den drei Burschen getroffen hat, erinnert sich an diesen Namen. Die jungen Männer scheinen dort öfter verkehrt zu haben. Tatsächlich stammt ein Bursche dieses Namens hier aus Sarajevo. Sein Vater, eigentlich ein überzeugter Monarchist, betreibt eine Pension. Herr Mayerhoffer und ich sind dem nachgegangen. Der Vater will mit seinem Sohn nichts mehr zu tun haben. Nedeljko heißt der junge Mann und ist laut seinem Vater ein Herumtreiber. Sie scheinen sich jedenfalls schwer zerstritten zu haben. Etwas später hat uns die Schwester den Namen eines weiteren Verdächtigen genannt: Gavrilo Princip. Ein enger Freund dieses Nedeljko. Auch diesen Namen habe ich, wie Sie wissen, gestern Abend an die Beamten durchgeben lassen, die die Personenkontrollen durchführen. Leider ist ihnen bisher keiner dieser Namensträger untergekommen. Wer die beiden übrigen Grenzgänger sind, wissen wir nicht. Sollten die Verdächtigen Sarajevo inzwischen erreicht haben, wie Simon annimmt, können sie nicht die Bahn genommen haben. Oder sie haben falsche Papiere. Wer weiß. Die Schwarze Hand hat ihre Methoden, unliebsame Elemente ungesehen über die Grenze zu schmuggeln.«

Die Männer sehen sich nachdenklich an. »Glauben Sie wirklich, die sind schon in Sarajevo?«, fragt Kommissär Gede.

Markovic zuckt mit den Schultern. »Wer weiß? Aber wir sollten davon ausgehen.«

»Was haben Sie denn von der Schwester noch erfahren?«, fragt Mayerhoffer. »Als wir beide sie befragt haben, wollte sie nichts sagen.«

»Das stimmt. Aber wir haben sie später noch einmal verhört und konnten ihr Vertrauen gewinnen. Sie hat ausgesagt, dass sie ihren Bruder Nedeljko Čabrinović und seinen Freund Gavrilo Princip oft über Revolution, über eine ›panslawistische Befreiung vom österreichischen Joch‹ und von Aktionen und Anschlägen hat reden hören. Sie hat es immer für leeres Gerede gehalten. Von einem Anschlag am *Vidovdan* weiß sie nichts, weshalb sie uns nichts Konkretes sagen konnte. Zumindest wissen wir jetzt, wie die beiden in etwa aussehen. Ich habe hier ein Foto des Bruders und ein nach ihren Angaben gezeichnetes Porträt dieses Princip. Lassen Sie beides bitte herumgehen. Unser Künstler fertigt gerade Kopien für Ihre Dienststellen an. Ihre Männer sollen sich die Gesichter wirklich gut einprägen.«

Foto und Zeichnung werden von allen eingehend studiert. »Die sind doch viel zu jung«, murmelt der Bürgermeister. »Das sollen Attentäter sein?«

Simon nickt. »Jung mögen sie sein, aber wir dürfen sie nicht unterschätzen. Mit Unterstützung der Schwarzen Hand ist alles möglich.«

»Und wie soll jetzt weiter vorgegangen werden?«, fragt Gede, dessen Pfeife inzwischen ganze Rauchwolken im Raum verbreitet.

»Sie und Ihre Gendarmen müssen wie gehabt das Hotel Bosna bewachen, Herr Gede. Was Sie sonst noch an Männern erübrigen können, sollten Sie der hiesigen Polizei zur Verfügung stellen. Herr Mayerhoffer überwacht weiterhin den Bahnhof und die Hauptstraßen. Streifengänge müssen verstärkt werden. Auch die Pension des Čabrinović wird beobachtet. Wir haben inzwischen eine ganze Menge Studenten verhört, die in der Vergangenheit bei Ausschreitungen auffällig geworden sind. Auch denen waren die Namen Čabrinović und Princip nicht unbekannt. Seit etwa einem

Jahr hat sie aber niemand mehr gesehen. Das bestätigt die Aussage der Schwester, dass sie sich in Belgrad aufgehalten haben. Dort wurden sie wahrscheinlich von der Schwarzen Hand angeworben. Wir werden uns jetzt auch noch bei den hiesigen höheren Schulen umhören und versuchen, weitere Freunde und Bekannte der beiden auszumachen. Vor allem werden wir uns den Bruder dieses Princip vornehmen. Der betreibt ein Sägewerk.« Er blickt in die Runde. »Fällt Ihnen sonst noch etwas ein?«

»Falls wir wirklich einen von denen festnehmen, was soll mit ihnen geschehen?«, fragt Mayerhoffer.

»Sofort zu uns bringen«, erwidert Simon grimmig. »Wir werden ihn verhören, bis er uns die Einzelheiten und alle Beteiligten verrät.«

Die Männer starren Simon an. Sie wissen, was das bedeutet: hochnotpeinliche Befragung – mit anderen Worten Folter, bis derjenige das Maul aufmacht.

»Meine Herren«, sagt Markovic. »Die Zeit wird knapp. Heute ist der 26. Juni. Wir haben noch den Rest des Tages und morgen, um die Bande zu schnappen. Also legen wir uns ins Zeug!«

Bürgermeister Čurčić hebt die Hand. »Werden Sie mir Bescheid geben, Herr Major, falls sich etwas tut?«

»Natürlich, Herr Bürgermeister.«

»Und noch etwas, bitte. Wird das Rathaus bewacht? Dort soll der Erzherzog eine Rede halten.«

Gede antwortet ihm. »Keine Sorge. Das übernehmen meine Gendarmen.«

Markovic erhebt sich. »Dann würde ich sagen, machen wir uns wieder an die Arbeit, meine Herren.«

Sarajevo, 13:25 Uhr, in Danilos Scheune

Das Wetter ist nicht besser geworden. Es regnet immer noch, wenn auch nicht mehr so stark. Trifko hat sich endlich angezogen und auch etwas beruhigt. Mit niedergeschlagener Miene hockt er auf einem Stuhl neben Danilos Schreibtisch und isst. Ab und zu hebt er seinen Becher und nimmt einen Schluck kalten Kaffee zu sich.

»Geht's dir besser?«, fragt Gavrilo.

»Mmh«, ist die mürrische Antwort.

»Wir müssen noch mal über alles reden.«

Trifko wirft ihm einen langen Blick zu. »Über was?«

»Über Sonntag. Das heißt, eigentlich …« Er spricht nicht zu Ende.

»Eigentlich was?«

»Vorhin hast du gesagt, du willst nicht sterben.«

»Ja und? Willst du etwa?«

»Nein. Wer will das schon. Aber wir hatten gemeinsam beschlossen –«

»Jetzt hältst du mich wohl für einen Feigling?«, unterbricht Trifko. »Gib's zu. Das ist doch, was ihr alle denkt.« Er sieht Nedeljko an. »Oder nicht? Du denkst doch auch, ich bin ein Feigling.«

Nedeljko schüttelt den Kopf. »Nein, das denken wir nicht, Trifko. In Wirklichkeit geht es uns nicht anders. Was sagst du, Gavro? Es geht uns doch genauso, oder? Jeder hat Angst vor dem Tod.«

Gavrilo nickt. »Klar. Das ist ganz natürlich, und dafür muss man sich nicht schämen.«

»Und was wollt ihr mir jetzt einreden?«

Gavrilo schweigt einen Augenblick und blickt zu Boden, als müsse er seine Gedanken sammeln. »In Belgrad, auf der Schule, war ich oft in der Bibliothek«, fährt er zögerlich fort. »Griechische Philosophen haben mich interessiert. Ein paar Sachen sind mir dabei haften geblieben. Wie man ein würdiges Leben führt und was Glück bedeutet.«

»Was hat das mit mir zu tun?«

»Es war auch die Rede vom Tod. Ich weiß nicht mehr, wer das gesagt hat, Sokrates oder Epikur, aber es heißt dort, es sei eigentlich unsinnig, sich vor dem Tod zu fürchten.«

Trifko runzelt die Stirn und sieht Gavrilo an, als wollte er sagen, was für einen Blödsinn willst du mir jetzt verzapfen. »Ach, und wieso?«

»Ganz einfach. Weil wir nichts mehr spüren, wenn wir tot sind. Wir spüren und fühlen Dinge nur, solange wir leben. Ist doch logisch. Sobald du tot bist, kannst du nichts mehr spüren. Du nimmst also überhaupt nicht wahr, dass du tot bist. Ohne Leben keine Wahrnehmung.«

»Ich kapier's nicht«, murrt Trifko. »Was willst du mir eigentlich sagen? Komm endlich raus mit der Sprache.«

»Verstehst du denn nicht? Vor etwas, das man nicht erleben kann, muss man auch keine Angst haben. Sie können deinen Leichnam zerstückeln, verbrennen oder begraben, du kriegst nichts davon mit. Es ist nur noch tote Materie. Es kann dir also völlig egal sein.«

Trifko ist nicht überzeugt. »Na gut, das ist nachher. Aber was ist mit dem Sterben? Eigentlich hat man Angst vor dem Sterben. Das muss doch schrecklich sein.«

»Nur wenn man leidet.«

»Auch wenn man weiß, dass man sterben wird. Schon der Gedanke ist schrecklich.«

»Das stimmt. Aber solange du das denken kannst, lebst du noch. Also geht es dir immer noch gut. Und wenn du tot bist, spürst du nichts. Dann geht's dir sogar noch besser … wenn man so will.«

Trifko schüttelt den Kopf. »Willst du mich verarschen?«

»Nein, aber denk mal drüber nach. Wenn du schon meinst, Angst haben zu müssen, dann höchstens vor Schmerzen, vor körperlichem Leiden, das am Ende zum Tod führt.«

Sie schweigen einen Augenblick, während Trifko darüber nachdenkt. »Na gut, wenn du so willst«, gibt er schließlich zu. »Und jetzt, welche große Erkenntnis ist das? Was bringt mir das?«

Gavrilo holt tief Luft und lässt sie langsam wieder entweichen. »Jetzt denk doch mal ganz nüchtern über unsere Lage nach, Trifko. Unser Leben ist ohnehin ruiniert. Unsere Lungen sind kaputt. Jeden Tag wird es schlimmer. Dich hat's noch schlimmer erwischt als Nedeljko oder mich. Wir wissen, dass wir sterben werden. Du weißt das auch. Und es wird kein angenehmes Sterben werden. Wir werden dahinsiechen, immer schwächer werden. Ich spüre es jetzt schon in den Knochen. Irgendwann kriegen wir vielleicht nicht mehr genug Luft. Wir werden elendig ersticken oder sonst wie qualvoll zugrunde gehen. Willst du das erleben? Hängst du so sehr an dem bisschen Leben, dass du dir das am Ende antun willst?«

»Vielleicht werden wir ja wieder gesund.«

»Du weißt, dass das unwahrscheinlich ist. Hast du Geld für ein Sanatorium in der Schweiz?«

»Nein.«

»Und selbst da krepieren sie an Tuberkulose.«

Trifko lässt den Kopf hängen und starrt lange vor sich hin. Er ist bleich, seine Wangen sind hohl. »Gott hat uns verlassen«, murmelt er schließlich. »Wir sind der letzte Dreck, Abschaum. Niemand will etwas mit uns zu tun haben.«

»Rede nicht so. Und mit Gott hat das auch nichts zu tun.«

Trifko zieht verächtlich die Mundwinkel runter. »Mein

Vater beruft sich auf seinen verdammten Gott bei allem, was er tut. Besonders wenn er mich verprügelt hat. ›Wertlos‹ hat er mich dann genannt, ›keinen Schuss Pulver wert‹.«

»Dein Vater ist ein dummes Schwein! Vergiss ihn. Wir tun etwas für unser Volk, für unsere Nation, für die Freiheit aller Serben. Man wird uns Denkmäler errichten, Trifko. Und dein Vater wird sich dafür schämen, wie er dich behandelt hat.«

»Du hast recht«, murmelt Trifko. »Ja, du hast ja recht. Wir werden es ihnen zeigen. Es ist gut, dass du mich daran erinnerst. Aber ich hab trotzdem Angst vor übermorgen und vor dem, was sie mit uns anstellen, wenn sie uns festnehmen.«

»Sie werden uns nicht festnehmen. Dafür ist gesorgt.«

»Du meinst das Zyanid?«

»Du steckst die Kapsel in den Mund, beißt drauf, und alles ist vorbei.«

Trifko scheint es sich bildlich vor Augen zu führen, denn plötzlich ringt er nach Luft, als müsse er ersticken. Er muss husten, und es dauert eine Weile, bis er sich beruhigt. »Scheiße!«, sagt er und untersucht sein Taschentuch, das er sich vor den Mund gehalten hat, nach frischen Blutspuren. Diesmal findet er keine.

Nedeljko legt ihm die Hand auf die Schulter. »Geht's dir jetzt besser? Können wir auf dich zählen?«

Trifko nickt. »Ja, könnt ihr.«

Wenig später ist Danilo zurück. Er hängt Mütze und Jacke, beide vom Regen feucht, an den Haken und setzt sich.

»Hast du mit Belgrad telefoniert?«, fragt Gavrilo.

»Hab ich. Ich hab ihnen auch gesagt, was ihr für Pfeifen seid. Der Rat der Schwarzen Hand wollte ohnehin alles abbrechen. Die halten ein Attentat für zu gefährlich. Es könnte Serbien schaden, sagen sie.«

»Aber –?«

»Tankosić sagt, am Ende habe er sie überzeugt. Es soll

nun doch stattfinden. Ich soll zusehen, dass es klappt. Wenn nicht, geht's mir an den Kragen.«

»Das haben sie gesagt?«

Danilo nickt düster.

»Das heißt, die machen dich für alles verantwortlich?«

»Genau das tun sie. Und ich muss mich mit euch Kerlen herumschlagen.«

»Du kannst dich auf uns verlassen.«

»Glaubst du?« Danilo deutet auf Trifko. »Und was ist mit ihm?«

»Auf Trifko kannst du dich auch verlassen.«

»Ich will es von ihm selbst hören, verdammt noch mal!«

»Ja, du kannst dich auf mich verlassen«, sagt Trifko. »Es tut mir leid wegen vorhin.«

»Na, das ist ja schön, dass es dir leidtut. Ich muss mich aber trotzdem absichern. Deshalb hab ich noch ein paar Jungs dazugeholt. Vier, um genau zu sein.«

»Was redest du da?«, fragt Gavrilo.

»Ich muss sicher sein, dass der verdammte Anschlag gelingt, versteht ihr? Jemanden in einem fahrenden Wagen zu treffen ist nicht so einfach. Das wisst ihr selbst. Da kann es nicht schaden, wenn wir mehr Leute postiert haben.«

Gavrilo ist schockiert. »Du hast irgendwelche Kerle aufgegabelt? Das kann ich nicht glauben.«

»Nicht irgendwelche. Denkst du, ich bin blöd? Einer von denen ist auch Mitglied der Schwarzen Hand. Er hat bei den Tschetniks gekämpft. Der kann mit Waffen umgehen.«

»Wie heißt der? Kennen wir den?«

»Muhamed Mehmedbašić.«

»Ein Moslem? Du willst einen Moslem beteiligen?«

»Ich weiß, du magst keine Moslems, aber der Kerl ist mehr als in Ordnung. Der ist einer von uns und war schon mal an einem Attentat beteiligt.«

»Und die anderen?«

»Die sind auch in Ordnung. Nicht schlechter als ihr. Und Muhamed kommt morgen Vormittag her. Dann könnt ihr ihn kennenlernen.«

Gavrilo schüttelt den Kopf. »Das war alles so nicht abgesprochen. In letzter Minute kommst du mit diesen Kerlen an. Das darf doch nicht wahr sein!«

»Kapierst du's endlich? Einer muss den Thronfolger erledigen. Wem das gelingt, ist mir egal, solange es verdammt noch mal passiert.«

Hadžići, 14:53 Uhr, südwestlich von Sarajevo

Das Dorf Hadžići liegt in einem Talkessel umgeben von Bergen. Der Daimler hat die Ortsmitte verlassen und folgt einem holprigen Feldweg durch Wald und Wiesen. Markovic sitzt neben dem Fahrer. Simon und zwei weitere Geheimdienstler, beide Unteroffiziere, sitzen etwas beengt im Fond. Der Wagen planscht durch Pfützen, nimmt die letzten Meter einer leichten Steigung, dann taucht hinter einer Kurve das Sägewerk auf. Etwas weiter steht ein kleines Haus, wahrscheinlich das des Besitzers.

Sie fahren an hohen Reihen aufgestapelter Planken vorbei und halten vor der Werkshalle, einem großen, aus Holz errichteten Gebäude. Vom Schlot darüber steigt Dampf auf, der sich im Wind verflüchtigt. Aus dem Innern hört man das Zischen und Stampfen der Dampfmaschine und das Kreischen der Sägeblätter, die sich durch Holz fressen. Der Geruch von brennender Kohle liegt in der Luft, vermischt mit dem harzigen Duft frisch geschnittenen Holzes. Vor dem Werksgebäude steht ein Pferdefuhrwerk, das von Arbeitern beladen wird.

»Dann wollen wir mal«, sagt Markovic und öffnet die Wagentür. Simon und die anderen beiden steigen ebenfalls aus.

Einer der Arbeiter tritt vor. »Was wünschen?«, fragt er mit einem misstrauischen Blick auf die Uniformen.

»Wir hätten gern Herrn Princip gesprochen.«

Der Mann deutet auf eine Treppe an der Seite des Gebäudes. »Oben. Kontor.«

»Danke.« Markovic wendet sich an die beiden Unteroffiziere. »Während wir uns den Mann vornehmen, seht ihr beiden euch mal ein bisschen um.«

Markovic und Simon erklimmen die Stiege und öffnen die Tür, die ins Innere und zu einer Plattform über dem Sägewerk führt. Hier drinnen ist es laut. Das Stampfen der Maschine lässt das Gebäude erzittern. Dazu die schrillen Töne der gefräßigen Säge und die Stimmen der Arbeiter, die gegen den Lärm anbrüllen, um sich Gehör zu verschaffen.

Am hinteren Ende der Plattform befindet sich ein kleines Büro mit großen Glasfenstern, die einen Blick in die Halle erlauben. Markovic klopft kurz an und tritt ein, ohne auf Antwort zu warten.

Von einem unordentlichen Schreibtisch voller Papiere schaut ein Mann zu ihnen auf, noch jung, um die dreißig, aber schon mit schütterem Haar. Mit gerunzelter Stirn nimmt er die Uniformen wahr, schiebt seinen Stuhl zurück und kommt auf die Füße.

»Sind Sie Jovo Princip?«, fragt Markovic.

Der Mann nickt. »Was kann ich für Sie tun?«

»Ist hier immer so 'n Lärm?«

»Einen Augenblick.« Princip schiebt sich an ihnen vorbei und durch die Tür. Den Arbeitern unten ruft er etwas zu, kurz darauf bricht der Lärm ab, und man hört nur noch das Fauchen und Zischen der Dampfmaschine im Leerlauf. Dann kommt er zurück und deutet auf zwei wackelige Stühle vor dem Schreibtisch. Alle drei setzen sich. Fragend sieht er die beiden Offiziere an.

»Sie haben einen Bruder, Herr Princip, nicht wahr?«

»Zwei Brüder. Warum fragen Sie?«

»Wir interessieren uns für den jüngeren, Gavrilo. Ist er hier?«

»Gavrilo?« Princip macht ein erschrockenes Gesicht. »Nein. Hab ihn seit Monaten nicht gesehen. Wohnt in Belgrad. Hat er etwas ausgefressen?«

»Wissen Sie, wo er sich aufhält?«

»Ich sage doch: Belgrad! Geht zur Schule dort. Ich schicke ihm Geld. Jeden Monat.«

»Dann haben Sie seine Adresse in Belgrad?«

»Nein. Geld mit Postanweisung.«

»Sie unterstützen ihn also.«

»Ja. Ihn und Nikola. Wir waren neun Kinder zu Hause, sechs sind tot. Ich kümmere mich um die beiden. Sie haben niemanden sonst.«

Markovic lächelt. »Sie sprechen gut Deutsch, Herr Princip. Wo haben Sie das gelernt?«

»In der Schule. Und ich habe viele österreichische Kunden. Für Bauholz meistens.«

Tatsächlich ist sein Deutsch ausgezeichnet, wenn auch nicht akzentfrei. »Um zum Thema zurückzukommen«, sagt Markovic, »kennen Sie Freunde von Gavrilo hier in der Gegend, bei denen er sich vielleicht aufhalten könnte?«

Princip überlegt. »Da ist ein Junge, mit dem er manchmal hier war. Nedeljko, glaube ich.«

»Sonst niemand?«

»Nein. Niemand. Warum fragen Sie? Was ist geschehen?«

Markovic ignoriert auch diese Frage. »Wo hat er gewohnt, als er noch in Sarajevo war? Bei Ihnen?«

»Nein. Das ist zu weit zur Schule. Bei Freunden.«

»Bei Nedeljko?«

»Eine Weile, ja.«

»Bei wem noch?«

»Bei einem anderen Freund.«

»Wie heißt dieser Freund?«

»Danilo, glaube ich.«

»Danilo wie?«

Princip zuckt mit den Schultern. »Weiß ich nicht. Adresse weiß ich auch nicht.«

»In der Vergangenheit ist Ihr Bruder bei aufrührerischen

Märschen und Veranstaltungen aufgefallen. Zweimal wurde er festgenommen. Deshalb hat man ihn in Sarajevo von der Schule verwiesen.«

Princip macht ein verlegenes Gesicht. »Sind Sie deshalb hier? Ich habe oft mit ihm geschimpft. Aber Sie wissen, junge Leute, wilde Ideen im Kopf, schnell aufgeregt. Das hat nichts zu bedeuten, glauben Sie mir. Gavrilo ist ein guter Junge. Klug. Hat eine gute Zukunft vor sich.«

»Wieso sagen Sie das?«

»Er bildet sich, liest viel. Möchte vielleicht Journalist werden.«

»Ist er Mitglied der *Mlada Bosna*?«

»Aber nein!«, erwidert Jovo erschrocken. Doch dann wird er nachdenklich und kaut unschlüssig auf der Unterlippe. »Das heißt, ich weiß es nicht.«

»Sie wissen es nicht, oder Sie wollen es uns nicht sagen?«

»Ich weiß es wirklich nicht.«

»Die *Mlada Bosna* – junges Bosnien – ist ein serbisch-nationaler Geheimbund von Schülern und Studenten. Der wird von der Polizei beobachtet.«

»Natürlich. Das ist allgemein bekannt.«

»Es liegt nahe, dass Ihr Bruder daran beteiligt ist. Wenn man bedenkt, wie er sich hier aufgeführt hat. Die *Mlada Bosna* unterhält Beziehungen zu Serbien und anderen Geheimbünden. Wir schätzen diese Leute als durchaus gefährlich ein.«

»Wir Princips haben mit so was nichts zu tun. Ich bin immer gegen Aufruhr gewesen, auch gegen *Mlada Bosna*. Aber ob Gavrilo …« Er zuckt hilflos mit den Schultern. »Hat nie etwas davon gesagt. Wir haben nur manchmal gestritten über seine Ansichten. Danach hat er nicht mehr darüber geredet. Tut mir leid. Ich kann Ihnen nicht helfen.«

Markovic versucht, in Princips Miene zu lesen. Lügt der Mann? Oder sagt er die Wahrheit? Er scheint ein anständiger Kerl zu sein, und wahrscheinlich ist es so, wie er sagt.

Plötzlich hat er einen Einfall. »Ist Ihr Bruder eigentlich krank?«

»Nein, wie kommen Sie darauf?«

»Wir haben so etwas gehört.«

Princip schüttelt den Kopf. »Nicht dass ich wüsste.« Dann scheint er sich an etwas zu erinnern. »Das heißt, er hat vor sechs Monaten geschrieben, dass er sich öfter schwach fühlt. Gavrilo war schon immer etwas schwächlich. Sicher isst er nicht genug und studiert zu viel. Ich habe Geld geschickt, damit er zum Arzt gehen kann. Warum fragen Sie?«

»Schreibt er Ihnen oft?«

»Alle paar Wochen.«

»Und seitdem hat er keine Krankheit mehr erwähnt?«

»Nein. Nichts.«

Markovic wirft Simon einen kurzen Blick zu, zieht dann Gavrilos Porträtzeichnung unter seiner Uniformjacke hervor und entfaltet sie. »Ist das hier Ihr Bruder?«

Princip blickt erschrocken auf die Zeichnung. »Sie haben ein Bild machen lassen. Warum?« Er wirkt hochgradig alarmiert. »Warum tun Sie das? Gavrilo ist kein Verbrecher.«

»Schauen Sie genau hin. Sieht ihm die Zeichnung ähnlich?«

Princip schluckt. »Ja. Das ist er. So ungefähr.«

»Haben Sie ein Foto von ihm?«

»Nein. Nur altes Familienfoto. Da war er zwölf.«

»Schade. Das wird uns nicht nützen.«

»Was um Himmels willen ist los? Warum suchen Sie ihn? Hat er was getan?«

Wieder wechselt Markovic einen Blick mit Simon, der immer noch nichts gesagt hat. Dann wendet er sich wieder

Princip zu »Was ich Ihnen jetzt sagen muss, wird Sie erschrecken. Aber Sie werden verstehen, warum wir ihn suchen. Er und seine Freunde planen einen Anschlag.«

Princip reißt die Augen auf. »Einen Anschlag?«

»Auf den österreichischen Thronfolger.«

Markovic und Simon beobachten Princip aufmerksam, um seine Reaktion zu verfolgen. Entsetzt starrt er die beiden Offiziere an. Er ist schlagartig bleich geworden, und einen Augenblick lang scheint es ihm die Sprache zu verschlagen. Seine Lippen bewegen sich, aber er bekommt keinen Ton heraus. »Was sagen Sie da?«, krächzt er schließlich.

»Der Anschlag soll am *Vidovdan* stattfinden.«

Princip schüttelt ungläubig den Kopf. Plötzlich wechselt seine Farbe von Weiß zu Rot, als ihm das Blut ins Gesicht schießt. Seine Brauen verknoten sich. Wütend starrt er Markovic an. »Sie lügen«, stößt er hervor. »Das kann ich nicht glauben! Nicht mein Bruder! Warum sollte er das tun? Sie müssen irren!«

»Wir irren uns selten, Herr Princip.«

»Aber … aber, das kann nicht sein. Nicht Gavrilo –«

»Es tut mir leid, Herr Princip. »Wir arbeiten seit Tagen an der Sache. Alle Anzeichen deuten darauf hin, dass Ihr Bruder und seine Freunde einen Anschlag auf den Erzherzog geplant haben.«

Princip schüttelt immer wieder den Kopf. »Aber … aber das wäre doch schrecklich!«

»Ja. Das wäre es.«

»Sind Sie … sind Sie sicher, mein Bruder ist darin verwickelt?«

»Wir sind ziemlich sicher. Deshalb müssen wir ihn finden. Sollten wir uns geirrt haben, umso besser. Dann geschieht ihm nichts. Ich lasse zwei meiner Männer bei Ihnen für den Fall, dass Ihr Bruder hier auftaucht. Bitte behindern Sie die beiden nicht. Und reden Sie mit ihnen, falls Ihnen noch etwas einfällt. Ich sehe, Sie besitzen ein Telefon. Stellen Sie es meinen Leuten zur Verfügung. Haben Sie eine Visitenkarte, damit wir Sie erreichen können?«

Princip ist immer noch nicht überzeugt. Dennoch kramt er in einer der Schreibtischschubladen und reicht Markovic wortlos eine seiner Karten. Dann aber springt er auf und schüttelt den Kopf. »Ich glaube das alles nicht. Haben Sie Beweise? Oder ist das nur Schikane?«

»Keine Schikane«, erwidert Markovic. »Wir müssen Ihren Bruder finden, auch in seinem eigenen Interesse, wie ich Ihnen gerade erklärt habe. Bevor er eine katastrophale Dummheit begeht. Ich denke, Sie verstehen das. Und falls wir uns geirrt haben, geschieht ihm nichts. Das verspreche ich.«

Princip lässt sich wieder auf seinen Stuhl fallen. Verstört schüttelt er den Kopf. »Sie müssen irren. Ich kenne doch meinen Bruder.«

»Wissen Sie, man denkt, man kennt die Menschen. Besonders die in der eigenen Familie. Aber manchmal kann man sich schwer täuschen.« Markovic steht auf. »Ich erwarte, dass Sie mit uns kooperieren, Herr Princip. Sollten Sie uns hintergehen, sind Sie ganz schnell die Lizenz für Ihren Betrieb los. Das heißt, wenn Ihnen nicht Schlimmeres passiert. Beihilfe zu einem Staatsverbrechen, Sie verstehen mich. Und jetzt guten Tag.«

Die Offiziere lassen einen erschütterten Jovo Princip zurück und steigen die Treppe hinunter zu ihrem Wagen. Simon erklärt den beiden Unteroffizieren, was sie zu tun haben.

»Denkst du, der Kerl sagt die Wahrheit?«, fragt Markovic, während sie in den Daimler steigen.

»Ich denke schon«, erwidert Simon. »Den hat wirklich der Schlag getroffen. So gut kann keiner schauspielern.«

Der Fahrer startet den Motor und löst die Handbremse.

Der Wagen rollt an und nimmt den Feldweg zurück zum Dorf.

»Viel weitergekommen sind wir aber nicht«, sagt Markovic. »Außer einem weiteren Namen haben wir nichts Neues erfahren.«

»Und dass dieser Gavrilo vielleicht ebenfalls krank ist. Wie sein Freund Nedeljko. Wie bist du überhaupt darauf gekommen, danach zu fragen?«

»Weiß nicht. Plötzliche Eingebung.«

»Schon ein seltsamer Zufall, sollte der auch die Schwindsucht haben.«

»Das sind doch enge Freunde. Haben sich bestimmt gegenseitig angesteckt.« Plötzlich überkommt es Markovic heiß. »Sag mal, denkst du, was ich denke?«

Simon nickt. »Die wollen nach dem Anschlag vielleicht gar nicht entkommen. Die opfern sich für ihre verdammte Sache. Könnte es sein, dass wir es mit Selbstmordattentätern zu tun haben?«

Tarčin, 15:27 Uhr, am Bahnhof

Zweck des Manövers sind simulierte Kampfhandlungen zwischen dem 15. Korps, der »blauen« Nordpartei, und dem 16. Korps, der Südpartei, den »Roten«. Die jeweiligen Stellungen wurden schon an den Vortagen besetzt. Schiedsrichter entscheiden, welche Platzpatronen- und Übungsgranaten-Schüsse als Treffer gewertet werden, wer als tot oder zumindest besiegt zu gelten hat und welche Seite vorstoßen darf oder sich zurückziehen muss.

Das Operationsgebiet liegt etwa sieben Kilometer südlich von Tarčin in schwierigem Gelände, umgeben von fünfzehnhundert und zum Teil zweitausend Meter hohen Bergen. Es wird um den Ivanpass gekämpft, wobei die Blauen einen Angriff der Roten, die serbische Einheiten aus Montenegro darstellen, abwehren sollen.

Trotz der Entfernung sind Artilleriedonner und gelegentlich fernes Maschinengewehrfeuer zu hören. Das schlechte Wetter – Regen und Kälte, in höheren Lagen sogar Schnee – macht den Truppen in ihren leichten Sommeruniformen zu schaffen. Inzwischen hat es zu regnen aufgehört, obwohl der Himmel immer noch verhangen ist und die Bergspitzen ringsum im grauen Dunst der Wolken kaum zu erkennen sind.

Auf dem Platz und in den Straßen vor dem kleinen Bahnhof von Tarčin tummeln sich Soldaten verschiedener Versorgungseinheiten der Nordpartei. Es sind Trainkolonnen, motorisierte Lastwagen mit Kisten voll Munition, aber auch Pferdefuhrwerke mit Verpflegung und den neu eingeführten Kochkisten. Hinzu kommen ganze Kolonnen schwer beladener Maultiere, besser geeignet für die schwierigen Bergpfade des Manövergebiets. Eines hat ein Maschinengewehr samt Munitionskisten aufgeschnallt. Acht weitere stehen bereit, um die Teile eines 75-mm-Škoda-Gebirgsgeschützes an die Front zu tragen.

Es ist ein ständiges Kommen und Gehen. Berittene Feldgendarmen sorgen für Ordnung, Melder auf Motorrädern knattern durch die Straßen, ein Trupp Gebirgsjäger in hechtgrauen Uniformen kommt vom Einsatz zurück. Sie werden von einem Berichterstatterteam kinematographisch aufgenommen.

An einer Ecke steht ein Blessiertenwagen, bei dem sich Sanitäter um Verletzte kümmern. Ein Soldat hat sich das Bein gebrochen, ein anderer scheint in den Bergen abgestürzt zu sein. Er trägt den Arm in einer Schlinge und um den Kopf einen Verband. Etwas weiter parkt ein Verpflegungsautomobil mit Anhänger, der für die Versorgung der Manöverleitung unter Feldzeugmeister Oskar Potiorek zuständig ist. Daneben eine mobile Telefonstation. Zwanzig Kilometer Kabel sind für die Kommunikation zwischen Manöverleitung, Schiedsrichtern und den Kommandanten der Feldeinheiten verlegt worden.

Die laute, herrisch klingende Hupe eines sich nähernden Automobils ertönt und veranlasst Soldaten, hastig zur Seite zu springen, vor allem, nachdem sie die erzherzogliche Standarte mit dem k. und k. Doppeladler am dreckbespritzten Kotflügel erkannt haben. Der große Wagen hält direkt vor der Eingangstür des Bahnhofs. Der Fahrer steigt aus und öffnet den Schlag für den Thronfolger. Die Kamera der Berichterstatter nimmt das Geschehen auf.

»Scheußliches Wetter heute«, sagt Franz Ferdinand zu den beiden Generälen, Oskar Potiorek und Franz Conrad, die ihn begleitet haben. »Hoffentlich gibt's im Zug was Warmes. Ich bin richtig durchgefroren. Eine warme Suppe wäre gerade richtig.«

»Ich kümmere mich darum«, sagt Oskar Potiorek. »Gehen Sie schon vor, die Herren, ich komme gleich nach.«

»Danke, Potiorek, aber ich denke, Sie sollten uns alleine fahren lassen«, sagt der Erzherzog. »Sie müssen gewiss die Fortführung des Manövers beobachten. Außerdem haben Conrad und ich etwas zu besprechen.«

»Wie befehlen, Hoheit.« Potiorek ist anzusehen, dass er darüber alles andere als glücklich ist, dass er die Weisung des Erzherzogs als Zurücksetzung empfindet, besonders gegenüber Conrad – obwohl der als Generalstabschef eine Stufe über ihm steht.

Selbst Franz Ferdinand fällt Potioreks pikierte Miene auf. »Großartige Manöver, mein lieber Potiorek«, sagt er deshalb. »Exzellente Organisation und Durchführung. Gratuliere!«

»Danke, Hoheit!« Potiorek scheint ein wenig versöhnt und legt stramm die Hand an die Mütze. »Dann wünsche ich eine gute Fahrt.«

Franz Ferdinand und Conrad betreten die kleine Bahnhofshalle und kurz darauf den Bahnsteig. Der Zug, der sie und weitere Stabsoffiziere nach Ilidža und Sarajevo bringen soll, wartet schon. Der Bahnhofsvorsteher, ein kleiner runder Mann mit einem vor Aufregung roten Gesicht, öffnet eilfertig die Tür zum Salonwagen des Erzherzogs und verbeugt sich tief. Die beiden Herren steigen ein. Franz Ferdinand reibt sich die kalten Hände und lässt sich mit einem Seufzer in einen der gepolsterten Fauteuils fallen. »Hätte nicht gedacht, dass es mitten im Sommer hier so kalt sein kann. Hier unten im Tal geht's ja noch, aber da oben hab ich wirklich gefroren.«

»Kein Wunder«, erwidert Conrad. »Der Beobachtungsposten liegt immerhin auf 1600 Meter. Und dann diese Kaltfront heute Morgen …« Er setzt sich dem Thronfolger gegenüber.

Ein Bediensteter erscheint und verbeugt sich. »Was darf ich Ihnen anbieten, Hoheit?«

»Hoheit wünscht eine warme Suppe«, sagt Conrad. »Ich hoffe, Sie können da etwas herbeizaubern.«

»Wir haben Gemüsesuppe. Aber auch einen deftigen Schweinebraten, wenn's recht ist.«

»Suppe ist genau das Richtige«, erwidert Franz Ferdinand. »Und sehen Sie zu, dass sie ordentlich warm ist.«

»Dann nehme ich das auch. Also zweimal Suppe«, sagt Conrad.

»Sehr wohl.«

Der Diener verbeugt sich noch einmal und eilt davon. Wenig später geht ein Ruck durch die Waggons, und der Zug nimmt langsam Fahrt auf.

»Darf ich fragen, was Hoheit mit mir besprechen möchte?«

»Ach, nichts Besonderes. Ich wollte nur den Potiorek loswerden.«

Mit einem süffisanten Lächeln lehnt Conrad sich zurück. »Das hat ihm aber nicht gefallen. Sie haben's gewiss bemerkt.«

Franz Ferdinand zuckt mit den Schultern. »Ich ertrage den Mann nun schon seit gestern Morgen. Und das fast ununterbrochen. Er soll sich also nicht beklagen. Übrigens hat er jede Gelegenheit genutzt, den Generalstab anzuschwärzen. Und Sie ganz besonders.«

»Das kann ich mir denken. In seinen Augen hab ich ihm sein preziöses Manöver vermasselt.«

»Und wieso?«

»Er wollte alles noch größer, noch beeindruckender. Sogar die bosnische Landwehr wollte er mobilisieren. Es wäre insgesamt viel zu teuer geworden. Ich hab die Truppenstärke deshalb auf die Hälfte zusammengestrichen. Das nimmt er mir natürlich übel.«

»In diesem Punkt gebe ich Ihnen durchaus recht. Aber diese ständige Rivalität zwischen Ihnen beiden, die kann einem wirklich auf die Nerven gehen. Das sage ich jetzt mal in aller Deutlichkeit.«

»Ich kann Ihnen untertänigst versichern, Hoheit, diese Rivalität, wie Sie es nennen, geht nicht von mir aus.«

»Das will ich auch gehofft haben«, knurrt Franz Ferdinand. »In der Führung müssen wir Einigkeit zeigen. Kann nicht sein, dass da einer ausschert.«

Conrad runzelt besorgt die Stirn. »Hoheit meinen doch nicht etwa mich?«

»Nein, ich sage das ganz allgemein, mein lieber Conrad. Es betrifft uns alle. Wir müssen eindeutig die gleiche Haltung zeigen. Besonders nach außen und besonders in diesen unsicheren Zeiten.«

»Selbstverständlich, Hoheit. Da bin ich ganz Ihrer geschätzten Meinung. In der Tat leben wir in unruhigen Zeiten. Besonders auf dem Balkan, wenn Sie mir die Bemerkung erlauben. Der Rückzug der Osmanen hat an vielen Stellen ein Vakuum hinterlassen. Die Krise in Albanien ist das beste Beispiel dafür. Hätten wir und die Italiener nicht die Kriegsmarine geschickt, hätten die Serben garantiert die dortigen Unruhen genutzt, um ganz Albanien einzukassieren.«

»Jetzt kommen Sie mir wieder mit den Serben«, sagt Franz Ferdinand sichtlich irritiert.

»Ich weiß, Hoheit hören das nicht gerne. Aber die Serben haben diesen unstillbaren und vor allem gefährlichen Drang, eine führende Rolle auf dem Balkan zu spielen. Sie fühlen sich berufen, alle Südslawen zu einen. Natürlich unter ihrer Führung. Das betrifft nicht nur Albanien und Montenegro, sondern auch unser Bosnien. Vielleicht sogar Kroatien.«

»Ich weiß, ich weiß. Diesen Sermon haben Sie mir oft genug gepredigt. Es ist ja auch was dran. Trotzdem bitte ich Sie um Mäßigung. Vor allem in ihren öffentlichen Verlautbarungen. Und hören Sie verdammt noch mal auf, von einem Präventivschlag gegen Serbien zu reden. Dazu wird es nicht kommen, das garantiere ich Ihnen!«

Sie schweigen, während Conrad verlegen die Landschaft betrachtet, die an ihnen vorüberzieht. Der Unmut des Thronfolgers ist ihm sichtlich nahegegangen. »Natürlich werde ich mich zurücknehmen, wenn Sie das wünschen, Hoheit«, sagt er schließlich.

»Ich wünsche es in der Tat.«

In die peinliche Stille wird die Suppe serviert. Sie ist tatsächlich so heiß, dass man sich fast den Mund daran verbrennt. Aber sie scheint dem Erzherzog zu munden, denn er schlürft und schmatzt anerkennend.

Conrad wagt einen weiteren Anlauf, seine Meinung zu vertreten. »Ich bitte nur, Folgendes zu bedenken, Hoheit: Österreich-Ungarn ist ein Vielvölkerstaat. Die meisten Menschen stehen zur Monarchie, aber beileibe nicht alle. Wenn wir den Serben zu viel Spielraum erlauben, ermutigt das möglicherweise auch andere, die nationale Unabhängigkeit anzustreben. Die Doppelmonarchie könnte sich Stück für Stück auflösen.«

»Ja, ja! Auch das Argument ist mir bekannt«, erwidert Franz Ferdinand zwischen zwei Löffeln Suppe. »Ich halte das aber für reichlich übertrieben. Die Ungarn stehen treu zum Kaiser, auch die Slowenen und Kroaten, der Rest sowieso. Wir haben in den letzten Jahren einen wirtschaftlichen Aufschwung erlebt. Die Industrie hat sich enorm entwickelt, auch hier in Bosnien, soweit ich informiert bin. Und das alles unter österreichischer Führung. Warum also sollten unsere Völker das infrage stellen?«

Conrad nickt, aber nicht ohne ein zweifelndes Schulterzucken anzudeuten. »Wir können uns nur wünschen, dass Sie diesbezüglich recht behalten, Hoheit.«

Die beiden Herren löffeln schweigend weiter. Schließlich legt Franz Conrad den Löffel weg. »Da ist noch etwas«, sagt er. »Ich habe lange überlegt, ob ich es Ihnen mitteilen soll. Ich will Sie nicht unnötig beunruhigen. Aber schweigen will ich auch nicht.«

Franz Ferdinand blickt von seinem Teller auf. »Was gibt's denn?«

»Biliński hat mich gestern Abend angerufen. Es habe wahrscheinlich überhaupt keine Bedeutung, hat er gemeint, aber er wollte es am Ende doch nicht für sich behalten. Und mir geht es ähnlich. Heute Morgen waren zu viele Leute um Sie herum, aber jetzt können wir darüber reden.«

»Teufel noch eins, nun reden Sie nicht um den heißen Brei herum. Spucken Sie's endlich aus, Conrad!« Franz Ferdinand nimmt die Serviette zur Hand und tupft sich den Mund ab.

»Gestern Nachmittag hat sich Jovanović, der serbische Gesandte, bei Biliński gemeldet und ihn vor einem möglichen Attentat gegen Ihre Hoheit gewarnt.«

Franz Ferdinand hebt die Brauen. »Ein Attentat, hier in Sarajevo?«

Conrad nickt. »Allerdings hat der Gesandte nichts Konkretes liefern können. Er bezog sich wohl auf Gerüchte, die in Belgrad kursieren. Zuerst wollten Biliński und ich Sie nicht damit belästigen. Was soll man schon auf Gerüchte geben? Und dieser Jovanović ist ohnehin nicht sehr ernst zu nehmen. Aber die Pflicht veranlasst mich, Ihre Hoheit dennoch in Kenntnis zu setzen.«

Den Erzherzog überkommt eine plötzliche Beklemmung, die mit eisiger Faust sein Herz packt. Als rase er wissentlich auf ein unbestimmtes, tragisches Schicksal zu, gegen das er machtlos ist. Wie dieser Zug, der an der nächsten Kurve entgleisen und ihn erschlagen könnte. Ich muss mich zusammenreißen, denkt er. Haltung, Haltung, Haltung! Er atmet tief durch, und allmählich beruhigt sich sein Puls. Hoffentlich hat dieser Conrad nichts bemerkt! Das wäre denn doch zu peinlich.

Franz Ferdinand legt die Serviette weg, lehnt sich in seinem Sessel zurück und starrt seinen Gegenüber durchdringend an. »Haben Sie deshalb heute Morgen meinen Beobachtungsposten mit einer ganzen Kompanie gesichert?«

Conrad nickt. »Ich wollte kein Risiko eingehen. Dieser Jovanović hat nämlich angedeutet, ein serbischer Soldat könnte eine Platzpatrone durch eine scharfe ersetzen. Sie wissen, was ich meine …«

Franz Ferdinand schüttelt unwirsch den Kopf. »So ein Blödsinn! Jovanović ist ein Spinner. Ich erinnere mich an ihn. Der will uns nur verunsichern. Auf solche Botschafter können wir gut und gerne verzichten. Biliński sollte dem Mann die Akkreditierung entziehen.« Er wirft Conrad einen scharfen Blick zu. »Gehört das jetzt wieder zu Ihrer Kampagne, mich gegen Serbien zu mobilisieren?«

»Um Gottes willen, nein!« Conrad hebt beschwichtigend die Hände. »Aber dass die Serben Unruhestifter sind, ist nicht von der Hand zu weisen.«

»Und Sie möchten ihnen am liebsten einen Denkzettel verpassen.«

»Ich weiß, Sie sind dagegen, Hoheit. Und selbstverständlich respektiere ich Ihre Meinung. Das steht ganz außer Frage. Ich bitte um Verzeihung, sollte ich einen anderen Eindruck vermittelt haben.«

Jetzt schaut auch Franz Ferdinand eine Weile nachdenklich aus dem Fenster. Die Berge sind etwas zurückgetreten, die Gegend, durch die sie fahren, ist dichter bewohnt als die um Tarčin. Ilidža und Sarajevo können nicht mehr fern sein.

»Wissen Sie, Conrad«, sagt er, »man muss das Ganze in einem größeren Kontext sehen. Ich bin der Erste, der für eine gute Landesverteidigung ist und für eine schlagkräftige Armee. Schließlich bin ich selbst Offizier und tue viel – Sie wissen es selbst – für die Modernisierung unserer Streitkräfte. Und dennoch bin ich gegen jeden unnötigen Krieg. Ich kann deshalb den leichtsinnigen Übermut mancher Leute nicht verstehen, die gerne mit dem Säbel rasseln.«

Conrad wird rot. »Meinen Sie etwa mich?«

»Natürlich meine ich Sie. Sie gehören ja auch zu denen. Und streiten Sie es nicht ab. Ich dagegen sage, Schwierigkeiten und Spannungen müssen diplomatisch gelöst werden. Krieg ist nur das letzte Mittel, wenn alles andere fehlgeschlagen ist, die letzte Instanz der Diplomatie, sozusagen. Wer hat das noch mal gesagt? So was Ähnliches jedenfalls.«

»Von Clausewitz.«

»Ganz recht, von Clausewitz. Recht hat er. Deshalb ist mit dem Mittel Krieg äußerst vorsichtig umzugehen. Besonders, wenn man es im Zusammenhang mit ganz Europa betrachtet. Vielleicht könnten wir Serbien in wenigen Wochen erobern und zu Zugeständnissen zwingen. Aber hinter Serbien steht Russland. Die Russen warten doch nur darauf, uns eins auszuwischen. Bei jeder Gelegenheit betonen sie ihre Freundschaft zum Brudervolk Serbien. Sie sind landgierig, das waren sie schon immer. Auch unser Galizien und die Bukowina würden sie sich gern unter den Nagel reißen. Warum denken Sie, haben die Russen so ein Interesse daran, uns auszuspionieren? Erinnern Sie sich an die Affäre Redl und was uns das möglicherweise gekostet hat!«

Oberst Alfred Redl war stellvertretender Leiter des Evidenzbüros gewesen und hatte Staatsgeheimnisse und Unterlagen von hoher militärischer Bedeutung an die Russen verraten. Offensichtlich, um seinen aufwendigen Lebensstil zu finanzieren und seine homosexuellen Affären. Als man ihn im vergangenen Jahr damit konfrontierte, erschoss er sich Stunden später. Für Österreich-Ungarn war der Fall Redl nicht nur eine Riesenblamage, sondern auch ein nicht zu beziffernder Schaden. In der Folge musste Oberst Urbański, der wohlgeschätzte damalige Leiter des Evidenzbüros, seinen Hut nehmen. Sehr zum Bedauern des Thronfolgers, aber der öffentliche Druck war einfach zu groß gewesen.

»Ach, die Russen«, sagt Conrad mit einem kaum merklichen Lächeln. »Die bluffen doch nur. Die würden es nie wagen, Serbien zu Hilfe zu eilen. Außerdem sind die viel zu sehr mit ihrer Innenpolitik beschäftigt, mit ihren Anarchisten und Revoluzzern.«

»Aber gerade deshalb. Verstehen Sie denn nicht? Ein äußerer Feind schweißt im Innern zusammen, lässt die hausgemachten Probleme vergessen. Ich denke, Sie unterschätzen die Lage, Conrad. Das habe ich Ihnen schon des Öfteren gesagt. Wir leben in Europa gefährlich nahe am Rande eines großen Krieges. Frankreich, England und Russland sind gegen uns verbündet. Auf Italien kann man sich nicht mehr verlassen. Natürlich bin ich froh, dass wir mit den Deutschen einen starken Verbündeten im Rücken haben. Aber machen wir uns nichts vor: Die Machtbalance in Europa steht auf der Kippe. Eine Kleinigkeit könnte genügen, die Katastrophe auszulösen. Und leider ist, was das betrifft, der Kaiser in Berlin – den ich ansonsten persönlich schätze – nicht gerade hilfreich, wenn man an seine militanten Reden denkt und diesen verdammten Flottenbau, der nichts als eine Provokation für die Briten darstellt. Ein Präventivschlag gegen Serbien, wie Sie ihn empfehlen, könnte genau das Flämmchen sein, das den Großbrand auslöst.«

Franz Ferdinand beugt sich vor und fixiert Conrad aufs Eindringlichste. »Deshalb noch mal: Keine weiteren Provokationen Ihrerseits. Halten Sie sich diesbezüglich strengstens zurück. Das ist ein Befehl! Haben Sie mich verstanden?«

Conrad zuckt unwillkürlich zusammen. »Natürlich, Hoheit. Ich werde mich selbstverständlich daran halten.«

Franz Ferdinands Miene entspannt sich. Er lehnt sich zurück und schüttelt über die Unvernunft der Kriegstreiber den Kopf. Eine Weile sieht er schweigend aus dem Fenster, während Telegrafenmasten vorbeifliegen und die Waggonräder über die Schienen hämmern. Im Grunde ist er ganz zufrieden mit sich, denn normalerweise hätte er Conrad wegen dessen ewiger Serbenhetze barsch zusammengestaucht. Als ob es alle Serben auf Österreich abgesehen hätten! So ein verdammter Unsinn! Aber er hat sich zurückgenommen und versucht, dem Mann seinen Standpunkt mit vernünftigen Argumenten klarzumachen. Dass er ihn überzeugt hat, ist allerdings nicht anzunehmen.

Zumindest weiß Conrad jetzt unmissverständlich, wo ich stehe, denkt er. Und das Sopherl kann stolz auf mich sein, dass ich nicht cholerisch geworden bin.

Beim Gedanken an seine Frau und den gestrigen gemeinsamen Nachmittag muss er unwillkürlich lächeln. Es war schon lange nicht mehr so innig zwischen ihnen gewesen. Doch dann muss er wieder an die Warnung des serbischen Gesandten denken. Ob da was dran ist? Ach was! Wenn man jede solcher Warnungen ernst nehmen würde, würde man sich nirgendwo mehr hintrauen. Von dem Tag an, da Franz Joseph ihn zum Thronfolger bestimmt hat, ist das so. Am besten denkt man nicht daran.

»Wissen Sie, Conrad«, sagt er, »was diese Attentatsdrohungen betrifft, in meiner Stellung ist man immer gefährdet. Unterwegs, in Wien, sogar auf meinen Schlössern. Wie viele versuchte und auch erfolgreiche Attentate hat es in den letzten fünfzig Jahren in der Welt nicht schon gegeben. Selbst auf den Kaiser wurde ein Attentat versucht, und im Fall der Kaiserin mit Erfolg. Man stelle sich vor: ein italienischer Anarchist mit so einem lächerlichen kleinen Dolch. Das allein hat genügt, um sie umzubringen. Wenn jemand es also wirklich darauf abzielt, kann er jedem von uns gefährlich werden. Man ist eben überall in Gottes Hand. Übertriebene Besorgnis und Vorsicht lähmen das Leben. Wichtig ist, dass man sich nicht einschüchtern und nicht davon abhalten lässt, seine Pflicht zu tun. Sie sind Soldat, Sie wissen, was ich meine. Für einen österreichisch-ungarischen Thronfolger zählt allein die Haltung. Und die Pflicht, Vorbild zu sein. Auch das ist, was die Monarchie ausmacht und zusammenhält.«

»Da haben Sie sicher recht, Hoheit.«

»Gut. Und nun will ich nichts mehr davon hören.«

Sarajevo, 18:16 Uhr, vor Jelenas Haus

Kaum hat er geklopft, öffnet Jelena die Tür. Sie muss dahintergestanden und gewartet haben. »Du bist spät dran«, sagt sie ein wenig atemlos.

»Tut mir leid, ich hatte noch was zu erledigen. Aber jetzt bin ich hier.«

Sie lacht. »Ist nicht zu übersehen, dass du hier bist.«

Gavrilo grinst verlegen. Macht sie sich lustig über ihn? Aber nein, sie ist guter Laune und freut sich ganz offensichtlich, dass er gekommen ist. Sie trägt ein helles, sommerliches Kleid, das, obwohl ganz züchtig, ihre Figur betont, mit Rüschen am Saum und kurzen Ärmeln. An den Füßen unter dem weiten Rock trägt sie Sandalen. Er findet, sie sieht zum Anbeißen aus, was ihn allerdings so verlegen macht, dass er nicht weiß, wo er hinschauen soll.

Eigentlich hatte er gar nichts zu erledigen gehabt. Ihm waren nur Zweifel gekommen, ob er sich wirklich mit ihr treffen soll. Besonders, nachdem Danilo ihm wieder Vorhaltungen gemacht hat. Aber im Grunde hat er es genauso satt wie Trifko, sich von Danilo herumkommandieren zu lassen. Deshalb ist er hier. Und bei ihrem Anblick bereut er es auch nicht.

»Und? Was machen wir jetzt?« Sie sieht ihn erwartungsvoll an.

»Hast du Lust, spazieren zu gehen?«

»Na klar.« Sie schlüpft noch einmal schnell ins Haus und kommt mit einer kleinen Handtasche zurück, die sie sich über die Schulter hängt. »Komm nicht so spät!«, hört man eine Frauenstimme aus dem Innern des Hauses. »Wir essen um acht.«

Jelena schließt die Tür und grinst. »Meine Mutter.«

»Sie hat hoffentlich nichts dagegen, dass du mit mir ausgehst.«

»Nein, nein. Ich hab ihr gesagt, du bist Student und vertrauenswürdig.« Sie wirft ihm einen schalkhaften Blick zu. »Das bist du doch, oder?«

Gavrilo wird rot. Sie hat diese Art, ihn dauernd verlegen zu machen. Es macht ihr wohl Spaß, ihn zu necken. Langsam schlendernd wandern sie die Straße entlang Richtung Stadtmitte

»Und wohin gehen wir spazieren?«

»Weiß nicht. Hab noch nicht drüber nachgedacht.«

»Wie? Du verabredest dich mit einem Mädchen und hast keine Ahnung, was wir unternehmen sollen?«

Gavrilo windet sich. »Es ist einfach schön, dich zu sehen. An mehr hab ich erst mal gar nicht gedacht.«

»Na du bist mir ja einer. Und jetzt wirst du schon wieder rot.«

»Tut mir leid.«

Sie lacht. »Das muss es nicht. Es steht dir, wenn du rot wirst.« Sie beugt sich zu ihm und gibt ihm einen raschen Kuss auf die Wange.

»Wenn du das tust, erröte ich noch mehr.«

Jetzt müssen beide lachen. Sie hakt sich bei ihm unter wie am Abend zuvor. Das lässt sein Herz höherschlagen. Wir wandeln dahin wie ein vertrautes Paar, fährt es ihm durch den Sinn. Wie ein vertrautes Paar.

»Ich könnte dich in ein Kaffeehaus einladen. Was meinst du? Da kann man sich ungestört unterhalten.«

»Oder in den Stadtpark?«

»Vielleicht hinterher.«

»Ah, du Schlingel! In den Stadtpark willst du wohl erst, wenn es dunkel ist. Ich habe dich durchschaut.«

»So hab ich das nicht gemeint.«

Sie lächelt. »Ich mach nur Witze, Gavro. Außerdem muss ich um acht zu Hause sein. Kaffeehaus ist prima. Hast du denn genug Geld? Ich möchte dir nicht zur Last fallen.«

»Viel hab ich nicht, aber für Kaffee und Kuchen wird's reichen.«

Sie klopft auf ihre kleine Handtasche. »Ein paar Kronen hab ich auch dabei. Es kann uns also nichts passieren.«

Gavrilo fragt sich, ob es wirklich so eine kluge Idee ist, sich mit Jelena in ein öffentliches Café zu setzen. Sie sollten die Stadt meiden, hat Danilo gesagt. Und natürlich hat er recht. Aber nun hat er sie eingeladen und kann schlecht einen Rückzieher machen. Was soll sie denn von ihm denken? Ach, was soll's. Es wird schon gutgehen. Ein Café ist immerhin besser als eine Kneipe, wo man ihn noch von früher kennt.

Nach einem kurzen Fußmarsch gelangen sie in die Nähe der Herz-Jesu-Kathedrale, einem neugotischen Bauwerk im Stari-Grad-Viertel dicht bei der Altstadt. Jelena deutet auf ein kleines Café an der Straßenecke. »Da war ich schon ein paarmal«, sagt sie. »Ist ganz nett und nicht so teuer.«

Sie betreten das Café. Rasch sieht Gavrilo sich um. Zum Glück scheint niemand anwesend zu sein, den er kennt. Er führt Jelena zu einem der Tische im hinteren Teil des Gastraums, der von der Straße nicht so leicht einsehbar ist. Sie setzen sich und bestellen bei dem alten Kellner heiße Schokolade für Jelena, Kaffee für Gavrilo und Apfelstrudel mit Sahne für beide.

Es dauert eine Weile, bis das Bestellte kommt. Der Strudel ist trocken und der Kaffee leider nur lauwarm. Aber wer wird schon meckern?, denkt Gavrilo. Schon neben Jelena zu sitzen ist es wert. Obwohl es ihn ungelenk und immer noch etwas verlegen macht. Er kommt sich wie ein Tölpel vor. Bei Vukosava hat er sich nie so gefühlt. Aber Vukosava war ihm im

Grunde immer wie eine Schwester. Jelena ist da etwas ganz anderes. Für sie könnte er entflammen.

»Bist du eigentlich noch in der *Mlada Bosna*?«, fragt sie und rührt etwas Sahne in ihre Schokolade.

»Eigentlich schon. Aber seit ich in Belgrad bin, war ich bei keinem Treffen mehr. Und du?«

»Ich? Nein. Das ist mir zu gefährlich. Ab und zu hört man, dass sie welche verhaften. Bist du eigentlich Marxist? Du hast früher immer die armen Leute gegen Kapitalisten und Ausbeuter verteidigt. Das hat mir gefallen.«

»Marxist? Nein, eigentlich nicht. Obwohl, gegen Ausbeuter bin ich auf jeden Fall.«

»Oder vielleicht Anarchist? Hast du Kropotkin gelesen?«

Gavrilo sieht sie erstaunt an. »Du hast Kropotkin gelesen?«

»Denkst du, Mädchen wie ich sind zu blöd für Politik?«

»Entschuldige. Das denke ich überhaupt nicht.«

»Ich hab *Die Eroberung des Brotes* gelesen. Nicht alles, aber die Hälfte. Nachher wurde es mir zu eintönig.«

»Das Buch erklärt seine Sicht des Anarchismus. Es geht ihm um die Befreiung von jeglicher staatlicher Bevormundung, überhaupt von allen Strukturen, die die Freiheit des Volkes einschränken. Wichtige Entscheidungen müssten von unten getroffen werden, nach freier Diskussion und nicht von oben aufgedrückt.«

Sie nickt und schlürft ihre Schokolade. Einen Augenblick lang hat sie ein wenig Sahne an der Oberlippe hängen. Das verleiht ihrem Madonnengesicht etwas naiv Kindliches. Gern hätte er die Sahne weggeküsst. Aber schon wischt sie sich den Mund mit der Papierserviette ab.

»Was starrst du so?«, fragt sie.

»Nichts. Du bist hübsch. Da darf man starren, oder?«

Sie lächelt geschmeichelt. Dann sagt sie: »Aber du warst

doch immer bei diesen Demonstrationen. Ihr habt Plakate getragen und gegen die Österreicher geschrien. Ich fand das spannend. Hab mich nur nicht getraut, bei euch mitzulaufen.«

»Weißt du, Anarchisten wie Kropotkin ist die Nation egal, solange Regierungen beseitigt werden. Das ist mir zu weit gefasst und überhaupt eine Illusion. Das wird sich niemals erreichen lassen. Und die Sozialisten kümmert nur der Kampf der Arbeiter gegen das Kapital. Dabei geht es doch um viel mehr. Wenn du's genau wissen willst, ich bin Nationalist. Ich bin der Überzeugung, man muss erst die Völker befreien. Das ist das Erste und das Allerwichtigste. Wenn das Volk frei von Fremdherrschaft ist und seine Zukunft selbst bestimmen kann, dann regelt sich alles andere, auch das Soziale.«

»So wie Serbien sich von den Osmanen befreit hat.«

»Genau. Aber wir bosnischen Serben leben immer noch im Zustand der Unterdrückung. Dagegen muss man aufstehen und kämpfen.«

»Du willst eine Revolution anzetteln?«

»Schön wär's. Im Augenblick ist wohl nicht daran zu denken. Die Leute sind zu träge, zu ängstlich, zu unterwürfig. Wir haben eben keinen Hadži Lojo mehr.«

»Du meinst diesen Derwisch, diesen Briganten, der mit seiner Bande gegen die Österreicher gekämpft hat, ganz am Anfang, vor dreißig Jahren oder so?«

»Ja, als die Österreicher hier die Verwaltung übernommen haben. Das ist ja nicht friedlich abgegangen. Es wurde gekämpft. Auch hier in Sarajevo. Hadži Lojo war ein Volksheld, obwohl er Muslim war. Ich sage dir, so einer fehlt uns heutzutage. Einer, der reden und das Volk anfeuern kann. Und der entschlossen genug ist, um Widerstand zu leisten. Wenn nötig mit der Waffe in der Hand.«

Nachdenklich sieht sie ihn an. »Trink deinen Kaffee«, sagt sie dann. »Der wird sonst kalt.«

»Der ist schon kalt.«

Sie nimmt den letzten Schluck ihrer Schokolade und stellt die Tasse zurück. »Weißt du, ich glaube nicht wirklich an so was. Ich denke, wir werden uns an die Österreicher gewöhnen. So schlimm finde ich die nicht.«

Gavrilo sagt nichts, aber er ist von ihren Worten enttäuscht. Er hätte sich Jelena gern als mutige Kämpferin für die Sache vorgestellt, als feurige Bannerträgerin für die serbischen Frauen. Möglichst an seiner Seite. Eine romantische Vorstellung. Stattdessen sagt sie, man wird sich an die Österreicher gewöhnen. Leider denken viele so. Mit so einer Einstellung ist an Aufstand nicht zu denken. Gerade deshalb ist ein Attentat das einzige Mittel, etwas zu bewegen. Gavrilo hat plötzlich das dringende Bedürfnis, ihr davon zu erzählen, sie einzuweihen, sie zu überzeugen. Aber er beißt sich auf die Lippen. Lieber nicht.

»Was ist los?«, fragt sie. »Was guckst du auf einmal so komisch? Weil ich die Österreicher nicht so schlimm finde?«

»Willst du für immer unter fremder Herrschaft leben?«, fragt er ein wenig hitzig. »Dem Kaiser die Füße küssen? Willst du, dass wir unser Blut verraten, unsere Kultur und unsere Würde als Serben, dass deine Kinder die eigene Sprache verlernen, weil ihnen in der Schule Deutsch aufgezwungen wird?«

»Glaubst du, so weit kommt es?«

»Natürlich. Die wollen uns zu Österreichern machen. Mit ihrer Technik und ihrem Fortschritt kaufen sie uns unsere Traditionen und unsere Mythen ab, am Ende unsere Seelen. Was sind wir dann noch ohne unsere Sprache, unsere Dichtung, unsere Heldensagen?«

»Darüber hab ich noch gar nicht nachgedacht.«

»Komm, wir gehen. Ich will dir was zeigen.«

Gavrilo kramt in seiner Hosentasche nach Münzen, zählt sorgfältig das Nötige ab und legt es auf den Tisch. Jelena hängt sich ihre Tasche um, und sie stehen auf. Der Kellner eilt misstrauisch herbei, aber als er das Geld auf dem Tisch sieht, verbeugt er sich kurz und wünscht ihnen einen schönen Abend.

»Wohin gehen wir?«

»Auf den alten Friedhof, nur ein paar Schritte von hier.«

»Auf den Friedhof? Was sollen wir denn da?«

»Du wirst sehen.«

Ein paar Straßen weiter treten sie durch ein kleines Tor in einer mit Efeu bewachsenen Mauer in den alten, von Platanen überschatteten Christenfriedhof von Sarajevo. Die Sonne steht schon tief, sodass wenig Licht über die hohe Mauer dringt. Die Gräber liegen im Schatten, dicht an dicht mit ihren grauen, meist verwitterten Grabsteinen, einige etwas verwahrlost und von Unkraut überwuchert. Dazwischen hier und da ein frisches Grab. Im Hintergrund eine große Familiengruft mit einer Madonnenfigur davor. Es ist still hier, fast ein wenig unheimlich. Etwas verunsichert blickt Jelena sich um. Ein paar Reihen vom Tor entfernt kniet eine alte Frau vor einem Grab und pflanzt frische Blumen.

»Was machen wir hier?«, flüstert sie, als könnten die Toten sie hören.

»Komm«, erwidert Gavrilo und fasst sie bei der Hand.

Er führt sie zum hinteren Teil des kleinen Friedhofs. Auch hier ein Tor, das sich zu einer Gasse öffnet. Aber Gavrilo zieht sie weiter an Gräbern vorbei, die entlang der mit Efeu überwachsenen Mauer liegen, und bleibt schließlich an einem schlichten Grab stehen. Auf dem einfachen Stein steht »Bogdan Žerajić, 1. Februar 1886 bis 15. Juni 1910«. Das Grab sieht gepflegter aus als die anderen. Jemand hat sogar frische Blumen hingestellt.

»Bogdan Žerajić«, murmelt Jelena. »Wer war das? Kommt mir irgendwie bekannt vor.«

»Das sollte es auch. Bogdan ist für viele von uns ein Held, der sich für unsere Freiheit geopfert hat. Ist vor fast genau vier Jahren gestorben.«

»Ach, jetzt fällt's mir wieder ein. Ist das nicht der, der ein Attentat auf den Landeschef verübt hat?«

Gavrilo nickt. »Richtig. Auf diesen General Varešanin, einen Kroaten. Den hatte Wien damals als Landeschef hergeschickt. Fünf Kugeln hat Bogdan auf ihn abgefeuert und doch nicht getroffen. Die letzte Kugel hat er sich dann selbst in den Kopf geschossen. Eine Tragödie.«

»Meine Eltern haben darüber geredet. Ich erinnere mich. Und den bewunderst du?«

»Na klar. Gehört doch Mut dazu, so was zu tun. Auch wenn es nicht geklappt hat, er ist ein Held. Ein echter Nationalist. Ein Kämpfer für uns bosnische Serben, einer, der nicht nur im Kaffeehaus große Reden schwingt, sondern sein Blut gegeben hat.«

»Den bewunderst du also«, wiederholt sie und sieht ihn lange an. In ihren Augen liegt Betroffenheit, aber auch so etwas wie Ehrfurcht.

»Nicht nur ich. Er ist uns allen ein Vorbild. Oder sollte es zumindest sein.«

Bevor Jelena antworten kann, hören sie plötzlich eine laute Stimme, die über den Friedhof gellt. »Gavrilo Princip! Sind Sie das? Bleiben Sie stehen! Polizei!«

Erschrocken blicken sie in die Richtung, aus der die Stimme schallt. Ein dicker Kerl in einem grauen Anzug mit Hut auf dem Kopf kommt auf sie zugerannt. Er hält etwas hoch. Einen Ausweis? Eine Marke? Noch ist er dreißig Schritt entfernt.

Gavrilo löst sich aus seiner Erstarrung. »Komm! Schnell!«

Er packt Jelena bei der Hand und zerrt sie an den Gräbern vorbei zum Ausgang. Polizei? Er ist schockiert. Den Kerl muss er übersehen haben. Oder hat der sich irgendwo versteckt und hier auf ihn gewartet? Kann das sein? Und wieso kennt er seinen Namen? Sind sie schon so weit kompromittiert?

Sie erreichen das Südtor. Jelena rennt als Erste hindurch. Trotz ihres langen Rocks ist sie ziemlich flink auf den Beinen. Gavrilo wirft noch einen Blick über die Schulter. Der Dicke versucht abzukürzen, stolpert dabei über einen Grabstein und schlägt sich das Knie an. Er jault vor Schmerz und hält sich das Bein. Auch seinen Hut hat er verloren. Er rafft sich auf und versucht humpelnd, sie weiter zu verfolgen. »Bleiben Sie stehen, Princip! Wir haben nur ein paar Fragen. So warten Sie doch!«

Aber da sind die beiden auch schon durchs Tor und jagen die Gasse hinunter, dann scharf rechts in die nächste und bald darauf um eine weitere Ecke. *Nur ein paar Fragen!* Von wegen! Auf einmal fällt Gavrilo ein, wieso der Kerl ihn erkannt hat. Der hat ihn nämlich letztes Jahr nach einer dieser Studentenunruhen verhört. Er erinnert sich an ihn. Das erklärt es also.

Und dann sind sie auf dem Appel-Kai, der an der Miljacka entlang verläuft. Sie rennen weiter, rempeln versehentlich eine ältere Dame an, die hinter ihnen herschimpft, und biegen schließlich wieder in eine Gasse ein. Nach fünfzig Metern bleibt Jelena stehen.

»Ich kann nicht mehr«, japst sie. Sie ist rot im Gesicht und atmet heftig. Kaum hat sich ihr Atem etwas beruhigt, bricht sie in ausgelassenes Gelächter aus, als würde ihr das Ganze Spaß machen.

»Wir müssen weiter«, keucht Gavrilo. »Der holt uns sonst ein.« Das Laufen hat ihn ermüdet, mehr, als es sollte. Und plötzlich überkommt ihn ein unwiderstehlicher Hustenreiz. Nur jetzt nicht husten! Nicht vor ihr! Zum Glück vergeht es wieder, und er schöpft erleichtert Atem.

»Ach, der Fettsack holt uns nicht ein«, sagt Jelena ungerührt. »Der hat uns doch längst verloren. Hast du gesehen, der konnte gar nicht richtig laufen. Der hätte uns nie eingeholt. Was will die Polizei eigentlich von dir? Hast du was ausgefressen?«

Sie nimmt es nicht ernst, schöpft keinen Verdacht, denkt Gavrilo erleichtert. Aber was soll er ihr sagen? Er zuckt verlegen mit den Schultern. »Nein, ausgefressen hab ich nichts. Die müssen wohl spitzgekriegt haben, dass ich zur *Mlada Bosna* gehöre. Vielleicht hat mich einer verpfiffen, und jetzt wollen sie mich befragen.«

Sie grinst. »Das war jetzt aber richtig spannend.«

Sie sieht sich kurz um. Dann zieht sie ihn in die dunkle Toreinfahrt, vor der sie stehen geblieben sind. »Komm. Hier können wir uns verstecken, bis die Luft rein ist.«

Er folgt ihr. Im Schutz des Torbogens schmiegt sie sich plötzlich an ihn. »Ist ja richtig aufregend mit dir«, flüstert sie mit einem leisen Kichern.

Und dann küsst sie ihn.

Ilidža, 21:13 Uhr, im Speisesaal, Hotel Bosna

»Noch etwas Sauce, Hoheit?«

»Oh, danke«, erwidert Herzogin Sophie und lässt sich vom Maître d'hôtel bedienen. »Und vielleicht noch einen Löffel Spätzle.«

»Sehr wohl, Hoheit.«

»Das Reh ist ausgezeichnet, nicht wahr?«, bemerkt Baronin Prittwitz und spießt ein Stück Fleisch auf die Gabel.

»Hab schon Besseres gehabt«, knurrt Franz Ferdinand. »Sie müssen mal zu uns nach Konopischt kommen. Wenn Sie wollen, nehme ich Sie auf die Jagd mit.«

»Um Gottes willen nein! Die Viecher essen ist eines, aber ich muss sie nicht auch noch umbringen!«

Franz Ferdinand lacht gönnerhaft. »Es ist der edelste Sport des Mannes, meine Liebe. Der Mensch war schon immer ein Jäger. Und wird es immer bleiben.«

»Der Franzl ist ganz versessen auf die Jagd«, erklärt die Herzogin.

Die Baronin nickt und lächelt höflich. »Davon habe ich gehört.« Ob sie es gut findet oder nicht, lässt sich an ihrem Tonfall nicht erkennen.

»Wir wissen schon gar nicht mehr, wo wir noch mehr Geweihe unterbringen sollen«, fügt die Herzogin hinzu.

Ein junger Leutnant in Uniform nähert sich und beugt sich zum Erzherzog. »Entschuldigen Sie, Hoheit. Feldzeugmeister Potiorek schickt mich.«

Ungehalten darüber, beim Essen gestört zu werden, wendet Franz Ferdinand sich ihm brüsk zu. »Was ist denn mit Ihnen los, Sie Schnösel? Sehen Sie nicht, dass wir beim Essen sind? Nehmen Sie gefälligst Haltung an. Wir sind hier nicht im Zoo!«

»Jawohl, Hoheit!« Der junge Mann richtet sich kerzengerade auf, knallt hörbar die Hacken zusammen und legt zackig die Hand an den Mützenschirm. »Bitte tausendmal um Entschuldigung.«

Die Herzogin macht ein verlegenes Gesicht, während Baronin Prittwitz sich ein Grinsen nicht verkneifen kann.

»Schon besser«, bellt Franz Ferdinand. »Und was hat er mir jetzt zu sagen?«

»Der Feldzeugmeister lässt ausrichten, dass der Angriff der Roten fehlgeschlagen ist. Dass die Blauen ihre Stellungen haben halten können.«

»Gut. Habe nichts anderes erwartet. Sonst noch was?«

»Feldzeugmeister Potiorek lässt außerdem ausrichten, dass er aufgrund der erfolgreichen Verteidigung der blauen Stellungen das Manöver morgen früh gegen zehn beenden wird. Es sei daher nicht nötig, dass Ihre Hoheit sich noch einmal zum Ivanpass bemühen.«

»So. Sagt er das.« Franz Ferdinand wendet sich den Damen am Tisch zu. »Dann haben wir sozusagen Ruhetag morgen.«

»Oh, wie schön!«, sagt die Herzogin. »Dann besichtigen wir die Stadt, und du kommst mit. Frau Baronin und ich haben eine ganze Menge an Verabredungen. Die Leute werden begeistert sein, wenn du dabei bist.«

Franz Ferdinand runzelt die Stirn. »Muss das sein, Liebes?«

»Oh ja! Und keine Widerrede, Franzi!«

Franz Conrad von Hötzendorf, der gegenüber am Tisch sitzt, hebt sein Weinglas. »Herzlichen Glückwunsch, Hoheit, zum erfolgreichen Abschluss des Manövers.«

Der Erzherzog lächelt zufrieden. »Gratulieren Sie mir lieber morgen Vormittag. Noch ist es ja nicht vorbei.« Er bemerkt den jungen Leutnant, der immer noch in strammer Haltung neben ihm steht. »Was stehen Sie hier noch rum, junger Mann? Abmarsch und zurück zu Ihrer Einheit.«

»Jawohl, Hoheit.«

Wieder hört man seine Hacken klacken, dann dreht sich der Leutnant zackig um und marschiert steif aus dem Speisesaal.

»Armer Kerl«, sagt die Baronin und lacht.

»Disziplin hat noch keinem geschadet«, bemerkt der Erzherzog und widmet sich wieder dem Rehbraten auf seinem Teller.

Sarajevo, 22:10 Uhr, in Svjetlanas Wohnung

Im Wohnzimmer herrscht sanftes Halbdunkel, denn Svjetlana hat das Gaslicht stark heruntergedreht. Dafür leuchtet eine Leselampe neben dem Sofa, wo sie es sich mit mehreren Kissen und einem Glas Wein bequem gemacht hat. Sie versucht, *Quo Vadis* von Henryk Sienkiewicz zu lesen. Schon vor Tagen hat sie den Roman, der im alten Rom spielt, angefangen. Heute Abend aber fällt es ihr schwer, wieder hineinzufinden. Eine seltsame Melancholie hat sie erfasst. Sie klappt das Buch zu, behält den Zeigefinger zwischen den Seiten, um ihre Stelle nicht zu verlieren, und starrt gedankenverloren auf den Titel: *Quo Vadis* – Wohin gehst du?

Das könnte sie sich selbst auch fragen. Wie sieht es aus mit ihrer Zukunft? Wohin geht es mit ihrem Leben? Wie so oft überfällt sie die Erinnerung an ihre schlimmste Zeit in Belgrad, als sie in der Kälte zitternd durch die Straßen geirrt ist. Das sitzt ihr immer noch schwer in den Knochen. Nicht aus Geldgier hat sie ihr Geschäft aufgebaut, sondern aus Unsicherheit und Angst vor dem Morgen. Wer weiß – vielleicht zerplatzt die schöne Blase eines Tages.

Bis jetzt zumindest läuft es gut. Sie und Mara haben alles im Griff. Sie verdient Geld, mehr als sie sich jemals hat träumen lassen. Die Haupteinnahmequelle ist ihr Bordell, aber sie hat auch andere Anlagen, das Café unten im Haus und zwei kleine Modegeschäfte. Auf ihrem Bankkonto hat sich einiges angesammelt. Sogar ein paar Siemens-Aktien liegen im Depot. Sie sollte mehr als zufrieden sein. Aber ist das der einzige Inhalt ihres Lebens? Immer so weitermachen wie bisher? Ist sie glücklich? Und was ist Glück überhaupt? Noch mehr Geld scheffeln, bis sie irgendwann alt ist? Alt und kinderlos?

Sie seufzt und schlägt das Buch auf, um weiterzulesen, als sich unten an der Tür der Klopfer bemerkbar macht. Um diese Uhrzeit? Plötzlich schlägt ihr Herz schneller, denn vielleicht ist es Rudi. Sie hat gehofft, dass er noch vorbeischaut. Sie springt auf, legt das Buch weg und eilt in die Diele. Schnell schaut sie in den Spiegel. Großer Gott, wie sieht sie aus? Soll sie noch etwas Rouge auflegen? Aber unten klopft es wieder. Diesmal ungeduldiger. Sie rückt ihren Ausschnitt zurecht und steigt die Treppe hinunter. Bevor sie öffnet, holt sie noch einmal tief Luft.

»Ach, du bist's«, sagt sie und tut überrascht, als hätte sie es nicht geahnt und nicht erhofft.

»Entschuldige«, sagt Markovic. »Ich weiß, es ist spät …«

»Nun komm schon rein.«

Sie schließt hinter ihm die Haustür und lässt ihn vor sich die Treppe hinaufsteigen, während sie noch schnell versucht, eine Haarsträhne zu bändigen, die ihr in die Stirn fällt.

Markovic tritt durch die Diele und weiter ins Wohnzimmer. »Mara sagt, du verbringst heute den Abend hier. Ich hoffe, ich stör dich nicht.«

Sie lächelt. »Du störst mich nie, Rudi. Das weißt du doch.«

Markovic sieht sich neugierig um. »So lebst du also.«

»Wenn ich hier bin.«

»Gemütlich ist es. Vielleicht ein bisschen dunkel.«

»Heute mag ich es dunkel.«

Erstaunt sieht er sie an. »In düsterer Stimmung?«

Sie ignoriert die Frage. »Setz dich. Magst du etwas trinken?«

»Einen Cognac, wenn's recht ist.« Er lässt sich auf dem Sofa nieder und nimmt ihr Buch in die Hand. »Du liest *Quo Vadis*? Wie gefällt es dir? Ich müsste es eigentlich auch mal lesen.«

»Ziemlich grausam, teilweise. Aber es gefällt mir.« Sie macht sich an der Anrichte zu schaffen, wo sie diverse Spirituosen und Liköre stehen hat. Sie gießt etwas Cognac in einen Schwenker und reicht ihm das Glas. Dann setzt sie sich zu ihm.

»Und du?«, fragt er. »Trinkst du nichts?«

»Ich hab noch Wein.« Sie zeigt auf ihr Glas.

»Zum Wohl!«, sagt er und nimmt einen kräftigen Schluck. Dann lehnt er sich mit einem Seufzer zurück und öffnet den engen Kragen seiner Uniformjacke. »Du erlaubst? Es ist warm.«

»Natürlich. Mach es dir bequem.« Svjetlana nippt an ihrem Wein und stellt das Glas zurück auf den Kaffeetisch.

»Und warum hast du dich heute Abend hier verkrochen? So ganz allein? Ist doch sonst nicht deine Art.«

»Bin wohl in einer komischen Stimmung.«

»Was quält dich denn? Möchtest du's mir sagen?«

Sie starrt auf das Weinglas auf dem Tisch. »Ach, es ist nichts. Frauen haben manchmal Launen. Das weißt du doch.«

Dass es mit ihm zu tun haben könnte, will sie ihm nicht verraten. Und vielleicht hat es ja auch gar nichts mit ihm zu tun. Sie weiß es selbst nicht. Irgendetwas hat sie heute verunsichert. Der Gedanke an ihre Zukunft. Die Einsamkeit in ihrem Leben. Und dann auch noch diese dummen Jungs, die den Thronfolger umbringen wollen. Als gäbe es nicht schon genug Elend in der Welt. All das hat sicherlich zu ihrer bedrückten Stimmung beigetragen. Und Vukosava. Das Mädchen hat sie an ihre eigene verkorkste Jugend erinnert, an ihren tyrannischen Vater. Aber Rudi hat recht. Es ist nicht ihre Art, Trübsal zu blasen.

»Reden wir nicht von mir«, sagt sie. »Wie sieht's mit euren Ermittlungen aus? Habt ihr Fortschritte gemacht?«

Markovic nimmt noch einen Schluck von seinem Cognac

und stellt das Glas auf den Tisch. »Ach«, sagt er und schüttelt genervt den Kopf. »Es ist zum Verzweifeln. Heute am frühen Abend hätten wir einen von ihnen beinahe geschnappt, stell dir vor.«

»Wirklich! Welchen denn?«

»Diesen Gavrilo. Aber der verdammte Kerl ist uns durch die Lappen gegangen.« Er wischt sich mit der flachen Hand durchs Gesicht. Svjetlana bemerkt, dass er müde aussieht. »Unser Zeichner hat ein paar Kopien von Gavrilos Porträt angefertigt. Und auch von Nedeljkos Foto. Sowohl für die Polizei als auch für meine Leute. Alle Einsatzkräfte haben sich die Porträts genau angeschaut. Mayerhoffer hat auf meine Veranlassung auch das Grab von einem ihrer serbischen Helden bewachen lassen. Nur auf den Verdacht hin, sie könnten dem einen Besuch abstatten. Ist nämlich ein populärer Ort bei den bosnischen Nationalisten.«

»Meinst du das Grab von diesem Bogdan ... Wie hieß er noch?«

Markovic nickt. »Žerajić. Bogdan Žerajić. Hat vor vier Jahren auf den Landesherrn geschossen und sich danach selbst gerichtet.«

»Und? War der Junge da?«

»Einer von Mayerhoffers Beamten, der den Friedhof überwachen sollte, hat ihn erkannt. Der hat nämlich vor einem Jahr mal mit ihm zu tun gehabt. Anscheinend ist der Bursche mit einem Mädchen auf dem Friedhof aufgetaucht. Die Gegenwart des Mädchens habe ihn zuerst verunsichert, sagt der Mann. Als er ihn überprüfen wollte, hat der Idiot sich aber so blöd angestellt, dass die beiden davongelaufen sind.«

»Gavrilo war mit einem Mädchen da? Doch wohl nicht Vukosava?«

»Nein, die war zu Hause. Das haben wir überprüft. Ein anderes Mädchen. Ziemlich hübsch anscheinend.«

»Und woher will dieser Polizist jetzt wissen, dass es wirklich Gavrilo war?«

»Er hat ihn mit seinem Namen angerufen. Daraufhin sind sie sofort davongerannt. Unser Mann ist über einen Grabstein gestolpert und hat sich verletzt. Hätte Mayerhoffer zwei Beamte für die Überwachung eingesetzt, hätten wir Gavrilo jetzt in Gewahrsam.«

Svjetlana überlegt. »Aber ist das nicht ein Schuldbekenntnis? Ich meine, wenn sie weggelaufen sind? Weil du doch nicht sicher warst, ob dein Verdacht wirklich begründet ist.«

Markovic zuckt mit den Schultern. »Ja, natürlich. Oder auch nicht. Für die Jungs von der *Mlada Bosna* ist die Polizei ein rotes Tuch. Die würden auch weglaufen, wenn sie nichts auf dem Kerbholz haben.«

»Ihr seid also nicht viel weiter.«

»Wir machen Fortschritte, aber nicht genug. Zumindest haben wir einen dritten Namen herausgefunden – Danilo. Soll ein Freund von Nedeljko und Gavrilo sein. Könnte sein, dass sie bei dem untergekrochen sind. Aber leider haben wir im Moment noch keinen Nachnamen und keine Adresse. Wir haben schon herumgefragt, aber niemand will etwas wissen. Kann natürlich auch gelogen sein. Die Polizei geht heute Abend noch mal allen Studenten nach, die bei früheren Demonstrationen aufgefallen sind. Irgendjemand wird zu den drei Namen doch was zu sagen haben. Es ist ein Geduldsspiel. Nur leider haben wir nicht viel Zeit.«

»Und was ist mit Gavrilos Bruder?«

»Von dem haben wir den Namen. Aber mehr weiß der auch nicht. Und ich muss sagen, ich glaube ihm. Unbescholtener Mann, macht einen guten Eindruck. Trotzdem haben wir zwei von unseren Leuten bei ihm gelassen. Könnte sein, dass das Bürschchen bei ihm auftaucht. Und die Pension von Čabrinović senior wird auch Tag und Nacht beobachtet. Mir fällt langsam nichts mehr ein, was wir noch tun könnten.«

Svjetlana nimmt einen Schluck von ihrem Wein. »Das Ganze macht mir Angst, Rudi«, sagt sie. »Wahrscheinlich bin ich deshalb in so einer Stimmung. Es liegt etwas in der Luft, auch wenn ich es mir vielleicht nur einbilde. In den Zeitungen wird ständig von bedrohlichen Dingen berichtet. In Albanien wird geschossen. Irgendwie hab ich so eine Ahnung, dass noch viel mehr auf uns zukommt als ein Attentat. Als ob die Erde leise bebt, kurz bevor der Vulkan ausbricht. Verstehst du, was ich meine?«

Sie holt tief Luft, wie um sich zu beruhigen. Markovic wirft ihr einen nachdenklichen Blick zu, aber er sagt nichts.

»Für die Stadt wäre es eine Katastrophe«, fährt sie fort. »Ich will mir gar nicht ausmalen, was ihr Österreicher mit uns anstellt, wenn der Thronfolger ausgerechnet hier bei uns ermordet wird.«

»Du hast recht.« Markovic seufzt. »Ich fürchte, es liegt weit mehr in der Waagschale als das Schicksal von Sarajevo. Durch meine Arbeit bekomme ich eine Menge von dem mit, was im Hintergrund abläuft. Im Augenblick herrscht noch Frieden in Europa. Aber es ist ungewiss, wie lange das anhält. Die Militaristen und die Zündler haben das Sagen. Das ist in Wien genauso wie in Berlin oder anderen Hauptstädten. Überall wird das Militär verstärkt. Wir bekommen täglich solche Nachrichten herein. Für die Franzosen ist Deutschland der große Feind. Viele von denen lechzen nach Revanche. Auch die Briten fürchten eine Achse Österreich–Deutschland. Und der Kaiser in Berlin lässt keine Gelegenheit aus, sich als Großkotz aufzuspielen. In Wien reden sie offen von einem Krieg gegen Serbien. Eine meiner Hauptaufgaben ist, Serbien zu beobachten und seine Kampfstärke auszuspionieren. Und jetzt stell dir vor, diesen jungen Idioten gelingt es, ausgerechnet den zukünftigen Kaiser von Österreich umzubringen. Wenn dir das Angst macht, dann hast du völlig recht. Mir macht es auch Angst.«

»Kannst du nicht den Landeschef dazu bringen, dass er Militär einrücken lässt? Ihr habt doch zwei Armeekorps da draußen.«

»Potiorek will kein Militär auf den Straßen, sondern jubelnde Menschen. Selbst die Route des Thronfolgers will er nicht ändern. Aus eben diesem Grund. Und was hab ich ihm zu bieten? Nichts als Gerüchte und Vermutungen.«

»Versuch es doch noch mal. Mehr als Nein sagen, kann er nicht.«

Markovic nickt. »Im Augenblick hält er sich noch in Tarčin bei den Manövern auf. Aber die sind morgen früh beendet, das habe ich gerade erfahren. Am Nachmittag müsste er zurück sein. Dann will ich noch mal mit ihm reden.«

Sie sitzen eine Weile schweigend nebeneinander, während jeder schweren Herzens den eigenen Gedanken nachhängt. Svjetlana stellt sich den Aufruhr in der Stadt vor, sollte wirklich etwas passieren. Sie hat nicht viel übrig für diesen Franz Ferdinand. Selbst die Österreicher scheinen ihn nicht zu mögen. Deshalb muss man ihn aber noch lange nicht umbringen. Und der Mann ist schließlich nicht allein. Da ist ja auch noch seine Frau, die Herzogin von Hohenberg. Ist auch sie in Gefahr? Was werden die Attentäter tun? Eine Bombe werfen? Bei dem Gedanken an eine tödliche Explosion fährt sie unwillkürlich zusammen.

Markovic hat es bemerkt. Er legt ihr sanft die Hand auf die Schulter. »Was dich angeht, Svjetlana, musst du dir keine Sorgen machen. Was du und deine Mädchen zu bieten haben, ist zu allen Zeiten gefragt. Selbst im Krieg. Da würde ich mir keine Gedanken machen.«

»Ich hab auch nicht an mich gedacht«, sagt sie und fasst seine Hand. »Ich mach mir eher Sorgen um dich.«

Markovic grinst. »Ach was. Was soll mir schon passieren?«

»Und wenn es wirklich Krieg gibt?« Ihre Augen schimmern plötzlich feucht. »Wirst du dann an die Front müssen?«

»Komm mal her«, sagt er leise und zieht sie an sich.

Sie legt den Kopf an Rudis Brust und die Hand auf seine Schulter. Seine Arme umschlingen sie, halten sie ganz fest. Es fühlt sich gut an. Unter dem Stoff der Uniformjacke spürt sie, wie sein Herz ruhig und stetig wie ein Uhrwerk schlägt. Irgendwie beruhigend. Sie fühlt sich bei ihm aufgehoben. Für sie, die immer auf sich allein gestellt war, ist es ganz ungewohnt, dieses Gefühl von Nähe, Wärme und Geborgenheit. Ihr wird bewusst, wie sehr sie das vermisst hat in all den Jahren. Sieht man von Mara ab, hat sie sich immer allein durchkämpfen müssen.

Aber nun gibt es diesen Mann, bei dem sie sich zum ersten Mal richtig wohlfühlt. Mehr als das, wenn sie ehrlich zu sich selbst ist. Das ist schön, aber auch erschreckend. Ihre Gefühle machen ihr Angst, denn der unausweichliche Verlust steht schon im Raum. Dabei würde sie so gerne bei ihm sein, seine Haut spüren, ihn lieben. Auch wenn es nur für kurze Zeit ist und keine Zukunft hat. Irgendwann wird Rudi an einen anderen Ort versetzt werden. Oder nach Wien zu seiner Familie zurückkehren. Dann werden sie Abschied nehmen. Sie schließt die Augen. Noch ist es nicht so weit.

»Weißt du was?«, hört sie ihn sagen. »Warum lassen wir das alles nicht hinter uns, du und ich?«

»Wie meinst du das?«, murmelt sie an seiner Brust.

»Ich quittiere den Dienst und lass mir mein Erbe auszahlen. Du bist auch nicht gerade arm. Verkauf einfach alles. Und dann kehren wir dem alten Europa den Rücken zu und gehen fort. Fangen irgendwo neu an. Vielleicht in Amerika.

Oder in Argentinien. Wir reiten zusammen über die Weiten der Pampa und züchten Rinder. Oder Pferde. Wie findest du das?«

»Argentinien?« Sie hebt den Kopf und lächelt. »Ach, Rudi. Was redest du da? Das meinst du doch nicht wirklich.«

»Doch, doch! Es ist mir ernst.« Er streicht ihr übers Haar.

»Ach, Rudi. Hör auf zu träumen.«

Sie schmiegt sich dichter an ihn und seufzt. Was für ein Gedanke! Natürlich Unsinn, und doch haben seine Worte sie für einen Augenblick glücklich gemacht. Dass er überhaupt so etwas sagt. Ausgerechnet Argentinien! Sie hebt die Hand, streichelt sein Gesicht und flüstert: »Schlaf heute Nacht bei mir.«

SAMSTAG, 27. JUNI 1914

Reichspost

Wolkenbrüche und Kälte

Sarajevo, 26. Juni. Die manövrierenden Truppen hatten in der vergangenen Nacht unter einem wolkenbruchartigen Regen und unter empfindlicher Kälte schwer zu leiden. Auf der Ivanhöhe herrschte Schneesturm. Die Regengüsse dauerten heute den ganzen Vormittag an. Erst in den Nachmittagsstunden besserte sich das Wetter einigermaßen. Trotz der großen Strapazen und Anstrengungen befinden sich die Truppen in vorzüglichster Verfassung. Herr Erzherzog-Thronfolger Franz Ferdinand äußerte wiederholt seine höchste Zufriedenheit über die Haltung der Truppen.

Herzogin von Hohenberg in Sarajevo

Sarajevo, 26. Juni. Frau Herzogin Sophie von Hohenberg begab sich heute Vormittag mit ihrer Suite mittels Automobil nach Sarajevo und besuchte dort die Kathedrale, wo sie von Weihbischof Šarić und den Domherren empfangen wurde. Hierauf stattete die Frau Herzogin dem Kloster St. Augustin einen Besuch ab, besichtigte dort die Paramentenausstellung der marianischen Damenkongregation und besuchte sodann die

Seminarkirche, das Jugendheim und das Kloster des heiligen Vinzenz der Barmherzigen Schwestern. In allen Anstalten wurde der Herzogin ein festlicher Empfang bereitet, wobei patriotische Ansprachen gehalten und ihr zahllose Blumensträuße überreicht wurden. Auf dem Wege durch die Stadt war die Frau Herzogin Gegenstand herzlichster Sympathiekundgebungen.

Ilidža, 7:53 Uhr, Hotel Bosna

Es scheint, die Lokalzeitung ist begeistert von dir«, sagt Franz Ferdinand am Frühstückstisch.

»Ach, wirklich? Was schreiben sie denn?«

»Du hättest alle Menschen, denen du begegnet bist, entzückt. Und man hätte dir überall zugejubelt.«

Sophie lacht. »Ob sie entzückt waren, weiß ich nicht. Aber viel gejubelt wurde schon. Und überall hat's Blumensträuße gegeben.«

»Steht's hier deshalb voller Blumen? Man kommt sich schon wie im Gewächshaus vor.«

»Ich konnte sie doch nicht wegwerfen.«

»Aber verschenken hättest du sie können.«

»Sei nicht so ein Stinkstiefel! So was spricht sich doch rum. Das wäre unhöflich gewesen. Außerdem mag ich Blumen, du weißt das.« Sophie beißt in einen Toast mit Marmelade. »Und was schreiben sie über dein Manöver?«

»Es ist nicht *mein* Manöver. Es ist eine Heeresübung der österreichisch-ungarischen Streitkräfte.«

»Aber du bist doch der Chef.«

»Der Chef? Ich bin der Generalinspektor der gesamten bewaffneten Macht. Das ist mein Titel.«

»Sag ich doch.«

Franz Ferdinand seufzt. »Wollen wir uns bitte nicht streiten, Sopherl.«

»Aber was schreiben sie denn? Das wolltest du mir doch sagen.«

Es wird positiv gesehen, dass wir das Manöver hier abgehalten haben. Aber es gibt auch kritische Stimmen.«

»Und was haben die zu sagen?«

»Wir hätten das Manöver so ausgelegt, als wollten wir proben, einen Angriff aus Montenegro abzuwehren. Das könne man als Affront gegen die Montenegriner werten.«

»Aber das war gar nicht eure Absicht, oder?«

»Doch. Natürlich war es unsere Absicht.«

»Aha. Und jetzt sind sie beleidigt.«

»Sollen sie doch. Irgendwo müssen wir ja Übungen abhalten. Und eine Demonstration der Stärke in dieser Region kann nicht schaden. Das war tatsächlich Absicht.«

Er widmet sich wieder seinem Blatt, während Sophie schweigend ihren Toast isst. Dann bestreicht sie eine zweite Scheibe. »Was steht denn sonst noch in der Zeitung?«

»Was?« Zerstreut blickt er auf.

»Was es sonst noch Interessantes gibt, hab ich gefragt.«

Franz Ferdinand schüttelt den Kopf. »Wieder zwei Fliegerkatastrophen beim Militär. Bei einer ist ein junger Pilot aus 40 Metern Höhe tödlich abgestürzt. War anscheinend erst sein dritter Flug. Der andere Vorfall hat sich auf einem anderen Flugfeld ereignet. Sie schreiben nicht, was der Grund war, aber die Maschine kam kurz nach dem Start ins Trudeln. Der Pilot konnte abspringen und sich retten, aber der Motor ist explodiert und hat unter den Zuschauern einen Offizier getötet.«

»Mein Gott! Aber hab ich's nicht gesagt? Diese Fliegerei ist nicht sicher. Wir sind doch keine Vögel. Hätte Gott gewollt, dass wir fliegen, dann hätte er uns Flügel gegeben.«

»Sophie, davon verstehst du nichts. Gott hat uns auch keine Räder gegeben, und doch fahren wir mit motorisierten Fahrzeugen durch die Gegend.«

»Deshalb musst du mich nicht gleich anschreien.«

»Tut mir leid. Das wollte ich nicht. Du weißt, wie sehr mir die Fliegerei am Herzen liegt. Flugzeuge werden einmal eine große Bedeutung haben, nicht nur für militärische Zwecke.

Menschen werden mit dem Flugzeug überall hinreisen. Oder ganz bequem im Luftschiff.«

»Wie das Ding, das erst kürzlich explodiert ist?«

»Wir werden die Technik verbessern. Dem modernen Ingenieurwesen sind keine Grenzen gesetzt. Du wirst sehen.«

Sie schüttelt sich. »Mich wirst du nie in so ein Ding kriegen.«

Franz Ferdinand lacht. »Ach, Sopherl. Wo ist deine sonst so gelobte Zuversicht?«

»Immer noch fest auf dem Erdboden, Gott sei gedankt.«

Im Salon nebenan klingelt es. »Wer ruft denn jetzt schon wieder an?«, knurrt Franz Ferdinand. »Nicht mal in Ruhe frühstücken kann man.«

Ein Kammerdiener betritt das Esszimmer. Er trägt den Telefonapparat herein und zieht vorsichtig die lange Schnur hinter sich her, an der der Apparat hängt. »Frau Herzogin«, sagt er. »Ein Anruf für Sie aus Chlumetz.«

»Ach, Chlumetz!« Sophie strahlt. »Das müssen die Kinder sein.«

Der Diener stellt den Apparat vor sie auf den Tisch und zieht sich ein paar Schritte zurück. Sie nimmt den Hörer ab und hält ihn sich ans Ohr. »Hallo, wer ist da? Sind Sie das Herr Janaczek? ... Wie schön, dass Sie anrufen ... Ja, ich grüße Sie ebenfalls ... Ist alles in Ordnung bei Ihnen? ... Na wunderbar, dann bin ich beruhigt ... Geben Sie mir doch mal die Kinder ... Pinkie, bist du das? Hier ist deine Mama ... Ach, das ist lieb von dir ... Dem Papa geht es gut. Der sitzt hier neben mir ...« Sie schaut ihn kurz an und spricht sofort weiter. »Schade, dass ihr drei nicht hier sein könnt, es würde euch bestimmt gefallen ... Was sagst du, die Jungs haben sich gestritten? Ist es schlimm? ... Nicht so schlimm ... Dann bin ich froh ... Max, bist du das? Du sollst dich nicht mit deinem Bruder streiten, hast du gehört? ... Was hast du gesagt? Deine

Zinnsoldaten? … Kleine Brüder tun so was manchmal. Was sind schon ein paar Zinnsoldaten? … Na gut, dann gib mir mal den Ernie.« Sie blickt erneut zu Franz Ferdinand hinüber und zwinkert ihm zu, bevor sie sich wieder auf den Apparat konzentriert. »Bululu, mein Schatz, warum hast du … Ich weiß, du hast es nicht extra getan, aber du musst dich entschuldigen, versprochen? … Na gut, und jetzt will ich noch mal mit Sopherl reden … Sopherl, mein Kind, pass auf deine Brüder auf, hörst du? … Ich hoffe, ihr esst vernünftig … Das ist gut … Bald sind wir wieder daheim. Wir bringen euch auch was Schönes mit. … Ja, das ist gut. Und dein Vater lässt euch herzlich grüßen. Einen dicken Schmatz für euch alle drei … Ja, ihr auch. Bis bald.«

Lächelnd hängt sie den Hörer ein. »Es geht ihnen gut, Franzl. Sie vermissen uns.«

Der Diener nimmt den Apparat und trägt ihn wieder in den Salon. Dabei zieht er die Schnur hinter sich her und schließt die Tür.

Sophie sitzt einen Augenblick lang versonnen lächelnd da. »Ist das nicht schön, dass man telefonieren kann?«

»Siehst du«, erwidert Franz Ferdinand, »auch das ist moderne Technik.«

»Bei der man aber wenigstens nicht sein Leben riskiert.«

»Da gebe ich dir recht.« Franz Ferdinand legt die Zeitung weg und nimmt einen Schluck aus seiner Kaffeetasse, bevor er sich ebenfalls mit Toast bedient. »Ach, übrigens, Schatzerl. Ich kann nachher doch nicht mit dir in die Stadt fahren.«

»Aber wieso? Du hast es doch versprochen.«

»Das Manöver wird heute Morgen um zehn abgewickelt. Ich müsste mich aber in Tarčin sehen lassen, um einer kurzen Truppenrevue beizuwohnen. Und ab Mittag ist eine abschließende Besprechung der führenden Offiziere angesagt. Da darf ich nicht fehlen.«

»Wo? In Tarčin?«

»Nein, hier im Hotel.«

Er sieht ihr an, dass sie enttäuscht ist.

»Bist du sicher, das ist nicht schon wieder so eine Ausrede?«, fragt sie. »Bestimmt hast du keine Lust, Kirchen und Museen zu besuchen.«

»Nein, keine Ausrede. Ich schwör's.«

»Denkst du, mir macht es Spaß, jedes Kloster abzuklappern? Immer schön dabei lächeln und Hände schütteln? Und so tun, als ob man diesen ganzen Lobreden zuhört?«

»Ich dachte, heute steht bei dir der Basar auf dem Programm.«

»Ja, der und noch so einige Galerien und Werkstätten.«

»Na also.«

»Ich hatte mich darauf gefreut, dass du mitkommst.«

»Es geht nicht, Liebes.«

Die Herzogin seufzt. »Also gut. Dann muss halt die Prittwitz wieder herhalten«, sagt sie und fügt spitz hinzu: »Die ist wenigstens amüsant.«

»Im Gegensatz zu mir, meinst du wohl.«

»Na du hast ja nur dein Manöver im Kopf. Und ich muss bei allem immer hintenanstehen.« Sie betupft sich die Lippen mit der Serviette und steht auf. »Ich werde mich dann mal fertig machen.« Damit verlässt sie das Speisezimmer.

»Tut mir leid, Schatzerl«, ruft er ihr noch hinterher, aber sie hat schon die Tür hinter sich geschlossen.

Sarajevo, 9:18 Uhr, vor Danilos Haus

Mit drei Fahrzeugen in Kolonne biegen sie in die Straße ein und halten kurz darauf vor dem Gästehaus. Handbremsen werden angezogen und Motoren abgeschaltet. Uniformierte springen mit entsicherten Pistolen von den Sitzen. Im Nachbarhaus starrt ein alter Mann neugierig aus dem Fenster.

Als Erstes schickt Simon drei Männer hinters Haus, um eventuelle Fluchtwege abzuschneiden, während Mayerhoffers Polizisten mit gezogenen Pistolen durch den Vorgarten trampeln. Auch Markovic hat seine Waffe in der Hand und wartet, während Mayerhoffer an die Haustür hämmert.

»Aufmachen! Polizei!«

Erst vor einer halben Stunde und dies nach einer langen, schmerzhaften Sitzung hat einer der verhafteten Studenten sich endlich erinnern können, wie dieser Danilo mit Nachnamen heißt und wo er wohnt. Auch dass die anderen Gesuchten ihm bekannt sind, hat er zugegeben. Markovic und Simon sind sich einig: Die müssen alle bei Danilo untergeschlüpft sein. Dass die jungen Kerle bewaffnet sind, liegt auf der Hand. Und es ist damit zu rechnen, dass sie sich wehren. Deshalb sind sie in Stärke angerückt, deshalb die Waffen.

Noch einmal hämmert Mayerhoffer an der Tür.

Jetzt wird sie aufgerissen und eine kleine rundliche Frau starrt sie mit großen Augen an. »Was wollen?«, ruft sie und bekreuzigt sich erschrocken, als sie die Uniformen sieht.

»Wir suchen Ihren Sohn, Danilo Ilić.«

Die Frau schüttelt den Kopf und antwortet aufgeregt mit einem Schwall serbischer Worte. Simon schiebt sie kurzerhand beiseite und betritt mit gezückter Waffe das Haus. Mayerhoffer und drei Polizisten folgen ihm. Die Frau ist ängstlich zurückgewichen, steht mit dem Rücken an der Wand. Sie jammert Unverständliches.

»Wo ist Ihr Sohn?«, schreit Markovic sie an.

Die Frau schüttelt verunsichert den Kopf. »Nicht deutsch«, ruft sie flehentlich, jetzt mit Tränen in den Augen. Sie versucht, einen Blick auf die Polizisten zu erhaschen, die mit Waffen in den Händen durch ihr Haus trampeln, Türen aufstoßen, Gäste aufscheuchen, Räume sichern. Sie ringt die Hände. »Was, bitte, was?«

Markovic mischt sich ein und versucht, sie zu beruhigen. »Ihr Sohn, Frau Ilić. Ihr Sohn Danilo. Ist er hier?«

»Nein, nein! Nicht hier!« Es klingt wie ein verzweifelter Klageschrei. »Warum?«, ruft sie. »Warum?«

Simon kehrt zurück. »Verdammt! Im Haus ist niemand. Nur zwei Handwerker, die hier übernachten.«

Einer der Geheimdienstler kommt ums Haus gelaufen. »Im Hinterhof ist ein Schuppen. Scheint bewohnt zu sein. Aber wir haben niemanden vorgefunden. Auch keine Waffen.«

»Scheiße!«, knurrt Markovic.

Er wendet sich an die vier Polizisten, die mit der Waffe im Anschlag vor dem Haus stehen. »Steckt die Pistolen weg. Hier ist niemand. Kann einer übersetzen?«

Ein schmucker junger Bursche in blauer Uniform und mit rotem Fez auf dem Kopf tritt vor.

»Fragen Sie die Dame, wo ihr Sohn ist«, sagt Markovic.

Der Polizist verstaut die Pistole im Holster und fängt an, mit der Frau zu reden. Die bewirft ihn mit einem Schwall Serbisch, begleitet von Augenrollen und Gesten, heftigem Kopfschütteln und Bekreuzigungen. Wahrscheinlich ruft sie alle Heiligen an, ihr beizustehen.

»Was zum Teufel sagt sie?«

»Es ist so«, erklärt der Polizist. »Gestern war Ilić noch da. Mit drei Kameraden. Aber heute Morgen, noch vor dem Frühstück, sind sie weg. Wann genau, kann sie nicht sagen. Vielleicht gegen sieben in der Früh.«

»Weiß sie, wohin?«

»Sie sagt Nein. Ihr Sohn hat nichts gesagt. Ist einfach weg.«

»Kennt sie die Namen der drei Männer, die hier waren?«

Wieder redet der Polizist mit ihr. Frau Ilić nickt, hebt ihre Hand und zählt an den Fingern ab: »Gavrilo, Nedeljko, Trifko.«

»Es sind also tatsächlich unsere Pappenheimer«, sagt Simon.

»Trifko«, murmelt Markovic. »Das also ist der Dritte im Bunde. Frag sie nach dem Nachnamen.«

»Sie kennt ihn nicht«, erwidert der Polizist, nachdem er sie gefragt hat.

Simon schüttelt frustriert den Kopf. »Scheiße! Da sind wir mal wieder zu spät gekommen. Ich frag mich, was die Kerle dazu gebracht hat, sich dünnzumachen. Haben wahrscheinlich Wind bekommen, dass wir ihnen auf den Fersen sind.«

»Frag sie, was mit dem Schuppen hinter dem Haus ist«, sagt Markovic.

Der Polizist und die Frau reden miteinander. Dann sagt er: »Frau Ilić vermietet Zimmer an Reisende und braucht Platz. Der Sohn wohnt im Schuppen, wenn er hier ist. Ist aber oft verreist. Ist Journalist, sagt sie. Eigentlich Lehrer, aber jetzt Journalist. Er zahlt ihr Miete und hat nie etwas mit der Polizei zu tun gehabt.«

Die Frau nickt heftig, als er geendet hat: »Polizei keine!«, beteuert sie.

»Na gut«, sagt Markovic. Er wendet sich an Simon: »Nehmt euch das Haus und den verdammten Schuppen vor, und durchkämmt alles. Vielleicht findet sich ein Hinweis. Ich fahr inzwischen zum Konak zurück.«

Außerhalb von Sarajevo, 11:15 Uhr, auf einem verlassenen Bauernhof

Nicht erst um sieben wie vermutet haben die jungen Männer das kleine Gästehaus verlassen, sondern bereits mitten in der Nacht. Der Grund ihrer Flucht war nicht Gavrilos Begegnung mit dem Polizisten auf dem Friedhof – davon hat er seinen Freunden gar nichts erzählt. Sein Treffen mit Jelena geht schließlich niemanden etwas an. Und es ist ja auch alles gutgegangen. Nur ein unglücklicher Zufall, dass ausgerechnet dieser Polizist, der ihn mal verhört hat, auf dem Friedhof war. Warum sollte er sich deshalb Danilos ätzenden Bemerkungen aussetzen?

Nein, Danilo selbst war noch spät am Abend in der Stadt und hat dabei von der Verhaftung zweier Freunde erfahren. »Die werden die Jungs ausquetschen«, hat er den anderen gesagt, »und wenn die meinen Namen fallen lassen, sind wir geliefert.« Vor allem, sollte die Polizei den Rucksack mit den Waffen finden, der unter einer alten Schubkarre hinter der Scheune versteckt lag.

Also haben sie ihre Sachen gepackt und sich still und heimlich davongemacht. Zuerst zu diesem Muhamed Mehmedbašić. Den haben sie mitten in der Nacht geweckt. Er konnte sie schlecht unterbringen, weil er selbst zur Untermiete wohnt, wusste aber von einem verlassenen Bauernhof ein paar Kilometer außerhalb der Stadt. Durch ein zerbrochenes Fenster ist Trifko eingestiegen und hat die Tür von innen entriegelt.

Im Bauernhaus haben sie ein paar alte Matratzen gefunden. Und sogar drei klapprige Stühle. In der Ecke der ehemaligen Küche steht ein gusseiserner Herd, der Plünderern wohl zu schwer war, und im Hof befindet sich ein Brunnen, der klares Wasser zu enthalten scheint. Zumindest sieht man den Wasserspiegel von oben. Sogar einen rostigen Einer hat Nedeljko in der Scheune gefunden. Leider kein Seil, um ihn in den Brunnenschacht hinunterzulassen. Also müssen sie vorerst noch ihren Durst ertragen.

Auch gegessen haben sie noch nichts. Doch Muhamed und Danilo sind bereits losgezogen, um Proviant zu organisieren.

»Scheint in Ordnung zu sein, dieser Muhamed«, sagt Nedeljko.

»Hab immer noch nicht verstanden, warum der überhaupt dabei ist«, murrt Trifko. »Und dann noch drei andere, die wir gar nicht kennen. Was soll der Scheiß?«

»Danilo hat es doch erklärt«, sagt Gavrilo.

»Ich weiß, er hat's erklärt. Aber ich kapier's trotzdem nicht.«

»Also noch mal: Wir drei sind für das Attentat zuständig. Daran hat sich nichts geändert. Die andern vier sind eine Art Versicherung. Falls es bei uns nicht klappt. Danilo sagt, das machen die Russen so. Die haben Erfahrung mit so was.«

»Na gut, wenn ihr meint. Solange die's nicht versauen.«

In einer Ecke der Küche hat Danilo seinen Rucksack stehen lassen. Ab und zu wirft Trifko einen Blick darauf. Natürlich wissen sie, was sich darin befindet. Aber keiner rührt das Ding an. Die Gegenwart der Waffen verunsichert sie, ohne dass sie darüber ein Wort verlieren.

Es ist schließlich Gavrilo, der den Bann bricht, den Rucksack aufschnürt und nach seiner Pistole sucht, der Browning. Sie sieht wie die der anderen aus, aber Gavrilo erkennt sie an der kleinen Markierung am Griff, die er dort angebracht hat.

»Lass das!«, sagt Nedeljko. »Fummel mit dem Ding nicht rum!«

»Will nur mal sehen, ob alles in Ordnung ist.«

»Was soll denn nicht in Ordnung sein?«

Gavrilo nimmt das Magazin raus, prüft, ob sich auch keine Patrone im Lauf befindet, schiebt das Magazin wieder ein, bis es klickt. Die nötigen Handgriffe kommen ganz natürlich. Er hat sie oft genug geübt. Die Pistole liegt in seiner Hand. Er spürt ihr Gewicht. Knapp 600 Gramm wiegt sie. Kaum mehr als ein halber Liter Milch. Die Oberfläche ist glatt, nur am Griff gerippt, damit sie nicht aus der Hand rutscht.

Eine kleine Kugel aus diesem Lauf kann einen Menschen töten, denkt er. Bei dem Gedanken durchläuft ihn ein Schauer.

»Steck sie endlich weg«, sagt Nedeljko.

Gavrilo nickt, prüft noch einmal, dass die Waffe gesichert ist, und verstaut sie wieder in Danilos Rucksack. Dann steht er auf, verlässt die Küche und wandert über den Hof. Hinter dem ehemaligen Stall verläuft eine niedrige Mauer aus ungleichen Feldsteinen. Darauf setzt er sich. Von hier aus hat er einen Blick ins Tal. Weit unter ihm die Stadt und der Fluss Miljacka. Dort unten ist die Polizei auf der Suche nach ihnen.

Wir sind Gesetzlose, denkt er. Wie Billy the Kid und andere im amerikanischen Westen, über die er mal gelesen hat. Aber mit denen will er sich nicht vergleichen. Sie haben aus persönlichen Gründen getötet, ihre Motive sind nicht die seinen.

Im Westen, zwischen den Bergrücken, klafft die Lücke, die zu dem Talkessel führt, wo Jovo sein Sägewerk betreibt. Was sein Bruder wohl empfinden wird, wenn er erfährt, was er getan hat? All die Mühe, die er auf ihn verwandt hat, die Schulen, das Geld. Alles umsonst. Zumindest in Jovos Augen. Er wird sich verraten fühlen. Jovo wird kein Verständnis für das aufbringen können, was sie vorhaben. Er ist ein ordentlicher Bürger und Untertan, ein Geschäftsmann und Steuerzahler, einer, der für Ordnung und Fortschritt ist. Nein, Jovo wird das alles nicht verstehen. Manchmal gibt es Momente, da versteht Gavrilo es selbst nicht. Da kommt ihm alles irgendwie unwirklich vor, als würden sie von einer Strömung mitgerissen, gegen die niemand ankommt. Als säßen sie auf einem Zug, von dem man nicht mehr abspringen kann.

Besonders letzte Nacht hatte er dieses Gefühl. Nachdem Jelena ihn geküsst hat. Nicht nur einmal. Nein, gleich mehrmals, dort in diesem dunklen Torbogen. So, wie sie ihn geküsst hat, kann es für sie nicht das erste Mal gewesen sein. Die Flucht vor dem Polizisten hat sie erregt. Sie hat sich förmlich auf ihn gestürzt, ihn völlig überrumpelt, geradezu überwältigt. Die Angst vor der Polizei im Nacken und dann ihre Lippen, ihr heißer Atem und ihr Leib in seinen Armen. Gott im Himmel! Wie benommen ist er später heimgekehrt, hat kaum an etwas anderes denken können. Die Erinnerung macht ihn auch jetzt noch ganz kribbelig.

Das Wetter hat sich seit gestern gebessert. Mehr als das. Unter einem strahlend blauen Himmel liegen sattgrün die Berge. Die Häuser der Stadt leuchten in hellen Farben, dazwischen glitzert das schmale Band des Flusses. Gavrilo genießt es, in der warmen Sonne zu sitzen. Auch den Blick von hier oben genießt er. Dann fällt ihm ein, dass es das letzte Mal sein wird, denn dort unten wird er Zyankali schlucken und seinem Leben ein Ende bereiten.

Ist das wirklich wahr? Wird er das wirklich tun? Jetzt, nach Jelenas Küssen, die einen plötzlichen Hunger in ihm geweckt haben, einen Hunger nach Leben? Er muss verrückt sein! Sie alle sind verrückt! Sogar dieser Muhamed, der so gelassen tut, als wäre es nichts, ein Attentat auszuführen und dabei zu sterben. Willentlich zu sterben. Jesus Christus kommt ihm in den

Sinn, der Gott angefleht hat, diesen Kelch an ihm vorübergehen zu lassen. Nicht, dass er sich mit Jesus vergleicht, aber der muss Ähnliches empfunden haben wie er in diesem Augenblick. Gavrilo spürt, wie ihm Tränen in die Augen steigen und an den Wangen herunterlaufen. Er wischt sie mit dem Ärmel weg. Dann muss er husten.

»He! Was hockst du da auf der Mauer?«

Er dreht sich um. Danilo und Muhamed stehen im Hof. Sie haben zwei Leinentaschen dabei. Müssen eingekauft haben. »Komm essen!«, ruft Danilo ihm zu. »Bist du nicht hungrig?«

»Ich komme gleich«, erwidert er und wendet sich ab, um noch einmal ins Tal zu schauen. Er wischt sich erneut über die Wangen, denn die anderen müssen nicht sehen, wie es in ihm aussieht. Nur ein kurzer sentimentaler Anfall, der gleich vergeht.

Wir sterben für einen noblen Zweck, ruft er sich ins Gedächtnis. Für Serbien, für unser Volk. Aber es greift nicht recht. Nicht beim Anblick der schönen Landschaft. Oder bei der Erinnerung an Jelenas Küsse.

Als er sich zu den anderen gesellt, hocken die in der Küche und stopfen sich mit Brot und Käse voll. Danilo schneidet ihm eine dicke Scheibe Weißbrot ab. »Hier, nimm! Willst du Käse? Wurst haben wir auch.«

Gavrilo nimmt das Brot und setzt sich. »Wo habt ihr das her?«

»Ein Stückchen weiter gibt's einen Krämerladen«, erwidert Muhamed mit vollem Mund. Er deutet auf ein dünnes zusammengerolltes Seil. »Danilo hat 'ne Wäscheleine geklaut. Damit können wir Wasser aus dem Brunnen holen.«

Alle lachen. Sogar Trifko. Seine Laune scheint sich gebessert zu haben. Dieser Muhamed ist ein stämmiger Bursche und macht einen kompetenten Eindruck. Er ist Mitte zwanzig und Schreinergeselle. Man sieht es seinen kräftigen Handwerkerhänden an. Er schneidet sich ein dickes Stück der geräucherten Wurst ab und beißt hinein. Der Mann war bei den Tschetniks und weiß, wie man mit Waffen umgeht, hat Danilo gesagt. Jetzt, wenn man ihn beobachtet, wie selbstbewusst und gelassen er dasitzt, kann man es glauben. Irgendwie gut, dass er bei uns ist, denkt Gavrilo.

»Ist es wahr, du wolltest Potiorek ermorden?«, fragt er ihn.

Muhamed grinst. »Ja. War alles für März geplant. Die haben mir ein vergiftetes Messer gegeben.«

»Wer?«

»Die Schwarze Hand. Danilo hat es arrangiert.«

»Genauso wie bei uns?«

Muhamed nickt. »Klar. Oberst Dimitrijević selbst hat es angeordnet.«

»Wer ist denn das?«

»Das wisst ihr nicht? Chef des serbischen Geheimdienstes. Und Oberster der Schwarzen Hand. Guter Patriot. Wünschte, wir hätten mehr von denen.«

»Das solltest du nicht so rausposaunen«, sagt Danilo ärgerlich.

»Was? Ach, ist doch egal. Wir sind doch unter uns.«

»Und was ist daraus geworden?«, fragt Nedeljko.

»Mein Attentat auf den Hund Potiorek? Wie gesagt, ich hatte dieses vergiftete Messer bei mir. Damit sollte ich ihn abstechen. Ich war schon im Zug nach Sarajevo, da kommt doch tatsächlich die verdammte Gendarmerie und durchsucht jeden einzelnen Waggon. Was sollte ich machen? Ich hab das Messer aus dem Fenster geworfen. Sie haben's nicht gemerkt, aber geärgert hat's mich gewaltig, das kann ich euch sagen.«

Gavrilo, Nedeljko und Trifko starren ihn sprachlos an. »Du hättest es wirklich getan?«, fragt Trifko schließlich.

»Na klar. Ich habe mir schon lange gewünscht, einen von den Schweinen umzubringen.«

Gavrilo fragt sich, ob es stimmt oder ob der Kerl nur aufschneidet. Aber Danilo scheint viel von ihm zu halten, sonst wäre er nicht hier.

»Bei mir zu Hause ist die Polizei«, sagt Danilo auf einmal.

Nedeljko sieht ihn erschrocken an. »Woher weißt du das?«

»Muhamed und ich sind noch mal zurück, weil ich vergessen hatte, genug Geld mitzunehmen. Kaum waren wir um die Ecke gebogen, konnte man die Polizeiwagen am Ende der Straße sehen.«

»Haben sie dich erkannt?«

»Natürlich nicht. Sonst wären wir ja wohl nicht hier. Die waren im Haus. Durchsuchung, nehme ich an. Man kann nur hoffen, die reißen uns nicht die Dielen raus oder schlitzen die Matratzen auf.«

»Und deine Mutter?«

Danilo macht ein betroffenes Gesicht. »Das ist das Schlimme daran. Das hätte ich ihr gern erspart.« Er zuckt mit den Schultern. »Jetzt kann man's nicht mehr ändern.«

»Du nimmst das aber ziemlich gelassen«, sagt Nedeljko.

Danilo wird plötzlich wütend. »Ich nehme das überhaupt nicht gelassen, damit du's weißt. Wenn du Knallkopf auf dem Schiff nicht so 'n Theater veranstaltet hättest, wäre das alles gar nicht passiert.«

»Was für ein Theater«, fragt Muhamed.

»Ach, frag ihn doch selbst!«, raunzt Danilo, steht auf, schnappt sich das Seil und den angerosteten Eimer und stürmt nach draußen.

Trifko und Nedeljko tauschen einen vielsagenden Blick aus.

»Was für ein Theater?«, wiederholt Muhamed.

»Ach nichts«, erwidert Gavrilo. »Nedeljko sind ein bisschen die Nerven durchgegangen. Er hat mit einer der Bomben herumgefuchtelt. Dabei sind wir gesehen worden. Aber ich glaube nicht, dass uns die Polizei deshalb auf der Spur ist. Jemand muss gequatscht haben. Vielleicht dieser Pavle. Dem hab ich von Anfang an nicht getraut.«

»Pavle?«

»Unser Ausbilder.«

Danilo kommt mit dem vollen Eimer zurück und knallt ihn so heftig auf den rauen Holzboden, dass Wasser überschwappt. Dann hockt er sich im Schneidersitz in die Ecke und macht ein finsteres Gesicht.

»Und? Wie soll das morgen ablaufen?«, fragt Muhamed, immer noch auf seiner Wurst kauend.

In Anbetracht dessen, was sie vorhaben, macht der Kerl einen ziemlich gelassenen Eindruck. Ist das die Kriegserfahrung?, fragt sich Gavrilo. Sicher ist er gewohnt, Menschen zu töten. Türkische Soldaten, Menschen ohne Gesicht. Aber der Thronfolger hat ein Gesicht. Vielleicht ist es besser, man denkt an ihn nicht als Mensch, sondern als Feind. Wie im Krieg eben.

»He, Danilo!«, sagt Muhamed. »Ich hab dich was gefragt. Wie läuft das morgen?«

Danilo sieht ihn verständnislos an. »Was sagst du?«

»Wo bist du eigentlich mit deinen Gedanken?«

»Na, wo wohl? Bei meiner Mutter. Es war überhaupt nicht geplant, dass da die Polizei auftaucht. Wisst ihr, was das heißt? Ich kann nie mehr nach Hause zurück.«

»Na, das bricht mir jetzt aber das Herz«, sagt Trifko. »Nimm doch einfach eine Zyanid-Kapsel. Dann bist du alle Sorgen los.«

Danilo wirft ihm einen bösen Blick zu. »Arschloch!«

Muhamed wird ungeduldig. »Jetzt frag ich noch mal: Wie läuft das morgen?«

Danilo holt tief Luft. »Der Thronfolger soll morgen Vormittag um zehn im Rathaus offiziell vom Bürgermeister empfangen werden. Seine Kolonne wird entsprechend früher von Ilidža abfahren und den Appel-Kai, an der Miljacka entlang, bis zum neuen Rathaus fahren. Die Route ist festgelegt und wurde so bekannt gegeben. Es werden viele Menschen erwartet, die den Thronfolger und seine Gemahlin sehen wollen. Gavrilo, Nedeljko und Trifko werden sich an verschiedenen Stellen an der Route postieren und sich unter die Menge mischen.«

»Gut. Und was machen wir?«, fragt Muhamed.

»Du und die anderen werdet euch auch verteilt aufstellen. Am besten da, wo Nedeljko seine Bombe wirft. Ihr seid aber nur zur Absicherung dabei. Haltet euch also zurück. Kein wildes Geballere. Falls die Bombe den Wagen stoppt, könnt ihr eingreifen. Falls es misslingt, ist der Wagen schon an euch vorbei. In dem Fall lasst Gavrilo und Trifko die Sache zu Ende zu bringen.«

Muhamed nickt. »Also gut. Und was ist mit den Waffen?«

»Ich hab mit Popović und den Čubrilović-Brüdern verabredet, dass wir uns heute Abend bei dir treffen. Dann kriegt ihr sie.«

Muhamed steht auf. »Dann ist das geregelt. Ich verschwinde jetzt erst mal. Legt euch eine Weile aufs Ohr, damit ihr morgen frisch seid.«

Er nickt ihnen zu und verlässt das Haus.

Sarajevo, 13:30 Uhr, im Konan

»Entschuldigen Sie, Herr Major.« Ein junger Leutnant steckt den Kopf zur Tür herein. »Feldzeugmeister Potiorek ist soeben eingetroffen. Sie wollten, dass man Ihnen Bescheid gibt.«

»Ja. Danke.« Markovic lehnt sich in seinem Bürostuhl zurück. Das blöde Ding knarrt immer noch entsetzlich. Er sollte sich endlich einen neuen besorgen.

Potiorek ist also vom Manöver zurück, denkt er. Jetzt ist die Gelegenheit, noch mal mit ihm zu reden, obwohl es ihm widerstrebt, sich von dem Mann abkanzeln zu lassen. Denn darauf wird es wohl hinauslaufen. Aber er hat keine Wahl. Viel Zeit haben sie nicht mehr, schließlich ist heute der letzte Tag vor diesem ominösen *Vidovdan*. Sollten alle Versuche fehlschlagen, die Verschwörer zu fassen, dann helfen nur noch Straßensperren, Kontrollen und Militär in der Stadt, um das Schlimmste zu verhindern. Den Meldungen nach ist Potioreks Übung zufriedenstellend verlaufen. Er müsste also guter Laute sein. Eine bessere Gelegenheit, ihn zu überzeugen, wird es wohl nicht geben.

Nur, was genau soll er dem Mann sagen? Klare Beweise haben sie trotz allen Bemühens nicht. Auch die sorgfältige Durchsuchung des Gästehauses der Familie Ilić hat nichts ergeben. Kein Sprengstoff, keine Bomben, keine Waffen – nichts. Nicht mal ein verdammtes Armeemesser. Dafür haben sie jede Menge Notizen und Papiere zu angefangenen und fertigen Artikeln für irgendeine serbischsprachige Zeitung gefunden. Die waren voller regierungskritischer Passagen. Aber nichts, wofür man den Kerl in Haft nehmen oder gar verurteilen könnte. Keine Anschlagspläne, keine verdächtigen Briefe.

Sich innerlich stählend schiebt Markovic den knarrenden Stuhl zurück und steht auf. Er knöpft sich die Jacke zu, nimmt die Uniformmütze vom Haken und verlässt sein Büro.

Auf dem Korridor begegnet er Simon. »Ich geh jetzt zu Potiorek«, sagt Markovic.

Simon grinst spöttisch. »Na, dann viel Glück!«

»Gibt's noch was Neues?«

»Nur dass dieser Ilić häufig unterwegs war. Nicht selten in Belgrad.«

»Was beweist das?«

»Nichts. Aber er könnte zur Schwarzen Hand gehören.«

»Hätte, könnte. Langsam glaube ich, wir sehen Gespenster.«

»Willst du das dem Potiorek sagen?«

»Natürlich nicht. Aber was genau, weiß ich auch nicht.«

»Sag ihm, eine zackige Militärbesetzung der Stadt könnte zum Manöver gehören. Er ist doch immer bemüht, den Thronfolger zu beeindrucken.«

»Sehr witzig.«

Markovic lässt Simon stehen und eilt die Treppe in den zweiten Stock hinunter, wo Potiorek seine Bürofluchten hat. Im Vorzimmer sitzen ein Leutnant und zwei Schreibkräfte. Sie versuchen, ihn aufzuhalten, aber er sagt, es sei extrem wichtig, auf der Stelle den Landeschef zu sprechen. Sie wissen, wer er ist, und der Geheimdienst hat Sonderrechte. Widerstrebend lässt man ihn daher vor.

Als er Potioreks Allerheiligstes betritt, ist dieser gerade dabei, Berichte und andere Unterlagen aus einer Aktentasche zu entnehmen und auf dem Schreibtisch auszulegen, als wollte er sie ordnen oder prüfen, ob sie vollständig sind.

Ungehalten blickt Potiorek von seiner Beschäftigung auf.

»Sie hier?«, blafft er. »Was zum Teufel wollen Sie denn? Ich hab jetzt wahrlich keine Zeit!« Potiorek widmet sich wieder seinen Dokumenten. Er macht einen nervösen, etwas fahrigen Eindruck.

Seine Uniform könnte auch mal wieder aufgebügelt werden, denkt Markovic, dem so etwas ins Auge fällt. Aber, na ja, der Mann war seit gestern im Feld, da kann man nicht wie aus dem Ei gepellt aussehen.

»Mit Verlaub, Herr Feldzeugmeister, für mein Anliegen sollten Sie sich Zeit nehmen. Wenigstens einen Augenblick. Es ist wirklich sehr wichtig.«

»Wieso? Ist Krieg ausgebrochen? Greifen die Serben an?«

»Nein, bisher gottlob nicht. Und doch betrifft es die Sicherheit der Monarchie.«

Potiorek wirft ihm einen irritierten Blick zu und lässt sich dann auf seinen ledernen Schreibtischsessel fallen. Der knarrt nicht, gibt nur einen sanften Seufzer von sich. »Zwei Minuten. Und nicht länger. Also kommen Sie zur Sache.«

»Gut. Dann sag ich es ungeschönt und schnörkellos, denn die Angelegenheit ist mehr als dringlich. Wir vermuten, dass für morgen Vormittag ein Anschlag auf den Thronfolger geplant ist.«

Potiorek runzelt die Stirn. »Ein Anschlag, sagen Sie?«

»Wir haben diverse Hinweise, die dies belegen. Morgen ist *Vidovdan*, wie Sie wissen, ein Feiertag der Serben von großer symbolischer Bedeutung, was die emotionale Wirkung eines Anschlags zumindest auf den serbischen Teil der Bevölkerung noch erhöhen würde. Zusammen mit der Polizei haben wir sämtliche Szenarien analysiert. Ein Anschlag auf das Hotel in Ilidža ist unwahrscheinlich, aber auf dem Weg zum Rathaus könnte es passieren. Wo genau, lässt sich schwer sagen. In jedem Fall haben wir nicht genug Polizeikräfte, um den gesamten Streckenabschnitt abzusichern. Da das Manöver heute Morgen bereits beendet wurde, schlage ich deshalb dringendst vor, die Strecke mit Militär zu säumen.«

Potiorek ist ein Anflug von Röte ins Gesicht gestiegen. Seine Augen haben sich verengt. »Ein Anschlag? Wie kommen Sie darauf? Haben Sie konkrete Beweise?«

»Stichhaltige Beweise haben wir nicht, jedenfalls keine, die vor Gericht Bestand hätten. Aber deutliche Hinweise, die unsere Vermutungen bestärken.«

»Ich höre immer nur ›Vermutungen‹. Was soll ich denn mit Vermutungen anfangen?« Potioreks Stimme wird gefährlich laut. »Und wieder dieser Vidovdan-Unsinn! Wollen Sie mich auf den Arm nehmen?«

»Wir sind vier jungen Männern, bosnischen Serben, auf der Spur, die wir für die Täter halten. Sie sind verdeckt eingereist und halten sich zurzeit in Sarajevo versteckt.«

»Was heißt ›verdeckt eingereist‹?«

»Sie sind heimlich über einen Schmugglerpfad nach Bosnien gekommen. Wir haben Warnungen erhalten und sie erwartet. Sie sind uns aber leider entwischt.«

»Was für Kerle sollen das sein?«

»Gymnasiasten. Jedenfalls sehr jung.«

»Gymnasiasten!« Potiorek starrt ihn ungläubig an. Dann lacht er schallend. »Gymnasiasten? Sind Sie nicht bei Trost?«

»Unterstützt vom serbischen Geheimdienst.«

»Woher wollen Sie das wissen?«

Jetzt wird es peinlich, denkt Markovic. »Weil sie in Belgrad Kontakt mit einem bekannten Mitglied der Schwarzen Hand hatten«, sagt er. »Und weil in Studentenkreisen entsprechende Gerüchte kursieren.«

»Mehr haben Sie nicht? Gerüchte und Vermutungen?«

»Wenn ich Ihnen unsere genauen Ermittlungen darlegen könnte …«

Potiorek springt auf. »Dafür hab ich jetzt keine Zeit. In

einer halben Stunde habe ich eine abschließende Manöverbesprechung mit dem Chef des Generalstabs und dem Thronfolger höchstpersönlich. Mein Fahrer wartet bereits.«

»Aber –«

»Nichts aber!« Potiorek funkelt Markovic wütend an. »Sie sind mir letztens schon mit Ihren Vermutungen gekommen.«

»Mit Verlaub möchte ich an den Besuch des Kaisers hier im Jahre 1910 erinnern. Da hat man zweihundert serbische Nationalisten vorsorglich festgenommen, und die ganze Garnison von zehntausend Mann stand an den Straßen Spalier.«

»Verdammt noch mal, Markovic!« Potiorek brüllt nun beinahe. »Die Zeiten haben sich geändert. Haben Sie die Zeitungen heute Morgen nicht gelesen? Die Bosnier sind vom Besuch der Hoheiten begeistert. Besonders die Frau Herzogin hat die Herzen im Sturm erobert. Soll ich die Leute jetzt mit Militär in den Straßen verschrecken? Und dem Thronfolger erklären, wir haben Angst vor ein paar unbestätigten Gerüchten? Da kennen Sie den Erzherzog schlecht. Der wird mich zum Teufel schicken. Und Sie auch. Und jetzt raus hier! Ich habe Wichtigeres zu tun, als mir Ihr Gefasel anzuhören.«

»Ändern Sie wenigsten die Route des Thronfolgers –«

»Raus, hab ich gesagt!«

Markovic kocht vor Wut. »Falls etwas passiert, sprechen wir uns wieder, Herr Feldzeugmeister.« Damit macht er kehrt.

»Was erlauben Sie sich … Sie … Sie Jude!«

Aber Markovic hatte das Arbeitszimmer des Feldzeugmeisters bereits verlassen und in seinem Zorn die Tür heftiger als beabsichtigt hinter sich zugezogen. Er stürmt durchs Vorzimmer, und draußen auf dem Korridor muss er erst mal tief Luft holen.

»Und?«, fragt Simon, als Markovic zurück ist.

»Der Mann ist unbelehrbar.«

Simon grinst spöttisch. »Dafür ist er eben Feldzeugmeister. Du weißt doch, Rang verpflichtet. Je höher der Dienstgrad, umso dümmer der Mann.«

»Aha. Dann wär ich also dümmer als du.«

»Jede Regel hat ihre Ausnahmen.« Simon lacht verschmitzt. »Übrigens, ich hab dir einen neuen Stuhl hingestellt. Einen, der nicht knarrt.«

Sarajevo, 14:43 Uhr, auf dem Appel-Kai

Hier also fahren sie morgen lang«, sagt Nedeljko. Gavrilo nickt. »So stand es jedenfalls in der Zeitung. Wenn nicht, dann fällt der ganze Plan ins Wasser.«

Auf dem Appel-Kai herrscht reger Verkehr. Die Straße ist nach einem k. u. k. Infanteriegeneral benannt und führt am Fluss entlang vom Bahnhof direkt bis zum Rathaus. Sie ist eine der Hauptverkehrswege der Stadt. Pferdefuhrwerke und Motorwagen passieren die Stelle, wo die beiden jungen Männer stehen, gelegentlich auch der Eselskarren eines Bauern. Auch auf dem Bürgersteig sind Leute unterwegs. Manche kommen vom Einkauf in der Altstadt, meist Frauen mit Körben voller Gemüse oder anderen Lebensmitteln. Eine dicke, kostbar gekleidete, aber verschleierte Muslimin geht an ihnen vorbei, gefolgt von ihrer serbischen Magd, die sich mit zwei schweren Einkaufstaschen abmüht.

Das ist mal wieder typisch, denkt Gavrilo. Immer noch beuten die reichen Muslime uns aus.

Die Straßenbahn rattert an ihnen vorbei. Vor fast zwanzig Jahren ist Sarajevos alte, von Pferden gezogene Straßenbahn elektrifiziert worden, sogar noch vor der in Wien. Sie fährt auf den gleichen Schmalspurschienen wie die Narentabahn, was praktisch ist, denn so können Waren von der Narentamündung über Mostar bis in die Stadt transportiert werden.

Nedeljkos Blick folgt der Straßenbahn, die hundert Meter weiter anhält und Fahrgäste aufnimmt. »Vielleicht kommen sie gar nicht mit dem Auto. Von Ilidža bis zum Rathaus könnten sie auch die Bahn nehmen.«

»Der Thronfolger in der Straßenbahn? Du spinnst wohl!«

Nedeljko lacht. »Nur so 'n Gedanke.«

Ihrem Freund Danilo haben sie verheimlicht, dass sie in die Stadt gehen. Sie haben behauptet, Brot und Käse besorgen zu wollen, da von den Einkäufen am Morgen kaum noch etwas übrig ist. In Wirklichkeit zieht der Ort ihrer geplanten Tat sie magisch an. Sie wollen sich alles genau anschauen, obwohl die Stadt und auch der Appel-Kai ihnen natürlich vertraut sind.

Es ist nicht ganz ohne Risiko, sich in der Stadt herumzutreiben, aber es müsste schon mit dem Teufel zugehen, dass sie ausgerechnet einem Polizisten in die Arme laufen, der sie kennt oder der ihre Papiere kontrollieren will. Nedeljko weiß nicht, dass seinem Freund genau das gestern passiert ist. Sicherheitshalber hat Gavrilo sich Danilos Schirmmütze ausgeborgt und tief in die Stirn gezogen. Doch niemand achtet auf sie. Auch Polizei ist nicht zu sehen.

Auf der anderen Straßenseite verläuft eine hüfthohe Mauer, dahinter der hier von den Österreichern eingemauerte Fluss. Linker Hand führt die alte Lateinerbrücke über die Miljacka. Genau gegenüber an der Ecke zur Franz-Joseph-Straße befindet sich der Feinkostladen Schiller. Dort soll Gavrilo sich morgen postieren, weil die Kolonne laut Programm auf der Rückfahrt in die Franz-Joseph-Straße einbiegen soll und daher langsam fahren muss. Für den Fall, dass sich auf der Hinfahrt keine Gelegenheit für das Attentat ergeben hat. So haben sie es mit Danilo vereinbart.

»Warum heißt die eigentlich Lateinerbrücke?«, fragt Nedeljko.

»Das weißt du nicht? Du bist doch hier geboren.«

Nedeljko zuckt mit den Schultern. »Man kann ja nicht alles wissen.«

»Die heißt so, weil sie früher der kürzeste Weg zwischen

der katholischen Kathedrale und dem Viertel der Katholiken auf der anderen Seite der Miljacka war.«

Nedeljkos Einsatzort liegt etwa zweihundert Meter weiter flussabwärts, in der Nähe der Ćumurija-Brücke. Dort kommen die Wagen zuerst vorbei, und dort wird er versuchen, seine Bombe zu werfen. Zumindest, um Chaos zu stiften, falls es kein Volltreffer wird.

Muhamed, Čubrilović und Popović sollen sich in seiner Nähe aufhalten und das zu erwartende Durcheinander nutzen, um mit Pistolen anzugreifen. Sollte das alles nicht funktionieren, ist es an Gavrilo, die Sache zu Ende zu bringen. Nicht zu vergessen Trifko, der sich ein paar Hundert Meter weiter Richtung Rathaus postieren wird. Insgesamt eine tödliche, mehrfach abgesicherte Falle.

Jetzt, da sie in der Straße stehen, wo das Attentat stattfinden soll, wird es Gavrilo auf einmal mulmig. Einen Augenblick lang packt ihn sogar schiere Panik. Sein Mund fühlt sich staubtrocken an. Was wäre schlimmer? Wenn es morgen klappt oder wenn es nicht klappt? Wie auch immer es ausgeht, morgen wird er auf die Zyanidkapsel beißen, morgen ist sein Todestag.

Es kommt ihm auch jetzt, auch hier an diesem Ort, plötzlich unwirklich vor. Gerade unter dem strahlend blauen Himmel des wunderschönen Tages. Es ist warm, die Leute auf der Straße sind sommerlich gekleidet, alles sieht friedlich aus. Das passt nicht zu der Vorstellung, morgen jäh und abrupt sein Leben zu beenden. Wieder denkt er an den gestrigen Abend zurück, an Jelenas Küsse, die er immer noch auf den Lippen zu spüren glaubt.

Sie will sich auch heute Nacht mit ihm treffen. Er hat nicht Nein sagen können, besser gesagt, nicht Nein sagen wollen. Sie hat etwas Unbeschreibliches in ihm geweckt, die Gier nach Zärtlichkeit, die neue Lust, sich zu verlieben und zu leben. Dabei hatte er eigentlich schon mit dem Leben abgeschlossen. Er muss tief Luft holen, um das Gefühl loszuwerden, man würde ihm die Kehle zuschnüren.

»Was ist los mit dir?«, fragt Nedeljko, der ihn von der Seite ansieht. »Du siehst auf einmal so komisch aus.«

»Ach, nichts!« Gavrilo schüttelt den Kopf. »Nichts ist mit mir.« Dann muss er heftig husten.

Als der Anfall vorüber ist, bemerkt er in der Ferne einen offenen Motorwagen, der sich langsam nähert. Scheint ein großes, teures Modell zu sein. Vorne erkennt er die Militärmützen des Fahrers und des Beifahrers, im Fond eine Frauengestalt ganz in Weiß. Sie fällt ihm auf, weil sie sich in ihrem Kleid und mit ihrem breitkrempigen Hut von den anderen Personen im Wagen abhebt. Am Straßenrand bleiben Leute stehen und winken ihr zu.

Er stößt Nedeljko an. »Sieh mal!«

Das Automobil nähert sich. Die Dame in Weiß scheint sich mit zwei anderen Frauen, die mit ihr im Fond sitzen, zu unterhalten. Im Vorbeifahren erhascht Gavrilo einen Blick auf ihr Gesicht. Jemand muss etwas Amüsantes gesagt haben, denn er sieht sie fröhlich lachen. Schon ist der Wagen vorbei, bremst nahe der Brücke ab, lässt einem Fuhrwerk die Vorfahrt und biegt dann links vor dem Feinkostladen in die Franz-Joseph-Straße ein. Wahrscheinlich auf dem Weg zum Basar.

»Wer war das?«, fragt Nedeljko.

»Die Herzogin.«

»Die Frau des Thronfolgers?«

»Wer sonst?«

Sie sah sympathisch aus, denkt Gavrilo überrascht. Eine freundliche Frau mittleren Alters. Gar nicht so distanziert und hochmütig, wie er sich eine Herzogin vorgestellt hat. Vor einer Weile hat er mal über sie gelesen, über den langen

Kampf, bis sie den Thronfolger endlich hat heiraten dürfen. Damals hat ihn das nur am Rande interessiert. Was kümmern ihn die privaten Sorgen des Thronfolgers? Doch jetzt fällt ihm die Sache wieder ein. Es war also keine arrangierte Hochzeit, sondern eine Liebesheirat. Wie erstaunlich, hat er damals gedacht.

Jetzt, da er sie mit eigenen Augen gesehen hat, kann er es verstehen. Sie ist für ihn wirklich geworden und nicht mehr nur eine distante Figur am Kaiserhof. Diese Sophie ist keine überragende Schönheit und doch attraktiv. Sie sieht aus wie eine Frau, der man gern begegnen würde. Er glaubt, sich zu erinnern, dass sie Mutter von drei Kindern ist. Diese Frau und Mutter wird morgen neben dem Thronfolger sitzen. Das war ihm bis jetzt gar nicht recht bewusst. Aber natürlich wird sie neben ihm sitzen. Und wenn Nedeljko seine Bombe wirft … Der Gedanke bereitet ihm körperliches Unbehagen.

»Vielleicht sollten wir morgen die Plätze tauschen«, sagt er.

»Plätze tauschen? Wieso?«

»Wir haben's doch nur auf den Thronfolger abgesehen, nicht auf seine Frau. Mit der Pistole geht das besser. Du kannst ja immer noch die Bombe werfen, wenn ich danebenschieße.«

»So ist es aber nicht verabredet. Und dieser Muhamed und seine Jungs sind auch noch da.«

»Denen trau ich nichts zu.«

»Denen traust du nichts zu?« Nedeljko starrt ihn misstrauisch an. »Ach, jetzt kapier ich's. Du willst als Erster die Gelegenheit bekommen und dann den ganzen Ruhm für dich einheimsen. Weder Muhamed noch ich sollen die Heldentat vollbringen. Nur du. Gavrilo der Große!«

»Red keinen Quatsch! Darum geht's doch gar nicht.«

»Kommt nicht infrage, Gavro. Wir machen es so, wie Danilo gesagt hat. Wir waren uns alle einig. Jetzt können wir nicht in letzter Minute alles umschmeißen.«

»Aber mit einer Bombe werden vielleicht viele sterben. Es wird auch Verletzte geben. Macht es dir denn nichts aus, wenn eine Frau dabei umkommt?«

»Was für eine Frau?«

»Na, die Herzogin!«

Nedeljko runzelt die Stirn und denkt einen Augenblick nach. Dann zuckt er gleichmütig mit den Schultern. »Ihr Pech, wenn sie diesen Ausbeuter und Unterdrücker geheiratet hat. Dann ist sie selbst so eine. Echte Revolutionäre lassen sich davon nicht abhalten.«

»Und wenn es deine Schwester wäre?«

»Das ist kein Vergleich. Meine Schwester beutet niemanden aus. Die hat auch keine tausend Diener. Die schuftet selbst von morgens bis abends. Was ist eigentlich mit dir los? Bist du plötzlich weich geworden, weil wir sie gerade gesehen haben.«

»Nein. Natürlich nicht.«

»Ich sag dir, denk an Žerajić. Der ist nicht weich geworden, der hat geschossen. Das hast du selbst uns doch immer vor Augen gehalten. Wir dürfen uns durch nichts von unserem Ziel abbringen lassen. Deine Worte. Oder etwa nicht?«

»Ich weiß«, knurrt Gavrilo. »Und ich bin auch nicht weich geworden. Hab nur gedacht, mit einem gezielten Schuss könnte man unnötiges Blutvergießen vermeiden.«

»Aber mit 'ner Bombe sind die Chancen größer, dass wir den Kerl erwischen. Das haben wir uns schließlich geschworen. Der ganzen Welt wollen wir es zeigen, den Österreichern die Suppe versalzen, diese ganze k. und k. Monarchie in die Luft sprengen. Oder etwa nicht?«

»Ja, ja! Ist schon gut. Wir bleiben bei unserem Plan. Und jetzt halt endlich die Klappe.«

»Mich stört's nicht, wenn dabei ein paar Leute draufgehen. Das ist wie im Krieg. Schließlich lassen wir ja auch unser Leben.«

Da war es wieder, das Sterben, der Tod. Und die Frage, warum sie das alles überhaupt tun. Für Gavrilo war es von Anfang an eine Pflicht aus patriotischer Leidenschaft. Etwas Gutes für sein Volk tun, sein kurzes, nutzloses Leben für einen heiligen Zweck einsetzen. Aber bei Nedeljko sind es die Auflehnung gegen die Obrigkeit, Rache für die empfundenen Erniedrigungen seines jungen Lebens, Wut über seine Kindheit und seine Krankheit, Wut gegen alle Formen von Autorität. Diese kalte Wut hat ihn dazu gebracht, doch wieder mitzumachen, obwohl Danilo ihn weggeschickt hat. Diese Wut ist stärker als sein Eigennutz. Als ob ihm sein Leben nichts wert sei. Weniger wert jedenfalls als die Genugtuung, denen da oben eins auszuwischen. Das lässt ihn weniger zweifeln. Macht ihn rücksichtslos. *Es ist wie im Krieg. Schließlich lassen wir dabei ja auch unser Leben.* Das sagt sich so leicht.

Vielleicht sollte ich mir auch so eine Wut einreden, denkt Gavrilo. Damit es mir leichterfällt.

»Komm, wir gehen«, sagt Nedeljko.

»Wohin?«

»Ein paar Straßen weiter weiß ich einen Fotoladen. Ich will ein Foto von mir machen lassen.«

»Bist du verrückt? Wozu denn das?«

»Für meine Schwester. Zur Erinnerung.«

»Denkst, das ist eine gute Idee?«

»Na klar. Die wird sich freuen. Du kannst ja mit aufs Foto. Das letzte Bild zweier serbischer Helden. Macht sich doch gut.«

»Ich will kein Foto von mir.«

»Wie du willst.«

»Und du kannst es Vukosava doch gar nicht geben. Wir dürfen uns da nicht blicken lassen.«

»Der Fotograf wird das Foto eh erst in ein paar Tagen bei ihr abliefern. Für so ’n Foto reicht mein Geld gerade noch.« Er lacht. Aber es ist kein fröhliches Lachen. Eher ein bitteres. »Geld brauch ich dann ja nicht mehr.«

Sie wird sich nicht freuen, verdammt noch mal, denkt Gavrilo. Sie wird dich hassen für das, was du getan hast. Uns beide wird sie hassen, denn sie wird es nicht verstehen. Na, wenigstens hab ich versucht, es ihr zu erklären. Er fasst sich in die Brusttasche, um sich zu vergewissern, dass der Brief noch da ist. Morgen früh wird er ihn einstecken.

TELEGRAMM vom 27. Juni 1914

sr apostolischen majestaet, dem kaiser und koenig franz joseph

Ilidza, 27/6, 17:30

gestatten euer majestaet dass ich meinem tiefgefuehltesten wunsch ausdruck verleihen darf dass euer majestaet glueck-lich in ischl angelangt sind und der aufenthalt daselbst sich zur allerhoechsten vollsten zufriedenheit gestalte. zugleich melde ich untertaenigst dasz meine hiesige reise bisher vor-zueglich verlaufen ist trotz unbilden des wetters. die reise bis mostar war sehr heiss der empfang in mostar sehr schoen und patriotisch. der gestrige manoevertag war total verregnet und vernebelt. eine colonne kam sogar in schneegestoeber. am heutigen manoevertag besserte sich das wetter und konnte ich nach dem abblasen noch eine partielle revue der truppen vor-nehmen. der zustand der truppen ihre ausbildung sowie ihre leistungen waren ganz vorzueglich sowie ueber alles erhaben. ein vorzueglicher geist und ein hoher grad der ausbildung und leistungsfaehigkeit. beinahe keine marode. alles frisch und munter. morgen besuche ich sarajevo und reise abends ab. in tiefster ergebenheit sich zu fuessen liegend euer majestaet untertaenigster

franz

Ilidža, 19:22 Uhr, im Kurpark

Erzherzog Franz Ferdinand und seine Gemahlin schlendern durch den schönen Kurpark, an dem das Hotel Bosna gelegen ist. Sie hat sich bei ihm untergehakt, beide nicken leutselig den Leuten zu, die sie ehrerbietig grüßen. Die Herren heben den Hut und verbeugen sich, die Damen lächeln und üben den Hofknicks. Gelegentlich bleibt das Ehepaar stehen, wechselt ein paar freundliche Worte und nimmt sogleich seinen Rundgang wieder auf.

»Es ist schön hier«, sagt Sophie.

»Alles neu, Schatzerl, hab ich mir sagen lassen.«

»Das haben sie wirklich schön gemacht. Besonders, dass sie die alten Bäume haben stehen lassen. Und sieh dir mal die Blumenbeete an. Da drüben diese exotischen Gräser. So was sollten wir vielleicht auch bei uns anpflanzen.«

»Mir sind die heimischen lieber.«

»Ist jetzt alles vorbei mit deinem Manöver?«

»Gottlob ja. Ich hab vorhin ein Telegramm nach Ischl geschickt. Zum Kaiser. Damit er Bescheid weiß, wie es verlaufen ist.«

»Und? Wie ist es denn verlaufen?«

»Ach, das Übliche. Viel Geschrei und Geballere. Ein halbes Chaos, wenn du mich fragst. Das schlechte Wetter gestern hat auch nicht gerade geholfen. Aber im Großen und Ganzen wurden die Ziele erreicht. Auch wenn ich den Eindruck habe, dass Potiorek ein bisschen getrickst hat.«

»Wie getrickst?«

»Na ja, damit die Blauen gewinnen. Die kriegen dann eine etwas bessere Ausgangslage, die Beobachter drücken hier und da auch mal ein Auge zu. Macht sich immer gut, wenn man den Feind besiegt.«

»Die Roten waren also der Feind.«

»So ist es, Schatz. Und wie war dein Nachmittag?«

»Sehr geschäftig. Die Prittwitz und ich haben einige muslimische Frauen zum Kaffee getroffen. Sie haben sehr angenehm mit uns geplaudert. Wir haben viel über Sarajevo erfahren, auch über seine Geschichte. Wusstest du, dass der Name Sarajevo von dem türkischen Wort Saray abstammt, was so viel wie ›Palast des Herrschers‹ bedeutet?«

»Nein.«

»Ende des 15. Jahrhunderts hat sich hier am Fluss ein türkischer Statthalter seinen Palast erreichten lassen. Daher der Name.«

»Na so was. Vielleicht sollten wir sie dann in Franz-Joseph-Stadt umbenennen.«

»Untersteh dich. Dann hättest du sicher gleich einen Volksaufstand. Die Bosnier sind sehr stolz auf ihre Stadt.«

»Natürlich. War ja auch nur ein Scherz. Warst du auf dem Basar?«

»Waren wir. Die Prittwitz hat eine Menge Geld ausgegeben.«

»Du nicht?«

»Du kennst mich. Ich hab nur kleine Geschenke für die Kinder gekauft. Und ein paar türkische Pantoffeln für dich.«

»Oh Gott! Aber einen Fez muss ich hoffentlich nicht tragen.«

Beide lachen. »Was würde der Kaiser wohl sagen, wenn du mit Fez bei Hof erscheinen würdest.«

»Ich glaube, dann wär ich längstens Thronfolger gewesen.«

Sie schlendern gut gelaunt weiter und gelangen an einen großen Tierkäfig. »Sieh mal«, sagt Sophie. »Die sind ja drollig.«

Sie bleiben vor dem Gitter stehen und bestaunen vier kleine Bären, die miteinander tollen. Ein Tierwärter nähert sich, zieht die Mütze und verbeugt sich tief. »Ergebenster Diener«, murmelt er. »Mechten Auskunft über Tiere, Hoheit?«

»Wie alt sind die?«

»Ein Jahr alt, Hoheit.«

»Und wo sind die her?«, fragt Franz Ferdinand.

»Aus Bergen im Landesinnern. Wurden für Zoo gefangen, für Besucher.«

»Ach, die Armen«, sagt Sophie.

»Besonders Kinder freuen sich über Bären. Wir behandeln Tiere gut, Hoheit. Mechten füttern?«

»Nein, lieber nicht«, erwidert Franz Ferdinand und wendet sich zu seiner Gattin. »Es wird Zeit, Liebes, dass wir uns aufs Abendessen vorbereiten. Heute gibt's ein besonderes Diner, du weißt schon.« Er nickt dem Wärter zu. »Danke!«

Der Wärter verbeugt sich ein weiteres Mal. »Habe Ehre, Hoheit.«

Zwei Stunden später finden sie sich beim Diner im festlichen Speisesaal des Hotels wieder. Ein langer, blütenweiß gedeckter Tisch, blitzendes Silber im Licht der Kerzen, erlesenes Porzellan. Die Speisen werden von befrackten Kellnern aufgetragen und bei jedem Handgriff vom Maître d'hôtel mit Argusaugen beaufsichtigt. Sophie trägt ein dunkelblaues Kleid mit dezentem Ausschnitt, das volle Haar hochgesteckt, eine Perlenschnur um den Hals. Neben ihr sitzt Josip Sunarić, der Präsident des bosnischen Landtags, ein würdig dreinblickender, älterer Herr mit weißem Knebelbart.

Der Erzherzog unterhält sich mit Baronin Prittwitz. Er scheint Gefallen an ihrem ironischen Humor gefunden zu haben. Bürgermeister Čurčić und Gemahlin sind ebenfalls zugegen, sagen aber nicht viel, und natürlich andere Honoratioren von Sarajevo. Vor allem aber hohe Offiziere, die ihr erfolgreiches Manöver feiern, angeführt von Oskar Potiorek, dessen Rivale, Franz Conrad von Hötzendorf, bereits abgereist ist. Umso mehr kann er selbst an diesem Abend glänzen, allerdings ohne Gemahlin, denn die weilt in Wien. Er scheint ausgezeichneter Laune zu sein, prostet dem Erzherzog häufig zu und lacht über die pointierten Bemerkungen der Baronin.

»Lieber Doktor Sunarić«, wendet sich Sophie an ihren Tischnachbarn. »Ich habe gehört, dass Sie im Vorfeld unserer Reise vor möglichen Ausschreitungen gewarnt haben. Ich denke, Sie haben sich geirrt. Wir sind überall im Land, auch ausnahmslos von der serbischen Bevölkerung, so freundlich begrüßt worden, ja, mit einer solchen Herzlichkeit und ungeheuchelten Wärme, dass wir ganz glücklich darüber sind.«

»Das freut mich sehr, Hoheit, und ich bitte Gott, dass es so bleibt und dass, wenn ich morgen die Ehre habe, Sie zu sehen, Sie mir dieselben Worte wiederholen können. Mir wird dann ein großer Stein vom Herzen fallen.«

Sophie hebt lächelnd ihr Glas. »Da bin ich mir ganz sicher, lieber Doktor, dass es so sein wird. Trinken wir darauf.«

Es wird ein fröhlicher Abend. Die exzellente Küche und die angenehmen Gespräche tragen zur guten Stimmung bei. Die Herren überschlagen sich fast, der Herzogin gefällig zu sein. Auch die Prittwitz kommt nicht zu kurz – man macht ihr galant den Hof, allen voran der gute Potiorek. Kurz nach elf ziehen sich die Damen zurück, während die Herren noch im Salon verweilen, wo sie Cognac trinken und Zigarren rauchen.

Es ist schon fast Mitternacht, als Freiherr von Rumerskirch und Paul Höger, beide aus seinem Stab, sich Franz Ferdinand vertraulich nähern, um noch einmal den Ablauf des morgigen Tages zu besprechen.

»Ich frage mich, ob das morgen wirklich nötig ist«, sagt

von Rumerskirch mit gerunzelter Stirn. Auch Paul Höger äußert Bedenken.

»Wieso?«, fragt Franz Ferdinand.

»Die Fahrt durch die Stadt im offenen Wagen macht uns Sorgen, Hoheit.«

»Ja, die Hitze«, erwidert Franz Ferdinand. »Morgen soll es wieder fürchterlich heiß werden. Und ausgerechnet ich muss natürlich meine dicke Paradeuniform tragen. Dazu noch den Helm und diesen Federbusch. Da läuft einem der Schweiß aus allen Poren, das kann ich Ihnen versichern.«

Der Freiherr räuspert sich verlegen. »Das meinten wir eigentlich nicht, Hoheit. Wir sind um ihre Sicherheit besorgt.«

»Aber wieso? Meine Frau war schon zweimal im offenen Wagen in der Stadt. Da hat es nicht die geringsten Probleme gegeben.«

»Bei allem Respekt, Hoheit.« Rumerskirch räuspert sich erneut. »Ihre Frau Gemahlin ist nicht Thronfolger von Österreich-Ungarn. Ich würde Ihnen empfehlen, die Sache abzublasen.«

»Mein lieber Freiherr«, mischt sich Oberstleutnant Erik von Merizzi ein. »Eine vorzeitige Abreise des Erzherzogs wäre ein Affront und würde eine tiefe Verstimmung bei der Bevölkerung auslösen.«

»Besonders bei den loyalen Monarchisten«, pflichtet Potiorek ihm bei.

»Gerade die wollen wir natürlich stärken«, sagt Franz Ferdinand. »Auch wenn ich morgen schwitzen muss.« Er lacht ausgelassen. Dann sieht er sich zu seinem Adjutanten um. »Hat einer den Harrach gesehen? Wo zum Teufel ist der Mann?«

Franz Graf von Harrach, Adjutant des Thronfolgers, kommt gerade zur Tür herein. »Harrach, mein Lieber«, ruft

Franz Ferdinand, sobald er ihn erblickt. »Können wir morgen wieder mit Ihrem Wagen rechnen?«

Es ist ein komfortabler Motorwagen, ein Gräf & Stift vom Typ Phaeton, den auch schon die Herzogin benutzen durfte. Harrach ist Mitglied des Freiwilligen Automobilkorps und hat den Wagen extra zu diesem Zweck herfahren lassen.

»Aber natürlich, Hoheit. Er steht Ihnen voll und ganz zur Verfügung.«

»Ausgezeichnet«, sagt Franz Ferdinand in bester Laune. »Und bestellen Sie uns noch ’ne Runde Cognac. Trinken wir auf das Manöver, meine Herren, und danach gehen wir schlafen.«

Sarajevo, 21:30 Uhr, an einer Straßenecke

Vor einer Stunde ist die Sonne untergegangen. Über den westlichen Bergen verglüht das Abendrot, und Dunkelheit senkt sich über die Stadt. In den Fenstern tauchen erste Lichter auf, und in den Vierteln, die das neue Elektrizitätswerk versorgt, wird die Straßenbeleuchtung eingeschaltet. An einer Ecke, nicht weit von Jelenas Elternhaus, steht Gavrilo und wartet. Hier haben sie sich verabredet.

Zum Glück hat er sich wegschleichen können, ohne von Danilo mit Fragen gelöchert zu werden. Denn der ist schon eine Viertelstunde vor ihm aufgebrochen, um sich mit Muhamed und den drei anderen Rekruten zu treffen und ihnen Waffen auszuhändigen. Trifko kümmert es wenig, dass Gavrilo noch so spät ausgeht, aber Nedeljko hat ihn mit vorwurfsvollen Blicken bedacht. Nur gesagt hat er nichts.

Vukosava ist ein liebes Mädchen, und Gavrilo mag sie sehr, aber dass Nedeljko immer noch denkt, er sei seiner Schwester verpflichtet, ärgert ihn. Es war im Grunde nie mehr als Freundschaft. Das hat er ihm gestern erklärt. Außerdem dürfen sie sich dort nicht sehen lassen. Nach der Razzia bei Danilos Mutter müssen sie davon ausgehen, dass die Polizei weiß, wer sie sind, und dass ihre Familien unter Beobachtung stehen. Er hat Vukosava einen Brief geschrieben. Mehr kann er nicht tun.

An den morgigen Tag will er gar nicht denken. Nicht jetzt, da er auf Jelena wartet, obwohl es schwerfällt, ihr Vorhaben gänzlich aus dem Geist zu verbannen. Im Hintergrund ist es immer gegenwärtig, egal, was er tut. Es lastet auf ihm, auch wenn er sich nicht bewusst damit beschäftigt. In manchen Augenblicken empfindet er es als erhebend, ja, fast berauschend, dass drei völlig unbedeutende junge Männer in der Lage sein werden, die k. und k. Monarchie ins Wanken zu bringen, Geschichte zu schreiben. Das hat etwas Glorioses.

Aber dann ist da auch die andere Seite der Medaille, die weniger glorreiche. In letzter Zeit bereut er es fast, diesen Kurs eingeschlagen zu haben. Er schwankt zwischen Heldenmut und Todesangst, obwohl er das keinem seiner Kameraden anvertrauen würde. Gewiss geht es ihnen nicht anders. Trifko zumindest. Der ist seit Tagen mit sich selbst beschäftigt, ist lustlos, beteiligt sich kaum an ihren Gesprächen. Was in seinem Kopf vorgeht, sagt er nicht. Aber bis jetzt hält er durch. Dass es nötig ist, einen Schlag gegen Österreich-Ungarn zu führen, bezweifelt keiner von ihnen. Auch mit Gott sind sie im Reinen. Es ist wie im Krieg. Sie verteidigen schließlich ihr Volk, ihre Kultur und ihre Geschichte gegen einen übermächtigen Feind. Das rechtfertigt ihr Handeln.

Er versucht, sich vorzustellen, wie das ist, an Zyanid zu sterben. Ob es schmerzhaft ist? Sie haben Tankosić und Pavle gefragt. Pavle hat mit den Schultern gezuckt und gemeint, er wisse es nicht. Und Tankosić hat behauptet, es ginge so schnell, dass man kaum etwas spürt. Aber wer weiß? Irgendwas wird man schon spüren. Ist ja schließlich Gift und kein Kopfschuss. Er nimmt sich vor, nicht das Gift zu nehmen und stattdessen die Pistole zu benutzen. So wie Bogdan Žerajić, sein großes Vorbild. Ja, sterben wie Bogdan, schnell und schmerzlos. Abdrücken, und schon ist alles vorbei.

Wo bleibt sie denn? Langsam hat er genug gewartet. Doch dann sieht er sie. Trotz des Dämmerlichts ist ihr helles Kleid nicht zu verfehlen. Sein Herz klopft schneller, seine Stimmung hebt sich. Schluss mit den morbiden Gedanken! Heute Abend ist nur noch Jelena wichtig.

In freudiger Erwartung beobachtet er, wie sie auf ihn zukommt. Ihr Schritt ist so beschwingt, dass sie fast zu schweben scheint.

Mit strahlendem Lächeln bleibt sie vor ihm stehen. Ihre weißen Zähne leuchten im Dämmerlicht des Abends. »Komme ich zu spät?«, fragt sie ein wenig atemlos, umarmt ihn aber gleich und küsst ihn auf die Wange.

»Macht nichts«, stammelt er.

In ihrer Gegenwart fühlt er sich wieder linkisch und unbeholfen. Sie ist so wunderschön, dass ihr Anblick ihm fast den Atem verschlägt. Er versucht, sie an sich zu drücken, aber mit einem Lachen entwindet sie sich ihm und greift nach seiner Hand.

»Komm, Gavro!« Sie zieht ihn mit sich.

»Wohin?«

»Du wolltest doch gestern in den Park, oder nicht?« Sie wirft ihm einen schelmischen Blick zu, der sein Herz höherschlagen lässt. In den Park? Das kann nur eines bedeuten. Sie will ungestört mit ihm sein.

Hand in Hand schlendern sie die Straße hinunter in Richtung Zentrum. Hier am Stadtrand ist um diese Uhrzeit kaum noch jemand zu sehen, nur eine Alte, die in ihrem Fenster liegt und sie neugierig beäugt.

»Hat deine Mutter dir eigentlich geglaubt?«

»Dass ich bei meiner Freundin bin? Ja, schon, aber ich musste noch Geschirr abwaschen. Du bist mir hoffentlich nicht böse.«

»Überhaupt nicht. Ich bin selbst gerade erst gekommen«, erwidert er, um sich keine Blöße zu geben.

Sie wandern nebeneinander her, halten sich bei der Hand, reden belangloses Zeug. Meistens spricht Jelena. Gavrilo lässt der Gedanke an morgen nicht wirklich los, obwohl er versucht, sich auf das Mädchen neben ihm zu konzentrieren. Doch das fällt ihm auch jetzt noch schwer. Neben dem, was morgen geschehen soll, kommt ihm alles andere vor, als würde er sich durch eine Traumwelt bewegen. Der Blick vom höher gelegenen Stadtrand über die funkelnden Lichter von Sarajevo, die laue Luft des schönen Sommerabends, die Schwalben, die in der fahlen Dämmerung Insekten jagen. Sogar, dass Jelena seine Hand hält, ihn am Arm fasst, mit ihm lacht.

Was tue ich hier eigentlich?, fährt es ihm durch den Sinn. Ich sollte bei meinen Kameraden sein. Sich von einem Mädchen ablenken zu lassen ist irgendwie unpassend, unwirklich, absurd.

»Ist was?«, fragt sie auf einmal.

»Nein. Was soll sein?«

»Du bist so still. Sagst ja gar nichts.«

Er grinst verlegen. »Was soll ich sagen? Ich hör dir gern zu.«

Das stimmt sogar. Sie hat eine wunderschöne Stimme, und sie klingt so unbeschwert, dass es ihm das Herz öffnet. Er liebt es, wenn sie lacht. Und während er sie verstohlen beobachtet, wie sie neben ihm hergeht und von ihrem Tag erzählt und ihm dabei gelegentlich zulächelt, möchte er sie am liebsten in die Arme nehmen und nie mehr loslassen. Dass sie hier bei ihm ist, ist eine andere Realität, eine schönere. Auch wenn es nur ein paar Stunden dauert.

Ihm kommt plötzlich ein beunruhigender Gedanke. Kann es sein, dass er sie ansteckt, wenn sie sich küssen? Daran hat er noch gar nicht gedacht. Vielleicht sollte er ihr sagen, dass er krank ist. Aber nein, das würde alles zunichtemachen. Vielleicht küssen sie sich auch gar nicht, reden nur miteinander, halten sich bei der Hand. Außerdem, so schnell steckt man sich nicht an. Gebe Gott, dass er nicht husten muss!

Es ist dunkel geworden. Neben den funzeligen Straßenlaternen spendet die Mondsichel ein wenig Licht. Der Abend ist fast zu warm für Gavrilo. Er zieht seine Anzugjacke aus und hängt sie sich über die Schulter. Zum Glück muss er sich seines Hemdes nicht schämen. Es ist eines der beiden sauberen und kaum geflickt.

Sie sind am Stadtpark angekommen. Grüner Rasen, Blumenbeete und alte Bäume. An manchen Stellen befinden sich versteckte Ecken zwischen hohen Büschen. Und Bänke zum Verweilen. Kein Wunder, dass der Park bei Liebespaaren beliebt ist. Gerade deshalb hat es ihn überrascht, dass Jelena so bereitwillig mit ihm herkommt. Irgendwo hören sie ein Mädchen lachen, dazu leises Geraune und die Glut einer Zigarette. Sie sind also nicht allein.

»Ich hoffe, dein Polizist überrascht uns nicht wieder«, sagt Jelena und grinst verschmitzt.

»Du warst gestern ziemlich schnell auf den Beinen.«

Sie lacht. »Und du bist ein von der Polizei Gesuchter.« Sie findet das witzig und legt den Arm um seine Taille, schmiegt sich an. »Ein serbischer Rebell und Bandit«, raunt sie und kichert.

»Dafür sind wir berühmt, wir Serben«, erwidert er in ähnlich lockerem Ton. »Der Polizei immer einen Schritt voraus.«

Wenn sie nur wüsste!, denkt er und fragt sich nicht zum ersten Mal, ob er ihr erzählen soll, was sie vorhaben. Vielleicht beeindruckt sie das.

»Morgen ist *Vidovdan*«, beginnt er.

»Ich weiß. Und?«

Er hat es auf der Zunge, aber dann besinnt er sich. Besser, ihr nichts zu sagen. Das würde nur den Abend kaputt machen. Und er will auch gar nicht an morgen denken. Außerdem wäre es eine große Dummheit. »Nur so«, sagt er. »Es ist ein Gedenktag für alle Serben. Die Schlacht auf dem Amselfeld.«

Doch sie scheint kaum zuzuhören, zieht ihn stattdessen in

einen Seitenweg, der durch dichtes Gebüsch führt. »Komm hier lang.«

Gavrilo weiß, wohin sie will. Beide waren als Schüler oft in diesem Park, wenn auch nicht zusammen, und sie kennen die lauschigen Stellen. Hier, zwischen den hohen Büschen ist es noch dunkler, denn durch die dicht belaubten Zweige dringt nur wenig Mondlicht.

Jelena überrumpelt ihn, als sie nach wenigen Schritten stehen bleibt und die Arme um seinen Hals legt. Als könnte sie es nicht abwarten und hätte nur auf diese Gelegenheit gewartet. Sie dreht ein wenig den Kopf und schmiegt sich an ihn. Ihre weichen, leicht feuchten Lippen fühlen sich himmlisch an und jagen ihm einen süßen Schauer durch den Leib. Fast wäre er zurückgezuckt, als er den Druck ihrer vollen Brüste spürt. Doch dann umschlingt auch er ihren Leib. Ihr Duft umnebelt ihn. Gierig erwidert er den Kuss.

»He, du erdrückst mich«, raunt sie außer Atem, aber mit einem Lachen in der Stimme. Zu seinem Bedauern macht sie sich von ihm frei, greift aber nach seiner Hand. »Komm, setzen wir uns.«

Tatsächlich steht zehn Schritte weiter eine Bank. Man sieht sie kaum, so dunkel ist es zwischen den Büschen. Mit unsicheren Knien folgt er ihr und setzt sich neben sie. Der lange Kuss hat etwas in ihm ausgelöst, ein akutes Verlangen, das ihm die Kehle zuschnürt und das Blut in den Schläfen pochen lässt. So ist das also mit einem Mädchen, besser gesagt mit einer Frau, denn an Jelenas Leib ist nichts Mädchenhaftes mehr. Am liebsten würde er sie erneut an sich reißen, sich ihr aufdrängen, aber das traut er sich nicht. Und so bleibt er benommen und mit klopfendem Herzen neben ihr sitzen.

Sie scheint zu spüren, was in ihm vorgeht. »Was ist?«, flüstert sie. »Hast du noch nie ein Mädchen geküsst?«

»Merkt man das?«, fragt er verlegen.

Da war der Kuss mit Vukosava. Aber das war nur ein scheues Küsschen, praktisch nichts. Nichts im Vergleich zu Jelenas Küssen, die ihn schwindelig machen. Dabei ist sie es, die ihn verführt. Er selbst würde sich gar nicht trauen. Nicht zum ersten Mal wird ihm bewusst, dass sie Übung zu haben scheint. Er ist ganz sicher nicht der Erste, den sie küsst. Dieser Ranko fällt ihm ein, mit dem er sie oft gesehen hat. War da mehr als ein paar Zärtlichkeiten? Würde sie so etwas tun? Fast ist er eifersüchtig auf den Kerl.

Er hört sie leise kichern. »Ob man's merkt? Na ja, du stellst dich ein bisschen ungeschickt an.«

»Ach, wirklich?« Jetzt ist sein Stolz angekratzt. »Was willst du dann von mir, wenn ich so ungeschickt bin?«

»Ach, jetzt bist du mir böse. Das wollte ich nicht.« Er spürt ihre Hand auf seinem Knie. »Außerdem, man kann es lernen.«

»Was muss man denn tun?«

»Ich zeig's dir«, flüstert sie. »Komm, rück näher. Mach die Augen zu, und reg dich nicht. Überlass alles mir.«

Er tut wie geheißen und sitzt still. Über ihnen fährt ein leichter Wind durch die Baumwipfel. Irgendwo raschelt es im Gebüsch. Aber diese Dinge nimmt er nur am Rande wahr, denn obwohl er die Augen geschlossen hält, spürt er ihre Gegenwart mehr als alles andere. Er zuckt zusammen, als ihre Finger ihn berühren und sanft über seine Wange streichen. Sie legt ihre Linke in seinen Nacken, die Rechte fährt fort, ihn zu streicheln. Ihr Gesicht ist so nah, dass er die Wärme ihrer Haut fühlen kann.

Und dann berühren sich ihre Lippen. Ganz leicht zuerst, dann etwas mehr. Ihr Atem streichelt sein Gesicht. Sie rückt noch dichter heran. Ihr Mund öffnet sich, und er spürt etwas Feuchtes mit seinen Lippen spielen. Ist das ihre Zungenspitze? Ein Schauer durchfährt ihn, und etwas Peinliches tut sich in seiner Hose. Er muss sich zusammenreißen, um still zu bleiben.

Jetzt saugt sie leicht an seiner Unterlippe, lässt ihre Zunge an seinen Zähnen entlanggleiten. Wo hat sie das gelernt? Ein leises Stöhnen entringt sich ihm.

»So ist es besser, oder?«, flüstert sie und saugt gleich wieder an seinen Lippen.

Für Gavrilo ist das alles überwältigend. Noch nie war er mit einem weiblichen Geschöpf so intim. Natürlich sind ihm seine Triebe nicht fremd – wie alle Jungs hat er Hand an sich gelegt und sich dafür geschämt. Er kennt die dringenden Empfindungen, die ihn jetzt überschwemmen, ihm das Blut ins Gesicht treiben und ihn heftiger atmen lassen. Mit beiden Händen greift er nach ihr und findet unter dem dünnen Stoff des Kleides etwas Rundes, Weiches. Und dann, sind das etwa ihre Brustwarzen? Viel größer als die seinen.

Jetzt ist es Jelena, die erschauert und einen leisen Laut von sich gibt. Er merkt, wie auch ihr Atem schneller geht. Ihre Küsse werden leidenschaftlicher, ihre Arme verschränken sich hinter seinem Hals, und sie schmiegt sich dichter an ihn.

Ein unerträgliches Begehren übermannt ihn. Er umklammert ihren Oberkörper, küsst sie wild, Jelena stöhnt und lässt es zu. Er knetet ihre Brust, dann ihren runden Po. Lippen, Brüste, Schenkel. Jeder Teil ihres Leibes entflammt ihn umso mehr. Alles will er haben, von ihr Besitz ergreifen. Die Geschichten der Männer aus den Kneipen gehen ihm durch den Kopf, Beschreibungen von willigen Weibern mit gewaltigen Möpsen und Ärschen. Hat er nicht mit einem Weib liegen wollen, bevor er stirbt? Jetzt, jetzt ist die Gelegenheit gekommen.

»Hör auf, Gavro!«, hört er sie rufen. »Du tust mir weh.«

Sie versucht, ihn von sich zu schieben. Aber er nimmt den Widerstand nicht ernst. Sie will es doch auch, genau wie er.

Warum hätte sie ihn sonst so wild geküsst? Außerdem hat sie es doch auch mit diesem Ranko getrieben. Warum also nicht mit ihm? Er drückt sie zurück auf die Bank, fasst ihr unter den leichten Sommerrock, lässt seine Hand über ihre Schenkel gleiten. Die Berührung ihrer nackten warmen Haut steigert die Lust noch mehr. Sein Glied ist so steif, als wollte es den Stoff zerreißen und aus der Hose platzen.

Jelena wehrt sich. Sie strampelt. Ihr Knie trifft sein Auge, sodass er plötzlich Sterne sieht. »Hör auf!«, schreit sie und schlägt ihm ins Gesicht. »Hör auf! Was fällt dir ein?«

Bevor er sie festhalten kann, zwängt sie sich unter ihm weg und kommt auf die Füße. Dann trifft ihr Faustschlag ihn an der Schläfe. »Bist du verrückt geworden? Hast du gedacht, ich will mit dir schlafen?«

»Tut … tut mir leid«, stammelt er plötzlich ernüchtert.

»Bleib mir vom Leib, du Idiot! Lass dich nie wieder bei mir blicken, hast du verstanden? Nie mehr!«

Weg ist sie. Benommen springt Gavrilo auf und rennt hinter ihr her. »Jelena, bleib hier! Es tut mir leid.«

Er sieht sie im Mondlicht über den Rasen rennen und will hinter ihr her. Doch dann erinnert er sich an seine Jacke, die er liegen gelassen hat. Er hastet zurück, tastet danach in der Dunkelheit und findet sie irgendwo unter der Bank. Er richtet sich auf und holt tief Luft. Jetzt wird er Jelena nicht mehr einholen. Nicht mit seiner kaputten Lunge. Zutiefst beschämt und erniedrigt lässt er sich auf die Bank sinken. Soll er trotzdem zu ihr gehen und sich entschuldigen? Er weiß ja, wo sie wohnt. Aber was wird ihre Mutter sagen, wenn er bei ihnen auftaucht? Im Grunde ist es ohnehin zu spät. Er hat's verdammt noch mal versaut.

Ein Gemisch aus Scham und Wut überfällt ihn. Scham über die Zurückweisung und Erniedrigung, die er erfahren hat. Und Wut auf sich selbst. Wie konnte er sich so gehen lassen? Aber auch Wut auf Jelena, die sich wie eine Schlampe aufgeführt hat, ihn erst angeheizt und dann sitzen gelassen hat. Seine Brust hebt und senkt sich vor zorniger Erregung. Kurz darauf packt ihn ein Hustenanfall, der ihn lange quält.

Schließlich beruhigt er sich. Natürlich weiß er, dass es nicht Jelenas Schuld ist, dass er sich wie ein ausgemachter Idiot benommen hat, dass er nach diesem Vorfall nicht den Mut hat, ihr noch einmal unter die Augen zu treten.

Ich bin ein erbärmlicher Wurm, denkt er voller Selbstverachtung. Ein Nichts, ein Blindgänger, ein Versager. Dem Bruder liege ich auf der Tasche, ich fliege von der Schule und bereite den Eltern Schande. Und dann treibe ich mich hier mit dieser Jelena herum, statt meinen Kameraden Mut zu machen.

Er beißt die Zähne zusammen, bis die Kiefer schmerzen. Morgen wird ohnehin alles vorbei sein. Und das ist gut so! Jetzt hat auch er Wut im Bauch. So wie Nedeljko. Auch wenn es Wut auf sich selbst ist. Morgen wird er für Serbien kämpfen und es den Bastarden zeigen!

Eine Stunde später ist er zurück auf dem Hof, wo die Kameraden beim Schein einer Öllampe sitzen, die einer von ihnen besorgt hat.

Muhamed ist auch da. »Na, Romeo? Wie war's?«

»Was geht dich das an?«

»War das jetzt unbedingt nötig?«, fragt Danilo ungehalten.

»Was?«

»Dass du dich am letzten Abend mit Weibern triffst.«

»Ach, halt doch deine verdammte Klappe!« Gavrilo hockt sich auf seine Matratze. »Ich bin hier, oder? Was willst du noch mehr? Sag mir lieber, wann ich endlich meine Browning kriege.«

»Morgen früh.«

Gavrilo legt sich hin und dreht ihnen den Rücken zu.

»Der ist wohl nicht zum Schuss gekommen«, sagt Muhamed, und alle lachen.

Ja, ja, amüsiert euch nur auf meine Kosten, denkt Gavrilo. Morgen schlachten wir den Österreicher. Dann lacht niemand mehr über mich.

SONNTAG, 28. JUNI 1914

Neue Freie Presse, Morgenausgabe

Erzherzog Franz Ferdinand in Sarajevo

Sarajevo, 27. Juni. Erzherzog Franz Ferdinand und die Herzogin von Hohenberg sind von ihrem hiesigen Aufenthalte sehr befriedigt; besonders gut gefällt ihnen der Kurort Ilidze mit seinen schönen Anlagen. Nur bedauern sie, dass sie infolge der schlechten Witterung nur wenig spazieren gehen konnten. Überall, wo sie sich zeigen, sind sie Gegenstand herzlicher Ovationen seitens des Publikums. […]
Für den morgigen Besuch des Thronfolgers und der Herzogin in Sarajevo werden große Vorbereitungen getroffen. Die Stadt ist schon heute beflaggt und reich dekoriert. An der Freude über den Besuch des Erzherzogs nimmt die ganze Bevölkerung des Landes ohne Unterschied der Nationalität und Konfession teil, was auch daraus hervorgeht, dass sämtliche hier erscheinenden Blätter Begrüßungsartikel brachten.

Das britische Geschwader in Kiel

Freundschaftliche Trinksprüche

Berlin, 27. Juni. Aus Kiel wird dem »Lokal-Anzeiger« berichtet: Bei dem heutigen Gartenfest zu Ehren der englischen Offiziere beim Admiral v. Goerper hielt Großadmiral v. Köster eine bemerkenswerte Rede. Er sagte, dass, einerlei wie die politischen Verhältnisse wären oder sich gestalten könnten, stets britische und deutsche Seeoffiziere Kameraden und allen Nelson das gemeinsame Vorbild bleiben würde. Der Empfang der britischen Offiziere in Kiel soll nur eine geringe Vergeltung sein für das, was den deutschen Seeoffizieren bei ihrer Anwesenheit in England und den englischen Kolonien zuteil geworden sei. Er erhebe sein Glas auf eine fernere gute Kameradschaft zwischen der englischen und deutschen Marine.

Der britische Admiral Warrender forderte seine Offiziere auf, sich zu erheben und in herzlicher Erwiderung der kameradschaftlichen Gefühle auf die deutsche Flotte zu trinken.

Sarajevo, 00:23 Uhr, vor Svjetlanas Wohnung

Markovic steht vor ihrer Wohnungstür und starrt zu den Fenstern hinauf. Kein Licht. Es ist natürlich spät, aber Svjetlana ist es gewohnt, erst in den Morgenstunden ins Bett zu gehen. Er betätigt den bronzenen Türklopfer. Das Ding hallt so laut, dass es schon fast peinlich ist. Als sich nichts regt, versucht er es ein zweites Mal. Doch die Tür bleibt verschlossen. Svjetlana erscheint auch nicht am Fenster, um zu sehen, wer es sein könnte. Natürlich, denkt er enttäuscht, sie ist in ihrem Laden. Kann ja nicht ewig wegbleiben, und um diese Zeit ist da Hochbetrieb.

Einen Augenblick lang ist er versucht, sich ebenfalls dorthin zu begeben. Er hätte gern mit ihr geredet, schon allein, um von seinem Tag zu berichten, von seinen so frustrierend erfolglosen Ermittlungen. Und überhaupt. Seit ihrer gemeinsamen Nacht ist alles anders.

Aber nein, das geht nicht. Er kann sich nicht in ein Bordell begeben, wenn ihnen nur noch Stunden bleiben, um eine Katastrophe zu verhindern. Zurück also zum Konak. Müde wischt er sich übers Gesicht. Eine Stunde Schlaf auf dem Feldbett, sonst klappt er noch zusammen. Danach werden er und Simon noch einmal alles gemeinsam durchgehen. Vielleicht haben sie etwas übersehen.

Er lenkt seine Schritte in Richtung Fluss und Konak. Unterwegs versucht er, sich noch einmal auf alle Einzelheiten der Suche nach den Attentätern zu konzentrieren. Es gelingt ihm nur mit Mühe. Immer wieder taucht Svjetlana in seinen Gedanken auf. Die letzte Nacht war eine Offenbarung. Zuerst waren sie beide seltsam scheu, haben es lange bei unverfänglichen Zärtlichkeiten belassen und das Übertreten der letzten Grenze hinausgezögert. Wie zwei unerfahrene Halbwüchsige, die sich genieren und fürchten, das Falsche zu tun oder enttäuscht zu werden. Die Erwartung war einfach zu groß.

Doch dann brach der Damm, und alles ergab sich wie von selbst. Die Kleider konnten sie gar nicht schnell genug loswerden. Mit einem Mal war alle Scheu verflogen. Ihre Körper schienen sich besser zu kennen als sie selbst, so selbstverständlich und doch so aufregend ergänzten sie sich in ihrem Liebesspiel.

Die Erinnerung daran verfolgt ihn, Svjetlanas gerötetes Gesicht, ihr halb geöffneter Mund, ihr warmer Atem an seinem Hals, ihre Liebkosungen und geflüsterten Zärtlichkeiten. Hinterher, im Licht der Kerzen, schimmerten ihre Augen feucht. Doch im Morgengrauen, als er aufgestanden war, um sich anzukleiden und zum Konak zurückzukehren, klang sie anders, nüchterner. »Wir dürfen nicht zu viel erwarten, Rudi. Es ist schön mit dir, aber ich lebe in einer anderen Welt, du weißt das. Ich gehöre zum Rand der Gesellschaft, zu den Ausgestoßenen und Marginalen, und ich würde dich nur zu mir herunterziehen. Das will ich nicht.«

Sie hatte einen Morgenmantel übergezogen und saß auf der Bettkante, ihr dunkles Haar zerzaust, ihr Gesicht bleich im spärlichen Licht, das durch die Vorhänge drang.

»Sag das nicht, Svjetlana«, erwiderte er, während er sich die Uniformjacke zuknöpfte. »Du machst dich kleiner, als du bist. Du bist alles andere als eine Marginale. Und wenn, dann hat das überhaupt keine Bedeutung.«

»Vielleicht nicht für dich, aber für andere. Niemand wird unsere Beziehung gutheißen. Oder überhaupt verstehen.«

»Sollen sie doch zum Teufel gehen!«

»Ach, Rudi. So einfach ist das nicht.«

»Und wenn ich sage, dass ich dich liebe?«

Wie gequält schloss sie für einen Moment die Augen. »Das macht es nur noch schwerer. Ich versuche doch nur, vernünftig zu sein. Und du bedrängst mich.«

»Hast du denn keine Gefühle für mich?«

»Sei nicht albern! Natürlich hab ich die.« Sie sah zu ihm auf, und in ihrem Blick lag Zärtlichkeit. Doch dann straffte sie die Schultern. »Geh jetzt, und tu deine Pflicht. Du hast nicht mehr viel Zeit.«

»Du liebst mich also.«

»Ach, Rudi. Mir ging es gut, und mein Leben verlief in ruhigen Bahnen, bis du verdammter Kerl aufgetaucht bist. Jetzt bin ich ganz durcheinander.«

»Mehr will ich vorerst gar nicht wissen. Wir werden ernsthaft darüber reden müssen, Svjetlana. Aber jetzt muss ich weg!«

Sie umarmten sich noch einmal innig, dann war er gegangen.

Ja, ich liebe sie, denkt er, inzwischen auf der Lateinerbrücke angekommen. Er bleibt einen Augenblick stehen und betrachtet das Spiegelbild des Mondes auf dem Wasser. Wieso eigentlich? Was ist so faszinierend an ihr, einer Frau außerhalb der guten Gesellschaft, wie sie sich selbst sieht? Sie ist zweifellos eine schöne Frau. Aber schöne Frauen hat er auch schon früher gehabt. Nein, es ist weit mehr als das. Es ist ihre Persönlichkeit, ihre Klugheit. Vielleicht auch ihre Freiheit und Unabhängigkeit, ihre Stärke. Ja, das hat ihn vom ersten Augenblick an fasziniert. Eine Frau, die sich ihr eigenes Reich geschaffen hat, die in sich ruht, die niemanden braucht. Zumindest wirkt sie so.

Im Grunde lässt es sich rational gar nicht erklären, denn sein Herz wird schwer, wenn er auch nur an sie denkt. Ihre Blicke, ihre Bewegungen, ihre schlanken Finger, wenn sie sich eine Strähne aus der Stirn streicht, ihre Stimme und der Duft ihrer Haut. Das ist eine Faszination, die er nicht erklären kann. Die allerstärkste eigentlich.

Er reißt sich vom Spiegelbild des Mondes los und verfolgt weiter seinen Weg. In seinem Arbeitszimmer im Konak zieht er den Uniformrock aus und hängt ihn über den neuen Stuhl. Dann legt er sich aufs Feldbett und schließt die Augen. Trotz des geöffneten Fensters ist es heiß im Zimmer. Er zwingt sich, nicht mehr an Svjetlana zu denken, sondern an seine Ermittlungen.

Wo zum Teufel könnten sich die vier nur versteckt haben? Gavrilo Princip, Nedeljko Čabrinović, Danilo Ilić und dieser Trifko, dessen Nachnamen sie noch nicht ermittelt haben. Dass sie geflohen sind, ist ein weiterer Beweis dafür, dass Simon und er recht haben mit ihrer Vermutung. Für Potiorek wahrscheinlich immer noch nicht stichhaltig genug. Jedenfalls hat Markovic nicht vor, sich eine weitere Abfuhr abzuholen.

Die drei Burschen waren also bei diesem Ilić. Simon hat am Nachmittag den Hintergrund des Kerls durchleuchtet, seine Zeitung befragt, die Schule, an der Ilić früher als Lehrer tätig war. Leider hat er keine weiteren Hinweise finden können, außer dass der junge Mann definitiv pro-serbisch und gegen Österreich eingestellt ist. Doch das sind viele. Es ist noch kein Beweis, dass er mehr als ein Sympathisant ist.

Eines versteht Markovic nicht: Über die Grenze sind vier Mann gekommen, das haben sie anhand der Fußspuren am Ufer feststellen können. Die drei Schüler und dieser mysteriöse Pavle, von dem Södermann in Belgrad gesprochen hat und der angeblich mit ihnen reisen sollte, wahrscheinlich als ihr Führer. Nur, wo ist der Mann abgeblieben? Eigentlich müsste er oder ein anderer sie auf den geheimen Wegen bis nach Sarajevo begleitet haben – so viel ist dem Geheimdienst von den üblichen Gepflogenheiten der Schwarzen Hand bekannt. Die bringen ihre Leute sicher bis ans Ziel, damit sie unterwegs nicht aus Dummheit in die Hände der Polizei geraten. Doch bei Frau Ilić war außer ihrem Sohn weder dieser Pavle noch ein anderer, das hätte die Mutter erwähnt.

Und wie passt es dazu, dass Ilić laut Aussage der Mutter selbst verreist war und erst zusammen mit den drei jungen Burschen bei ihr aufgetaucht ist? All das lässt im Grunde nur den Schluss zu, dass nicht Pavle sie über die Grenze gebracht hat, sondern Danilo Ilić selbst, dass auch er die geheimen Schleichwege über die Grenze kennt und damit selbst zur Schwarzen Hand gehört. Vermutlich war er derjenige, der nach Södermanns Bericht in Tankosić' Begleitung die Belgrader Kneipe betreten hat. In dem Fall würde Ilić zu den Initiatoren des Anschlags gehören und wäre mehr als ein Bekannter, bei dem sie untergeschlüpft sind. Möglicherweise ist er sogar ihr Führungsmann und beteiligt sich selbst an der Tat. Dann hätten sie es mit vier Attentätern zu tun. Die können sich über die Strecke vom Bahnhof bis zum Rathaus verteilen und überall zuschlagen. Sogar mehrfach, wenn es an einer Stelle nicht klappt. Gott, oh Gott! Wie soll man dem Herr werden?

Das dunkle Gefühl überkommt ihn, dass sich etwas Unausweichliches zusammenbraut, das er nicht verhindern kann, etwas Gewaltiges, das es auch ihn und Svjetlana mit sich reißen wird.

Außerhalb Sarajevos, 6:15 Uhr, auf dem verlassenen Bauernhof

Quälend langsam sind die Nachtstunden vergangen. Gavrilo ist ab und zu aufgewacht und hatte danach Mühe, wieder einzuschlafen. Er ist unruhig und fiebrig, als würde ein inneres Feuer ihn verzehren. Ist es die Krankheit? Oder seine Nervosität wegen dem, was heute auf ihn zukommt? Jetzt, am frühen Morgen, fühlt er sich erschöpft und zerschlagen. Wenn er sich an die Stirn fasst, fühlt es sich tatsächlich wie Fieber an.

Doch sein Geist ist wach. Das Erlebnis mit Jelena hat ihn noch lange beschäftigt. Sein ursprünglicher Selbsthass hat sich verwandelt und gegen sie gewendet. War sie es nicht, die ihn angemacht hat mit ihren sinnlichen Zärtlichkeiten und Küssen, mit ihrer nackten Haut? Nicht einmal Strümpfe hat sie getragen. Sie hatte es doch darauf abgesehen, ihn in Wallung zu bringen, die kleine Schlampe. Übung darin scheint sie ja zu haben. Macht es ihr Spaß, so etwas zu tun und einen dann hängenzulassen? Wie kommt sie dazu, mich zu schlagen und einen Idioten zu nennen? Die Scham und ein ätzendes Gefühl der Erniedrigung nagen immer noch an seiner Seele. Vor allem aber die Wut über das Vorgefallene. Er möchte am liebsten um sich schlagen.

Die anderen haben gerade von den Resten gegessen, die ihnen geblieben sind. Gavrilos Magen ist wie zugeschnürt. Er hat keinen Bissen runtergekriegt.

»Lasst uns noch mal alles durchgehen«, sagt Danilo.

Sie hocken im Kreis auf dem Boden, auch Muhamed, der bei ihnen übernachtet hat. Draußen erhellt die frühe Morgensonne die Landschaft, aber durch die kleinen Fenster dringt das Licht nur spärlich in die Bauernküche. Außer Muhamed sehen alle übernächtigt aus, als hätten sie kaum geschlafen. Besonders Trifko hat schwarze Ringe unter den Augen und muss gelegentlich einen Hustenreiz unterdrücken.

»Wir wissen, was zu tun ist«, mault Nedeljko.

»Egal! Ich will sicher sein, dass nichts schiefgeht. Also fangen wir mit dir an. Wo stellst du dich mit deiner Bombe auf?«

»Na, bei der Ćumurija-Brücke, wo sonst?«, erwidert Nedeljko.

»Auf welcher Straßenseite?«

»Auf der Stadtseite.«

»Und warum?«

Nedeljko verdreht genervt die Augen. »Weil ich da den ankommenden Fahrzeugen am nächsten bin.« In Österreich-Ungarn, also auch in Bosnien, herrscht seit Napoleons Niederlage Linksverkehr. »Am besten neben einer Laterne, wo ich den Zünder anschlagen kann. Zufrieden, Herr Ilić? Sonst noch was?«

Danilo ignoriert die bissigen Worte. »Jetzt du, Muhamed.«

Muhamed antwortet nicht gleich, sondern blickt zu Nedeljko hinüber. »Und wie willst du sicher sein, dass du nicht selbst von der Bombe erwischt wirst? Besonders auf der linken Straßenseite?«

Nedeljko runzelt die Stirn. Die Frage hat er nicht erwartet. »Ist doch scheißegal!«, sagt er. »Wir gehen doch sowieso dabei drauf.«

»So egal ist es nicht«, geht Danilo dazwischen. »Muhamed hat recht. Er ist der Einzige von uns, der im Krieg war. Er kann besser beurteilen, wie weit die Bombe streut. Wir wollen nicht, dass du dich verletzt und deshalb der Polizei in die Hände fällst. Stell dich also doch besser auf der Flussseite auf.

Dann musst du halt ein bisschen weiter werfen. Du wirfst die Bombe und hechtest sofort über die Mauer in den Fluss. Das gibt dir Zeit, die Zyanidkapsel zu nehmen.«

Stumm sehen sie sich an. Die verdammten Kapseln. Die hatten sie fast vergessen.

»Also, was ist, Muhamed? Wo stellt ihr euch auf?«

»Wir verteilen uns im Umkreis von, sagen wir, fünfzig Metern in Nedeljkos Nähe und warten ab, wie gut das mit der Bombe klappt. Wenn nötig, beenden wir die Sache mit Pistolen.«

»Nach der Bombe wird es ein Riesenchaos geben. Bleibt also dicht genug dran, und zögert nicht, auf den Thronfolger zu schießen, falls der noch lebt.«

Muhamed nickt. »Verlass dich drauf.«

Gavrilo wundert sich, wie gelassen sich dieser Muhamed gibt. Der Kerl weiß doch, dass es ein Todeskommando ist, dass die Menge oder zumindest die Polizei sich auf ihn stürzen wird, sobald er auf den Thronfolger schießt, dass es kein Entkommen gibt.

»Gut«, sagt Danilo. »Gavrilo, jetzt du.«

»Ich warte bei der Lateinerbrücke gegenüber Schillers.«

»Möglicherweise musst du gar nichts tun, vorausgesetzt, Nedeljko und Muhamed sind erfolgreich. Wenn nicht, ist es an dir, deine Treffsicherheit zu beweisen.« Er wendet sich an Trifko. »Und du?«

Trifko sagt zuerst nichts, starrt nur stumm vor sich hin. Die anderen werden schon unruhig, als er endlich doch den Mund aufmacht. »Anscheinend bin ich der Ausputzer«, sagt er leise. »Zweihundert Meter hinter Gavro, Richtung Rathaus.« Er bekreuzigt sich, und seine Miene scheint zu sagen: Gib Gott, dass ich nicht schießen muss, was ihm einen gereizten Blick von Danilo einbringt.

»Wir müssen uns auf dich verlassen können, Trifko.«

Das macht Trifko wütend. »Hör auf zu nerven! Vielleicht sollte man dir 'ne Kugel verpassen. Wie wär's damit?«

Die beiden starren sich an wie Kampfhähne. Bis Muhamed sagt: »Ruhig Blut, Jungs! Bringt nichts, sich gegenseitig anzukeifen.«

Trifko senkt den Blick, und Danilo fährt mit seinen Anweisungen fort: »Jeder bleibt auf seinem Posten, egal, was geschieht. Redet nicht miteinander. Tut so, als ob ihr euch nicht kennt. Eine Menge Leute werden die Straße säumen. Macht euch in der Menge unsichtbar, bis es so weit ist. Und vergesst nicht, eure Waffen zu entsichern, wenn ihr die Wagenkolonne seht.«

»Jetzt hör endlich auf, uns wie Kleinkinder zu behandeln«, sagt Gavrilo ärgerlich. »Wir wissen, was zu tun ist. Und das Schießen haben wir oft genug geübt.«

»Ja. Sollte man meinen.« Danilo kramt in seinem Rucksack und holt eine Pappschachtel mit serbischer Aufschrift hervor. Er öffnet sie vorsichtig. Im Innern befinden sich kleine Messingröhrchen, jedes mit einem Schraubverschluss versehen. Sein ernster Blick wandert von einem zum anderen. »Das ist das Zyanid«, sagt er. »Aus Armeebeständen.«

Alle starren gebannt auf die Schachtel in seiner Hand und auf den tödlichen Inhalt. Das also ist das Gift, das sie nach erfolgter Tat schlucken sollen. Das Gift, das angeblich auf der Stelle tötet.

Danilo legt die Schachtel vor sich auf den Boden und entnimmt ihr eines der Röhrchen. Er schraubt den kleinen Deckel ab und schüttelt eine schlanke Glaskapsel heraus, nicht viel länger als ein Daumennagel. Eine dunkle Flüssigkeit befindet sich darin. »Das ist das Zeug. Einmal kräftig draufbeißen, und ihr seid im Paradies. Verstanden?«

Es herrscht betretenes Schweigen. *Draufbeißen und tot.* So einfach ist das. So werden sie ihr Leben beenden. Noch heute und in wenigen Stunden. Trifko wendet sich ab und starrt aus dem Fenster. Nedeljko kann den Blick nicht von der Kapsel lassen, die Danilo zwischen Daumen und Zeigefinger hält. Gavrilo räuspert sich, als hätte er dicken Schleim in der Kehle.

»Das ist aber eine ziemliche Fummelei, so ein Röhrchen aufzukriegen«, sagt er. »Vielleicht bleibt uns gar nicht die Zeit dazu.«

»Ich weiß«, erwidert Danilo. »Deshalb macht ihr das am besten schon vorher und behaltet die Kapsel in der Hosentasche, wo ihr jederzeit an sie herankommt.« Er blickt jedem noch einmal eindringlich in die Augen, außer Trifko, der sich weigert, ihn anzusehen. »Ich kann euch nur raten, davon Gebrauch zu machen, wenn ihr dem Elend einer Festnahme und vor allem der Folter entgehen wollt. Die werden euch gnadenlos die Haut vom Leib ziehen, bis ihr auch den letzten Beteiligten verraten habt. Und dann werden sie euch aufhängen.« Er hebt noch einmal die Kapsel hoch. »Das hier wird das alles vermeiden. Erinnert euch daran: Serbien wird euch in aller Ewigkeit dankbar sein für das, was ihr heute fürs Vaterland tut.«

Er schiebt die Glaskapsel wieder in das Röhrchen und schraubt es zu. Dann verteilt er sie. Jeder bekommt eines, Muhamed vier. »Für dich und die anderen drei«, sagt Danilo.

Gavrilo prüft den Verschluss seines Röhrchens, um zu sehen, wie leicht er aufgeht. Dann steckt er das Ding schnell weg. Er ist immer noch entschlossen, statt des Gifts die Pistole zu benutzen. Das ist sicherer. Und weniger schmerzhaft.

Danilo greift wieder in den Rucksack, um die Waffen zu verteilen. Alle außer Nedeljko erhalten ihre Pistolen. Nedeljko bekommt stattdessen seine M12-Bombe, 1903 von dem serbischen Offizier Miloš Vasić entwickelt und während des ersten und zweiten Balkankriegs erfolgreich eingesetzt.

Muhamed nickt grimmig. »Die gute alte Vasića. Funktioniert prima, wenn du den Zünder hart genug anschlägst. Aber pass auf, nach vier Sekunden geht das Scheißding hoch.«

»Ich weiß«, sagt Nedeljko. »Hab schon drei davon geworfen. Kinderspiel.« Er lässt die Bombe in seine Anzugtasche gleiten.

Gavrilo fragt sich, ob Nedeljko wirklich so abgebrüht ist, wie er tut. Wahrscheinlich will er sich selbst damit Mut einreden. Er sieht sich die Pistole an, die Danilo ihm gegeben hat. Das ist nicht seine.

»Wer hat meine Browning?«, fragt er.

»Die schießen alle gleich«, sagt Danilo, obwohl er weiß, dass Gavrilo darauf besteht, nur mit seiner zu schießen.

Alle sehen sich ihre Pistolen an. »Ich hab sie«, sagt Trifko.

Sie tauschen die Waffen. Erleichtert nimmt Gavrilo die seine in Empfang. Auch wenn sie angeblich alle gleich gut schießen, eine andere zu benutzen, würde Unglück bringen. Gedankenverloren betrachtet er sie – seine Browning –, streicht fast zärtlich über den Lauf und prüft dann das Magazin. Schließlich sichert er sie und steckt sie weg.

»Wir werden getrennt von hier weggehen«, sagt Danilo. »Alle Viertelstunde einer. Wir wollen ja nicht als Gruppe auffallen. Muhamed, du gehst als Erster. Du musst ja noch die anderen drei treffen.«

»Und was ist mit dir?«, fragt Nedeljko.

»Kümmert euch nicht um mich. Ich hab meine Aufgabe erledigt.«

»Du verdrückst dich also«, knurrt Trifko.

»Verdammt noch mal!«, fährt Danilo ihn an. »Denkst du, hiermit ist der Kampf zu Ende? Es wird weitergehen. Und dabei gibt es noch viel zu tun. Der heutige Tag wird in die Geschichte eingehen. Ob's gelingt, liegt an euch. Versaut es nicht!« Er blickt noch einmal in die Runde. »Nieder mit Österreich!«

»Nieder mit Österreich«, murmeln auch die anderen.

Sarajevo, 7:02 Uhr, im Konak

Der Konferenzraum auf Markovic' Etage ist wesentlich spartanischer eingerichtet als der andere, einen Stock tiefer, bei der Landesverwaltung. Ein einfacher langer Tisch und Klappstühle ringsum. Natürlich darf auch hier das Kaiserporträt nicht fehlen, eine Fotografie, die in allen Amtsstuben des Reiches hängt.

Versammelt sind etwa fünfzehn Männer unterschiedlichen Alters. Sie sind es, die den heutigen Einsatz leiten. Auch Gede und ein Offizier der Gendarmerie sind zugegen. Das Grau der Militäruniformen der Geheimdienstler wechselt mit dem Dunkelblau der städtischen Polizeibeamten. Letztere haben ihre roten Feze vor sich liegen. In der für sie ungewohnten Umgebung des Konaks wirken sie verunsichert. Trotz der frühen Stunde sind die meisten hellwach, einige aber sehen aus, als wären sie gerade aus dem Bett gefallen oder hätten überhaupt nicht geschlafen.

Aller Augen sind auf Markovic gerichtet, der am Kopfende Platz genommen hat. Am Kinn klebt ihm ein winziges Wattebäuschchen, wo er sich beim Rasieren geschnitten hat.

Er blickt kurz auf seine Armbanduhr und ergreift das Wort.

»Meine Herren, guten Morgen. Ich weiß, die meisten von Ihnen haben wenig von ihrer Nachtruhe gehabt. Hauptmann Simon und mir geht es nicht besser. Trotzdem müssen wir heute gemeinsam mit all unseren Untergebenen hellwach und in der Lage sein, schnell und geistesgegenwärtig zu reagieren. Ich kann die Bedeutung unserer Wachsamkeit nur aufs Allerschärfste betonen, denn wenn ich richtig vermute, werden wir heute ernsthaft auf die Probe gestellt werden. Machen wir uns nichts vor, es geht um den Bestand der Monarchie.«

Gede nickt grimmig. »Weitere Hinweise haben sich in der Nacht nicht ergeben, nehme ich an.«

»Nein, nichts Signifikantes. Wir gehen von vier Attentätern aus, die sich zurzeit noch versteckt halten. Wo das sein könnte, haben wir bis jetzt nicht ermitteln können. Von ihren Familien haben sie sich ferngehalten, das heißt, mit einer Ausnahme, aber auch von dort sind sie kurz vor unserem Zugriff entwischt. Was beweist, dass tatsächlich etwas geplant ist. Drei dieser jungen Männer hatten noch vor Tagen Kontakt mit einem prominenten Mitglied der Schwarzen Hand in Belgrad. Auch der vierte, dieser Danilo Ilić, dessen Haus wir gestern durchsucht haben, ist mit Sicherheit ein Mitglied der Schwarzen Hand.«

Mayerhoffer blickt erstaunt auf. »Das ist neu, Herr Major.«

»Wir sind noch mal alle Fakten und Hinweise durchgegangen und kommen definitiv zu diesem Schluss.«

»Wir vermuten sogar, dass er der Drahtzieher und ihr Führungsoffizier ist«, fügt Simon hinzu.

»Wo genau sie zuschlagen werden, wissen wir indes nicht«, fährt Markovic fort. »Auch nicht, mit welchen Waffen. Vermutlich das übliche Attentäter-Arsenal – Pistolen und Bomben. Messer können wir ausschließen, denke ich. Und Gewehre auch. Die sind zu unhandlich und wären zu leicht als solche erkennbar. Es sei denn, die Verschwörer haben vor, aus Fenstern oder von den Dächern anliegender Häuser zu schießen. Die können wir leider nicht alle durchsuchen. Ich vermute aber eher, dass die Attentäter vorhaben, sich unerkannt unter die Menge zu mischen, und erst im letzten Augenblick zuzuschlagen. Es ist daher von größter Wichtigkeit, zu jeder

Zeit die Zuschauer im Blick zu behalten, besonders wenn die Wagen sich nähern. Die Beschreibungen der Männer haben Sie.«

Einer der Polizisten meldet sich zu Wort. »Das sagt sich so, Herr Major, aber die Strecke ist lang und wir haben wenig Personal.«

»Das ist leider wahr.«

»Bei Manöver am Ivanpass liegen zwanzigtausend Mann. Warum nicht hier, wie vor Jahren, als der Kaiser zu Besuch war?«

»Wir haben versucht, unseren Landeschef umzustimmen, aber er will die gute Stimmung in der Bevölkerung nicht stören«, erwidert Simon. »Und was den Kaiser betrifft – der war damals ziemlich ungehalten, dass angeblich mehr Soldaten als Stadtbewohner die Straßen säumten. Er empfand das als erniedrigend. Der Thronfolger sieht das ebenso, wie uns gesagt wurde. Man könne nicht bei jedem Gerücht gleich die Armee einmarschieren lassen.«

»Aber es sind doch mehr als Gerüchte.«

»Das stimmt«, schaltet Markovic sich wieder ein. »Nur hundertprozentig lässt sich eben nichts belegen. Somit sind wir gehalten, den Wünschen des Thronfolgers und unseres Landeschefs zu entsprechen. Vielleicht täuschen wir uns ja mit unseren Vermutungen. Zu wünschen wäre es natürlich. Nichtsdestotrotz tun wir gut daran, vom schlimmsten Szenario auszugehen.«

Einige der Anwesenden, besonders unter den Polizisten, schütteln verständnislos den Kopf. Ihren Mienen ist die Frustration anzusehen. Oft genug haben sie mit diesen serbischen Hitzköpfen zu tun gehabt, waren in Straßenkämpfe verwickelt, haben Randalierer verhaftet und sind dabei nicht selten selbst verletzt worden. Auch ohne kaiserlichen Besuch ist es bisweilen schwierig genug, die Ordnung aufrechtzuerhalten.

Hat Oskar Potiorek schon vergessen, dass der letzte Attentatsversuch nur vier Jahre zurückliegt?

»Meine Herren«, fährt Markovic fort. »Ich kann Sie nur allzu gut verstehen. Ich hätte mir auch militärische Unterstützung gewünscht. Aber Befehl ist Befehl. Wir müssen mit den Mitteln auskommen, die wir zur Verfügung haben. Zusammen mit Kommissär Gede und Polizeichef Mayerhoffer haben wir einen Einsatzplan ausgearbeitet. Vielleicht wären Sie so freundlich, Herr Mayerhoffer, die Einzelheiten vorzustellen.«

Mayerhoffer räuspert sich. »Nun ja. Die Fahrtroute des Thronfolgers ist allen bekannt, nehme ich an. Stand ja schon vor Wochen in der Zeitung. Kommissär Gede und seine Leute werden auch heute das Hotel Bosna sichern und in wenigen Stunden das hohe Paar auf der kurzen Zugstrecke von Ilidža zum Bahnhof von Sarajevo begleiten, wo die erzherzogliche Gesellschaft in die Motorwagen steigt. Das sollte gegen zehn Uhr erfolgen. Die Fahrt zum Rathaus, wo der Empfang stattfindet, verläuft gänzlich entlang der Miljacka auf dem Appel-Kai. Die Rückfahrt verläuft etwas anders, da noch ein Besuch des neuen bosnischen Landesmuseums vorgesehen ist, bevor die Herrschaften den Zug nach Wien nehmen. Die Fahrzeugkolonne wird daher an der Franz-Joseph-Straße in die Innenstadt abbiegen. Die Dauer des Empfangs erlaubt uns, derweil unsere Einsatzkräfte auf die zweite Route zu verlegen.«

»Heißt das, wir verlassen den Appel-Kai und konzentrieren alle Kräfte auf die Route zum Museum und von dort zum Bahnhof?«, fragt einer der Männer.

»So ist es«, erwidert Mayerhoffer. »Die Kolonne des Thronfolgers wird aus sieben Fahrzeugen bestehen, die allesamt vom k. und k. Freiwilligen Automobil-Korps zur Verfügung gestellt wurden. Diverse Militärs und andere Personen aus dem Umkreis des Thronfolgers werden mitfahren. Ich selbst mit zwei zivilen Polizisten im ersten Wagen, Herr Gede mit zwei Gendarmen im zweiten. Ursprünglich war der zweite Wagen für den Bürgermeister vorgesehen, aber der wird im Rathaus auf den Thronfolger warten. Das ist die einzige Änderung. Die Hoheiten selbst werden zusammen mit Feldzeugmeister Potiorek im dritten Wagen Platz nehmen. Auf den müssen sie alle natürlich besonders achtgeben.«

»Und das Landesmuseum? Wer bewacht das?«

»Das erledigen ebenfalls meine Männer«, sagt Gede. »Einige bleiben am Bahnhof zurück, der Rest sichert die Umgebung des Museums.«

»Wie Sie wissen«, fährt Mayerhoffer fort, »sind seit Tagen Urlaube und andere Abwesenheiten ausnahmslos gestrichen. Ich erwarte, dass jeder Mann zur Stelle ist und seinen Posten einnimmt. Wir können also mit achtzig Mann rechnen. Etwas über sechzig davon sind Uniformierte. Von denen werden jeweils zehn die Umgebung des Bahnhofs sowie das Rathaus sichern. Auch in der Innenstadt sind zusätzliche Beamte vorgesehen. Die übrigen, etwa fünfunddreißig, werden sich über die jeweilige Fahrtstrecke verteilen. Etwa alle sechzig Meter ein Polizist.«

»Was soll man damit schon ausrichten?«, stöhnt einer der Männer. »Was ist, wenn alle vier auf einmal Pistolen in den Händen haben? Und denen steht dann nur ein Polizist gegenüber? Die beiden nächsten sind jeweils sechzig Meter entfernt. Wie soll der eine da was verhindern?«

Mayerhoffer zieht ein Sacktuch aus der Tasche und wischt sich den Schweiß von der Stirn. »Ich weiß, es ist zu wenig, lässt sich aber nicht ändern. Zumindest sind da noch unsere Beamten in Zivil. Die werden sich zusammen mit den Mitarbeitern des militärischen Geheimdienstes – heute ebenfalls in Zivil – unter die Zuschauer mischen und die Augen aufhalten, in der Hoffnung, Tatverdächtige rechtzeitig auszumachen. Ich weiß, das ist alles sehr dürftig, aber mehr können wir nicht tun.« Er deutet auf einen Stapel Papiere, der vor ihm liegt. »Hier sind für jede Einsatzgruppe die genauen Anweisungen. Die können Sie im Anschluss gleich mitnehmen. Noch Fragen?«

Es wird noch etwa eine Viertelstunde diskutiert, dann ist die Besprechung zu Ende, und die Männer lassen sich von Mayerhoffer ihre Einsatzbefehle aushändigen. »Ein letztes Wort«, sagt Markovic, bevor die Ersten den Raum verlassen. »Unser Landeschef wünscht, dass es eine unbeschwerte, fröhliche Fahrt durch die Stadt wird. Neugierige und winkende Menschen sollen nicht behindert werden. Sie sollen auch nicht jeden nach seinen Papieren befragen. Das heißt im Klartext: Seien Sie wachsam, aber diskret!«

Wieder Kopfschütteln und frustrierte Blicke. Dann geht die Versammlung auseinander. Markovic, Simon, Mayerhoffer und Gede bleiben zurück. »Ich weiß, wir haben die Porträtzeichnungen erhalten«, sagt Mayerhoffer, »aber glauben Sie wirklich, unsere Männer werden die Kerle danach identifizieren? Ich meine, von meinen Leuten hat jeder mal einen Blick drauf geworfen, aber …«

»Sie haben recht, Herr Mayerhoffer«, erwidert Markovic. »Besonders angesichts der vielen Menschen, die zu erwarten sind, wird es schwer sein. Aber vielleicht haben wir Glück.«

»Unter uns und mal ganz ehrlich, meine Herren«, sagt Gede. »Von Gerüchten abgesehen – für wie wahrscheinlich halten Sie tatsächlich die Möglichkeit eines Anschlags?«

»Für sehr wahrscheinlich«, erwidert Markovic. »Ich will jetzt nicht alle Hinweise der letzten Tage aufzählen, aber der Verdacht hat sich noch erhärtet. Natürlich kann man nicht ausschließen, dass es nur darum geht, Klamauk zu machen oder die Fahrt durch Demonstrationen zu stören. Aber so was verlangt nach einem größeren Aufgebot von Störenfrieden. Wenn so etwas anstünde, hätten wir es von unseren Informanten erfahren. Nein, hier ist man mit äußerster Vorsicht und Geheimhaltung vorgegangen.«

Gede schüttelt den Kopf. »Genau so etwas hatten wir befürchtet, erinnern Sie sich an unser Treffen am Zweiundzwanzigsten?«

»Nur zu gut.«

»Und Potiorek lässt nicht mit sich reden.«

Markovic schüttelt den Kopf. »Nein, nicht im Geringsten. Ich weiß nicht, ob er dem Erzherzog von unserem Verdacht berichtet hat. Ich habe Wien informiert, aber auch da nimmt man die Sache nicht ernst. Unsere Herrscher wollen vom Volk bejubelt werden, Herr Gede. Daraus ziehen sie ihre Legitimation. Die einzige im Grunde, denn sie sind ja nicht vom Volk gewählt, wie es in Amerika der Fall ist. Was bleibt ihnen also anderes übrig, als sich mit Haltung und steifem Rücken dem Bad in der Menge auszusetzen?«

Gede seufzt. »Ja, das wird es wohl sein.« Er steht auf. »Na dann. Machen wir uns an die Arbeit.«

Auf dem Korridor eilt Huber, Markovic' Bursche, ihnen entgegen. In der Hand hält er einen kleinen Briefumschlag. »Herr Major, eine Nachricht für Sie. Wurde soeben abgegeben.«

Markovic bleibt stehen, während die anderen Herren sich entfernen, und nimmt das Briefchen in Empfang. »Hast du meinen Zivilanzug besorgt, wie ich es dir aufgetragen habe?«

»Jawohl, Herr Major. Liegt alles in Ihrem Arbeitszimmer über einem Stuhl. Krawatte und ein gebügeltes Hemd dazu. Kaffee und ein paar Hörnchen habe ich auch hingestellt.«

»Gut, gut«, erwidert Markovic und reißt bereits den Briefumschlag auf. Er kann sich denken, wer ihm geschrieben hat. Plötzlich hat er Angst. Ist es ein Abschiedsbrief? Dass es bei einer Nacht bleiben wird, dass sie die Affäre beendet und ihn nicht wiedersehen will? Weil sie nicht verletzt werden möchte?

»Nun geh schon! Was stehst du hier rum?«, fährt er seinen Burschen an. »Sag Simon Bescheid, wir treffen uns in zehn Minuten.«

»Zu Befehl, Herr Major!«, sagt Huber und macht sich dünn.

Mit klopfendem Herzen entnimmt Markovic dem Kuvert eine Karte aus feinem Büttenpapier. Leider steht nichts drauf. Doch dann dreht er sie um. In schöner Handschrift sind drei Worte zu lesen: »Ich liebe dich!« Mit Ausrufezeichen.

Ein warmes Gefühl überschwemmt ihn, und das Blut steigt ihm ins Gesicht. Am liebsten würde er jetzt alles hinschmeißen und zu ihr eilen. Aber das geht nicht. Lange starrt er auf ihre Worte. Schließlich steckt er die Karte zurück in den Umschlag und den Umschlag in die Brusttasche. Dann eilt er in sein Arbeitszimmer, um sich umzuziehen.

Ilidža, 8:17 Uhr, im Hotel Bosna

Die Herzogin steht im Unterrock vor dem großen Spiegel ihres Umkleidezimmers und hält sich ein graues Gewand vor den Leib. »Ich glaube, ich zieh mein Reisekleid an. Was denkst du, Franzi?«

Franz Ferdinand betritt das Zimmer. Er trägt bereits seine engen Offiziershosen und glänzend gewienerte Stiefel, müht sich aber noch mit dem Korsett, das ihn schlanker erscheinen lassen soll.

»Hast du was gesagt, Schatzerl?«

»Ich hab dich gefragt, was ich anziehen soll. Nach dem Empfang beim Bürgermeister geht's doch heim. Da hab ich keine Gelegenheit mehr, mich umzuziehen.«

Franz Ferdinand betrachtet schmunzelnd ihre Figur. »Von mir aus kannst du im Unterrock bleiben. Der steht dir ausgezeichnet.«

»Franzi!«, ruft sie in gespielter Entrüstung. »Wir haben jetzt keine Zeit für Anzüglichkeiten. Also, was soll ich anziehen?«

»Jedenfalls nicht den Fetzen da! Darin siehst' aus wie eine graue Maus. Zieh lieber das weiße Kleid an mit dem schönen Hut.«

»Aber das hatte ich doch schon gestern an. Die Leute werden denken, mir fehlt es an Kleidern.«

»Lass sie doch denken, was sie wollen. Mir gefällt das Weiße. Darin siehst du aus wie eine Märchenprinzessin.«

Sie lächelt. »Du übertreibst. Aber, na gut, dann müssen sie mich heute eben noch mal in Weiß ertragen.« Sie hängt das graue Reisekleid wieder weg.

»Hilf mir mal mit dem verdammten Korsett«, sagt er.

Sophie stellt sich hinter ihn und hakt die letzten, oberen Ösen zu. Anschließend stemmt sie ihm das Knie ins Kreuz und zieht kräftig an den Schnüren.

»He!«, stöhnt er. »Lass mir noch ein bisschen Luft! Oder willst du mich umbringen?«

»Das muss eng sitzen. Sonst nützt es ja nicht.«

»Wieso brauchst du eigentlich keins?«

»Weil ich mich bemühe, mäßig zu essen«, erwidert sie und klopft ihm lachend auf den eingeschnürten Bauch. »Das sind all die vielen Bratwürste und Schweinshaxen. Und beim Bier könntest du dich auch ein wenig zurückhalten.«

Er zieht die Hosenträger über die Schultern. Sophie hilft ihm in die steife Uniformjacke und knöpft sie ihm zu. Der hellblaue Waffenrock ist der eines Generals der Kavallerie. Dazu trägt er dunkle Hosen mit roten Längsstreifen. Sie zupft noch ein wenig an der Jacke, streicht über die Orden auf der Brust und tritt einen Schritt zurück, um ihn zu begutachten.

»So, wenn du jetzt noch a bisserl Haltung annimmst, dann siehst' richtig fesch aus. Könnt mich fast in dich verlieben!«

»Nur fast?«

»Nur fast, Franzl. Für mehr haben wir jetzt keine Zeit. Gleich müssen wir zur Messe, und ich bin immer noch im Unterrock.« Sie hastet zum Schrank und nimmt ihr weißes Kleid vom Bügel. »Hast du den Kindern das Telegramm geschickt? Du hattest es versprochen.«

»Hab ich. Gleich heute Morgen nach dem Frühstück.«

»Was hast du ihnen denn geschrieben?«

»Na, dass es uns bestens geht und dass wir morgen Vormittag wieder daheim sind.«

Sophie steigt in ihr Kleid und zieht es sich über die Schultern. »Hilf mir mal, das Kleid zuzumachen.« Nachdem das erfolgt ist, stellt sie sich vor den Spiegel und dreht sich mit kritischem Blick von einer Seite zur anderen. »Ist es recht so, Franzl?«

»Natürlich. Wunderbar schaust' aus!«

Sophie tritt auf ihn zu, schlingt die Arme um ihren Mann und schaut ihm lächelnd ins Gesicht. »Die Reise war so wahnsinnig interessant, Franzl. Und die Menschen so freundlich. Ich hab so viele Ehrungen empfangen wie nie zuvor. Ganz anders als in Wien. Danke, dass du mich mitgenommen hast. Ich hab alles sehr genossen. Aber jetzt freu ich mich auf daheim. Und auf die Kinder. Die sind bestimmt gespannt, was wir ihnen mitbringen und was wir zu erzählen haben.«

»Ja, es ist gut, bald wieder daheim zu sein.« Er küsst sie auf die Stirn. »Aber jetzt sollten wir uns beeilen. Bist' bald fertig?«

Sie löst sich von ihm. »Nun drängel nicht. Ich muss mir noch die Haare richten und etwas Puder auflegen. Hol mir mal die Perlenkette. Die lange. Da, in der Schatulle auf dem Frisiertisch.«

»Nicht die schöne mit dem Diamanten, die ich dir geschenkt habe?«

»Nein, die Perlen. Fürs Rathaus ist der Diamant zu protzig. Wir sind hier ja nicht in der Hofburg.«

Franz Ferdinand wühlt in der Schatulle, bis er die Perlen findet. Er legt sie ihr vorsichtig um den Hals und schließt den Verschluss. Sophie tritt noch einmal vor den Spiegel und betrachte sich.

»Was ist mit unserem Gepäck?«, fragt sie. »Ich hab jetzt keine Zeit mehr, mich darum zu kümmern.«

»Sorg dich nicht. Wozu haben wir Bedienstete? Wenn wir vom Rathaus zurück sind, ist alles gepackt und bereit, verladen zu werden.«

Nahe Hadžići, 8:25 Uhr

Der alte Lastwagen rumpelt über die holprigen Wege in Richtung Landstraße. Der Motor jault, und bei jedem Gangwechsel knirscht das Getriebe. Auf der Ladefläche hinter dem Führerhaus klappert es verdächtig. Man sollte meinen, beim nächsten tiefen Schlagloch fällt der alte Laster auseinander, aber das täuscht. Der Motor verliert Öl, man muss häufig nachfüllen, aber ansonsten tut er immer noch seine Dienste.

Hinterm Steuer sitzt Jovo Princip. Eigentlich wollte er zu Hause bleiben. Aber es ist Sonntag, und das Sägewerk liegt still. Zu still. Das hat ihn ins Grübeln gebracht. Obwohl er sich nicht vorstellen kann, dass dieser österreichische Major mit dem, was er behauptet, recht hat, so zieht es ihn doch nach Sarajevo, um sich mit eigenen Augen davon zu überzeugen, dass das Ganze nur ein hirnrissiger Unsinn ist. Sein Bruder ein Attentäter? Das kann doch gar nicht sein!

Wenig später hat er die Straße nach Sarajevo erreicht. Ein paar Militärfahrzeugen muss er die Vorfahrt überlassen, dann biegt er ein, schaltet und tritt aufs Gas.

Sarajevo, 8:35 Uhr, im Haus von Jelenas Eltern

Halb nackt und nur im Unterkleid liegt Jelena mit den Ellenbogen auf der Fensterbank ihrer Kammer und schaut hinaus. Es ist ein schöner Tag. Die Morgenluft ist angenehm frisch, und doch kann man schon spüren, es wird ein warmer Tag. Auf der Straße unter ihr sind ein paar Spaziergänger unterwegs in Richtung Stadt. Da fällt ihr ein, der Thronfolger besucht heute Morgen das Rathaus. Vielleicht sollte auch sie versuchen, einen Blick auf ihn und seine Frau zu erhaschen. Aber die Mutter wird es nicht zulassen. Sie will mit der Familie in die Messe, wie jeden Sonntagmorgen.

Jelena seufzt. Manchmal möchte sie frei sein, tun und lassen, was sie will. Die bürgerliche Enge der Familie geht ihr auf den Geist. Dabei kann sie sich eigentlich nicht beklagen. Andere Mädchen haben noch viel weniger Freiheiten. Ihre Mutter hat nichts dagegen, dass sie ausgeht, wenn sie rechtzeitig wieder daheim ist. Der gestrige Abend will ihr nicht aus dem Kopf gehen. Sie hat ihre Mutter natürlich belogen, dass sie bei ihrer Freundin ist. Was hat der Kerl sich nur eingebildet? Wegen ein paar Küssen meint er, ich will mehr? Wie kommt der auf so was? Und wie der mich plötzlich angefasst hat! Denkt der, ich bin eine billige Hure?

Trotzdem kann sie sich eines Schuldgefühls nicht erwehren. Es hat ihr Spaß gemacht, ihm den Kopf zu verdrehen. Ist sie zu weit gegangen? Vielleicht war es die Aufregung auf dem Friedhof, das Gerede über Revolution und Nationalismus. Gavrilo ist klug, das muss man ihm lassen, er kann reden und berühmte Autoren zitieren. Das bewundert sie. Und er sieht gut aus, auch wenn er etwas klein geraten ist. Ja, ihn zu verführen und zu küssen, hat Spaß gemacht.

Aber das gibt ihm doch nicht das Recht … und überhaupt, eigentlich ist er gar kein Umgang für sie. Auch wenn er noch so klug ist. Schließlich ist er der Sohn bitterarmer Bauern und treibt sich in Belgrad bei wer weiß welchen Umstürzlern herum. Ist vielleicht ganz gut, dass es so gekommen ist. Angst, dass er ihr wirklich etwas antun könnte, hatte sie eigentlich nicht. Das traut sie ihm nicht zu. Aber die Ohrfeige hat er verdient. Ob er sich wohl entschuldigen wird? Und was dann? Soll sie ihm verzeihen?

»Jelena!«, hört sie ihre Mutter rufen. »Das Frühstück wird kalt. Dein Vater wartet schon! Nun komm endlich!«

»Ja, Mutter«, ruft sie zurück. »Bin gleich da!«

Sarajevo, 9:15 Uhr, in der Pension Čabrinović

Wieso liegst du immer noch im Bett?«, fragt Vukosavas Vater ungehalten. Er steht in der Tür zu ihrer Kammer und starrt missbilligend auf sie herunter »Denkst du, es gibt nichts zu tun?«

»Es ist Sonntag, Vater.«

»Das ist keine Ausrede. Wenigstens könntest du zur Kirche gehen.«

»Mir geht's nicht gut.«

Er tritt einen Schritt näher und sieht ihr ins Gesicht. »Was ist los? Hast du geheult?«

»Ich glaube, ich bin krank.«

»Red keinen Unsinn! Wenn du schon nicht zur Kirche gehst, dann mach wenigstens die Betten, und kümmere dich ums Mittagessen.«

»Und du? Was hast du vor?«, fragt sie. »So fein angezogen?«

Tatsächlich trägt Čabrinović seinen besten Sonntagsanzug, gestärkten Hemdkragen und Krawatte. Auf dem Kopf den Hut und in der Rechten den silberverzierten Gehstock, ein Geschenk seiner verstorbenen Frau.

»Was fragst du? Du weißt doch, dass heute Seine Hoheit Franz Ferdinand die Stadt besucht. Das will ich mir nicht entgehen lassen. Ist ja nicht jeden Tag, dass man so hohen Besuch zu Gesicht bekommt.«

»Hast du denn keine Angst?«, fragt sie mit einem Beben in der Stimme.

»Angst? Wovor?«

»Weshalb die Polizei hier war.« Sie wagt es nicht, die

schreckliche Sache beim Namen zu nennen, als würde sie sonst die Katastrophe hinaufbeschwören.

Čabrinović runzelt ärgerlich die Stirn und macht eine wegwerfende Handbewegung. »Ach, die spinnen doch! Mein nichtsnutziger Sohn ist viel zu blöd, um ein Attentat zu begehen. Und hat man ihn und seine Freunde geschnappt? Nein, hat man nicht. Ich sag dir auch, warum! Weil sie gar nicht hier sind. Dein Bruder treibt sich in Belgrad herum. Wenn er hier wäre, hätte er mich längst um Geld angehauen. Du kennst ihn doch.«

Damit macht er kehrt und verlässt die Kammer. Sie hört ihn die Stiege hinuntersteigen – die dritte Stufe von unten knarrt wie immer – und kurz darauf die Haustür zuschlagen. Vukosava dreht sich mit hochgezogenen Knien und Gesicht zur Wand auf die Seite. In der Hand hält sie ein feuchtes, zerknülltes Taschentuch. Auch jetzt kommen ihr wieder die Tränen. Ja, sie ist krank. Es geht ihr überhaupt nicht gut, denn heute ist *Vidovdan*, heute ist der Tag, an dem der Thronfolger ermordet werden soll. Das heißt, wenn sie dieser Frau Marić und der Polizei glauben darf. Aber die haben so überzeugt geklungen.

Ob Nedeljko wirklich fähig ist, so etwas zu tun? Wo soll er denn schießen gelernt haben? Der hatte doch noch nie eine Waffe in der Hand. Und Gavrilo, ihr Gavrilo! Immer so freundlich und geduldig, wenn es etwas zu erklären gab. Der soll heute zum Mörder werden? Nicht auszudenken! Sie schwankt zwischen Ungläubigkeit und blankem Entsetzen.

Wie kann der Vater so vernagelt sein? Wie kann er in die Stadt gehen, um den Thronfolger vorbeifahren zu sehen? Und dessen Frau, die Herzogin. Will er zusehen, wie unser Nedeljko, sein eigener Sohn, den Mann umbringt und die Frau zur Witwe macht?

Bei dem Gedanken wird ihr abwechselnd heiß und kalt.

Was, wenn es mehr als ein Verdacht ist, wenn es wirklich passiert? Was werden sie mit den beiden tun? Gnadenlos verurteilen wird man sie. Bestimmt werden sie hingerichtet. Nedeljko am Galgen! Oh Gott, oh Gott! Tränen schießen ihr in die Augen, und sie muss sich zum wiederholten Mal die Nase putzen. Ich werde meines Lebens nicht mehr froh, wenn das passiert.

Ilidža, 9:30 Uhr, am Bahnhof

Feldzeugmeister Potiorek wartet schon ungeduldig, als das erzherzogliche Paar am Bahnhof von Ilidža vorfährt.

»Die Messe hat etwas länger gedauert«, erklärt Franz Ferdinand. Die gewachsten Enden seines Schnurrbarts zeigen stramm nach oben, wie es sich gehört. Der Griff des Kavalleriesäbels blitzt im Licht des sonnigen Morgens genauso wie die polierten Uniformknöpfe. Auf dem Kopf trägt er den Helm mit dem grünen Federbusch. Er reicht Sophie die Hand, um ihr aus dem Wagen zu helfen.

Oskar Potiorek beugt sich zum Handkuss über die behandschuhte Rechte der Herzogin. »Sie sehen bezaubernd aus, Hoheit, wenn ich das bemerken darf.«

Tatsächlich lässt das Kleid zusammen mit dem breitkrempigen, weißen Hut sie ausgesprochen vorteilhaft erscheinen. Sophie hat die Kommunion genommen, und die Besinnlichkeit des sakralen Rituals scheint noch auf ihren Zügen zu liegen. Der Gedanke an Gott, die Worte des Priesters und vor allem die Augenblicke der Ruhe vor dem Altar haben ihr gutgetan. Jetzt ist sie entspannt und guter Dinge.

»Danke, mein lieber Potiorek«, erwidert sie und schenkt ihm ein freundliches Lächeln. »Nun bin ich neugierig auf das Rathaus. Es soll sehr schön sein. Und neu, nicht wahr?«

»So ist es, Hoheit. Erst vor einigen Jahren errichtet. Im maurischen Stil.«

»Warum maurisch?«, fragt die Herzogin.

»Nun ja. Es gibt ja viele Moslems hier.«

Der Erzherzog mustert Potiorek scharf. »Sie schaun ein bisserl mitgenommen aus. Geht's Ihnen nicht gut?«

»Ist gestern spät geworden, Hoheit. Nach dem Diner haben wir noch den erfreulichen Ausgang des Manövers begossen.«

Tatsächlich ist Potiorek in Begleitung eines halben Dutzends hoher Offiziere noch spät bei Svjetlana aufgetaucht, um sich im Bordell bis in die frühen Morgenstunden zu amüsieren. Man sieht seiner aschfahlen Gesichtsfarbe und den geröteten Augen an, dass dabei viel Alkohol im Spiel gewesen sein muss.

Franz Ferdinand lacht. »Ja, ja, das Militär«, sagt er und nickt verständnisvoll. »Treiben Sie's nicht zu wild, mein Lieber. Sie sind ja auch nicht mehr der Jüngste.

Polizeikommissär Gede tritt vor und verbeugt sich. »Ich bitte ergebenst um Verzeihung, Hoheiten, aber der Zug wartet. Wir haben schon Verspätung.«

Verspätung ist in Österreich-Ungarn nicht erlaubt. Pünktlichkeit ist Pflicht, auch für die Herrschenden. Besonders für die Herrschenden. Man muss ja Vorbild sein.

»Na, dann wollen wir das Volk nicht länger warten lassen«, sagt Franz Ferdinand und bietet der Herzogin den Arm.

Sarajevo, 9:39 Uhr, auf dem Appel-Kai

Markovic, heute Morgen in ungewohntem Zivil, steht auf der Flussseite gegenüber Schillers und studiert aufmerksam die Gesichter der Spaziergänger, die sich zum Rathaus bewegen. Nicht wenige sind stehen geblieben und warten wie er, dass sich der Wagen des Erzherzogs zeigt. Es ist noch zu früh, aber sie wollen sich wohl ihren Platz sichern.

Langsam lässt Markovic den Blick über die Gesichter gleiten. Auch die gegenüberliegende Straßenseite behält er im Auge. Die meisten Leute sind mittleren Alters, zum Teil Familien mit ihren Kindern. Natürlich auch junge Männer, aber keiner, der Princip oder Čabrinović ähnlich sieht. Vielleicht haben die verdammten Kerle sich verkleidet, Mützen in die Stirn gezogen, Bärte angeklebt.

Langsam schwindet seine Hoffnung, sie vielleicht doch noch in letzter Minute zu erkennen und festnehmen zu können. Bis jetzt jedenfalls tut sich nichts. Er fühlt sich wie früher auf der Pirsch. Auf einem Hochstand hat man eine bessere Chance, das Wild zu erwischen als hier in der unübersichtlichen Menge. Mayerhoffer hatte recht: Die Porträtzeichnungen werden kaum helfen, besonders da die meisten Polizisten nur einen kurzen Blick darauf geworfen haben.

Markovic fragt sich, ob es zu offensichtlich ist, wenn er hier herumsteht und die Leute anstarrt. Vielleicht wird er ja selbst beobachtet. Er beschließt, weiter Richtung Bahnhof zu gehen. Nach zwanzig Metern kommt er an einem Polizisten vorbei, und als er sich der nächsten Brücke nähert, kann er schon von Weitem Simon erkennen. Auch der schaut sich nach allen Seiten um. Markovic setzt sich auf die Mauer und beobachtet weiter die Menge. Herrgott noch mal! Das verdammte Warten ist wirklich zermürbend.

Er fragt sich, ob Svjetlana schon aufgewacht ist. Normalerweise schläft sie bis mittags. Aber ausgerechnet heute wird sie doch wohl nicht schlafen. Nicht an diesem Tag und nicht nach ihrem Billett. Wie auch immer der Tag heute ausgeht, so bald wie möglich wird er zu ihr gehen.

Sarajevo, 9:35 Uhr, Franz-Joseph-Straße

Gavrilo zwingt sich, langsam und ruhig zu atmen, um seine Aufregung und seine zitternden Hände in den Griff zu bekommen. Das leichte Zittern verfolgt ihn, seit er den alten Bauernhof verlassen hat. Jetzt steht er in einem Hauseingang neben dem Feinkostladen Schiller. Da die Fahrzeugkolonne des Thronfolgers erst kurz nach zehn erwartet wird, erscheint es ihm klüger, hier auszuharren, wo niemand auf ihn achtet und wo keine Polizei unterwegs ist. Dagegen sieht man entlang der Miljacka, der Route des Thronfolgers, überall ihre blauen Uniformen und roten Feze.

Sein Magen plagt ihn. Statt konzentriert und hellwach zu sein, fühlt er sich übermüdet und schwach. Auf dem Weg in die Stadt hat er ein paarmal anhalten und husten müssen. Inzwischen hat sich zumindest die Lunge beruhigt, auch wenn in seinem ausgezehrten Leib ein Feuer lodert. Hat er Fieber? Er fühlt sich die Stirn. Schwer zu sagen. Vielleicht ist es die Wut über seine Scham, über Jelenas Zurückweisung? Die Wut, die ihm die Entschlossenheit zurückgegeben hat, eine gute, heilige Wut, die es zu nähren und zu erhalten gilt. Wenn nur nicht die Nervosität wäre, die Anspannung.

In der linken Hosentasche weiß er die Zyanidkapsel. Er hat sie bereits aus dem schützenden Metallröhrchen entfernt. Aber sie schreckt ihn nicht mehr. Er wird sie nicht nutzen. Nur im Notfall. Dagegen ist die Browning zum Zentrum seiner letzten Stunden geworden. Sie ist alles, was er jetzt noch braucht. Sie steckt in der rechten Hosentasche und wiegt nicht viel, aber genug, um sie ständig bei sich zu spüren. Sie hat seine Körperwärme angenommen und reibt sich an seinem dünnen Oberschenkel, manchmal hart, manchmal sanft wie eine Liebkosung. Sie ist das Werkzeug seiner Rache. Einer Rache für alle Ungerechtigkeiten dieser Welt, für die Ausbeutung der Bauern durch die reichen Landbesitzer, für seine eigene Armut, für seine verdammte Krankheit, für die Leiden seiner Eltern, für die toten Geschwister, die sie im Laufe der Jahre hatten verscharren müssen und die nie eine Chance hatten. Einer Rache für die Arroganz der österreichischen Besatzer, für ihre anmaßenden Beamten, vor denen man buckeln muss, für das verfluchte graue Kleid ihrer Soldaten, für ihre moderne Technik und den Eifer, dieses schöne Land in ein zweites Österreich zu verwandeln.

Von seinem Standort hat er einen guten Blick auf den Appel-Kai und die dahinter liegende Lateinerbrücke. Bis vor Kurzem ist noch alle zehn Minuten eine Straßenbahn vorbeigefahren. Jetzt nicht mehr. Auch sonst kein Verkehr. Wahrscheinlich haben sie die Straße gesperrt. Dafür drängen sich auf den Bürgersteigen jede Menge Neugierige, die auf den Thronfolger warten. Männer wie Frauen im Sonntagskleid, Familien mit Kindern sogar. Die Christenfrauen haben sich herausgeputzt, manche tragen Sonnenschirme, denn unter dem wolkenlosen Himmel ist es schon fast zu warm. Auch muslimische Familien sind unter dem neugierigen Volk, Männer in weiten Hosen und mit Fez auf dem Kopf, die Frauen in unförmigen, wenn auch farbenprächtigen Gewändern. Sie tragen bunte Kopftücher, einige sind verschleiert.

Gegenüber, auf der Seite der Brücke, fällt Gavrilo ein gut aussehender, in feinen Anzug gekleideter Mann auf, dessen Blicke immer wieder aufmerksam über die Menge schweifen, ganz so, als suche er jemanden. Vielleicht hat er sich hier verabredet. Obwohl der Mann dunkelhaarig ist, scheint er kein Bosnier zu sein. Haltung und Aussehen lassen eher auf einen Österreicher schließen. Das macht Gavrilo misstrauisch.

Hastig zieht er sich in seine Türnische zurück und hofft, dass der Kerl ihn nicht gesehen hat. Gehört der zur Polizei oder zum Militär? Dass Beamte in Zivil sich unter die Menschen mischen, ist zu erwarten. Aber der Mann steht genau gegenüber der Stelle, an der Gavrilo selbst sich in Kürze postieren soll. Das hat ihm gerade noch gefehlt.

Gavrilo hat keine Uhr, er vertraut auf die Kirchenuhr der Kathedrale und auf sein Zeitgefühl. Trotz der Wärme des Tages hat er die Anzugjacke anbehalten, damit man die Pistole in der Hosentasche nicht bemerkt, und sogar eine Krawatte umgebunden. Er unterscheidet sich nicht von anderen Spaziergängern, auch wenn seine Kleidung ärmlich und die Hosen an den Knien ausgebeult sind.

Von der Turmuhr hoch über der Stadt hört er die Dreiviertelstunde schlagen. Noch höchstens zehn Minuten, dann sollte er seinen Platz einnehmen, aber der Mann gegenüber rührt sich nicht vom Fleck. Was tun? Wenn der wirklich von der Polizei oder gar vom Geheimdienst ist, kann er sich ja schlecht vor ihn stellen. Vielleicht ist es besser, weiter in Richtung Rathaus zu gehen, wo sich Trifko aufhält. Natürlich durch die Gassen der Altstadt und nicht vor der Nase dieses Kerls. Gerade will er das tun, als der Mann plötzlich seinen Posten aufgibt und in Richtung Bahnhof schlendert. War wohl doch nur ein Neugieriger wie die vielen anderen auf dem Appel-Kai.

Gavrilo wartet noch etwas, dann geht er langsam an der Auslage des Feinkostladens vorbei, bleibt an der Ecke stehen und blickt den Appel-Kai entlang in beide Richtungen. Erst kann er den Mann nirgends entdecken, doch dann sieht er ihn wieder, vielleicht hundert Meter weiter.

Gavrilo tritt zwei Schritte zurück. In der Vitrine neben ihm sind Delikatessen ausgestellt, Pasteten, Würste, sogar ein ganzer Schweinskopf in Sülze. Sein Magen ist so verkrampft, dass ihm bei dem Anblick fast übel wird. Zumindest hat er von hier aus einen guten Blick auf die Straße und die ankommenden Fahrzeuge. Jetzt schlägt es die volle Stunde. Zehn Uhr. Jede Minute müssen sie da sein. Der Gedanke schnürt ihm die Brust zu, und er muss sich einen Augenblick lang an die Vitrine lehnen, um nicht umzufallen.

»Geht es Ihnen nicht gut, junger Mann?« Ein Ehepaar mittleren Alters ist neben ihm stehen geblieben. Der Mann sieht wie ein Handwerker im Sonntagszwirn aus. Die Frau ist klein und rundlich. Beide machen ein besorgtes Gesicht.

»Wieso?«

»Sie sind so bleich«, sagt die Frau. »Und so, wie Sie sich anlehnen, da dachten wir …«

»Nein. Mir geht es gut. Ich warte auf einen Freund.«

»Sind Sie gekommen, um den Thronfolger zu sehen?«, fragt der Mann. »Wir sind schon ganz gespannt. Gestern haben wir kurz die Herzogin sehen können. So eine sympathische Frau.«

Wie werde ich die beiden los?, fragt sich Gavrilo. »Die Herzogin. Ja, sehr sympathisch«, sagt er.

Die Frau schenkt ihm ein warmes Lächeln. »Wenn Sie möchten, können Sie sich uns gerne anschließen.«

»Sehr freundlich. Aber nein, danke. Ich muss hier warten.«

»Dann wünschen wir Ihnen noch einen schönen Tag. Das Wetter heute könnte ja kaum besser sein«, sagt der Mann. »Kaiserwetter.« Er lacht.

Endlich gehen die beiden weiter, schauen vorsichtig nach rechts und links und überqueren die Straße.

Sarajevo, 10:09 Uhr, vor dem Bahnhof

Das erzherzogliche Gefolge ist gerade aus Ilidža angekommen und tritt vor den Bahnhof, wo eine Militärkapelle die *Kaiserhymne* anstimmt. Mit den vertrauten Klängen im Ohr und an der Seite von Feldzeugmeister Potiorek nimmt Franz Ferdinand die Ehrengarde einer Kompanie Gebirgsjäger ab, während die Herzogin mit aufgespanntem Sonnenschirm auf der Bahnhofstreppe wartet. Am Ende wechselt der Thronfolger ein paar Worte mit dem Befehlshaber der Kompanie, einem strammen Leutnant. Dann lenkt Potiorek die Aufmerksamkeit auf das Philipovich-Lager ganz in der Nähe, einen großen Militärkomplex, halb Kaserne, halb Festung, und erklärt dem Erzherzog einige Einzelheiten.

Dann fahren die Motorwagen vor, und es geht ans Einsteigen. Die Fahrzeuge gehören Adeligen des Reichs, Mitgliedern des Freiwilligen Automobil-Korps, die es als Ehre ansehen, dem Kaiserhaus ihre Automobile zur Verfügung zu stellen. Etwa dreißig Personen finden in den sieben Fahrzeugen Platz. Natürlich sind die Besitzer der Wagen dabei wie auch ihre Fahrer. Polizeichef Mayerhoffer, wie verabredet, mit zwei Beamten im ersten Wagen, Kommissär Gede ebenfalls mit zwei Gendarmen im zweiten.

Der dritte Wagen ist der Phaeton des Grafen Harrach. Der Chauffeur springt heraus und öffnet den Schlag für den Thronfolger, der sich mit einem Seufzer auf das Leder des linken Rücksitzes fallen lässt. Graf Harrach persönlich hilft der Herzogin in den Wagen. Sie bedankt sich mit einem Lächeln, ordnet den Rock ihres langen Kleids und lässt sich neben ihrem Gatten nieder.

»Wenn ich mir eine Bemerkung gestatten darf«, sagt Harrach zu ihr. »Wir werden natürlich nicht zu schnell fahren, Hoheit. Ich sage das wegen Ihres Huts. Aber der Sonnenschirm könnte Ihnen im Fahrtwind vielleicht doch entgleiten.«

»Oh«, sagt Sophie. »Dann mach ich ihn wohl lieber zu.« Sie tut's, prüft noch einmal, ob ihre Hutnadel fest sitzt, und lehnt sich zurück. »Was für ein wundervoller Tag, Franzi. Der perfekte Ausklang für unseren Besuch in Bosnien.«

Jetzt steigen auch Potiorek und Harrach ein und lassen sich auf den Klappsitzen im Fond nieder. Der Feldzeugmeister links und der Graf auf der rechten Seite, der Herzogin gegenüber. Der Fahrer im Dienste des Grafen, ein gewisser Leopold Lojka, klemmt sich vorne rechts hinter das Steuer, links neben ihm steigt Gustav Schneiberg ein, Hofkammerbüchsenspanner und Teil des erzherzoglichen Gefolges.

Mayerhoffer im ersten Fahrzeug dreht sich um. Als deutlich ist, dass alle eingestiegen sind, gibt er seinem Chauffeur das Zeichen, endlich loszufahren.

Inzwischen ist es 10:17 Uhr.

Schloss Chlumetz in Böhmen, 10:18 Uhr

»Pinkie, Ernie, kommt mal her!« Franz Janaczek, treuer Vertrauensmann des Erzherzogs, steht auf der Terrasse hinter dem Schloss und hält ein Stück Papier in die Luft. »Eine Nachricht von euren Eltern.«

Pinkie – die junge Sophie – blickt zu ihm herüber. Sie und der kleine Ernie vergnügen sich gerade auf der Schaukel, die von einem der großen Bäume hängt. Ernie rutscht von der Schaukel und kommt als Erster angelaufen, gefolgt von seiner Schwester, die sich etwas würdevoller nähert.

»Wo ist Max?«, fragt Janaczek.

»Ich glaube, da ganz hinten beim Teich. Er hat gesagt, er will einen Karpfen fangen.«

Janaczek schüttelt seufzend den Kopf. »Die Fische sind zur Zierde da, nicht zum Essen. Das hab ich ihm doch schon zehnmal gesagt.«

»Er will sie nur fangen. Und dann wieder freilassen.«

»Was steht denn auf dem Papier?«, fragt Ernie ungeduldig. »Ist das ein Telegramm?«

Janaczek nickt. »Ja, ein Telegramm. Aus Ilidža und von eurem Papi. Es wurde heute Morgen aufgegeben, der Postbote hat es gerade gebracht.«

»Was steht denn da drauf?«

Janaczek blickt auf das Telegramm. »Euer Papi sagt, dass es ihnen gut geht. Dass sie eine schöne Reise hatten und heute Nachmittag den Zug nach Hause nehmen.«

»Und wie lange dauert es, bis sie hier sind?«, fragt Sophie.

»Spätestens morgen Nachmittag müssten sie hier ankommen.«

»Können sie nicht ein Flugzeug nehmen?«, fragt Ernie. »Dann wären sie bestimmt schneller hier.«

»Wie kommst du auf ein Flugzeug?«

»Papi hat mir alles erklärt. Er hat viele Flugzeuge für die Armee bestellt. Ich würde auch gern so ein Flugzeug fliegen.«

Janaczek lächelt. »Du möchtest Pilot werden?«

»Ernie«, sagt Sophie, »hör auf, dummes Zeug zu reden. Du wirst kein Pilot. Du wirst Offizier.«

»Die Piloten sind auch Offiziere!«

»Steht sonst noch was in dem Telegramm?«, fragt Sophie.

»Nur, dass eure Mami euch Geschenke mitbringt.«

»Was denn?«, fragt Ernie sofort interessiert.

»Das steht hier nicht. Ihr werdet euch also gedulden müssen.«

»Ich wünschte, sie wären schon zurück«, sagt Sophie.

Ernie nickt. »Ja. Es ist so langweilig hier.«

Sarajevo, 10:20 Uhr, auf dem Appel-Kai

Zu beiden Seiten des Appel-Kais haben sich Neugierige angesammelt. In zwei oder drei Reihen stehen sie dicht am Bordstein. Nedeljko hält sich auf der Flussseite auf, hinter dem Gedränge und an die hüfthohe Mauer gelehnt. Er wirft einen kurzen Blick auf die Miljacka hinter ihm, die über kleine Kaskaden dahinfließt. Die Sonne lässt winzige Lichter auf der Oberfläche tanzen. Er blickt wieder nach vorn auf die Straße und die Menge der Schaulustigen. Gegenüber ist ein Wohnhaus im Jugendstil mit einem Krämerladen unten. Zwei Schritte rechts von ihm steht ein Laternenpfahl. Den hat er sich ausgesucht, um den Zünder der Bombe abzuschlagen.

Nervös kaut er auf den Nägeln. Wo zum Teufel bleibt die Wagenkolonne? Die ist schon mindestens zwanzig Minuten verspätet. Ist der Besuch im Rathaus abgesagt? Aber seit einer halben Stunde fährt keine Straßenbahn mehr. Ganz sicher wegen der Jubelfahrt des Thronfolgers. Warum sonst sollte der Betrieb unterbrochen werden?

Nedeljko ist voll unruhiger Energie. Er will es endlich hinter sich bringen. Seit dem kargen Frühstück am Morgen hat er sich aufgeputscht, seinen gerechten Zorn angefacht, sich an alle Erniedrigungen seines jungen Lebens erinnert, besonders an die Schmähungen des Vaters, der ihn für einen Versager und Nichtsnutz hält. Heute wird er ihm zeigen, zu was sein nichtsnutziger Sohn fähig ist. Wenn er es doch nur schon hinter sich bringen könnte! Jede untätige, vertane Minute nagt an ihm. Er holt tief Luft. Nicht, um sich zu beruhigen, sondern um seinen Mut zu stärken. Den Mut des Kriegers für Serbien, für die gerechte Sache.

Die Bombe steckt in seiner rechten Jackentasche. Sie ist mit Nägeln und zerhacktem Blei gefüllt. Das zumindest hat man ihm gesagt. Das Zeug fliegt in alle Richtungen und erhöht die tödliche Wirkung.

Zehn Meter weiter, dicht am Rand des Bürgersteigs steht ein uniformierter Polizist, der sich gelegentlich umdreht und die Menge beobachtet. Nedeljko behält ihn im Auge, und jedes Mal, bevor der Mann wieder herüberschaut, wendet er den Kopf zur Seite oder zieht sich den Schirm der Mütze tiefer ins Gesicht. Du wirst mich nicht hindern, denkt er. Bevor du überhaupt reagieren kannst, hab ich die Bombe schon geworfen. Und danach kommt das Zyanid. Er wirft wieder einen Blick über die Schulter zum Flussbett hinunter. Das Wasser ist nicht tief. Aber es ist ein ziemlicher Sprung. Mindestens fünf Meter.

Er hätte gern gesehen, wie gut sein Foto geworden ist. Aber der Fotograf wird schon wissen, was er tut. Zumindest die Porträtbeispiele, die er ihm gezeigt hat, sahen gut aus. Sehr gut sogar. Natürlich hat er das Foto nicht allein für Vukosava machen lassen. Das Bild wird garantiert in die Zeitung kommen. Vielleicht sogar in zukünftige Schulbücher. *Nedeljko Čabrinović, serbischer Nationalheld* – das klingt gut.

Schräg gegenüber, auf der anderen Seite der Straße wartet Muhamed. Auch er umgeben von wartenden Zuschauern. Der Kerl war so frech, einen Polizisten zu fragen, in welchem Wagen der Thronfolger sitzt. Angeblich im dritten, das hat er ihm mit drei Fingern in der Luft signalisiert.

Egal wie, es dürfte nicht schwierig sein, den richtigen Wagen auszumachen. Man muss nur nach dem grünen Federbusch des Erzherzogs Ausschau halten, Teil seiner bevorzugten Paradeuniform. Neben ihm wird die Frau sitzen, bestimmt die einzige Frau in der ganzen Fahrzeugkolonne. Nedeljko erinnert sich, was Gavrilo über sie gesagt hat, dass man sie verschonen sollte. Vielleicht. Aber sie gehört zu denen da oben, den verdammten Besatzern und Ausbeutern. Und niemand wird ihm, Nedeljko Čabrinović, die Gelegenheit nehmen, den verdammten Thronfolger zu erledigen und in die Geschichtsbücher einzugehen. Auch Gavrilo nicht. Wenn dabei die Herzogin draufgeht, dann sei es so.

Auf einmal geht ein Raunen durch die Menge. Weiter vorn winken die Ersten, Hochrufe lassen sich vernehmen. Nedeljko reckt den Hals. Tatsächlich, das sind sie. Auf der linken Straßenseite kriechen sie heran. Beinahe hätte er es verpasst mit seiner Träumerei. Die Kolonne bewegt sich zum Glück nicht besonders schnell. Wahrscheinlich, um dem Volk ausgiebig Gelegenheit zu geben, den Thronfolger zu sehen und ihm zuzujubeln.

Nedeljko steckt die Hand in die Jackentasche und fummelt am Schraubverschluss der Bombe. Geht nicht auf, das verdammte Ding! Nicht wie bei den anderen Bomben, mit denen er geübt hat. Er muss beide Hände nehmen und die Bombe aus der Tasche ziehen. Immer noch sperrt sich der Verschluss. Nedeljko gerät in Panik, dass er wegen dem Scheißding alles verpasst. Da endlich dreht sich der Verschluss. Hastig schraubt er ihn ab und lässt ihn achtlos fallen. Niemand achtet auf ihn, niemand sieht, was er in der Hand hält, denn alles blickt zu den sich nähernden Motorwagen hinüber, auch der Polizist.

Jubel brandet auf, die Leute rufen »Vivat!«. Fähnchen in österreichischen und bosnischen Nationalfarben werden geschwenkt. Der erste Wagen ist schon ganz nah. Gleich dahinter folgt der zweite. Nedeljkos Herzschlag hat sich beschleunigt. Wo ist der Thronfolger? Dann erkennt er auf dem dritten Wagen die Standarte mit dem Doppeladler und auch den grünen Federbusch des Thronfolgers. Neben ihm sitzt eine Frau ganz in Weiß mit einem weiten Hut auf dem Kopf.

Die Herzogin. Sie winkt der Menge zu. Schnell! Jetzt ist es so weit!

Nedeljko schiebt eine junge Frau beiseite und drängt sich zur Laterne durch, die Bombe in der rechten Hand, aber hinter dem Rücken versteckt. Jetzt muss er den richtigen Moment abpassen.

Vier Sekunden.

Dann geht alles sehr schnell. Der erste Wagen ist längst vorbei, fast auch schon der zweite. Nedeljko schlägt den Zünder an den Laternenpfahl. Die Bombe erwacht zischend und Funken spuckend zum Leben. Im Jubel der Menge bemerkt es niemand.

Vier Sekunden!

Der Wagen des Thronfolgers ist schon ganz nah. Nedeljko holt kurz aus und schleudert die Bombe.

Franz Ferdinand ist nicht immer leicht zufriedenzustellen. Aber heute ist es anders. Die Fahrt durch die Stadt an diesen langen Schlangen fröhlich winkender Menschen vorbei ist ein Erfolg. Potiorek, der ihm schräg gegenüber und mit dem Rücken zur Fahrtrichtung auf dem Klappstuhl sitzt, grinst, als wär's Weihnachten, als wär's sein eigener Triumphzug. Was es gewissermaßen ja auch ist, der krönende Abschluss seiner Manöver in Bosnien. Das will Franz Ferdinand ihm durchaus zugestehen.

Ein Blick auf Sophie bestätigt, dass auch sie die Fahrt und den Jubel genießt. Sie hat schließlich viel zu selten Gelegenheit, öffentlich an seiner Seite aufzutreten. Hier in Sarajevo ist sie endlich als die gewürdigt worden, die sie ist, die charmante Gemahlin des österreichisch-ungarischen Thronfolgers. Nach seinen Wünschen auch die zukünftige Kaiserin. Wenn man es denn nur erlauben würde.

Plötzlich sieht Franz Ferdinand etwas von der anderen

Straßenseite her auf sie zufliegen. Er reißt den Arm hoch, um es abzuwehren, da knallt das Ding hinter ihm auf das zusammengefaltete Verdeck. Er dreht sich gerade um, als es hinter ihnen einen fürchterlichen Knall gibt, gefolgt vom Klirren berstender Fensterscheiben und einem Geräusch, als träfen Steine mit Wucht den Wagen. Dann folgt der gellende Aufschrei der Menge. Was war das? Eine Bombe?

»Oh mein Gott!«, schreit Sophie.

»Halten Sie an!«, brüllt Franz Ferdinand. Aber der Wagen fährt weiter. Potiorek sitzt da wie gelähmt und starrt nach hinten. »Jetzt halten Sie verdammt noch mal an!«, brüllt Franz Ferdinand ein zweites Mal dem Fahrer zu. Der tritt endlich so scharf auf die Bremse, dass es die Insassen fast von den Sitzen schleudert. Die beiden Fahrzeuge vor ihnen haben ebenfalls angehalten. Polizisten rennen auf sie zu. Die gellenden Schreie der Menschenmenge scheinen zuzunehmen.

Franz Ferdinand blickt sich um und starrt ungläubig auf das Blutbad hinter ihnen. Da steht der nachfolgende Wagen, Motorhaube und das rechte Vorderrad zertrümmert, Dampf entweicht zischend aus dem Kühler. Blutbesudelt liegt ein Uniformierter am Boden. Der muss aus dem Fond gestürzt sein.

»Was um Himmels willen war das, Franzi?« Sophie ist der Panik nahe. Er hört es an ihrer Stimme. Auch sie hat sich umgedreht und wird bei dem Anblick, der sich ihr bietet, schreckensbleich.

»Harrach!«, befiehlt der Erzherzog mit unsicherer Stimme. »Sehen Sie mal nach, was da los ist.«

Harrach öffnet die Wagentür und steigt langsam aus. Der Anblick überwältigt auch ihn. Menschen schreien, weichen zurück, stürzen in ihrer Hast davonzukommen, andere trampeln über sie hinweg. Die Fenster des benachbarten Ladens sind zertrümmert, überall liegen Verwundete. Ein Mann mit blutüberströmtem Gesicht wankt wie ein Nachtwandler über die Straße. Ein anderer hält eine ohnmächtige Frau im Arm, die offensichtlich verletzt ist. Eine Mutter wirft sich entsetzt über ihr blutendes Kind. Ein junger Kerl windet sich am Boden und schreit zum Erbarmen. Er ist nicht der Einzige.

Dem Büchsenspanner Schneiberg fällt plötzlich ein, dass der Erzherzog immer noch gefährdet ist, springt aus dem Wagen und stellt sich vor den Thronfolger, als wolle er ihn mit dem eigenen Leib schützen.

Harrach wankt zehn Schritte vor, kehrt dann zurück. »Ich denke Oberstleutnant Merizzi hat es erwischt«, sagt er und lässt sich benommen auf den jetzt vakanten vorderen Beifahrersitz fallen, sichtlich erschüttert. Potiorek, gegenüber dem Thronfolger, geht es nicht anders, er scheint einen Augenblick lang völlig neben sich zu sein. Und auch die Herzogin blickt mit offenem Mund und schreckstarr vor sich hin, ihre Hände ineinander verkrampft, ganz offensichtlich unter Schock.

Fünfzig Meter hinter ihnen starrt Nedeljko mit weit aufgerissenen Augen auf das plötzliche Chaos vor seinen Augen. Er kann kaum glauben, was die Bombe angerichtet hat. Mit so viel zerstörerischer Wucht hat er gar nicht gerechnet. Und doch hat er sein Ziel verfehlt. Der Wagen des Thronfolgers ist unberührt und fünfzig Meter weiter zum Stehen gekommen.

Scheiße, Scheiße, Scheiße! Wie konnte das passieren? Hastig sieht er sich um. Wo sind Muhamed und seine Arschgeigen? Die sollten jetzt das Durcheinander nutzen und angreifen. Aber nichts dergleichen geschieht. Stattdessen stürmen aus allen Richtungen Polizisten auf den beschädigten Wagen zu, andere auf das Fahrzeug des hohen Paars. Ihm wird klar, es ist zu spät, das Ganze war ein Fehlschlag. Der Thronfolger lebt, und er hat versagt.

Aber ihn sollen sie nicht erwischen. Wie im Traum und ohne nachzudenken klettert Nedeljko auf die Mauer – noch hindert ihn niemand daran –, zögert kurz und lässt sich fallen. Die Landung ist hart und schmerzhaft. Hat er sich was gebrochen? Nein. Ist auch egal. Jetzt ist ohnehin alles zu spät.

Sein Herz hämmert wie wild in der Brust. Er watet tiefer zur Flussmitte, wo das Wasser ihm bis zu den Oberschenkeln reicht. Er greift in die Hosentasche und zieht mit zitternden Händen die Giftkapsel heraus, schraubt den Verschluss ab und kippt sich das Glasröhrchen in den Mund. Einen Augenblick lang zögert er. Dann schließt er die Augen und beißt mit Todesmut zu. Adieu, schöne Welt.

Markovic befindet sich hundertfünfzig Meter von der Ćumurija-Brücke entfernt, als die Bombe hochgeht und die Schreie der Menge zu hören sind. Er zuckt zusammen. Mein Gott, es ist passiert! Er stößt Passanten beiseite, um auf die Straße zu gelangen, und läuft, so schnell er kann, auf die Stelle des Anschlags zu. Auch andere Polizisten und Zivilbeamte rennen zum Tatort und zum Wagen des Thronfolgers. Als Markovic sich den drei führenden Fahrzeugen nähert, merkt er erleichtert, dass der Wagen des Thronfolgers unberührt geblieben ist.

Mayerhoffer im ersten Wagen ist gerade dabei auszusteigen. »Bleiben Sie sitzen!«, ruft Markovic ihm zu. »Fahren Sie zum Rathaus.«

Bei Gedes Wagen hält er an. »Sie können hier nicht bleiben!« Er winkt auch dem Fahrer des Erzherzogs zu. »Los! Weiterfahren, sofort!« Und dann wieder scharf an Gede gewandt: »Fahren Sie erst mal zum Rathaus. Das ist gesichert. Brechen Sie den Empfang beim Bürgermeister ab, und überzeugen Sie seine Hoheit, einen anderen Rückweg zu nehmen. Es könnten noch weitere Attentäter auf der Lauer liegen.«

Gede wirkt verwirrt. »Wie kommen Sie darauf?«

»Reden Sie nicht! Fahren Sie einfach los, verdammt noch mal!«

Er rennt zum Wagen des Thronfolgers, der sichtlich erschüttert, aber mit steinernem Gesicht im Fond sitzt, geschützt von Schneiberg, der sich jetzt neben ihn auf das Trittbrett gestellt hat. Auch drei Uniformierte haben sich mit gezogenen Waffen um den Wagen gestellt. Auf dem Rücksitz erkennt Markovic die Herzogin, die aussieht, als habe sie ein Monster gesehen. Sie klammert sich heftig atmend an ihren Sitz. Potiorek öffnet den Schlag, um auszusteigen, aber Markovic stößt ihn auf den Sitz zurück. »Zum Rathaus! Bringen Sie sofort den Thronfolger in Sicherheit!« Dann brüllt er den Fahrer an. »Worauf wartest du noch, du Idiot? Schnell weg von hier! Gib Gas!«

Potiorek starrt ihn an und nickt. Endlich setzt sich der Wagen in Bewegung und folgt den zwei anderen, die ebenfalls angefahren sind und mit zunehmender Geschwindigkeit die letzten dreihundert Meter bis zum Rathaus rasen.

Markovic blickt zur Stelle der Explosion. Aus dem Kühler des schwer beschädigten Wagens steigt Dampf. Überall Verletzte. Erste Helfer, die sich über sie beugen. Sanitäter werden jetzt gebraucht, um Leben zu retten. Verdammt, sie hätten Feldtelefone verlegen sollen! Aber daran hat natürlich keiner gedacht.

Er packt einen der Polizisten am Arm. »Finden Sie irgendwo ein Telefon, und alarmieren Sie das Krankenhaus. Aber schnell!« Zu den anderen Polizisten: »Stehen Sie nicht rum! Helfen Sie den Verwundeten!«

Dann schaut er sich um. Wo ist der verdammte Kerl, der das angerichtet hat? Und wo ist Simon?

Gegenüber der Stelle, wo die Bombe explodiert ist, und etwa hundert Meter entfernt, befindet sich Jovo Princip ebenfalls unter den Neugierigen.

Mein Gott!, es ist wirklich passiert, denkt er starr vor Schreck. So wie die beiden Männer vom Geheimdienst es vermutet haben. Aber wer hat die Bombe geworfen? Doch nicht etwa Gavrilo?

Während auf der Straße wüstes Chaos herrscht, Frauen kreischen, Leute davonrennen, ihn beinahe umstoßen und Verwundete um Hilfe rufen, bemerkt er, wie jemand von der Mauer in den Fluss springt, hart landet, sich aufrappelt und dann weiter in die Mitte watet. Jovo beugt sich über die Mauer, um besser zu sehen. Der Kerl steckt sich etwas in den Mund. Seltsam.

Zum Glück ist es nicht Gavrilo. Dazu kennt er seinen Bruder zu gut. Sieht eher nach dessen Freund aus, diesem Nedeljko. Jetzt springen noch zwei Männer in den Fluss. Und noch einer. Sie kämpfen mit dem jungen Kerl, der laut brüllt und heftig um sich schlägt. Einer der Männer reißt ihm schließlich von hinten die Jacke runter, sodass er sich nicht mehr wehren kann.

Jovo glaubt, den Geheimdienstmann zu erkennen, der bei ihm im Sägewerk war. Hieß der nicht Simon? Nedeljko – wenn er es denn ist – ist plötzlich lammfromm, und dieser Simon legt ihm Handschellen an. Dann führen sie ihn ab, dorthin, wo eine Treppe an der Brücke hinauf zum Appel-Kai führt.

Werden sie Gavrilo jetzt auch verhaften? Wenn es stimmt, was man ihm gesagt hat, gehört sein Bruder auch zu den Verschwörern. Jovo muss sich setzen. Ihm ist plötzlich ganz schlecht geworden. Sein kleiner Bruder ein Landesverräter und Terrorist? Ist das zu glauben?

Muhamed hat alles gesehen. Dabei ist er gefährlich nahe am Geschehen gewesen, ausgerechnet er, der Nedeljko davor gewarnt hatte. Beinahe hätte er selbst ein Stück der Bombe abbekommen. Keine fünf Zentimeter ist das Schrapnell an ihm vorbeigezischt und in die Hauswand eingeschlagen.

Verängstigte Menschen hasten vorbei. Eine weinende Mutter, die zwei kleine Kinder hinter sich herzerrt. Er selbst steht dicht an der Wand und starrt auf das Blutbad vor seinen Augen. Die Explosion hat Verwundete hinterlassen, bestimmt an die zwanzig. Vielleicht sogar Tote.

Nedeljko hat's versaut, so viel ist klar. Der Wagen des Thronfolgers ist unbeschädigt und jetzt von mehreren Polizisten umgeben. Zu spät, nichts mehr zu machen. Er gibt Popović, der zwanzig Meter weiter auf der anderen Straßenseite steht, ein Zeichen, die Sache abzublasen.

Plötzlich steht Danilo vor ihm. »Warum habt ihr nicht angegriffen?«, zischt er ihn an.

»Das siehst du doch«, faucht Muhamed leise zurück. »Nedeljko hat's versaut. Jetzt ist es zu spät.« Er deutet auf den Wagen des Thronfolgers, der jetzt anfährt. »Wir wären nicht mehr rangekommen.«

»Du hast zu lange gewartet. Du bist ein Feigling, weißt du das?«

»Das musst du mir gerade sagen. Verdrück dich lieber, bevor sie dich erwischen. Die wissen, wer du bist.«

»Die werden bald auch von dir wissen.«

»Wieso?«

»Hast du's nicht gesehen? Sie haben Nedeljko geschnappt. Entweder hat er das Zyanid nicht geschluckt, oder das Gift hat nicht gewirkt. Die werden ihn zum Reden bringen, darauf kannst du dich verlassen.«

Markovic ist zur Stelle, als sie den Gefangenen die Treppe hochbringen. Der wehrt sich nicht mehr, sieht wie ein Häufchen Elend aus, mit nassen Hosen und wirren Haaren, mit einem verzweifelten Blick in seinem jungen Gesicht und Blut auf den Lippen. Das also ist Nedeljko Čabrinović. Nach dem Foto eindeutig zu erkennen.

»Wieso blutet der am Mund?«, fragt er. »Habt ihr ihn geschlagen?«

Simon schüttelt den Kopf. »Hat sich vielleicht auf die Zunge gebissen.«

Markovic beobachtet, wie ein Sanitätswagen laut hupend ankommt. Na endlich! Ein Arzt und zwei Pfleger steigen aus und fangen sofort an, sich um Verwundete zu kümmern. Auch ein Polizeifahrzeug nähert sich mit Sirene.

»Siehst du, was du angerichtet hast?«, fährt Markovic den Gefangenen an und deutet auf die Verletzten am Boden. »Dein Plan ist nicht aufgegangen, du Arschloch. Der Thronfolger ist bei guter Gesundheit. Aber unschuldige Menschen hast du ins Unglück gestürzt. Einige vielleicht sogar umgebracht. Für nichts!«

Nedeljko hält die Augen niedergeschlagen. Tränen laufen ihm über die Wangen. »Jetzt flennt der auch noch«, knurrt Simon. »Bringt ihn in den Konak«, sagt er zu den beiden Polizisten in Zivil. »Ich nehm ihn mir gleich vor.« Er blickt an sich herunter auf die nassen Hosenbeine und Schuhe. »Ausgerechnet mein bester Anzug. Ich sollte mich umziehen gehen.«

»Von wegen!«, erwidert Markovic. »Die Sache ist noch nicht zu Ende. Es waren vier. Die anderen drei liegen vielleicht noch auf der Lauer.«

»Ach was! Die sind doch längst getürmt«, sagt Simon.

»Wartet mal! Den müssen wir erst mal verhören«, ruft Markovic den beiden Männern zu, die Nedeljko bereits zum

Polizeiwagen bringen wollen. »Wo sind die anderen?«, fragt er Nedeljko. »Ihr wart doch zu viert.«

Der starrt ihn trotzig an. »Keine anderen«, murmelt er.

Markovic schlägt ihm ins Gesicht. »Lüg nicht. Wo sind sie? Gavrilo Princip, Danilo Ilić und Trifko. Wir wissen, dass ihr das gemeinsam ausgeheckt habt. Also, wo sind sie?«

Nedeljkos Augen blinken erschrocken. Wahrscheinlich hat er nicht erwartet, dass sie alle Namen kennen. Doch dann spuckt er Markovic ins Gesicht. »Ich sage nichts!«

»Versuch du, es aus ihm rauszukriegen, Simon.« Markovic wischt sich den blutigen Schleim aus dem Gesicht. »Aber beeil dich! Erst wenn wir alle haben, können wir uns sicher fühlen.«

Sarajevo, 10:30 Uhr, vor dem Rathaus

Franz Ferdinand ist nicht der Einzige, der nach dem Anschlag einige Minuten lang verwirrt und desorientiert ist. Die schöne Fahrt durch die Stadt bei herrlichem Wetter an fröhlich winkenden Menschen vorbei … und dann der gewaltige Knall, die Schreie, die Verwundeten, das Blut auf der Straße. Und die Erkenntnis, dass er selbst nur knapp dem Tod entkommen ist. Durch eine Gewalttat, die ihn tief in der Seele erschüttert. Wer so etwas nicht erlebt hat, wird kaum nachvollziehen können, was in solchen Augenblicken in einem vorgeht.

Während der kurzen Fahrt zum Rathaus erholt Franz Ferdinand sich jedoch rasch. Vielleicht, weil er Jäger und der Tod ihm nicht fremd ist. Oder weil er als Soldat gedient hat.

Sophie dagegen ist immer noch außer sich. »Oh Gott!«, stößt sie hervor. »Oh Gott!«

Eine Panikattacke hält sie fest im Griff. Sie ist rot im Gesicht, hält beide Hände um den Hals geklammert. Sie atmet heftig und stoßweise, als drohe sie zu ersticken. Franz Ferdinand legt den Arm um sie und versucht, sie zu beruhigen. Doch es gelingt ihm nicht.

Als der Wagen hinter den anderen beiden Fahrzeugen vor dem Rathaus hält, stehen der Bürgermeister und viele andere vor dem Eingang, um sie zu empfangen. Wahrscheinlich haben die noch gar nicht mitbekommen, was passiert ist. Zum Glück ist hier alles von Polizisten abgesperrt. Auch die Männer, die den beiden anderen Wagen entsteigen, sind Polizisten, wie er weiß. Das ist beruhigend.

»Halten Sie uns erst mal die Leute vom Hals«, blafft er

Potiorek an, ebenfalls dabei, den Wagen zu verlassen. »Wir brauchen hier einen Moment.«

»Selbstverständlich«, murmelt Potiorek, der seine selbstgefällige Art noch nicht wiedergefunden hat, weil ihm noch der Schreck in den Gliedern steckt. »Ich regle das, Hoheit. Sollen wir den Empfang absagen?«

Franz Ferdinand schüttelt den Kopf. »Nein, nein! Auf keinen Fall!« Er wendet sich wieder seiner Frau zu, die immer noch nach Luft ringt.

»Die ... wollten uns ... umbringen, Franzi!«, schluchzt sie von zwanghaftem Atemholen unterbrochen, kaum fähig, das Schreckliche in Worte zu fassen. »Warum? Was ... haben wir ... ihnen getan?« Ihre Augen quellen über, Tränen rinnen ihr an den Wangen herunter. Ihr flacher Atem kommt krampfhaft und stoßweise, will sich nicht beruhigen. Dabei zittert sie am ganzen Leib. »Mein Herz rast, Franzi ... ich kann nicht ... atmen.«

»Sophie, Liebes. Du musst dich jetzt beruhigen.«

Er legt die Arme um sie und hält sie fest an sich gedrückt. »Es ist vorbei, Schatzerl. Wir leben. Denk an die Kinder.«

Doch das lässt sie nur noch heftiger aufschluchzen. »Ach, die Kinder!«, stöhnt sie. »Nicht auszudenken!«

»Es ist nichts passiert, Sopherl. Morgen sind wir wieder daheim.«

»Nichts passiert?« Sie macht sich von ihm los. Ihre Unterlippe zittert. »Die armen Leute«, flüstert sie. »Denk an die armen Leute.«

Die armen Leute sind ihm in diesem Augenblick so ziemlich egal. Nur Sophie zählt. Das krampfhafte Atemholen hat sich ein wenig gelegt. Trotzdem ist sie immer noch in einem Zustand nervlicher Überforderung. Es ist schrecklich, sie so zu sehen. Hätte ich sie doch nur zu Hause gelassen, fährt es ihm durch den Sinn. Dann entdeckt er etwas Blut an ihrem

Hals, nichts Schlimmes, nur eine kleine Schramme. Doch der Anblick nimmt ihm für einen Augenblick den Atem. Als habe sein Herz für Sekunden zu schlagen aufgehört. Das muss ein Bombensplitter gewesen sein. Zwei Zentimeter weiter, und sie wäre tot.

»Was ist, Franzi?«, fragt sie ängstlich.

»Nichts, Herzl!« Er zieht den Kragen ihres Kleids etwas höher, um den Kratzer zu bedecken. »Versuch, erst mal ruhig durchzuschnaufen. Ich bitte dich.«

»Ich versuch's ja«, stammelt sie und holt tief Luft.

»Noch mal.« Er streichelt ihr die tränennasse Wange. »So ist's gut. So ist's gut, mein Schatz. Ich liebe dich.«

»Ach, Franzi«, haucht sie und greift nach seiner Hand. Sie scheint sich ein wenig beruhigt zu haben.

»Du musst jetzt stark sein, Sopherl. Denk daran, wir sind Habsburger. Wir herrschen seit mehr als sechshundert Jahren. Wir sind Könige und Kaiser. Wir geben uns keine Blöße. Und wir lassen uns von solchem Abschaum nicht entmutigen. Nicht einmal beeindrucken. Hast du mich verstanden?«

Sie nickt.

»Atme noch ein paarmal tief durch, und dann gehen wir erhobenen Hauptes da rein und tun unsere Pflicht, wie es sich für Habsburger gehört.«

»Ja, Franzi«, flüstert sie und wischt sich die Tränen von den Wangen. »Du hast recht. Es geht mir auch schon besser.«

Sarajevo, 10:35 Uhr, nahe der Lateinerbrücke

Gavrilo ist verwirrt und verunsichert. Dass Nedeljko die Bombe gezündet hat, ist nicht zu überhören gewesen. Der laute Knall, die Schreie der Menge. Auch nicht, dass es Opfer gegeben haben muss. Aber eben nicht das gewünschte, denn vor wenigen Minuten ist der Wagen des Thronfolgers vorbeigebraust. Viel zu schnell, um zu reagieren. Außerdem hat ein Mann auf dem Trittbrett gestanden.

Beim Vorbeifahren hat er nur einen kurzen Blick auf die Insassen werfen können – keiner von ihnen schien in irgendeiner Weise verletzt zu sein. Auch der Wagen ist ihm völlig unbeschädigt vorgekommen. Wie hat das passieren können? Hat Nedeljko sein Ziel so gänzlich verfehlt? Nach der Explosion waren auch keine Schüsse zu hören gewesen. Was war mit Muhamed? Was hat ihn daran gehindert, seinen Teil beizutragen? Hat der Kerl gekniffen? Und die anderen? Popović, die Brüder Čubrilović?

Zuerst hat er seinen Platz an der Ecke nicht verlassen wollen, doch dann ist ihm aufgefallen, dass sich nahe der Ćumurija-Brücke Leute über die Mauer beugten. Ist Nedeljko nach erfolgter Tat in den Fluss gesprungen, so wie Danilo es ihm eingebläut hat? Vorsichtshalber hat Gavrilo nach dem Mann von vorhin, dem im feinen Anzug, Ausschau gehalten. Aber der war nirgends zu entdecken. Natürlich, wenn der Kerl vom Geheimdienst war, ist er wahrscheinlich zum Anschlagsort gelaufen. Daraufhin ist er selbst auf die andere Straßenseite gewechselt und auf die Lateinerbrücke gerannt, von wo aus man einen guten Blick auf das Flussbett hat.

Ja, tatsächlich! Da war Nedeljko. Mitten im Fluss hat

er gestanden, bis zu den Oberschenkeln im Wasser, die Jacke heruntergerissen, das Hemd aus der Hose und von drei Männern umringt. Die müssen ihn überwältigt haben. Man konnte deutlich sehen, wie sie ihm Handschellen angelegt und zur Treppe bei der Brücke geführt haben. Eigentlich hat Gavrilo erwartet, seinen Freund als Leiche im Fluss treiben zu sehen und nicht als Gefangenen der Polizei. Hat er denn seine Zyanidkapsel nicht genommen?

Das war vor etwa fünf Minuten. Inzwischen befinden sich wieder mehr Leute am Ort der Explosion. Sie scheinen sich um die Verletzten zu kümmern. Ein Sanitätsfahrzeug steht da und ein Motorwagen, der ziemlich beschädigt aussieht. Nedeljko muss sich geirrt und die Bombe auf den falschen Wagen geworfen haben. So ein verdammtes Pech! Dabei sind allem Anschein nach Menschen zu Schaden gekommen. Er sieht, wie eine Bahre auf den Sanitätswagen gehoben wird. Natürlich haben sie gewusst, dass das passieren würde. Trotzdem überfällt ihn ein heftiges Schuldgefühl. Wenn sie wenigstens ihr Ziel erreicht hätten. Aber so?

Die Polizei hat inzwischen eine Gasse für die drei restlichen Wagen der erzherzoglichen Kolonne frei gemacht, die nun vorsichtig das zerstörte Auto umfahren und dann in Richtung Rathaus beschleunigen. Von der Lateinerbrücke aus kann Gavrilo beobachten, wie sie zweihundert Meter von ihm entfernt vor dem Rathaus und hinter den anderen drei Wagen zum Stehen kommen. Männer steigen aus und reden mit den vielen Polizisten, die dort die Straße und den Zugang zum Gebäude sichern. Der Thronfolger, den man an seinem Federbusch erkennen müsste, ist nirgends zu sehen. Auch nicht das weiße Kleid der Herzogin. Sie sind also beide ins Rathaus gegangen.

Wo ist eigentlich Trifko?, fällt Gavrilo ein. Hat der sich verdrückt? So wie Muhamed und Popović? Bei Trifko überrascht ihn das eigentlich nicht. Ist er selbst jetzt der Einzige, der von allen noch an seinem Platz ist?

Schließlich kehrt er zu seiner Ecke zurück, um das weitere Geschehen zu beobachten und darüber nachzudenken, was er jetzt tun soll. Das Attentat ist fehlgeschlagen. Es hat alles nicht so geklappt, wie sie es geplant haben. Der Erzherzog ist entkommen und in Sicherheit. Nedeljko haben sie erwischt, und aus irgendeinem Grund hat er sein verdammtes Zyanid nicht geschluckt. Jetzt werden sie ihn verhören, wahrscheinlich schlagen und foltern. Wie lange wird es dauern, bis er alles verrät? Eine Stunde? Einen Tag?

Und dann werden sie uns kriegen.

Eine tiefe Niedergeschlagenheit erfasst ihn. Ein brennendes, beschämendes Gefühl von Versagen. Es ist alles aus. Ihr Plan, ihre Mühen, ihre Vorbereitungen, alles umsonst. Der verfehlte Bombenanschlag wird bald vergessen sein. Von ihrem heroischen Versuch wird nichts übrig bleiben. Vor allem wird es nichts ändern, rein gar nichts. Alles wird so bleiben, wie es ist.

Aber uns werden sie jagen und am Ende finden. Ja, denkt Gavrilo, man wird auch ihn verhaften, so wie Nedeljko. Zu fliehen ist sinnlos. Dazu hätte er auch gar nicht mehr die Kraft. Wie Nedeljko will er trotzdem nicht enden. Nicht in ihren Kerkern. Am besten sollte er sich gleich hier erschießen. Bevor sie ihn erwischen. Denn was kann er jetzt noch ausrichten? Den Thronfolger wird er nicht mehr vor die Pistole bekommen. Jetzt, nach dem Bombenanschlag, werden sie ihn und seine Frau sicher aus der Stadt bringen.

Er schiebt die Hand in die Hosentasche und umfasst den Griff der Browning. Ein Schuss unters Kinn oder durch die Schläfe, und es ist vorbei. Warum nicht? Mit dem Daumen könnte er die Browning jetzt entsichern, sie herausnehmen und seinem Leben ein Ende bereiten. Völlig schmerzlos.

Aber er tut es nicht. Denn auf einmal sieht er einen älteren Herrn im Sonntagsgewand, der ihm vom Anschlagsort her entgegenkommt. Der Mann scheint Mühe zu haben, auf den Beinen zu bleiben. Er wankt, als wäre er betrunken. Mit der Rechten stützt er sich auf seinen Gehstock, mit der anderen fasst er sich ans Herz, als ginge es ihm nicht gut. Jetzt bleibt er stehen und lehnt sich mit dem Rücken an eine Hauswand. Die Hand fährt hoch und bedeckt die Augen. Seine Schultern zucken. Er scheint zu weinen.

Gavrilo weiß, wer das ist. Er hat ihn längst erkannt. Es ist Nedeljkos herzloser Vater. Jetzt wohl nicht mehr so herzlos. Fast tut der Mann ihm leid. Muss schrecklich für einen Vater sein, zuzusehen, wie sein eigener Sohn eine Bombe wirft, Menschen tötet und dann wie ein Verbrecher abgeführt wird. Plötzlich sieht er Vukosava vor sich, wie er sie zuletzt gesehen hat. Feuchte Augen hatte sie beim Abschied. Nein, an sie will er nicht denken.

Er dreht dem Alten den Rücken zu, um nicht erkannt zu werden.

Sarajevo, 10:42 Uhr, vor dem Rathaus

Die Herzogin sitzt bereits wieder in Graf Harrachs Phaeton. Sie hat sich gefangen. Äußerlich jedenfalls. Denn beim Anblick dieses Automobils ist ihr erneut für einen Augenblick das Zittern gekommen. Doch seither hat sie sich wieder im Griff. Sie hofft, dass man ihr den Schrecken des Bombenattentats nicht mehr ansieht. Jedenfalls bemüht sie sich wahnsinnig, Haltung zu bewahren und nicht daran zu denken. Oben im Rathaussaal hat sie sogar mit freundlichem Lächeln den obligatorischen Blumenstrauß aus der Hand eines Kindes in Empfang nehmen können. Aber, mein Gott!, was kostet sie das Kraft. So viel Kraft! Wenn sie doch nur schon zu Hause wäre!

Zum Glück hat die Zeremonie nicht lange gedauert. Als Bürgermeister Čurčić zu seiner kurzen Willkommensrede ansetzen wollte, hat Franz Ferdinand ihn brüsk unterbrochen und scharf gefragt, wie es käme, dass man in dieser Stadt Bomben auf ihn würfe. Davon waren alle Anwesenden, besonders der arme Bürgermeister, natürlich peinlichst berührt. Aber das war der einzige unangenehme Moment. Čurčić hat sich anschließend kurzgefasst, Franz Ferdinand in seiner Erwiderung ebenfalls. Ein paar Worte mit muslimischen Frauen, ein paar Händedrücke, und die Sache war für sie vorbei. Gott sei Dank!

Die Herren stehen etwas abseits auf dem Bürgersteig und erörtern, wie sie auf den Attentatsversuch reagieren sollen, wie es jetzt weitergehen soll. Kommissär Gede berichtet, dass der Geheimdienst vermutet, noch andere Verschwörer könnten sich in der Stadt aufhalten. Er schlägt vor, das hohe Paar in einen anderen Wagen mit verschlossenem Verdeck zu setzen und vor allem auf einer anderen Route als der veröffentlichten zum Bahnhof zu fahren. Aber der Erzherzog will sich nicht darauf einlassen. Abschaum wie diesen Terroristen dürfe man nicht nachgeben, insistiert er. Wie sähe das denn aus?

Major Höger schlägt vor, die Straßen durch Militär räumen zu lassen. Aber auch das wird abgelehnt. Die Truppen aus dem Manöver hätten verdreckte Uniformen, wirft Potiorek ein. Das sei nicht angemessen. Außerdem könne der Zeitplan so nicht eingehalten werden. Potiorek steht ganz offensichtlich unter Stress. Schlimm genug, was gerade passiert ist. Seiner Karriere kann er wohl Ade sagen. Jetzt soll auch noch sein Zeitplan durcheinandergebracht werden? Zumal er es für ausgeschlossen hält, dass noch weitere Attentäter unterwegs sind. Und das sagt er auch. Als ob nicht sein könne, was nicht sein dürfe.

Der Erzherzog stimmt ihm zu. Kein Militär. Er habe es schließlich nicht nötig, sich hinter Bajonetten zu verstecken. Was für einen Eindruck würde das denn machen? Zumindest lässt er sich von Gede überreden, die Route zu ändern. Den Museumsbesuch wird man auslassen. Statt wie ursprünglich vorgesehen den Weg durch die Altstadt zu nehmen, soll die Fahrzeugkolonne daher geradeaus durchfahren, und zwar in der gleichen Reihenfolge wie zuvor. Unterwegs wird man noch am Krankenhaus anhalten, da Franz Ferdinand sich nach dem Befinden des Oberstleutnant Merizzi erkundigen will. Allein die Herzogin soll zur Sicherheit in einem anderen Fahrzeug fahren.

Die Chauffeure und weiteres Begleitpersonal warten schon in ihren Motorwagen. Die Herren gehen auseinander, um ebenfalls einzusteigen. Gede begleitet den Thronfolger, um die Herzogin einzuladen, in seinem Wagen mitzufahren.

»Aber wieso?«, fragt sie.

»Zu deiner Sicherheit, Sopherl«, sagt Franz Ferdinand.

Sie sieht Gede an, der abwartend neben dem Phaeton steht, blickt zögernd zu den anderen Wagen hinüber, dann zurück zu Gede. »Nein«, sagt sie dann mit bemüht fester Stimme. »Solange der Erzherzog sich heute in der Öffentlichkeit zeigt, ist mein Platz an seiner Seite.«

Sarajevo, 10:43 Uhr, auf dem Appel-Kai

Während sich der Thronfolger und seine Gemahlin noch im Rathaus befinden, haben zwei Einsatzleiter der Polizei wissen wollen, ob es bei der Anordnung bleibe, dass alle Kräfte jetzt an der geplanten Rückroute Posten beziehen sollen. Markovic musste einen Augenblick überlegen, denn er hatte Kommissär Gede aufgetragen, den Thronfolger über einen anderen Weg zurück zum Bahnhof zu bringen. Aber ob man auf ihn hören würde?

»Ja. Es bleibt dabei«, entschied er schließlich. »Wir haben noch nicht alle Mitglieder dieser Bande gefasst. Besonders der Weg durch die Altstadt könnte gefährlich werden. Die Männer sollen sich beeilen. Wer weiß, was uns noch bevorsteht.«

Danach haben Markovic und Simon sich noch einmal auf Nedeljko gestürzt, um aus ihm herauszuquetschen, wo seine Mitverschwörer stecken. Dabei sind sie nicht gerade schonend mit ihm umgegangen, aber der Kerl ist verstockt und will nichts sagen. Nass, weinend, vom Flusssand verdreckt und nach dem heftigen Verhör aus Mund und Nase blutend hat Simon ihn schließlich in den Polizeiwagen gesteckt, um mit ihm zu weiteren Befragungen zum Konan zu fahren.

Den von der Bombe beschädigten Motorwagen hat man zur Seite geschoben, um einem zweiten Sanitätswagen Platz zu machen. In den werden gerade zwei Verletzte auf Tragen gehoben. Mehrere leichter Verwundete werden am Straßenrand behandelt. Ein Wunder, dass es keine Toten gegeben hat.

Hätte ich mit Gede zum Rathaus fahren sollen?, fragt Markovic sich. Nein. Sollen Gede und Mayerhoffer sich doch selbst bemühen, den Herren Vernunft einzureden. Im Grunde sollten sie das hohe Paar in einen geschlossenen Wagen mit verhängten Fenstern stecken und unter Polizeischutz zum Bahnhof fahren. Am besten mit einer Eskorte Kavallerie aus der Garnison. Aber das würde natürlich Potioreks Idyll vom umjubelten Thronfolger zunichtemachen. Dabei hat die Bombe das schon längst getan.

Markovic beschließt, vorerst auf der Straße zu bleiben, um weiter nach den drei übrigen Verschwörern Ausschau zu halten. Wahrscheinlich sind sie inzwischen getürmt, wie Simon glaubt, vielleicht aber auch nicht. Vielleicht lauern sie noch irgendwo auf eine zweite Gelegenheit. Leider sind immer noch viele Leute unterwegs. Fast noch mehr als zuvor. Einige sind zwar nach dem Anschlag in Panik davongelaufen, dafür sind eine Menge Gaffer gekommen, um das zerstörte Auto zu bestaunen und sich am Anblick der Verletzten zu weiden. Es geht zu wie auf einer verdammten Kirmes.

Die meisten Polizisten haben nach seiner Anweisung den Appel-Kai verlassen, um sich auf die Rückroute zu verteilen. Jedenfalls sieht man nur noch wenige Uniformen. Der normale Verkehr ist allerdings immer noch gesperrt. Markovic drängt sich durch die Menge der Schaulustigen und marschiert auf der linken Straßenseite in Richtung Schillers. Nach der offiziellen Ankündigung war vorgesehen, dass die Kolonne auf der Rückfahrt dort in die Altstadt einbiegt, um dann weiter zum Landesmuseum zu fahren. Die Franz-Joseph-Straße ist nicht besonders breit. Die Wagen werden die Kurve deshalb nur langsam nehmen können, das heißt, sollten sie am alten Plan festhalten. Eigentlich ein idealer Standort für Attentäter. Daran hätte er schon früher denken sollen.

Als er sich der Ecke gegenüber Schillers nähert, läuft ihm Svjetlana in die Arme. Ausgerechnet! Sie muss in Eile gewesen sein, denn sie ist rot vor Anstrengung, und eine Haarsträhne hängt ihr ins Gesicht.

»Rudi!«, ruft sie atemlos. »Mein Gott, wie schrecklich!«

Markovic hält sie fest. »Svjetlana! Was machst du hier?«

»Ich musste einfach kommen. Ich hatte Angst, dass du da mittendrin steckst.«

»Hast du gesehen, was passiert ist?«

»Nein. Aber der Knall war ja in der ganzen Stadt zu hören. Da hab ich mir schnell was übergeworfen und bin hergeeilt. Unterwegs hab ich Leute getroffen, die was von einem Bombenanschlag gesagt haben. Wie schlimm ist es?«

»Es hat eine Menge Verletzte gegeben, aber der Thronfolger und seine Frau sind wohlauf.«

»Gott sei Dank!« Svjetlana legt beide Arme um ihn und den Kopf an seine Brust. »Ich bin so froh, dass dir nichts passiert ist. Ich hatte schon die schlimmsten Befürchtungen.« Sie bemerkt etwas Hartes unter seinem Arm und berührt es. »Was ist das?«

»Nur meine Dienstpistole. Wieso denkst du …?«

»Warst du denn nicht als Begleitschutz dabei?«

»Nein. Simon und ich haben uns hier auf der Straße unter die Leute gemischt in der Hoffnung, die Burschen vielleicht rechtzeitig zu erkennen. Hat aber nicht geklappt. Zumindest haben wir den Bombenwerfer festgenommen.«

Sie sieht ihn mit großen Augen an. »Und wer ist es?«

»Nedeljko Čabrinović.«

Svjetlana schlägt entsetzt die Hand vor den Mund. »Also doch. Ach, die arme, arme Schwester!«

»Denk lieber an die Verletzten. Tote hat es zum Glück nicht gegeben. Aber du hättest nicht kommen sollen, Svjetlana. Es könnte gefährlich sein. Die anderen drei Bastarde laufen nämlich noch irgendwo herum. Wer weiß, wo die stecken.«

Er legt schützend beide Arme um sie und zieht sie an sich. Für einen Augenblick sind die Attentäter vergessen. Menschen gehen an ihnen vorbei. Einige starren sie neugierig an. Zärtlichkeiten in der Öffentlichkeit sind nicht schicklich und daher ungewöhnlich. Doch weder Markovic noch Svjetlana kümmern sich darum.

»Hast du meine Karte bekommen?«, fragt sie schüchtern. In ihrer Stimme schwingt eine Spur Unsicherheit.

»Natürlich.« Er nähert seine Lippen ihrem Ohr und flüstert: »Nichts hat mich glücklicher gemacht. Ich hoffe, deine Worte waren ernst gemeint.«

Sie lächelt erleichtert. »Natürlich waren sie das. Sie sind es immer noch. Denkst du, ich schreibe so was zum Spaß?« Nach einem kurzen Blick auf die Passanten drückt sie ihm rasch einen Kuss auf die Lippen. »Weißt du, Rudi, ich habe nachgedacht. Unsere Leben sind so verschieden, aber vielleicht können wir es versuchen. Für eine Weile jedenfalls.«

»Ach, Svjetlana ...«

Er zieht sie fest an sich und beugt sich vor, um sie zu küssen, als ihn etwas aufschrecken lässt.

Gavrilo steht in der Türnische neben Schillers. Leute kommen und gehen, aber niemand achtet auf ihn. Viele scheinen aufgeregt über den schrecklichen Vorfall an der Ćumurija-Brücke zu diskutieren. Eine hübsche Frau fällt ihm auf, die allein und ein wenig aufgelöst auf der Franz-Joseph-Straße herbeieilt und kurz darauf um die Ecke zum Appel-Kai verschwindet. Sie erinnert ihn an Jelena. Aber an die sollte er besser nicht denken.

Er hat sich wieder hier in die Türnische gestellt, weil er erst mal Zeit zum Nachdenken braucht. Was soll er jetzt tun, wo soll er hin? Zu seinem Bruder? Nein. Dort würden sie zuallererst nach ihm suchen. Zu Vukosava kann er noch weniger. Dort wird es jetzt vor Polizei wimmeln, schließlich haben sie Nedeljko geschnappt. Zu Danilo geht es auch nicht. Er könnte natürlich versuchen, sich nach Belgrad durchzuschlagen. Aber die Polizei wird alle Grenzübergänge kontrollieren, und falsche Papiere besitzt er nicht. Außer ein paar Kronen hat er auch kein Geld mehr in der Tasche.

Die Sache ist also ziemlich aussichtslos. Früher oder später werden sie ihn erwischen und ins Gefängnis stecken. Dann werden sie ihn verurteilen, wie auch die anderen, und wahrscheinlich aufhängen. Tränen treten ihm in die Augen. Alles ist schiefgegangen. Sie sind keine Helden, nur stümperhafte Idioten, die nicht einmal fähig sind, eine Bombe zu werfen. Eine Lachnummer.

Sein Leben ist in jedem Fall verwirkt. Entweder geben sie ihm den Strick, oder er verreckt im Gefängnis an der Schwindsucht. Es wäre wirklich das Beste, sich gleich eine Kugel in den Kopf zu schießen. Dann erspart er sich das alles. Aber hier, auf der Straße, mitten unter Menschen? Womöglich vor Kindern, die mit ihren Eltern spazieren gehen, um beim Honigbäcker einen Kuchen zu essen?

Und warum nicht? Vielleicht sollte er genau das tun. Aus Protest. Aus Protest gegen die Willkür der Herrschenden und die Borniertheit dieser kleingeistigen Spießer im Sonntagskleid, die sich vor der Obrigkeit ducken. Unwillkürlich fährt seine Hand in die Tasche und umschließt den harten Griff der Browning. Diesmal entsichert er die Waffe.

Markovic hebt den Kopf. Etwas ist in sein Bewusstsein gedrungen, das nicht hierhergehört. Motorengeräusche. Er reißt den Kopf herum und sieht den ersten Wagen der erzherzoglichen Kolonne abbremsen und in die Franz-Joseph-Straße einbiegen. Und da ist Mayerhoffer, der neben dem Fahrer sitzt. Was zum Teufel!

Sofort lässt er Svjetlana los. Sind die denn wahnsinnig? Die alte Route? Mayerhoffers Wagen ist bereits an ihnen vorbei, schon ist Gedes Wagen heran und biegt ebenfalls um die Ecke. Nur zehn Meter dahinter der Phaeton des Erzherzogs. Und wer könnte den verfehlen? Mit der aufgepflanzten Standarte, mit seiner Frau im Fond ganz in Weiß und dazu die grünen Helmfedern der beiden Herren, Franz Ferdinand und Potiorek. Auf dem Trittbrett, sich an der Karosserie festhaltend und ein wenig über den Erzherzog gebeugt ein Mann, den Markovic als seinen Adjutanten, Graf Harrach, erkennt.

»Entschuldige, Svjetlana«, murmelt Markovic hastig, stößt einen Mann, der ihm den Weg versperrt, beiseite und rennt zur Straßenecke. Ein schreckliches Gefühl hat ihn erfasst.

Und dann scheint alles gleichzeitig zu passieren.

Oskar Potiorek und der Thronfolger haben die Köpfe zusammengesteckt, um über die Wirkung des Attentats auf die Presse zu reden – Franz Ferdinand ist äußerst ungehalten darüber –, als ihnen bewusst wird, dass ihr Fahrer in die Franz Joseph-Straße einbiegt.

Potiorek fährt herum. »Halt!«, ruft er. »Nicht hier, Lojka! Sie sollen doch geradeaus fahren, Sie Idiot!«

Der Fahrer bremst so heftig, dass die Herzogin beinahe vom Sitz rutscht. Bereits zehn Meter in der Franz-Joseph-Straße und direkt neben Schillers kommt der schwere Phaeton zum Stehen. Auf den Bürgersteigen stehen Menschen und starren. Lojka dreht sich um. »Mir wurde aufgetragen, dem Wagen vor mir zu folgen.«

»Sauerei!«, flucht Potiorek. »Nicht mal die einfachsten Befehle … Also, wenden Sie gefälligst!«

Kommissär Gede muss in der Eile vergessen haben, Mayerhoffer im ersten Wagen über die geänderte Route zu informieren, vielleicht sogar den eigenen Fahrer, denn der ist ebenfalls abgebogen, hat aber dreißig Meter weiter angehalten. Der Fahrer des ersten Wagens hat bemerkt, dass die anderen ihm nicht folgen, und bringt sein Fahrzeug ebenfalls zum Stehen. Man ruft ihm zu, er solle wenden.

»Zu eng, die Gasse«, knurrt Lojka gereizt vor sich hin. »Schwer zu wenden.« Er tritt auf die Kupplung, um den Rückwärtsgang einzulegen. Dann merkt er, dass hinter ihm der vierte Wagen steht und ihn blockiert. »So ein Mist!«

Zwei Wagen sind bereits an Gavrilo vorbei, bevor er halbwegs zur Besinnung kommt. Da durchzuckt es ihn. Kann es sein? Schließlich ein dritter Wagen, der aber zu seinem Erstaunen so abrupt bremst, dass der Kerl, der auf dem Trittbrett steht, beinahe herunterfällt. Keine drei Meter entfernt kommt das Gefährt zum Stehen. In heller Aufregung nimmt Gavrilo die Dame in Weiß und den grünen Helmbusch wahr. Das ist doch … Kein Zweifel, der Thronfolger!

Ohne nachzudenken, reißt er die Browning aus der Tasche und tritt aus der Türnische. An einer dicken Frau schlängelt er sich vorbei und erreicht den Bordstein.

Da ist Potiorek, der auf den Fahrer einschimpft. Auch das hohe Paar im Fond blickt auf den Mann am Lenkrad, der sich gerade umdreht, etwas sagt und dann seinen Ganghebel packt und nach hinten schaut.

Jetzt, jetzt! Jetzt musst du schießen!

Wie im Traum tritt Gavrilo vor und hebt den Arm. Das Herz klopft ihm bis zum Hals. Die Browning ist auf einmal schwer. Sie zittert in seiner Hand. Er hat Mühe, sie in Stellung zu bringen und zu zielen. Hinter ihm kreischt eine Frau. Jemand zerrt an seinem linken Arm. Da geht der Schuss auch schon los und hallt in der schmalen Straße wider. Der Rückstoß reißt den Lauf hoch, bevor Gavrilo ein zweites Mal abdrückt.

Markovic starrt auf den Phaeton, der abrupt stehen geblieben ist. Was zum Teufel geht hier vor? Er hört Potiorek auf den Fahrer fluchen, der daraufhin zurücksetzen will, aber blockiert ist. Gegenüber, auf der anderen Straßenseite erregt eine Bewegung seine Aufmerksamkeit. Er bemerkt einen jungen Mann, der aus einer Türnische tritt und sich durch die Leute auf dem Bürgersteig drängt. Das ist doch … Gavrilo Princip! Kein Zweifel! Und der Kerl hat eine Pistole in der Hand!

Niemand im Phaeton scheint sich der Gefahr bewusst zu sein. Markovic rennt los, aber der verdammte Wagen steht im Weg. Bevor er den Phaeton umrunden und den Attentäter erreichen kann, knallt ein Schuss. Dann noch einer. Endlich hat er den Kerl am Wickel. Er packt ihn am Gelenk der rechten Hand, mit der Gavrilo sich die Pistole an die Schläfe hält. Ein dritter Schuss geht los, aber die Kugel knallt in eine Fensterscheibe über ihren Köpfen.

Markovic entreißt Gavrilo die Waffe und stößt ihn zu Boden. Passanten stürzen sich auf den Attentäter, und es hagelt Tritte und Faustschläge auf den sich am Boden Krümmenden. Aus Gedes und Mayerhoffers Wagen springen Polizisten, um Markovic zu Hilfe zu eilen und die wütende Menge zurückzudrängen.

Ob überhaupt jemand verletzt wurde, hat in den ersten dramatischen Augenblicken noch niemand mitbekommen. Dabei sind beide Schüsse unglückliche Zufallstreffer. Die erste Kugel hat knapp unter dem Rand die blecherne Seitenwand des Wagens durchschlagen und ist der Herzogin in den Bauch gedrungen, hat die Aorta zerfetzt. Möglicherweise hat

Sophie noch gar nicht verstanden, was passiert ist, vielleicht nur einen dumpfen Schlag gegen den Leib verspürt. Sie sitzt steif da, vor Schreck wie gelähmt, hat aber noch keinen Laut von sich gegeben.

Graf Harrach, der immer noch auf dem Trittbrett steht, ist der Erste, der zu begreifen beginnt, was geschehen ist, denn ein dünner Strahl Blut aus dem Mund des Thronfolgers trifft ihn mitten im Gesicht und tropft von dort auf seinen Uniformrock.

»Oh mein Gott, Hoheit!«, ruft Harrach entsetzt, reißt die Wagentür auf, rutscht auf den Klappsitz gegenüber und ergreift die Hand des Erzherzogs. »Sie sind ja verwundet, Hoheit!«

Tatsächlich hat Gavrilos zweite Kugel aufgrund des Rückstoßes die Brust des Erzherzogs verfehlt, dafür aber den steifen Uniformkragen getroffen und sich durch Schlagader und Luftröhre in Franz Ferdinands Hals gebohrt.

Potiorek, inzwischen zum zweiten Mal knapp dem Tod entronnen, ist außer sich. »Weg da! Machen Sie Platz!«, brüllt er dem Fahrer des Wagens hinter ihnen zu. Und nach einem entsetzten Blick auf den Thronfolger: »Jetzt wenden Sie endlich, Lojka. Der Erzherzog ist getroffen. Fahren Sie zum Konak. Aber schnell!«

Lojka reagiert sofort. Er legt den Rückwärtsgang ein, denn hinter ihm ist der Weg endlich frei. Der Phaeton setzt zurück, wendet und beschleunigt über die Lateinerbrücke in Richtung Konak.

Im Wagen starrt die Herzogin, weiß im Gesicht, mit weit aufgerissenen Augen auf ihren Mann, dem Blut aus dem Mund quillt. »Um Gottes willen!«, ruft sie. »Was ist dir, Franzi?«

Der Wagen ruckelt, und sie schwankt, muss sich festhalten. Ihr Blick verliert den Fokus. Dann verdrehen sich ihre

Augen, sodass das Weiße darin zu sehen ist. Ihr Bewusstsein schwindet, langsam sinkt sie nach vorn und fällt mit dem Gesicht zwischen die Knie ihres Gemahls. Ihr weißer Hut bleibt an Harrachs Bein hängen.

Mein Gott, sie ist ohnmächtig!, denkt Harrach. Es muss der Schreck sein. Gleich wird es ihr besser gehen. Er legt ihren Hut beiseite und zieht sein Taschentuch, um während der Fahrt das Blut von den Lippen des Erzherzogs zu tupfen. Was soll er auch sonst in diesem Augenblick tun? Doch es hört nicht auf. Immer mehr Blut quillt Franz Ferdinand zwischen den Lippen hervor. Wieso es aus dem Mund quillt, ist Harrach nicht klar, denn der Kragen verdeckt die Wunde.

Franz Ferdinand blickt auf seine Frau. Kurios, dass ihr Kopf zwischen seinen Knien hängt. »Sopherl, Sopherl«, murmelt er schwach. Die Stimme klingt verändert, bemüht, als hätte er eine Kartoffel im Mund. »Was ist mit dir? Du stirbst mir doch nicht etwa? Bleib für unsere Kinder, Sopherl!«

Sein Kopf sinkt vor, besonders bei den Bewegungen des Wagens auf dem unebenen Pflaster. Harrach muss ihn am Kragen festhalten, damit er nicht zur Seite rutscht oder nach vorn sinkt. »Leiden Eure Hoheit? Haben Sie Schmerzen?«

»Es ist nichts, Harrach«, murmelt Franz Ferdinand. »Rein gar nichts.«

»Sind Sie sicher?«

Noch mehr Blut. Inzwischen durchtränkt es auch die Uniformjacke unterhalb des Kragens. Franz Ferdinand schließt die Augen. »Es ist nichts. Nichts.« Seine Stimme wird undeutlich, schwächer. »Nur ein verdammter Kratzer.« Jetzt dringt ihm ein ganzer Schwall Blut aus dem Mund und besudelt die Uniform. »Nichts«, murmelt er.

Markovic packt Gavrilo am Kragen und zerrt ihn auf die Füße.

»Dafür wirst du hängen, Freundchen«, zischt er. Dann stößt er einige Männer weg, die immer noch versuchen, auf den Jungen einzuprügeln.

Gavrilo ist wie eine leblose Puppe in seinem Griff. Er lässt den Kopf hängen, wehrt sich nicht. Von seiner Braue tropft Blut. Einer der Gendarmen ist als Erster zur Stelle und legt ihm Handschellen an.

»Bringt ihn zum Konak«, sagt Markovic und springt in Gedes Wagen, der gewendet hat und den die Gendarmen verlassen haben. Gede selbst, der gerade aussteigen wollte, lässt sich wieder in seinen Sitz fallen. »Los, fahren sie hinterher«, ruft Markovic dem Fahrer zu.

Der Motor heult auf, der Wagen beschleunigt und überquert die Miljacka. Markovic blickt zurück. Princip ist immer noch von einer wütenden Menge umgeben, aber die Polizei drängt die Leute zurück. Zuletzt erhascht er einen Blick auf Svjetlanas erschrockenes Gesicht, das hinter ihnen immer kleiner wird.

»Was zum Teufel ist passiert, Herr Gede?«

Der Kommissär, der neben dem Fahrer sitzt, dreht sich um und wirft ihm einen unendlich gequälten Blick zu. »Wenn Sie fragen, warum wir den falschen Weg genommen haben, ich fürchte, es ist mein Fehler, Herr Major. Wir hatten gar nicht vor, hier einzubiegen. Die Fahrer haben das irgendwie falsch verstanden.«

Markovic starrt ihn ungläubig an. »Wollen Sie mir sagen, alles nur ein Versehen? Eine verdammte Schlamperei?«

Als sie den Konak erreichen, stehen Beamte und Militärs mit tief betroffenen Gesichtern um den geparkten Phaeton, und das ganze Ausmaß der Tragödie wird sichtbar. Der Erzherzog und seine Gemahlin sind tot. Auf offener Straße ermordet.

Tragen werden gebracht, auf die unter der Anleitung eines

Stabsarztes vorsichtig die Leichen gelegt und ins Innere des Gebäudes getragen werden. Es ist noch schwer zu begreifen, aber der Thronfolger der österreichisch-ungarischen Monarchie ist nicht mehr.

EPILOG

Neue Freie Presse vom 28. Juni 1914

Die Benachrichtigung des Kaisers

Bad Ischl, 28. Juni. Die erste Nachricht von der Katastrophe, die sich in Sarajevo ereignet hat, kam telefonisch um halb 12 Uhr mittags in Bad Ischl an und sprach von einem Bombenattentat auf den Thronfolger und dessen Gemahlin, ohne dass in dieser Nachricht die näheren Umstände des Verbrechens verzeichnet gewesen wären. Eine halbe Stunde später langte ein ausführlicher Bericht über die tragischen Geschehnisse ein, und gegen halb 1 Uhr nachmittags hatte sich die Schreckenskunde in Ischl allgemein verbreitet. Aus der Hast, mit der die Beamtenschaft der Militär- und Kabinettskanzlei amtierte, aus den verstörten Mienen der Suite und der Eile, mit welcher Hofdiener die Straßen passierten, konnte man schließen, dass etwas Furchtbares geschehen sei, doch hatte man zunächst keine Ahnung von dem ganzen Umfang der Katastrophe, bis der Bürgermeister, kaiserlicher Rat Leithner, durch die Hofämter offiziell verständigt wurde.
Generaladjutant Graf Paar unternahm den schweren Gang zum Kaiser, um ihn von den Geschehnissen in Kenntnis zu setzen. Der erste Oberhofmeister Fürst Montenuovo hatte auf die telefonische Nachricht aus Sarajevo, die er durch den Oberhofmeister des Erzher-

zogs, Geheimen Rat Freiherrn v. Numerskirch, erhalten hatte, sich mit der kaiserlichen Villa in Ischl in telefonische Verbindung setzen lassen.
Der Kaiser war, wie in Hofkreisen erzählt wurde, tief erschüttert. Er brachte kaum ein Wort hervor und sagte endlich nach minutenlanger Pause: »Entsetzlich, entsetzlich, mir bleibt doch nichts erspart.«

Die politischen Beweggründe und möglichen Wirkungen des Attentats

Wien, 28. Juni. Von einem hervorragenden, genau unterrichteten Staatsmann: »Ich zweifle nicht daran, dass die beiden Attentäter wenigstens aus dem Gedankenkreise und aus den Stimmungen des ultraradikalen Serbentums, an dem es in Bosnien nicht fehlt, gehandelt haben. Die Doppelverwaltung Bosniens hat sich auch in diesem Falle fühlbar gemacht, da alle Sicherheitsvorkehrungen von den militärischen Behörden getroffen worden sind, da der Thronfolger aus einem militärischen Anlasse nach Bosnien gekommen ist. Deshalb ist es schwer, sich darüber jetzt schon eine Ansicht zu bilden, wieso es gekommen ist, nachdem das Bombenattentat stattgefunden hatte, der Thronfolger mit seiner Gemahlin in das Rathaus fuhr und nach der kurzen Empfangsfeierlichkeit die Absicht hatte, den verwundeten Flügeladjutanten des Landeschefs im Spital zu besuchen, das Terrain vom Rathaus bis zum Spital nicht vollständig freigemacht und derart bewacht wurde, dass ein Attentat nicht hätte stattfinden können. [...]
Dieses Attentat, das ein so furchtbares Ergebnis gehabt

hat, ist die Folge der unter den Serben fortwährend genährten Agitation gegen die Monarchie. [...]
Was in Bosnien nach diesem Attentat geschehen wird, kann schwerlich in der ersten Wallung entschieden werden. Darüber wird vermutlich der Kaiser, der morgen zurückkehrt, sich mit seinen Ministern beraten und dann wohl die nötigen Entscheidungen treffen.

Am Morgen nach dem Attentat

Markovic sitzt hinter seinem Schreibtisch und trinkt die erste Tasse Kaffee des Tages, die sein Bursche Huber ihm gerade gebracht hat. Den Teller mit den Butterhörnchen hat er beiseitegeschoben. Für Nahrungsaufnahme ist sein Magen noch nicht bereit.

Auf dem Schreibtisch stapelt sich die Arbeit. Die üblichen Nachrichten und Berichte. Und die ersten Protokolle der Verhöre. Gavrilo Princip scheint nichts zurückzuhalten. Neben dem Thronfolger hatte er es eigentlich auf Landeschef Potiorek abgesehen. Dass die Herzogin getroffen wurde, täte ihm schrecklich leid. Das sei nicht seine Absicht gewesen.

Sieben Mitverschwörer hat er benannt. Neben den beiden Haupttätern werden sie auch die anderen früher oder später zu fassen bekommen. Da ist Markovic sicher. Es ist nur eine Frage der Zeit. Und dann sind da natürlich noch die Hintermänner und Drahtzieher in Belgrad. Es ist bitter, sich vorzustellen, wie Oberst Dimitrijević und seine verfluchte Schwarze Hand heute ihren Sieg feiern.

Sein Blick fällt auf den Stapel Zeitungen. Die Schlagzeilen schreien einen förmlich an. Auf den Titelseiten dominiert das Attentat. Und auf der zweiten Seite und der dritten. Berichte, Meinungen, Analysen, Kommentare. Mangels besseren Wissens vieles darunter aus den Fingern gesogen. Für die internationale Presse ist es heute Morgen noch zu früh, aber mit Sicherheit werden bald Horden von Reportern wie die Aasgeier in die Stadt einfallen, und dann werden überall Sonderausgaben erscheinen, in Berlin, Paris und London. Er kann sie schon vor sich sehen: »Thronfolger ermordet!«,

»Die Krise in Europa«, »Das Ende der k. und k. Monarchie«

Das Ende der Monarchie wird es wohl nicht sein. Obwohl … Franz Joseph ist alt und ein bisschen senil, und wer nun Thronfolger wird, ist vorerst ungewiss. Österreich-Ungarn ist auf Schlingerkurs. Und Franz Conrad von Hötzendorf wird nun wohl endlich seinen Serbienkrieg bekommen. Schon allein, um zu zeigen, dass man so was nicht ungestraft mit sich machen lässt.

Heute Morgen geht es Markovic ein wenig besser. Besonders schlecht hat er sich gestern Nachmittag gefühlt. Da hat er sich in sein Arbeitszimmer eingeschlossen. Die Anspannung der letzten Tage, der Stress und der Schlafmangel – und dann dieses elende Gefühl, versagt zu haben. Besonders Letzteres hat ihn in tiefe Niedergeschlagenheit gestürzt. Die Bilder der beiden Leichname wollten ihm nicht aus dem Kopf, vor allem das der Herzogin in ihrem schönen weißen Kleid, das Haar zum Teil wirr und in Strähnen, auf dem Gesicht dieser seltsame Ausdruck, halb Erstaunen, halb Entsetzen, bis ihr jemand die Augen geschlossen und die Kinnlade zugeklappt hat. Drei Kinder werden nun vergebens auf ihre Eltern warten. Die sind mit einem Schlag zu Vollwaisen geworden. Man kann nur hoffen, dass sich jemand um sie kümmert.

Immer wieder ist er die letzten Tage durchgegangen, hat darüber nachgedacht, ob sie Fehler gemacht haben, ob sie die Sache anders hätten angehen sollen. Ja, natürlich. Im Nachhinein fällt einem immer Besseres ein. Es ist beschämend, dass zwei dumme, fanatisierte Bengel in der Lage waren, den Thronfolger einer Großmacht wie Österreich-Ungarn zu ermorden. Wie kommen die überhaupt dazu? Sich dabei auch noch selbst aufzugeben, den eigenen Tod zu wählen. Das ist doch Irrsinn! Was bringt einen jungen Menschen an diesen Punkt? Verzweiflung? Aufopferung? Heldenmut? Oder ist es einfach die Verführung durch eine finstere Ideologie? Sind diese jungen Kerle im Grunde selbst nur Opfer?

Zum Glück hat die Zyanidkapsel bei Nedeljko nicht gewirkt, und diesem Princip hat er rechtzeitig die Pistole aus der Hand reißen können. So wird es zumindest zu einem aufklärenden Prozess kommen. Vielleicht wird man dann verstehen, was die Attentäter dazu bewegt hat, so etwas zu tun.

Nach den Stunden der Selbstzweifel und des intensiven Nachdenkens über alle Maßnahmen und über seine eigene Rolle in dem Geschehen, hat er schließlich seinen Bericht an das Evidenzbüro in Wien geschrieben. In knappen, aber präzisen Formulierungen, nichts beschönigend, nichts auslassend. Der Bericht ist noch am gleichen Abend per Sonderkurier auf den Weg gebracht worden. Dann ist er zu Svjetlana gegangen, hat drei Gläser Cognac in sich hineingeschüttet und ist in ihren Armen eingeschlafen.

Ein Leutnant steckt den Kopf zur Tür herein, obwohl Markovic angeordnet hat, nicht gestört zu werden. »Feldzeugmeister Potiorek verlangt nach Ihnen, Herr Major. In seinem Büro, und zwar auf der Stelle, wurde mir gesagt.«

Auch das noch, stöhnt Markovic innerlich. Der hat mir gerade noch gefehlt.

Als er Potioreks Büro betritt, merkt er sofort, dass der Landeschef sich in keinem guten Zustand befindet. Potiorek ist aschfahl im Gesicht und hat bläuliche Schatten unter den Augen. Er sieht aus, als hätte er die ganze Nacht kein Auge zubekommen. Und möglicherweise hat er gesoffen. Seine Augen sind entsprechend gerötet. Aber wen wundert's? Schließlich wurde der österreichische Thronfolger nebst Gattin unter seiner Aufsicht ermordet. Mit unabsehbaren Konsequenzen für ihn selbst und für die Nation.

Potiorek starrt Markovic feindselig an. »Haben Sie etwa mit der Presse gesprochen?«

»Nein. Wieso?«

Potiorek wirft ihm eine Zeitungsseite hin, die so zusammengefaltet ist, dass ein bestimmter Artikel obenauf liegt. Er deutet auf eine Passage, die mit Rotstift hervorgehoben ist. Der Artikel stammt aus der *Neuen Freien Presse*. Die Abendausgabe ist mit dem Nachtzug aus Wien gekommen.

»Hab ich gelesen«, sagt Markovic. »Hat mit mir aber nichts zu tun.«

»Und wie kommt es, dass die schreiben, man müsse sich fragen, wieso der Thronfolger nach dem Bombenanschlag nicht besser beschützt wurde?«

»Das muss man sich in der Tat fragen.«

»Wusste ich's doch. Das klingt nach Ihnen. Sind Sie etwa der ominöse Staatsmann, dessen unmaßgebliche Meinung hier zitiert wird? Oder jemand, dem Sie das gestochen haben? Franz Conrad vielleicht? Kann das sein?«

»Wie kommen Sie darauf?«

»Sie wollen mich anschwärzen.«

»Man muss Sie nicht anschwärzen. Die Fakten sprechen für sich.«

»Was wollen Sie damit sagen?«, knurrt Potiorek giftig.

»Seien Sie froh, dass der Artikel so schonend mit Ihnen umgeht. Von wegen, das Militär habe alles getan, um den Thronfolger zu schützen. Sie und ich wissen genau, dass das nicht stimmt. Sie haben alles getan, um jede vernünftige Sicherheitsmaßnahme zu verhindern.«

»Was erfrechen Sie sich?«, brüllt Potiorek. »Sind Sie wahnsinnig geworden? Im Grunde sind Sie es, der versagt hat. Die ganze Zeit haben Sie mir von Ihren Ermittlungen erzählt. Sie haben mir versichert, die Verschwörer zu schnappen. So war es doch.«

Einen Augenblick lang verschlägt es Markovic die Sprache. »Ist es das, was Sie jetzt behaupten? Nachdem ich Sie vergeblich bekniet habe, die Straßen mit Militär zu säumen?«

»Wollen Sie mich etwa einen Lügner nennen? Wissen Sie was, Sie verdammter Jude, ich mache Sie fertig! Ihre Streifen sind Sie los. Ich werde Sie degradieren lassen. Sie werden in Zukunft Kloschüsseln putzen. Mit der Zahnbürste!«

»Sie wollen mich also zum Sündenbock machen.«

»Jawohl! Sträfliche Vernachlässigung Ihrer Pflichten!«

»Nur zu Ihrer Information, Herr Feldzeugmeister. Mein ausführlicher Bericht müsste gerade bei meinen Vorgesetzten in Wien eintreffen. Beim Evidenzbüro.«

»Meinen Sie wirklich, die glauben einem kleinen Major, der seine Inkompetenz zu verbergen sucht?«

»Es gibt auch noch andere Zeugen.«

»Dass ich nicht lache! Raus jetzt aus meinem Büro! Ich kann ihre verdammte Visage nicht mehr ertragen.«

Markovic zittert vor Wut, während er die Treppe zu seiner Etage hochsteigt. Ich bin erledigt, denkt er. Meine militärische Karriere ist zu Ende. Ich hab mal wieder die Klappe zu weit aufgerissen. Denn in einem hat der Sauhund recht: Gegen einen Feldzeugmeister der Armee kommt einer wie er nicht an. Vielleicht schmeißen sie ihn raus. Bestenfalls wird er versetzt. Nach Galizien oder Moldawien. Da darf er dann Rindviecher bespitzeln.

Was soll's, denkt er schließlich. Ich habe ohnehin genug vom Geheimdienst und vom Militär. Werde ich eben meinen Abschied nehmen.

Kaum ist er wieder in seinem Büro, tritt Simon ein. »Wir haben Trifko Grabež«, sagt er. »So heißt der Jüngling nämlich. Mayerhoffer hat sich gerade gemeldet. Der Kerl hat sich selbst gestellt, machte einen ziemlich verstörten Eindruck. Die Brüder Čubrilović haben wir auch. Waren bei ihren Eltern, stell dir vor.«

»Schön«, sagt Markovic.

»Was ist los mit dir? Das ist doch großartig. Die anderen kriegen wir auch noch.«

»Es wird Krieg geben, Simon. Gegen Serbien. Wer weiß, zu was das führt.«

»Ach was! Tut den Serben mal richtig gut, dass sie eins aufs Haupt kriegen. Ich bin dafür.«

»Ich werde den Dienst quittieren.«

»Wie bitte? Warum das denn?«

»Ich hab genug von allem. Es gibt Besseres im Leben. Den Laden hier wirst du dann übernehmen können.«

»Die werden dich nicht gehen lassen. Wenn es Krieg gegen Serbien gibt, wird hier doch jeder Mann gebraucht.«

»Ich fahre noch heute nach Wien und regle alles.«

Simon schüttelt den Kopf. »Na so was!«

Zwei Wochen später, im Hafen von Genua

Die Schiffssirene heult, Menschen winken. Sowohl auf dem Kai als auch auf dem großen Schiff. Die Gangway, eigentlich eine Rolltreppe, ist längst zurückgefahren. Hafenarbeiter nehmen die Taue von den Pollern. Ein Schlepper zieht die *Duca di Genova* langsam vom Kai.

Die *Duca* ist ein großer Passagierdampfer der italienischen Reederei *La Veloce Navigazione Italiana a Vapore* und im Begriff, ihre nächste Südamerikareise anzutreten. Sie ist 145 Meter lang, 16 Meter breit, hat zwei Schornsteine und Doppelschrauben, die ihr eine Geschwindigkeit von 16 Knoten ermöglichen. An Bord befinden sich 80 mit allem Komfort ausgestattete Erste-Klasse-Kabinen, 16 der zweiten Klasse und 1740 Unterkünfte für Reisende der dritten Klasse.

Ein leichter Wind lässt Flaggen und Wimpel wehen. Aus den Schornsteinen der *Duca* quillt schmutziggrauer Dampf. Der Abstand zum Kai wird größer. Ein erneutes Aufheulen der Schiffssirene, dann lässt der Schlepper die Trosse ins Wasser gleiten. Die Crew auf dem Vorschiff betätigt die dampfgetriebene Winch, um sie einzuholen. Dann geht ein Zittern durch das Schiff, als es langsam aus eigener Kraft Fahrt aufnimmt und auf die offene See zuhält. Ringsum im Hafen ertönen die Sirenen anderer Schiffe, um eine gute Reise zu wünschen. Die vielen winkenden Menschen auf dem Kai bleiben zurück.

Auf dem Heck des Passagierdecks lehnen Svjetlana und Markovic Arm in Arm an der Reling und schauen zu, wie die Häuser von Genua langsam kleiner werden. »Du hast eine schöne Kabine ausgesucht«, sagt Svjetlana. »Wie ist die Route noch mal?«

»Eine halbe Weltreise. Du wirst sie genießen. Zuerst Barcelona, dann Dakar, Rio de Janeiro und schließlich Buenos Aires.«

»Argentinien, mein Gott!«, sagt Svjetlana. »Du hast davon gesprochen. Und ich hab gedacht, es ist nur so ein Gerede. Nie hätte ich mir vorstellen können, dort jemals zu leben.«

In den letzten Tagen haben sie alles in Windeseile vorbereitet. Kofferpacken war dabei das Mindeste. Ihrer Freundin Mara hat Svjetlana die nötigen Vollmachten gegeben, um ihre Unternehmungen zu verkaufen. Ein Notar wird Mara in allem behilflich sein. Später wird sie nachkommen, das haben sie verabredet. Markovic hat unterdessen das Nötige mit seiner Familie geklärt. Seine Erbanteile hat er an den Bruder abgetreten und dafür eine Abfindung erhalten und eine vertraglich gesicherte jährliche Unterhaltszahlung. Dem Familienunternehmen geht es gut, selbst wenn es zum Krieg kommen sollte, denn Lederwaren und Textilien werden auch von der Armee gebraucht. Statt Anzüge wird man in dem Fall Uniformen nähen.

Den Abschied vom Militär hat man ihm indes verweigert, wie Simon es schon vermutet hatte. Aber davon hat er sich nicht abhalten lassen. Theoretisch macht er sich also der Fahnenflucht schuldig. Aber Argentinien ist weit, und an Geld für einen Neuanfang wird es ihnen nicht mangeln. Fehlendes an Hausstand und Büchern wird man ihnen nachschicken.

Markovic blickt zurück auf die ligurische Küste. An den Gedanken, tatsächlich alles hinter sich zu lassen, muss er sich erst noch gewöhnen. Er weiß, dass es Svjetlana ähnlich geht. Immer noch hat er das Bild der toten Herzogin vor Augen. Sie war das einzige wirklich unschuldige Opfer in diesem ganzen Schlamassel. Was jetzt auf Europa zurollt, kann er sich denken. Dabei fühlt er sich ein wenig unwohl, so einfach abzuhauen, das Vaterland im Stich zu lassen. Aber dann wiederum denkt er, das ist falsche Sentimentalität, das wird vergehen. Und überhaupt, jetzt ist es an der Zeit, nach vorn zu schauen und ein neues Leben zu beginnen. Mit Svjetlana an seiner Seite. Besseres kann es gar nicht geben.

»An einem hübschen Ort kaufen wir Land und lassen uns nieder«, sagt er. »In Argentinien gibt es riesige Weideflächen. Und dann heiraten wir natürlich.«

»Das mit dem Heiraten muss ich mir noch überlegen«, erwidert sie und grinst schelmisch. »Eine Frau sollte ihre Unabhängigkeit wahren.«

»Na gut, dann leben wir eben in Sünde. Aber Kinder dürfen wir doch haben, oder?«

Sie lächelt. »Natürlich. Zwei oder drei.«

»Nicht mehr?«

Sie stößt ihn in die Rippen. »Ich bin schließlich nicht mehr die Jüngste.«

Er grinst. »Dafür hast du dich aber gut gehalten.«

»Wer weiß, wie lange noch, wenn du mich weiter so in der Welt herumschleppst.«

Markovic drückt ihr einen Kuss auf die Wange. »Weißt du, ich fühl mich so befreit, das kann ich dir gar nicht beschreiben.«

»Und was machen wir mit den riesigen Weideflächen in der Pampa, die du mir versprochen hast?«

»Ich hatte an eine Pferdezucht gedacht.«

Svjetlana zieht die Stirn kraus. »Rinder sind besser. Das Fleisch kann man in Konservendosen packen und zu Geld machen. Wir müssen ja von irgendwas leben.«

»Ich sehe schon, von uns beiden bist du die Geschäftstüchtigere.«

Svjetlana legt den Kopf an seine Schulter und den Arm

um ihn. Sie beobachten noch lange, wie im Dunst des warmen Sommertages die Küste hinter ihnen endgültig im Meer versinkt.

»Ich hab Hunger«, sagt er schließlich. »Lass uns sehen, was das Bordrestaurant zu bieten hat.«

ANMERKUNGEN DES AUTORS

Nationalismus, Hybris und Selbstüberschätzung, die Idee, man könne seine nationalen Interessen durch einen schnellen Militärschlag durchsetzen wie zu Zeiten Bismarcks, Revanchismus auf französischer Seite, das komplizierte Bündnisgeflecht und das Wettrüsten der Großmächte – all dies hat zur Katastrophe des Ersten Weltkriegs geführt, zu einem Krieg, der das 20. Jahrhundert maßgeblich geprägt hat. Schließlich hat dieser Konflikt die spätere Entstehung des Hitlerregimes begünstigt und somit auch den Zweiten Weltkrieg.

Die Balkanhalbinsel war durch die türkischen Eroberungen des 14. und 15. Jahrhunderts Teil des osmanischen Reichs geworden. In Bosnien waren besonders viele zum Islam übergetreten, weshalb die Provinz eine Sonderstellung innehatte. Lange Zeit herrschte eine friedliche Koexistenz zwischen Katholiken, Orthodoxen, Juden und Muslimen.

Gegen Ende des 18. Jahrhunderts jedoch, besonders nach verlorenen Kriegen gegen Russland, begann die Stärke des Osmanischen Reichs zu bröckeln. Anfang des 19. Jahrhunderts kam es überall auf dem Balkan zu einem nationalistischen Erwachen und zu Aufständen der christlichen und slawischen Bevölkerung. Zunächst in Serbien, in Griechenland und in Rumänien, später auch in Bosnien und der Herzegowina, in Bulgarien und Montenegro. Russland unterstützte die entstehenden panslawischen Bewegungen auf dem Balkan, zumal es selbst starkes Interesse an einem Zugang zum Mittelmeer hatte.

1875 brachen in der Herzegowina und Bosnien Aufstände der christlichen Bevölkerung gegen die türkische Herrschaft aus. Dies führte zu einem serbisch-osmanischen Krieg, den die Osmanen gewannen. Sie nahmen an den Aufständischen blutige Rache. Das führte zu Einmischungen der Großmächte auf dem Balkan, die jeweils ihre eigenen Interessen durchsetzen wollten. Russland erklärte den Türken den Krieg, unterstützt von Truppen aus Serbien, Rumänien und Montenegro und bulgarischen Freiwilligen. Dieser Krieg führte zu weiteren Gebietsverlusten der Türken, allerdings auch zum Eingreifen der anderen europäischen Großmächte, denen eine Stärkung Russlands auf dem Balkan ein Dorn im Auge war.

1878 kam es zu Friedensverhandlungen und zum Berliner Kongress der Großmächte unter Führung Bismarcks, da Deutschland keine Interessen auf dem Balkan vertrat und als neutral galt. Man einigte sich mit Türken und Russen auf die Unabhängigkeit Serbiens, Montenegros und Rumäniens und auf eine weitgehende Autonomie Bulgariens. Zypern ging an England, Bosnien und die Herzegowina wurden unter österreichische Verwaltung gestellt und im Jahre 1908 annektiert.

Durch die österreichisch-ungarische Verwaltung kamen Kapital und Modernisierung nach Bosnien, was von vielen begrüßt wurde, die ethnischen und nationalistischen Konflikte aber nicht löste. Der Balkan blieb auch nach den Weltkriegen ein ewiger Krisenherd. Und Bosnien ganz besonders.

Das Attentat von Sarajevo ist natürlich nicht der Grund für den Ersten Weltkrieg, aber doch der zündende Funke, der den Großbrand auslöste. Wie es zu dem Attentat kam, ist ebenso packend wie tragisch. Es gibt viele Sachbücher zu diesem Thema, aber nur ein guter Roman kann einem die Gefühle der beteiligten Menschen wirklich näherbringen und das persönliche Drama, wie sie es möglicherweise erlebt haben.

Da die Ereignisse, die zum Attentat von Sarajevo führten, wie ein Thriller abliefen, habe ich diese Erzählform gewählt und den Fokus auf die letzten sieben Tage bis zum Attentat gelegt. Erzählt habe ich aus der Perspektive des erzherzoglichen Ehepaars, das sich nach Sarajevo aufmacht; aus der Perspektive der Attentäter, von ihrer Vorbereitung und geheimen Reise durch den »Tunnel«, um sich und ihre Waffen nach Bosnien zu schmuggeln; schließlich auch aus der Perspektive eines – fiktiven – Geheimdienstoffiziers, der der Sache auf die Spur kommt, dem es im letzten Moment aber doch nicht gelingt, die Katastrophe zu verhindern.

Major Markovic, Hauptmann Simon und die Bordellbesitzerin Svjetlana sind also erfundene Figuren. Ich brauchte sie und ihre Handlungen, um dem Geschehen noch mehr Spannung und Würze einzuhauchen. In Wirklichkeit hat wohl niemand, weder die Polizei noch der Geheimdienst, geahnt, was an jenem schicksalhaften 28. Juni passieren würde – außer den Verschwörern und Drahtziehern des Attentats.

Abgesehen von diesen fiktiven Elementen um Markovic, Simon und Svetlana haben sich die Ereignisse von Sarajevo tatsächlich so abgespielt wie im Roman beschrieben. Heutzutage schüttelt man den Kopf über das unvernünftige Verhalten der Verantwortlichen, für die Ehrgeiz, Ehre und Haltung wichtiger waren als Sicherheit. Besonders wenn man bedenkt, wie reisende Politiker heutzutage beschützt werden. Dazu kam der böse Zufall, ohne den das Attentat trotz allem nicht erfolgreich gewesen wäre.

Thronfolger Franz Ferdinand war wegen seiner oft schroffen Art in der Öffentlichkeit nicht besonders beliebt. Er mag tatsächlich ein Jagdfanatiker und Konservativer mit spießigem Kunstverständnis gewesen sein, und doch hatte er einen besseren Durchblick als mancher Zeitgenosse, was die Lage in Europa betraf. Er und seine Sophie liebten sich und führten ein etwas abgeschiedenes, aber liebevolles Familienleben. Auch dies sollte im Roman zum Ausdruck kommen.

Die Attentäter habe ich nicht als finstere Bösewichte dargestellt, sondern als von der Gesellschaft marginalisierte junge Männer, die aus gut gemeinter Verblendung handeln, die glauben, das Richtige zu tun, und bereit sind, dafür ihr Leben zu geben. Wir kennen das aus unserer Gegenwart. Die schlimmsten Grausamkeiten der Geschichte wurden oft von Menschen begangen, denen man zuvor eingeredet hatte, sie täten es zum Wohle der Nation, ihrer Religion oder irgendeiner anderen Ideologie.

Zeitzeugen berichten, dass der Kaiser den Tod seines Neffen recht gleichmütig aufgenommen hat. Nach einer ersten erschütterten Reaktion soll er gesagt haben: »Der Allmächtige lässt sich nicht herausfordern! Eine höhere Gewalt hat wieder jene Ordnung hergestellt, die ich leider nicht zu erhalten vermochte.« Gemeint war die nicht standesgemäße Ehe des Thronfolgers, die Franz Joseph immer für ein Übel und einen Verstoß gegen die habsburgische Monarchie gehalten hat.

Onkel und Neffe haben sich auch in anderen Dingen nicht besonders gut verstanden – Franz Joseph hielt an allem Althergebrachten fest, Franz Ferdinand war dagegen ein reaktionärer Modernisierer. Er war politisch konservativ, gleichzeitig bemüht, Staat und Armee ins zwanzigste Jahrhundert zu führen. Nach seinem Ableben wurde Karl, der Sohn des schönen Otto, der an Syphilis gestorben war, zum neuen Thronfolger ernannt. Von ihm hielt der Kaiser mehr. »Nun ist für mich eine große Sorge weniger«, soll er gesagt haben. Auch verwehrte er den beiden Verstorbenen ein Staatsbegräbnis, was in der Öffentlichkeit viel Ärgernis erregte.

Mit der Versicherung voller Unterstützung aus Berlin

im Rücken verlangte Wien von der serbischen Regierung ultimativ die vollständige Untersuchung der Umstände des Attentats. Österreich sollte an dieser Untersuchung ausdrücklich beteiligt sein. Als dies abgelehnt wurde, erklärte Österreich-Ungarn Serbien den Krieg. Damit begann der Erste Weltkrieg.

Oskar Potiorek gelang es, sämtliche Kritik an seiner Vorgehensweise aus dem Weg zu räumen. Er wurde vom Kaiser für seine angeblichen Sicherheitsvorkehrungen sogar noch belobigt und bei Kriegsausbruch zum Oberbefehlshaber der Balkanstreitkräfte der Doppelmonarchie gegen Serbien ernannt.

Kaiser Franz Joseph erlebte das Ende des Kriegs nicht mehr. Er starb im November 1916 im Alter von 86 Jahren an einer Lungenentzündung. Sein Nachfolger, Karl I., konnte sich seiner Herrschaft nur kurz erfreuen: Ende 1918 war die Auflösung der Donaumonarchie nicht mehr aufzuhalten, im November musste er abdanken.

Die Kinder des ermordeten Thronfolgerpaares, Sophie, Maximilian und Ernst, kamen nach dem Tod der Eltern in die Obhut ihrer Tante, Henriette von Chotek. Ihre Adelstitel durften sie behalten. Sämtliche Besitztümer der Familie in Tschechien gingen ihnen nach dem Krieg jedoch verloren. Max und Ernst wurden zeitweilig im Konzentrationslager Dachau gefangen gehalten, weil sie sich gegen den »Anschluss« an Hitlerdeutschland stellten.

Da die meisten der Attentäter noch jünger als zwanzig Jahre waren, galt für sie das Jugendstrafrecht, was ihnen zwar das Urteil einer langen Festungshaft einbrachte, aber die Hinrichtung ersparte. Festungshaft, besonders Einzelhaft, war damals kein Honiglecken. Schlechtes Essen und mangelnde medizinische Versorgung führten dazu, dass sich ihr körperlicher Zustand rasch verschlechterte. Alle drei, Gavrilo

Princip, Nedeljko Čabrinović und Trifko Grabež, starben im Jahr 1916 an Tuberkulose.

Cvetko Popović kam nach Kriegsende frei. Ebenso Vaso Čubrilović. Veljko, der ältere Čubrilović, Miško Jovanović und Danilo Ilić wurden im Februar 1915 hingerichtet. Muhamed Mehmedbašić war der Einzige, der sich retten konnte. Es gelang ihm, über die Grenze nach Montenegro zu entkommen. Dort wurde er später festgenommen und sollte ausgeliefert werden. Es gelang ihm jedoch, aus dem Gefängnis zu fliehen und unterzutauchen. Er schloss sich einer paramilitärischen Tschetnik-Gruppe unter Major Tankosić an und kämpfte im Krieg. Tankosić selbst starb bei Kämpfen im Jahr 1915. Milan Ciganović, alias Pavle, wurde nie belangt.

Der serbische Regierungschef Nikola Pašić hatte tatsächlich angeordnet, die österreichische Regierung zu warnen. Sein nationalistisch eingestellter Botschafter tat es allerdings auf eine Weise, die den Zweck verfehlte. Pašić beschloss später, sich der lästigen Führungsriege der Schwarzen Hand ein für alle Mal zu entledigen. Im Jahr 1916 wurde Dragutin Dimitrijević verhaftet und wegen Beteiligung an der versuchten Ermordung des serbischen Regenten Aleksandar Karađorđević angeklagt und zum Tode verurteilt. Die Hinrichtung erfolgte durch Erschießen im Juni 1917.

All das ist in der Literatur bestens dokumentiert. Ich möchte mich besonders bei den folgenden Autoren bedanken, deren Werke mir als Inspiration und Faktenquelle gedient haben:

- Greg King und Sue Woolmans, *The Assassination of the Archduke*. Dieses Buch hat mir viele Einblicke in Charakter und Familie des erzherzoglichen Ehepaars vermitteln können, wie auch die Geschichte ihrer Liebe und die Ausgrenzung und miserable Behandlung am Wiener Hof, die Sophie über sich ergehen lassen musste.

- Gregor Mayers *Verschwörung in Sarajevo* ermöglichte mir ein besseres Verständnis der Attentäter und ihrer Motivation, besonders durch die Schilderung eines Interviews, das ein Wiener Nervenarzt mit Gavrilo Princip vor dessen Tod geführt hat.
- Besonders auch Frank Gerberts *Endstation Sarajevo*, in dem man Schritt für Schritt die Ereignisse nachlesen kann, die zum Attentat geführt haben.

Aus dramaturgischen Gründen habe ich hier und da bewusst minimale Änderungen vorgenommen, die aber am grundsätzlichen Ablauf der Geschehnisse nichts ändern. Für etwaige Fehler bin selbstverständlich nur ich zuständig und nicht die obigen Autoren.

Die hier zitierten Ausschnitte aus Artikeln der Zeit finden sich online in der Österreichischen Nationalbibliothek.

Ulf Schiewe, im Sommer 2019

GLOSSAR

Amselfeld / Schlacht auf dem Amselfeld	legendäre Schlacht zwischen Serben und Türken im Jahre 1389, in der die Serben sich durch besonderen Heldenmut auszeichneten, was aber nicht verhinderte, dass sie sich den Osmanen letztendlich unterwerfen mussten
Baščaršija	Basar und historisches Stadtzentrum von Sarajevo
Bey (oder Beg)	türkischer Herrscher und Adelstitel
Blessiertenwagen	zur Versorgung der Verwundeten bei Kriegseinsätzen
Dragoman	Übersetzer und sprachlich versierter Reiseführer im Nahen Osten, oft auch mit diplomatischen Aufgaben betraut
Evidenzbüro	Zentrale des militärischen Nachrichtendienstes der österreichisch-ungarischen Monarchie
Feredza	langes türkisches Frauengewand mit oder ohne Gesichtsverschleierung
Fez	früher im Orient und auf dem Balkan weitverbreitete Kopfbedeckung für Männer in der Form eines Kegelstumpfes aus rotem Filz mit Quaste
Freischärler	militärischer Freiwilligenverband, der nicht der regulären Armee untersteht

Gemeindegerent	Gemeindeverwalter
Hagenbund	eine um 1900 gegründete Vereinigung bildender Künstler
Karriereoffizier	Berufsoffizier
Komitatschi	serbische Freischärler, auch Tschetniks genannt, kämpften gegen die Türken, später auch im Ersten Weltkrieg
Konak	ist der ursprünglich osmanische Gouverneurssitz von Sarajevo, den nachfolgend auch die Österreicher als Verwaltungssitz übernahmen
Mlada Bosna	serbisch nationalistische Vereinigung von Schülern und Studenten in Bosnien
75mm-Škoda-Gebirgsgeschütz	eine von Škoda hergestellte Haubitze des Heeres Österreich-Ungarns im Ersten Weltkrieg
Morganatische Ehe	eine Eheschließung des Adels, bei der ein Ehepartner – meistens die Frau – von niedererem Stand war und deren Nachkommen in der Regel nicht erbberechtigt und von der Thronfolge ausgeschlossen waren
Muezzin	Ausrufer, der die Muslime zum Gebet ruft
Narentabahn	schmalspurige Bahnstrecke von Sarajevo bis Metkovic, später bis zur Adria verlängert
Narodna Odbrana	eine serbisch nationalistische Organisation zum Schutz der ethnischen Serben in den seit 1908 durch Österreich-Ungarn annektierten Gebieten
Panslawismus	allslawische Bewegung mit dem Ziel

	einer kulturellen, religiösen und politischen Einheit aller Slawen, besonders auch der Südslawen
Persenning	(Seemannssprache) imprägniertes Gewebe als wasserfeste Abdeckung
Piedestal	ein aufwendig gestalteter Sockel, oft für Statuen
Schwarze Hand	nationalistischer serbischer Geheimbund, der auch mit terroristischen Mitteln für ein Großserbien kämpfte
Trainkolonnen	militärische logistische Versorgungskolonnen mit Fuhrwerken, Motorfahrzeugen oder Maultierzügen (im Gebirge)
Tschetnik	Freischärler (siehe Komitatschi)
Vidovdan	Gedenktag des heiligen Veit und bei den Serben gleichzeitig Gedenktag der Schlacht auf dem Amselfeld
Winch	eine mechanische, auch motorisierte Seilwinde
Woiwode	ein slawischer Heerführer und Fürst, auch ein Adelstitel

PERSONENVERZEICHNIS

Die mit Stern (*) gekennzeichneten Figuren sind fiktiv.

Aus dem Umfeld des Thronfolgers

Franz Ferdinand von Österreich-Este, Thronfolger Österreich-Ungarns
Sophie Herzogin von Hohenberg, dessen Gemahlin
Sophie, ihre gemeinsame Tochter, genannt Pinkie
Maximilian, ihr Sohn
Ernst, ihr jüngster Sohn, genannt Bululu
Franz Janaczek, Jagdgehilfe Franz Ferdinands, später sein Oberhofmeister
Gertrude von Prittwitz*, Baronin, begleitet Sophie auf der Reise

Die Verschwörer

Gavrilo Princip, der Todesschütze von Sarajevo
Nedeljko Čabrinović, Druckereigehilfe und Bombenwerfer
Trifko Grabež, arbeitsloser Sohn eines orthodoxen Priesters
Danilo Ilić, Lehrer, Journalist und Mitglied der Schwarzen Hand
Vojislav Tankosić, Major der serbischen Armee
Dragutin Dimitrijević, genannt Apis, Oberst und Chef des

serbischen Geheimdienstes und Führer der Schwarzen Hand

Milan Ciganović, alias Pavle, Ausbilder von Gavrilo, Nedeljko und Trifko, Bahnangestellter und Mitglied der Schwarzen Hand

Muhamed Mehmedbašić, Schreiner und Mitglied der Schwarzen Hand

Vaso Čubrilović, Schüler, später jugoslawischer Politiker

Vejko Čubrilović, Lehrer und Mitglied der Schwarzen Hand

Cvetko Popović, Student

Miško Jovanović, Fahrer der vier Attentäter

Ivo Kranjčević, Bauer

Vertreter der Staatsmacht

Rudolf A. Markovic*, Major beim österreichisch-ungarischen Geheimdienst in Sarajevo

Heribert Simon*, Hauptmann, Markovic' Stellvertreter

Oskar Potiorek, Feldzeugmeister, Landeschef von Bosnien-Herzegowina, Militärgouverneur

Edmund Gede, Polizeikommissär von Bosnien und Herzegowina

Karl Mayerhoffer, Polizeichef von Sarajevo

Fehim Effendi Čurčić, ziviler Bürgermeister von Sarajevo

Franz Conrad von Hötzendorf, Chef des Generalstabs von Österreich-Ungarn

Oskar von Hranilović-Cvetassin, Leiter des Evidenzbüros

Wilhelm Södermann*, Geheimdienststellenleiter in Belgrad, offiziell Kulturattaché

Nikola Pašic, Premierminister von Serbien

Mihailović*, Innenminister von Serbien

Jovan Jovanović, serbischer Gesandter in Wien

Graf Harrach, Adjutant des Erzherzogs
Leopold Lojka, Fahrer des Todeswagens

Sonstige

Svetlana Marić*, Bordellbesitzerin in Sarajevo
Vukosava Čabrinović, Nedeljkos Schwester
Jelena Milišić, ehemalige Schulkameradin Gavrilos

Was, wenn es im Dritten Reich schon Computer und das Internet gegeben hätte - und deren totale Überwachung?

Andreas Eschbach
NSA - NATIONALES
SICHERHEITS-AMT
Roman
800 Seiten
ISBN 978-3-7857-2625-9

Weimar 1942: Die Programmiererin Helene arbeitet im Nationalen Sicherheits-Amt und entwickelt dort Programme, mit deren Hilfe alle Bürger des Reichs überwacht werden. Erst als die Liebe ihres Lebens Fahnenflucht begeht und untertauchen muss, regen sich Zweifel in ihr. Mit ihren Versuchen, ihm zu helfen, gerät sie nicht nur in Konflikt mit dem Regime, sondern wird auch in die Machtspiele ihres Vorgesetzten Lettke verwickelt, der die perfekte Überwachungstechnik des Staates für ganz eigene Zwecke benutzt und dabei zunehmend jede Grenze überschreitet ...

Bastei Lübbe

Ein Tag, ein Held, eintausend Feinde

Harry Sidebottom
JAGD DURCH
ROM - XXIV
Roman
Aus dem Englischen
von Rainer Schumacher
400 Seiten
ISBN 978-3-404-17863-6

Eine einsame Gestalt steht hoch oben auf dem Mausoleum des Hadrian – ein Mann. Hinter ihm geht die Sonne unter, weit unter ihm führt der Fluss Hochwasser. Am anderen Ufer liegt der Mittelpunkt der Welt: Rom. Schritte hallen die Stufen hinauf. Der Feind! Marcus Clodius Ballista sitzt in der Falle – und springt. Es bleiben ihm nur 24 Stunden, um den Imperator zu retten, auf den am nächsten Abend ein Attentat verübt werden soll. Eine blutige Jagd durch die Stadt beginnt. Eine Jagd, auf der Ballista selbst verfolgt wird. Und nur die Götter wissen, wer ein Freund ist – und wer Feind ...

»24 im Alten Rom« – die perfekte Mischung aus Thriller und historischem Roman

Bastei Lübbe

Die Community für alle, die Bücher lieben

In der Lesejury kannst du

- ★ Bücher lesen und rezensieren, die noch nicht erschienen sind
- ★ Gemeinsam mit anderen buchbegeisterten Menschen in Leserunden diskutieren
- ★ Autoren persönlich kennenlernen
- ★ An exklusiven Gewinnspielen und Aktionen teilnehmen
- ★ Bonuspunkte sammeln und diese gegen tolle Prämien eintauschen

Jetzt kostenlos registrieren: www.lesejury.de

Folge uns auf Instagram & Facebook:
www.instagram.com/lesejury
www.facebook.com/lesejury